예배와 삶의 일치

복음에는 하나님의 의가 나타나서 믿음으로 믿음에
이르게 하나니 기록된 바 오직 의인은 믿음으로
말미암아 살리라 함과 같으니라

로마서 1 : 17

비전북은 줄기촣와 하늘사다리가 연합하여 설립한 출판사로서
오직 믿음으로만 살았던 개혁신앙을 계승 발전시키고 다시오실 주님
의 길을 예비하는 마음으로 21세기에도 역동적인 신앙을 세우는데
꿈과 비전을 품고 예배와 삶의 일치를 이루는 출판 공동체입니다.

쉽게 풀어쓴
기독교 신학

쉽게 풀어쓴
기독교 신학

III. 성령과 구원의 진리

박재호 지음

비전북출판사

예배와 삶의 일치

복음에는 하나님의 의가 나타나서 믿음으로 믿음에
이르게 하나니 기록된 바 오직 의인은 믿음으로
말미암아 살리라 함과 같으니라

로마서 1 : 17

비전북은 **줄곧추**와 **하늘사다리**가 연합하여 설립한 출판사로서
이 땅에 하나님 나라의 확장을 위하여 존재하며
오직 믿음으로 주님 오실 그날까지 주님을 외치며 꿈과 비전을 가지고
모든 삶의 영역 속에서 예배와 삶의 일치를 이루어 갈 것입니다.

십게 풀어쓴 기독교 신학
III. 성령과 구원의 진리

1판 1쇄 인쇄 : 2001년 3월 30일
1판 1쇄 발행 : 2001년 4월 15일

저 자 : 박 재 호
발행인 : 이 원 우 / 발행처 : 비전 북출판사
주 소 : (121-839)서울시 마포구 서교동 388-1 대강 B/D 201호
전 화 : (02)3141-9090(대) / 팩 스 : (02)3144-6620
E-mail : Vsbook@hitel.net
등록번호 : 제10-1452호

공급인 : 박 종 태 / 공급처 : 비전북
전 화 : (031)907-3927 / 팩 스 : (080)403-1004

Copyright ⓒ 2001 비전북출판사 Printed in Korea
값 9,000원
ISBN 89-87613-48-8 04230
ISBN 89-87613-45-3 (전5권)

「**기독교 신학**」을 **쉽게 풀어쓴** 것은

하나님께서 인간에게 계시하신 그분의 뜻과 진리를

체계적으로 파악하여 평이하게 기술해 놓음으로써

누구든지 읽고 그 가르치심을 깊이 깨달아

하나님과의 인격적 · 윤리적 · 영적 관계를

바로 정립하여 참된 신앙생활을

가능케 하려는데 근본 목적이 있습니다.

하나님께만 모든 영광을 세세 무궁토록 돌려드립니다.

머 리 말

기독 신자가 신앙의 기준인 성경을 알지 못하면 신앙생활을 바로 할 수 없고, 또 성경을 안다고 하더라도 그 안에 담겨진 근본 교의(敎義)를 체계적으로 이해하지 못하고는 성경 진리에 부합되는 올바른 신앙생활이 불가능한 것입니다. 오늘날 교인들 중에는 성경이 가르치는 바른 교리와 기초적 신학 지식이 없어 건전한 신앙생활을 못하고 맹신(盲信)과 미신(迷信), 무속(巫俗) 또는 사이비 기독교 집단이나 이단(異端)의 유혹에 빠지는 경우가 많습니다. 이러한 폐단은 성경의 교의와 기독교 신학에 대한 가르침을 제대로 받지 못한 데 근본 원인이 있는 것입니다.

지난 날 한국에 와 있던 어떤 외국 선교사가 "한국 교회는 신앙은 있으나 신학은 없다."고 지적한 것은 참으로 심사숙고해야 할 교훈이라고 사료됩니다.

이런 취지에서 필자는 기독교 교의(敎義)와 신앙의 근본인 성경의 핵심 교리(敎理)를 누구나 쉽게 이해할 수 있도록 간결 평이한 문체로 기독교 신학 강해서를 기술하였습니다.

루터의 종교개혁 기본 이념과 취지가, 신앙의 근본이요 표준인 성경으로 돌아가자는 것이라면 개혁주의는 한마디로 성경주의라고 단언할 수 있습니다.

　본서는 이러한 개혁주의 정신과 취지에 입각하여 성경 안에 담겨져 있는 기독교 근본 교리와 신학을 조직적으로 체계화하여 엮어 놓은 것입니다.

　필자는 지난 수년 동안 목회 일선에서 성도들에게 성경의 교리와 신학을 강의하면서 준비했던 여러쪽의 교안(教案)들을 한데 모아 조직 신학적인 논술 체계로 책을 편집하였습니다. 미흡한 점이 있을 듯하나 이 책이 한국 기독교계에 다소나마 보탬이 되기를 바라며 출판이 이루어지기까지 많은 격려와 물심 양면간의 협조에 인색하지 않은 새소망교회의 이중재 장로님을 위시하여 당회원 및 여러 성도님들과 새벽성서대학 학우들에게 감사를 드리는 바입니다.

브라질 상파울루에서

저자 **박 재 호**

추 천 사

한국 교회의 가장 심각한 문제가 무엇
이냐고 한다면 목회와 신학의 균형
문제라고 생각합니다. 은혜 치중의 강단에 신학의 빈곤에서 야기되는 폐단으로
말미암아 한국 교회는 사회적인 빈축을 받아 온 것이 심각한 현실의 문제입니다.
이러한 시기에 참으로 적절하게 한국의 목회자와 성도들이 이목을 집중하여야 할
기독교 신학과 교리를 성경 중심으로 체계화한 저서가 발행되었음을 기뻐하는 바
입니다.

본서는 저자가 그 동안에 목회현장에서 수년 간 강의한 "성경의 교리" 및 "기
독교 신학"의 교안들을 체계적으로 정리하여 편집한 것으로써 이는 그의 목회의
빛나는 결실이 되리라 사료되는 바입니다.

저자는 과거에 한국에서 신학교 교수와 목회자로 활약했고, 현재 전 미주 영성
목회협의회 총재직을 맡아 영성목회운동에 앞장서고 있는 미주 지역의 영적인 지
도자로도 부각되어 지성과 영성을 겸비한 목회자로 정평이 나 있습니다.

저자는 예전에 국내 목회에도 두각을 나타냈을 뿐만 아니라 남미 브라질의 이
민 목회에도 크게 성공한 목회자입니다. 저자는 신학자로서 한국과 브라질 및 미
국의 신학교 강단에서 다년간 후학들을 가르쳤고, 국내외 교회에서 부흥회를 통

하여 은혜스러운 말씀으로 성도들에게 영적 양식을 제공해 준 부흥사이기도 합니다. 본서는 목회자요 신학자요 부흥사인 저자의 역작으로서, 주로 평소에 강단에서 일반 성도들에게 강의하기 위하여 내용을 아주 알기 쉽게 풀어쓴 기독교 신학 강해서입니다. 본서를 정독하는 이들은 기독교의 진리를 체계적으로 이해하는데 큰 도움이 되겠기에 적극 추천합니다.

한기총 증경회장

예장 증경총회장

동도교회 원로목사 최 훈

추 천 사

한국 기독교인들에게 크게 공헌하게 될 「**쉽게 풀어쓴 기독교 신학**」의 출판을 축하합니다. 본 저서의 저자이신 박재호 목사님은 이민 목회에 성공한 대표적인 목회자중의 한분입니다. 특히 복음 전파에 열악한 환경인 남미에서 신앙 생활하기에 참으로 버거운 교포들에게 20여년간 꾸준히 사랑과 진실로 사역하여 한인 교회로써는 가장 두각을 나타내는 대형 교회로 새소망교회가 성장하게 된 원동력이 본 저서로 입증이 될 듯합니다.

저자는 영성과 지성을 겸비한 목회자로써 목회에 전심전력 할뿐만 아니라 오랜 기간 신학대학에서도 후진 양성에 심혈을 기울여 왔기에 금번에 강단과 교단에서 강해된 "성경에 기반을 둔 기독교의 진리"를 복음적인 입장에서 해박한 신학논리로 평이하게 강해한 신학서적입니다. 이는 누구든지 기독교를 쉽게 접근할 수 있도록 시도한 공을 높이 인정하게 됩니다.

그의 20여년간의 이민 목회는 단순한 목회에만 급급하지 않고 기회 있을 때마다 기독교의 진리를 이해하기 쉽게 강해한 노력의 흔적이 있었음을 인지하면서 그토록 새소망교회가 이민 성도들에게 신앙의 지주 역할을 감당한 저력이 바로 그의 확고부동한 건전한 신학을 바탕으로 한 영성목회에 있었음을 쉽게 이해하게

될 것입니다.

저자는 금번에 이민 목회의 결산서답게 평소 목회에 강조점을 두었던 기독교 신학의 강해를 5권의 방대한 저서로 발간하게 되었기에 신학의 부재로 인하여 야기되기 쉬운 한국 교회의 위기적인 상황이 치유되리라고 소망하면서 본서를 적극 추천하는 바입니다.

이러한 방대한 신학적인 저서가 목회자나 신학자만을 위함이 아니고 모든 한국 성도들을 위한 수고이기에 노작(勞作)을 널리 소개하고 싶습니다.

한기총 증경회장
기성 증경총회장
신촌교회 원로목사 **정 진 경**

차 례 ─────────────

제 15 장
성령론

성경은 첫머리에서 "하나님의 신(성령)"에 대하여 다음과 같이 증거하고 있다.

"태초에 하나님이 천지를 창조하시니라 땅이 혼돈하고 공허하며

흑암이 깊음 위에 있고 하나님의 신은 수면에 운행하시니라" (창 1 : 1-2)

이는 성령이 창조의 역사에 참여하시어 어두움과 파괴와

무질서와 혼돈 속에 있는 땅에 생명과 우주의 질서와

조화와 아름다움을 이루어 주셨다는 것이다.

성령은 단순한 힘, 또는 에너지가 아닌 인격적 존재인 동시에

하나님 자신의 영으로서 곧 하나님이시다.

태초에 창조의 역사에 참여하신 성령은 또한 구속(히 9 : 14) 과

심판(요 16 : 7 - 11;계 14 : 13)에도 참여하신다.

쉽게 풀어쓴

기독교 신학

성령의 존재

Ⅰ. 성령은 어떤 분이신가?

1. 어원적 의미

성령의 "영(Sprit)"이라는 낱말의 어원은 히브리어에서는 루아흐(Ruach), 헬라어에서는 프뉴마(Pneuma)라고 하는데 둘 다 대기 운동을 가리킨다. 문맥에 따라서 이는 "바람, 미풍, 폭풍"이라는 말로 번역된다. 그러나 그보다는 "숨(Breath)"이라는 말로 더 자주 사용되는데 이럴 경우에는 상징적으로 생명의 근원, 생명력(Vitality)을 뜻한다(G. S. Hendrs).

하나님의 영은 인간 생명의 근원이요, 힘이다. 본래 흙으로 된 인간을 하나님께서 그분의 생명의 숨(루아흐)을 불어넣으심으로써 살아 움직이는 생령(Living Soul)이 되었다(창 2 : 7; 욥 33 : 4). 인간뿐만 아니라 동물들도 하나님의 입김을 통하여 살아 움직인다(전 3 : 19,21; 창 6 : 17,7 : 15,22). 성령은 생명을 주시는 하나님의 영이시다.

창 2 : 7	여호와 하나님이 흙으로 사람을 지으시고 생기를 그 코에 불어넣으시니 사람이 생령이 된지라
욥 33 : 4	하나님의 신이 나를 지으셨고 전능자의 기운이 나를 살리시느니라
전 3 : 19	인생에게 임하는 일이 짐승에게 임하나니 이 둘에게 임하는 일이 일반이라 다 동일한 호흡이 있어서 이의 죽음같이 저도 죽으니 사람이 짐승보다 뛰어남이 없음은 모든 것이 헛됨이로다
전 3 : 21	인생의 혼은 위로 올라가고 짐승의 혼은 아래 곧 땅으로 내려가는 줄을 누가 알랴

창 6 : 17	내가 홍수를 땅에 일으켜 무릇 생명의 기식있는 육체를 천하에서 멸절하나니 땅에 있는 자가 다 죽으리라
창 7 : 15	무릇 기식이 있는 육체가 둘씩 노아에게 나아와 방주로 들어갔으니
창 7 : 22	육지에 있어 코로 생물의 기식을 호흡하는 것은 다 죽었더라

2. 하나님 자신의 영

성경은 첫머리에서 "하나님의 신"(하나님의 영)에 대하여 증거하였으니 "태초에 하나님이 천지를 창조하시니라 땅이 혼돈하고 공허하며 흑암이 깊음 위에 있고 하나님의 신은 수면에 운행하시니라"(창 1 : 1-2)고 하였다. 즉 하나님의 신이 어두움과 파괴와 무질서와 혼돈 속에 있는 땅에 생명과 우주의 질서와 조화와 아름다움을 이루어 주셨다는 것이다. 그러므로 성령을 단순한 힘, 또는 에너지로 생각하는 것은 큰 잘못이다. 하나님의 신(성령)은 바로 하나님 자신의 영이시다. 성령은 인격적 존재이시다. 그러기에 예수님은 성령을 결코 "그것"이라고 부른 적이 없으시다.

예를 들면 요한복음 14장 26절, 15장 26절, 16장 7, 8, 13, 14절 등에서 예수님은 성령을 "그이"라고 불렀는데 이는 성령이 단순한 힘이나 사물이 아니라 인격을 가지신 분이기 때문이다.

주후 300년경에 아리우스가 성부께서 성자(아들)를 창조하시고, 성자는 성령을 창조하셨는데 성령은 인격적 존재는 아니라고 주장하였다. 그래서 그는 니케아 회의를 통하여 이단으로 정죄 되었다. 성령은 지(知), 정(情), 의(意)를 가지신 인격자이시며 삼위일체의 하나님이시다. 그러므로 성령은 곧 하나님 자신이시다.

II. 성령의 인격성
1. 성령은 단순한 능력이 아님

성령을 단순한 힘 즉 비인격적인 영향력 또는 감화력으로 생각하는 이들이 있다. 성경에 "… 오직 성령의 충만함을 받으라"(엡 5 : 18)는 말씀만을 놓고 생각한다면 성령은 단순한 능력, 비인격적인 힘 또는 에너지나 영향력 같은 것으로 생각하기가 쉽다.

더구나 성자 하나님이신 예수 그리스도의 인격성은 그분의 성육신과 지상 생애에서 명백히 드러났지만, 성령 하나님은 성경에서 묘사된 상징들이 바람(요 3 : 8; 행 2 : 1-2), 불(행 2 : 3-4), 물(요 7 : 37-39), 비둘기(눅 3 : 22), 기름(눅 4 : 18; 행 10 : 38), 인(印, 엡 1 : 13,4 : 30; 고후 1 : 22) 등 모두 다 비인격적인 형상들이다. 그렇기 때문에 성령의 인격성을 생각하기가 쉽지 않다.

성령을 하나님과 예수 그리스도와 비교할 때 성령은 인격이 아닌 것처럼 보일 수도 있다. 그 이유는 성자 하나님이 인간의 육체를 입으시고 지상에 오셔서 인격적 존재로 활동하셨기 때문에 성부 하나님도 당연히 인격을 가지신 분이실 것으로 간주되지만 성령은 성경에 어떤 막연한 힘이나 영향력처럼 묘사된 경우가 많기 때문이다(행 1 : 8 참조). 그러나 인격이란 것은 신체에 의해서만 결정되어지는 것은 아니다.

인격을 결정하는 요소는 지(知), 정(情), 의(意)인 것이다. 사람에게는 이 요소들이 그 신체 안에 들어 있지만 성부, 성자, 성령 삼위의 하나님은 인격자이면서도 사람과 같은 신체가 필요치 않다. 그러기에 성령께서 인격을 가지셨다고 해서 사람들처럼 손과 발, 이목구비를 가지셨으리라고 생각해서는 안 된다.

신체는 인격의 표시가 아니라 사람의 형체의 표시일 뿐이다. 인격의 표시(表示)는 지식과, 감정과, 의지의 표현이다. 그러므로 인격자라 함은 신체의 유무 관계없이 알고, 생각하고, 느끼며 뜻을 가지고 행동하는 존재를 의미하는 것이다(고전 15 : 44; 고후 5 : 8). 성령은 지성과 감정과 의지(뜻)를 가지신 인격적 존재이시다(계 2 : 7; 행 13 : 2; 롬 8 : 26,8 : 14 이하 참조 16 : 6-7; 엡 4 : 30).

요 3 : 8	바람이 임의로 불매 네가 그 소리를 들어도 어디서 오며 어디로 가는지 알지 못하나니 성령으로 난 사람은 다 이러하니라
행 2 : 1-2	오순절날이 이미 이르매 저희가 다 같이 한 곳에 모였더니 홀연히 하늘로부터 급하고 강한 바람 같은 소리가 있어 저희 앉은 온 집에 가득하며
행 2 : 3-4	불의 혀 같이 갈라지는 것이 저희에게 보여 각 사람 위에 임하여 있더니 저희가 다 성령의 충만함을 받고 성령이 말하게 하심을 따라 다른 방언으로 말하기를 시작하니라

요 7 : 37-39   명절 끝 날 곧 큰 날에 예수께서 서서 외쳐 가라사대 누구든지
　　　　　　　목마르거든 내게로 와서 마시라 나를 믿는 자는 성경에 이름과
　　　　　　　같이 그 배에서 생수의 강이 흘러나리라 하시니 이는 그를 믿는
　　　　　　　자의 받을 성령을 가리켜 말씀하신 것이라 예수께서 아직 영광을
　　　　　　　받지 못하신 고로 성령이 아직 저희에게 계시지 아니하시더라

눅 3 : 22   성령이 형체로 비둘기 같이 그의 위에 강림하시더니 하늘로서
　　　　　　　소리가 나기를 너는 내 사랑하는 아들이라 내가 너를 기뻐하노라
　　　　　　　하시니라

눅 4 : 18   주의 성령이 내게 임하셨으니 이는 가난한 자에게 복음을 전하게
　　　　　　　하시려고 내게 기름을 부으시고 나를 보내사 포로 된 자에게 자유를,
　　　　　　　눈먼 자에게 다시 보게 함을 전파하며 눌린 자를 자유케 하고

행 10 : 38   하나님이 나사렛 예수에게 성령과 능력을 기름붓듯 하셨으매 저가
　　　　　　　두루 다니시며 착한 일을 행하시고 마귀에게 눌린 모든 자를
　　　　　　　고치셨으니 이는 하나님이 함께 하셨음이라

엡 1 : 13   그 안에서 너희도 진리의 말씀 곧 너희의 구원의 복음을 듣고 그
　　　　　　　안에서 또한 믿어 약속의 성령으로 인치심을 받았으니

엡 4 : 30   하나님의 성령을 근심하게 하지 말라 그 안에서 너희가 구속의
　　　　　　　날까지 인치심을 받았느니라

고후 1 : 22   저가 또한 우리에게 인치시고 보증으로 성령을 우리 마음에
　　　　　　　주셨느니라

고전 15 : 44 육의 몸으로 심고 신령한 몸으로 다시 사나니 육의 몸이 있은즉
　　　　　　　또 신령한 몸이 있느니라

고후 5 : 8   우리가 담대하여 원하는 바는 차라리 몸을 떠나 주와 함께 거하는
　　　　　　　그것이라

계 2 : 7   귀 있는 자는 성령이 교회들에게 하시는 말씀을 들을찌어다 이기는
　　　　　　　그에게는 내가 하나님의 낙원에 있는 생명나무의 과실을 주어먹게
　　　　　　　하리라

행 13 : 2   주를 섬겨 금식할 때에 성령이 가라사대 내가 불러 시키는 일을
　　　　　　　위하여 바나바와 사울을 따로 세우라 하시니

롬 8 : 26   이와 같이 성령도 우리 연약함을 도우시나니 우리가 마땅히 빌
　　　　　　　바를 알지 못하나 오직 성령이 말할 수 없는 탄식으로 우리를
　　　　　　　위하여 친히 간구하시느니라

롬 8 : 14   무릇 하나님의 영으로 인도함을 받는 그들은 곧 하나님의 아들이라

2. 성령께서 인격자이신 증거

성령께서 단순한 능력이나 힘 또는 영향력이 아니고 인격자시라는 성경적 근거는 다음과 같다.

1) 성령께서 인격의 특성을 지니심

인격적 존재가 되려면 인격의 속성인 지(知), 정(情), 의(意), 즉 지각(知覺)하고 추리(推理)하는 사고력과 정신력, 느끼고 반응하는 감정(정서력) 및 판단하고 행동하는 의지력(意志力)을 갖추어야 한다. 그런데 성경에 나타난 바에 의하면 성령께서는 이러한 인격의 특성을 모두 다 지니고 계시다.

이는 그분이 인격자이신 증거이다. 성경은 성령께서 인격적 요소, 즉 지각(知覺 ; 사물을 깨달아 아는, 롬 8 : 27 ; 고전 2 : 10-11), 감정(感情 ; 희로애락의 정, 롬 8 : 26-27, 15 : 30), 의지력(意志力 ; 사물을 판단하고 그것에 대하여 자기의 행동을 결정하는, 고전 12 : 11 ; 엡 4 : 30 ; 행 8 : 29, 13 : 1-4, 16 : 6-7) 등의 속성을 지니고 계시다는 사실을 밝히고 있다. 또한 성경은 성령이 도덕적으로 선하신 인격자이심도 밝히고 있다(느 9 : 20).

롬 8 : 27   마음을 감찰하시는 이가 성령의 생각을 아시나니 이는 성령이
            하나님의 뜻대로 성도 를 위하여 간구하심이니라
고전 2 : 10-11 오직 하나님이 성령으로 이것을 우리에게 보이셨으니 성령은
            모든 것 곧 하나님의 깊은 것이라도 통달하시느니라 사람의 사정을
            사람의 속에 있는 영 외에는 누가 알리요 이와 같이 하나님의 사정도
            하나님의 영 외에는 아무도 알지 못하느니라
롬 8 : 26-27 이와 같이 성령도 우리 연약함을 도우시나니 우리가 마땅히 빌바를
            알지 못하나 오직 성령이 말할 수 없는 탄식으로 우리를 위하여 친히
            간구하시느니라 마음을 감찰하시는 이가 성령의 생각을 아시나니
            이는 성령이 하나님의 뜻대로 성도를 위하여 간구하심이니라
롬 15 : 30   형제들아 내가 우리 주 예수 그리스도로 말미암고 성령의 사랑으로

	말미암아 너희를 권하노니 너희 기도에 나와 힘을 같이하여 나를 위하여 하나님께 빌어
고전 12 : 11	이 모든 일은 같은 한 성령이 행하사 그 뜻대로 각 사람에게 나눠 주시느니라
엡 4 : 30	하나님의 성령을 근심하게 하지 말라 그 안에서 너희가 구속의 날까지 인치심을 받았느니라
행 8 : 29	성령이 빌립더러 이르시되 이 병거로 가까이 나아가라 하시거늘
행 13 : 1-4	안디옥 교회에 선지자들과 교사들이 있으니 곧 바나바와 니게르라 하는 시므온과 구레네사람 루기오와 분봉왕 헤롯의 젖동생 마나엔과 및 사울이라 주를 섬겨 금식할 때에 성령이 가라사대 내가 불러 시키는 일을 위하여 바나바와 사울을 따로 세우라 하시니 이에 금식하며 기도하고 두 사람에게 안수하여 보내니라 두사람이 성령의 보내심을 받아 실루기아에 내려가 거기서 배 타고 구브로에 가서
행 16 : 6-7	성령이 아시아에서 말씀을 전하지 못하게 하시거늘 브루기아와 갈라디아 땅으로 다녀가 무시아 앞에 이르러 비두니아로 가고자 애쓰되 예수의 영이 허락지 아니하시는지라
느 9 : 20	또 주의 선한 신을 주사 저희를 가르치시며 주의 만나로 저희 입에 끊어지지 않게 하시고 저희의 목마름을 인하여 물을 주시사

2) 성령께서 인격적인 활동을 하심

성경은 지식과 감정과 의지력을 가진 인격적 존재만이 할 수 있는 여러 가지 활동을 성령께서 행하고 계시다는 사실을 밝히고 있는데 성령께서 인격적인 활동을 하신 사실들을 열거하면 아래와 같다.

(1) 성령께서 말씀하심(계 2 : 7; 행 1 : 16,8 : 29; 벧후 1 : 21; 갈 4 : 6)

계 2 : 7	귀 있는 자는 성령이 교회들에게 하시는 말씀을 들을지어다 이기는 그에게는 내가 하나님의 낙원에 있는 생명나무의 과실을 주어 먹게 하리라
행 1 : 16	형제들아 성령이 다윗의 입을 의탁하사 예수 잡는 자들을 지로한 유다를 가리켜 미리 말씀하신 성경이 응하였으니 마땅하도다
행 8 : 29	성령이 빌립더러 이르시되 이 병거로 가까이 나아가라 하시거늘

벧후 1 : 21   예언은 언제든지 사람의 뜻으로 낸 것이 아니요 오직 성령의
                  감동하심을 입은 사람들이 하나님께 받아 말한 것임이니라

갈 4 : 6   너희가 아들인고로 하나님이 그 아들의 영을 우리 마음 가운데
                  보내사 아바 아버지라 부르게 하셨느니라

(2) 성령께서 가르치심(고전 2 : 13, 14 : 26; 요 16 : 13)

고전 2 : 13   우리가 말하거니와 사람의 지혜의 가르친 말로 아니하고 오직
                  성령의 가르치신 것으로 하니 신령한 일은 신령한 것으로
                  분별하느니라

고전 14 : 26   그런즉 형제들아 어찌할고 너희가 모일 때에 각각 찬송시도 있으며
                  가르치는 말씀도 있으며 계시도 있으며 방언도 있으며 통역함도
                  있나니 모든 것을 덕을 세우기 위하여 하라

요 16 : 13   진리의 성령이 오시면 그가 너희를 모든 진리 가운데로
                  인도하시리니 그가 자의로 말하지 않고 오직 듣는 것을 말하시며
                  장래일을 너희에게 알리시리라

(3) 성령께서 인간의 연약함을 도우심(롬 8 : 26)

롬 8 : 26   이와 같이 성령도 우리 연약함을 도우시나니 우리가 마땅히 빌바를
                  알지 못하나 오직 성령이 말할 수 없는 탄식으로 우리를 위하여
                  친히 간구하시느니라

(4) 성령께서 기도를 하심(롬 8 : 26)

롬 8 : 26   이와 같이 성령도 우리 연약함을 도우시나니 우리가 마땅히 빌바를
                  알지 못하나 오직 성령이 말할 수 없는 탄식으로 우리를 위하여
                  친히 간구하시느니라

(5) 성령께서 그리스도를 증거하심(요 15 : 26)

요 15 : 26   내가 아버지께로서 너희에게 보낼 보혜사 곧 아버지께로서 나오시는
                  진리의 성령이 오실 때에 그가 나를 증거하실 것이요

(6) 성령께서 성도를 진리 가운데로 인도하심(요 16 : 13)

요 16 : 13   그러하나 진리의 성령이 오시면 그가 너희를 모든 진리 가운데로
             인도하시리니 그가 자의로 말하지 않고 오직 듣는 것을 말하시며
             장래 일을 너희에게 알리시리라

(7) 성령께서 하나님의 뜻을 통달하심(고전 2 : 10)

고전 2 : 10   오직 하나님이 성령으로 이것을 우리에게 보이셨으니 성령은
             모든 것 곧 하나님의 깊은 것이라도 통달하시느니라

(8) 성령께서 주의 사업을 지도하심(행 16 : 6-7)

행 16 : 6-7   성령이 아시아에서 말씀을 전하지 못하게 하시거늘 브루기아와
             갈라디아 땅으로 다녀가 무시아 앞에 이르러 비두니아로 가고자
             애쓰되 예수의 영이 허락지 아니하시는지라

(9) 성령께서 주의 일꾼을 선택하심(행 13 : 2)

행 13 : 2   주를 섬겨 금식할 때에 성령이 가라사대 내가 불러 시키는 일을
            위하여 바나바와 사울을 따로 세우라 하시니

(10) 성령께서 주의 일꾼을 파송하심(행 13 : 4)

행 13 : 4   두 사람이 성령의 보내심을 받아 실루기아에 내려가 거기서 배
            타고 구브로에 가서

(11) 성령께서 성도를 위로하심(행 9 : 31)

행 9 : 31   그리하여 온 유대와 갈릴리와 사마리아 교회가 평안하여 든든히
            서 가고 주를 경외함과 성령의 위로로 진행하여 수가 더 많아지니라

(12) 성령께서 성도와 함께 계심(요 14 : 16, 16 : 7)

요 14 : 16   내가 아버지께 구하겠으니 그가 또 다른 보혜사를 너희에게 주사
             영원토록 너희와 함께 있게 하시리니

요 16 : 7   그러하나 내가 너희에게 실상을 말하노니 내가 떠나가는 것이

너희에게 유익이라 내가 떠나지 아니하면 보혜사가 너희에게로
오시지 아니할 것이요 가면 내가 그를 너희에게로 보내리니

⒀ 성령께서 근심을 하심(엡 4 : 30)
엡 4 : 30   하나님의 성령을 근심하게 하지 말라 그 안에서 너희가 구속의
날까지 인치심을 받았느니라

⒁ 성령께서 예수님 대신으로 오심(요 14 : 16-17)
요 14 : 16-17   내가 아버지께 구하겠으니 그가 또 다른 보혜사를 너희에게 주사
영원토록 너희와 함께 있게 하시리니 저는 진리의 영이라 세상은
능히 저를 받지 못하나니 이는 저를 보지도 못하고 알지도 못함이라
그러나 너희는 저를 아나니 저는 너희와 함께 거하심이요 또 너희
속에 계시겠음이라

⒂ 성령께서 죄에 대하여 책망하심(요 16 : 8)
요 16 : 8   그가 와서 죄에 대하여 의에 대하여 심판에 대하여 세상을
책망하시리라

⒃ 성령께서 명령하심(행 8 : 29)
행 8 : 29   성령이 빌립더러 이르시되 이 병거로 가까이 나아가라 하시거늘

3) 성령께서 인칭 대명사로 불리우심

성경에 나타난 성령의 대명사는 모두 다 인칭 대명사이다. 이는 곧 성령이 인
격적 존재임을 의미하는 것이다. 성령께 대하여 인칭 대명사를 붙인 예는 다음과
같다. 즉 "… 진리의 성령이 오실 때에 '그'(He)가 나를 증거하실 것이요"(요 15 :
26), "… 내가 떠나가지 아니하면 보혜사가 너희에게로 오시지 아니할 것이요 내가
가면 '그'(He)를 너희에게로 보내리니"(요 16 : 7), "'그'(He)가 와서 죄에 대하여
의에 대하여 심판에 대하여 세상을 책망하시리라"(요 16 : 8), "그러하나 진리의 성
령(영)이 오시면 '그'(He)가 너희를 모든 진리 가운데로 인도하시리니…"(요 16 :

13) 라고 하였다.

4) 성령께서 인격적으로 반응하심

성령께서 인격적 존재만이 할 수 있는 반응을 하신 사실이 성경에 나타나 있다. 이는 그분이 인격자이신 증거이다. 성령의 인격적 반응의 예를 열거하면 다음과 같다.

(1) 일하시며 운행하심(창 1 : 2)

창 1 : 2   땅이 혼돈하고 공허하며 흑암이 깊음 위에 있고 하나님의 신은
                수면에 운행하시니라

(2) 진노하시고(사 63 : 10) 근심하심(엡 4 : 30)

사 63 : 10   그들이 반역하여 주의 성신을 근심케 하였으므로 그가 돌이켜
                그들의 대적이 되사 친히 그들을 치셨더니

엡 4 : 30   하나님의 성령을 근심하게 하지 말라 그 안에서 너희가 구속의
                날까지 인치심을 받았느니라

(3) 지식을 가지고(고전 2 : 11) 말씀하심(계 2 : 7; 행 1 : 16,8 : 29)

고전 2 : 11   사람의 사정을 사람의 속에 있는 영 외에는 누가 알리요 이와 같이
                하나님의 사정도 하나님의 영 외에는 아무도 알지 못하느니라

계 2 : 7   귀 있는 자는 성령이 교회들에게 하시는 말씀을 들을지어다
                이기는 그에게는 내가 하나님의 낙원에 있는 생명나무의 과실을
                주어 먹게 하리라

행 1 : 16   형제들아 성령이 다윗의 입을 의탁하사 예수 잡는 자들을 지로한
                유다를 가리켜 미리 말씀하신 성경이 응하였으니 마땅하도다

행 8 : 29   성령이 빌립더러 이르시되 이 병거로 가까이 나아가라 하시거늘

(4) 속임을 당하심(행 5 : 3)

행 5 : 3   베드로가 가로되 아나니아야 어찌하여 사단이 네 마음에 가득하여
                네가 성령을 속이고 땅 값 얼마를 감추었느냐

⑸ 시험을 당하심(행 5 : 9)

행 5 : 9   베드로가 가로되 너희가 어찌 함께 꾀하여 주의 영을 시험하려
             하느냐 보라 네 남편을 장사하고 오는 사람들의 발이 문 앞에
             이르렀으니 또 너를 메어내가리라 한대

⑹ 거역을 당하심(행 7 : 51; 마 12 : 32)

행 7 : 51   목이 곧고 마음과 귀에 할례를 받지 못한 사람들아 너희가 항상
            성령을 거스려 너희 조상과 같이 너희도 하는도다

마 12 : 32   또 누구든지 말로 인자를 거역하면 사하심을 얻되 누구든지 말로
            성령을 거역하면 이 세상과 오는 세상에도 사하심을 얻지 못하리라

⑺ 욕을 당하심(히 10 : 29)

히 10 : 29   하물며 하나님 아들을 밟고 자기를 거룩하게 한 언약의 피를 부정
            한 것으로 여기고 은혜의 성령을 욕되게 하는 자의 당연히 받을
            형벌이 얼마나 더 중하겠느냐 너희는 생각하라

⑻ 훼방을 받으심(마 12 : 31)

마 12 : 31   그러므로 내가 너희에게 이르노니 사람의 모든 죄와 훼방은
            사하심을 얻되 성령을 훼방하는 것은 사하심을 얻지 못하겠고

⑼ 부름에 응하심(겔 37 : 9)

겔 37 : 9   또 내게 이르시되 인자야 너는 생기를 향하여 대언하라 생기에게
            대언하여 이르기를 주 여호와의 말씀에 생기야 사방에서부터 와서
            이 사망을 당한 자에게 불어서 살게하라 하셨다 하라

⑽ 순종을 받으심(행 10 : 19-21)

행 10 : 19-21   베드로가 그 환상에 대하여 생각할 때에 성령께서 저더러
            말씀하시되 두 사람이 너를 찾으니 일어나 내려가 의심치 말고
            함께 가라 내가 저희를 보내었느니라 하시니 베드로가 내려가
            그 사람들을 보고 가로되 내가 곧 너희의 찾는 사람이니 너희가

무슨 일로 왔느냐

(11) 구원을 위해 권면하심(히 3 : 7-8; 계 22 : 17)
히 3 : 7-8   그러므로 성령이 이르신 바와 같이 오늘날 너희가 그의 음성을
             듣거든 노하심을 격동하여 광야에서 시험하던 때와 같이 너희
             마음을 강퍅케 하지 말라
계 22 : 17   성령과 신부가 말씀하시기를 오라 하시는도다 듣는 자도 오라
             할 것이요 목마른 자도 올 것이요 또 원하는 자는 값 없이 생명수를
             받으라 하시더라

(12) 세상을 책망하심(요 16 : 8-11)
요 16 : 8-11 그가 와서 죄에 대하여 의에 대하여 심판에 대하여 세상을
             책망하시리라 죄에 대하여라 함은 저희가 나를 믿지 아니함이요
             의에 대하여라 함은 내가 아버지께로 가니 너희가 다시 나를 보지
             못함이요

3. 성령의 인격 교리의 중요성
성령의 인격에 관한 교리는 매우 중요하다. 성부 하나님께서 한 인격이시고,
예수 그리스도께서 한 인격이신 것처럼 성령께서도 한 인격이시라는 사실은 성경
의 근본 계시이다. 그러므로 성령의 인격에 대하여 의심해서는 안 된다. 신자가
성령의 인격에 대하여 밝히 알아야 하는 중대한 이유는 다음과 같다.

1) 성령께 예배하기 위하여
성령의 인격에 대한 인식은 그분을 예배함에 있어서 중요한 문제이다. 그 이유
는 만일 성령께서 인격적 존재가 아닌 단순한 힘, 또는 능력에 불과하다고 하면
예배의 대상이 될 수가 없기 때문이다. 그러나 성령은 인격을 가지고 계시며, 삼
위일체의 한 위로서 성부 하나님, 성자 하나님과 연합되어 계시고(마 28 : 19),
다른 두 위와 동등하게 예배의 대상이 되신다. 그러기에 우리는 하나님께 예배할
때에 다음과 같이 찬송을 부르는 것이다.

[만복의 근원 하나님 온 백성 찬송 드리고
저 천사여 찬송하세 찬송 성부 성자 성령] -한글통일찬송가 1장 -

[성부 성자 성령께 찬송과 영광 돌려 보내세
태초로 지금까지 또 영원 무궁토록 성삼위께 영광 영광] - 한글통일찬송가 2장 -

마 28 : 19　　　그러므로 너희는 가서 모든 족속으로 제자를 삼아 아버지와 아들과
성령의 이름으로 세례를 주고

2) 성령께 사용되기 위하여

성령께서 인격적 존재라는 것을 밝히 인식해야 할 이유 중에 또 하나는 우리가 성령께 사로잡혀서 그분의 뜻대로 사용되어지기 위해서이다. 만일 성령께서 인격이 아니시고 단순한 힘에 불과하다고 하면 사람들은 어떻게 하든지 이 힘을 붙잡아서 이용하려고 힘쓰게 될 것이다.

오늘날 교인들 중에는 성령의 존재에 대한 오해로 인하여 성령을 자기 목적 달성을 위한 방편으로 이용하려는 데서 망령된 행동을 자행하다가 신앙의 파탄을 초래하는 경우가 많다. 성령께서 하나님의 주권과 영광을 가지신 인격자라고 확실히 믿는 신자라면 그는 결코 성령을 자기가 붙들어서 자기 욕구를 이루기 위해 이용하려 들지 않고, 어떻게 하면 미천한 자신이 성령께 붙들려서 사용될 것인가 하는 입장에 서서 늘 그분 앞에 겸손히 앙망하는 자세를 가지게 될 것이다.

3) 교제와 도움을 받기 위하여

만일 성령이 비인격적 존재라면 성령은 우리의 사정을 이해하거나 도와줄 수 없으며, 또 우리와의 사귐도 가질 수 없을 것이다. 그것은 돌이나 나무 또는 단순한 힘 등 비인격적인 사물(事物)은 우리와의 사귐이 불가능하기 때문이다. 그러나 성령은 인격적인 하나님이신고로 우리의 사정을 낱낱이 아실 뿐만 아니라 이해하고 동정하고 도와주실 수 있는 분이다. 그러기에 성령의 인격 교리를 믿는 사람은 성령님의 도우심을 구하게 되며 그분과 더불어 교제(사귐)를 가지게 되는 것이다.

III. 성령의 신성(神性)

성령은 인격적 속성과 더불어 신성(神性)을 가지고 계시다. 그러나 어떤 이들은 성령을 인격으로만 믿고, 그분이 하나님 자신이라고 믿지는 않는다. 성령이 성부와 같은 하나님이시라는 것은 성경이 밝히 가르치고 있다. 터툴리안은 성경에 근거하여 하나님의 영, 즉 성령도 하나님이심을 명백히 하였다.

1. 성령은 하나님과 동등하심

성령은 성부 하나님이나 성자 예수 그리스도와 마찬가지로 신적 속성을 가지고 계신 하나님이시다. 우리는 성경을 통하여 성령이 하나님과 동등하시며, 그분이 하나님 자신이심을 알 수 있다.

1) 구약의 경우

구약에는 성령을 여호와 하나님과 동일시(同一視)하고 있다. 즉 하나님의 행적이나 말씀을 성령의 행적이나 말씀으로 표현하고 있는 것이다. 이는 이사야서 6장 9-10절을 사도행전 28장 25-27절과 대조해 보고, 또 출애굽기 17장 2-7절을 히브리서 3장 7-9절과 대조해 보면 명백히 알 수 있다.

사 6 : 9-10   여호와께서 가라사대 가서 이 백성에게 이르기를 너희가 듣기는
들어도 깨닫지 못할 것이요 보기는 보아도 알지 못하리라 하여
이 백성의 마음으로 둔하게 하며 그 귀가 막히고 눈이 감기게 하라
염려컨대 그들이 눈으로 보고 귀로 듣고 마음으로 깨닫고 다시
돌아와서 고침을 받을까 하노라

행 28 : 25-27   서로 맞지 아니하여 흩어질 때에 바울이 한 말로 일러 가로되 성령이
선지자 이사야로 너희 조상들에게 말씀하신 것이 옳도다 일렀으되
이 백성에게 가서 말하기를 너희가 듣기는 들어도 도무지 깨닫지
못하며 보기는 보아도 도무지 알지 못하는도다 이 백성들의 마음이
완악하여져서 그 귀로는 둔하게 듣고 그 눈을 감았으니 이는 눈으로
보고 귀로 듣고 마음으로 깨달아 돌아와 나의 고침을 받을까 함이라
하였으니

출 17 : 2-7	백성이 모세와 다투어 가로되 우리에게 물을 주어 마시게 하라
	모세가 그들에게 이르되 너희가 어찌하여 나와 다투느냐 너희가
	어찌하여 여호와를 시험하느냐 거기서 백성이 물에 갈하매 그들이
	모세를 대하여 원망하여 가로되 당신이 어찌하여 우리를 애굽에서
	인도하여 내어서 우리와 우리 자녀와 우리 생축으로 목말라 죽게
	하느냐 모세가 여호와께 부르짖어 가로되 내가 이 백성에게 어떻게
	하리이까 그들이 얼마 아니면 내게 돌질하겠나이다 여호와께서
	모세에게 이르시되 백성 앞을 지나가서 이스라엘 장로들을 데리고
	하수를 치던 네 지팡이를 손에 잡고 가라 내가 거기서 호렙산 반석
	위에 너를 대하여 서리니 너는 반석을 치라 그것에서 물이 나리니
	백성이 마시리라 모세가 이스라엘 장로들의 목전에서 그대로
	행하니라 그가 그곳 이름을 맛사라 또는 므리바라 불렀으니 이는
	이스라엘 자손이 다투었음이요 또는 그들이 여호와를 시험하여
	이르기를 여호와께서 우리 중에 계신가 아닌가 하였음이더라
히 3 : 7-9	그러므로 성령이 이르신 바와 같이 오늘날 너희가 그의 음성을
	듣거든 노하심을 격동하여 광야에서 시험하던 때와 같이 너희
	마음을 강퍅케 하지 말라 거기서 너희 열조가 나를 시험하여
	증험하고 사십년 동안에 나의 행사를 보았느니라

2) 신약의 경우

(1) 신약에도 성령을 여호와 하나님과 동일시하고 있다. 예수님이 마태복음 28장 19절에서 성령을 성부와 성자와 병치(竝置)적으로 언급하심으로써 그분이 하나님과 동등됨을 나타내셨다. 그리고 고린도후서 13장 13절의 축도의 경우도 마찬가지로, 성부와 성자와 성령을 동일한 하나님으로 나란히 나타내고 있다.

마 28 : 19	그러므로 너희는 가서 모든 족속으로 제자를 삼아 아버지와 아들과
	성령의 이름으로 세례를 주고
고후 13 : 13	주 예수 그리스도의 은혜와 하나님의 사랑과 성령의 교통하심이
	너희 무리와 함께 있을지어다

(2) 예수께서는 마가복음 3장 28-29절에서 "성령을 훼방하는 자는 용서함을 받지

못하리라"고 경고하셨다. 이는 곧 성령을 하나님과 동일시하신 것이다. 여기서
"훼방"이라 함은 하나님께만 범하는 죄를 가리키며 또 다른 어떤 존재에 대한 범
죄를 의미하는 것이 아니다.

> 막 3 : 28-29   내가 진실로 너희에게 이르노니 사람의 모든 죄와 무릇 훼방하는
>   훼방은 사하심을 얻되 누구든지 성령을 훼방하는 자는 사하심을
>   영원히 얻지 못하고 영원한 죄에 처하느니라 하시니

　(3) 성경에 성도의 몸을 하나님의 전(殿)이라 하였고 그 안에 성령의 거하심은,
곧 하나님의 거하심이라고 가르치고 있다(고전 3 : 16,6 : 19; 엡 2 : 22; 골1 : 27).

> 고전 3 : 16   너희가 하나님의 성전인 것과 하나님의 성령이 너희 안에 거하시는
>   것을 알지 못하느뇨
> 고전 6 : 19   너희 몸은 너희가 하나님께로부터 받은바 너희 가운데 계신 성령의
>   전인줄을 알지 못하느냐 너희는 너희의 것이 아니라
> 엡 2 : 22   너희도 성령 안에서 하나님의 거하실 처소가 되기 위하여 예수
>   안에서 함께 지어져 가느니라
> 골 1 : 27   하나님이 그들로 하여금 이 비밀의 영광이 이방인 가운데 어떻게
>   풍성한 것을 알게 하려하심이라 이비밀은 너희 안에 계신
>   그리스도시니 곧 영광의 소망이니라

2. 하나님과 같은 속성을 가지심
　성령은 하나님과 같은 "신적 속성"(神的 屬性 ; 영원성, 전지성, 전능성, 편재
성, 진리성 등)을 가지고 계심을 성경은 밝히 보여 주고 있다(히 19 : 14; 이하 참
조 눅 1 : 35; 시 139 : 7; 고전 2 : 10-11).

1) 성령의 영원성(永遠性)
　성령도 하나님과 같은 신이신지라 역시 영원성을 지니고 계시다. 성령님은 곧
영원하신 하나님 자신이시다(히 9 : 14).

히 9 : 14   하물며 영원하신 성령으로 말미암아 흠없는 자기를 하나님께 드린
            그리스도의 피가 ··· 깨끗하게 하고 살아계신 하나님을 섬기게
            못하겠느뇨

2) 성령의 전지성(全知性)

성령은 성부 하나님과 같이 전지(全知)하신지라 무불 통지(無不通知)하시고 하
나님의 깊은 것까지 통달하시고 무소 부지(無所不知)하시다(고전 2 : 10-12).

고전 2 : 10-12   오직 하나님이 영으로 이것을 우리에게 보이셨으니 성령은 모든 것
               곧 하나님의 깊은것이라도 통달하시느니라 사람의 사정을 사람의
               속에 있는 영 외에는 누가 알리요 하나님의 사정도 하나님의 영
               외에는 아무도 알지 못하느니라

3) 성령의 전능성(全能性)

성령은 성부 하나님과 같이 전능하신지라 무소 불능(無所不能)하시다(욥 33 :
4; 시 104 : 30; 슥 4 : 6; 행 1 : 8). 천사 가브리엘은 마리아에게 예수 그리스도
의 탄생에 대하여 설명을 하면서 성령의 전능성을 언급하였다(눅 1 : 35).

욥 33 : 4   하나님의 신이 나를 지으셨고 전능자의 기운이 나를 살리시느니라
시 104 : 30   주의 영을 보내어 저희를 창조하사 지면을 새롭게 하시나이다
슥 4 : 6   그가 내게 일러 가로되 여호와께서 스룹바벨에게 하신 말씀이
              이러하니라 만군의 여호와께서 말씀하시되 이는 힘으로 되지
              아니하며 능으로 되지 아니하고 오직 나의 신으로 되느니라
행 1 : 8   오직 성령이 너희에게 임하시면 너희가 권능을 받고 예루살렘과
              온 유대와 사마리아와 땅 끝까지 이르러 내 증인이 되리라 하시니라
눅 1 : 35   천사가 대답하여 가로되 성령이 네게 임하시고 지극히 높으신
              이의 능력이 너를 덮으시리니 이러므로 나실바 거룩한 자는
              하나님의 아들이라 일컬으리라

4) 성령의 편재성(遍在性)

성령은 성부 하나님과 같이 편재하시는지라 무소 부재(無所不在)하시다(시 139 : 7-9; 요14 : 17).

시 139 : 7-9 내가 주의 신을 떠나 어디로 가며 주의 앞에서 어디로 피하리이까
내가 하늘에 올라갈지라도 거기 계시며 음부에 내 자리를 펼지라도
거기 계시니이다 내가 새벽 날개를 치며 바다 끝에 가서 거할지라도
요 14 : 17 저는 진리의 영이라 세상은 능히 저를 받지 못하나니 이는 저를
보지도 못하고 알지도 못함이라 그러나 너희는 저를 아나니 저는
너희와 함께 거하심이요 또 너희 속에 계시겠음이라

5) 성령의 진리성(眞理性)

성령은 성부와 성자의 속성인 진리(요 14 : 6; 요일 5 : 7)와 사랑(딤후 1 : 7)의 속성을 지니고 계시는 지극히 위대한 신이신 사실을 성경이 증거하고 있다(사 40 : 13).

요 14 : 6 예수께서 가라사대 내가 곧 길이요 진리요 생명이니 나로 말미암지
않고는 아버지께로 올자가 없느니라
요일 5 : 7 증거하는 이는 성령이시니 성령은 진리니라
딤후 1 : 7 하나님이 우리에게 주신 것은 두려워하는 마음이 아니요 오직
능력과 사랑과 근신하는 마음이니
사 40 : 13 누가 여호와의 신을 지도하였으며 그의 모사가 되어 그를
가르쳤으랴

3. 하나님과 같은 일을 행하심

성령께서 신적 능력을 가지고 성부 하나님께서 하시는 일과 같은 일을 행하시는 사실을 성경이 다음과 같이 밝히고 있다.

1) 창조의 역사

하나님의 천지 창조의 사역에 성령께서 성부 하나님과 함께 역사하셨음은 곧

그분이 하나님과 같은 신이시라는 증거가 되는 것이다(창 1 : 2; 시 104 : 30; 욥 26 : 13). 성령께서는 창조의 능력 뿐만 아니라 생명을 주고 살리는 능력도 있으시다(욥 33 : 4,27 : 3).

창 1 : 2	땅이 혼돈하고 공허하며 흑암이 깊음위에 있고 하나님의 신은 수면에 운행하시니라
시 104 : 30	주의 영을 보내어 저희를 창조하사 지면을 새롭게 하시나이다
욥 26 : 13	그 신으로 하늘을 단장하시고 손으로 날랜 뱀을 찌르시나니
욥 33 : 4	하나님의 신이 나를 지으셨고 전능자의 기운이 나를 살리시느니라
욥 27 : 3	나의 생명이 아직 내 속에 완전히 있고 하나님의 기운이 오히려 내 코에 있느니라

2) 기적의 역사

기적이라 함은 자연 법칙을 일시적으로 변칙 또는 중단하는 것이라 할 수 있다. 그러나 자연과 인간 영역에서 정해진 자연의 법칙을 변경하거나 중단할 수 있는 분은 오직 하나님뿐이시다. 그런데 성령께서 행하신 기적의 역사가 성경 여러 곳에 기록되어 있다. 이는 곧 그분이 하나님과 같은 신이시라는 증거이다(겔 3 : 12; 마 1 : 20; 눅 1 : 35; 마 12 : 28; 눅 4 : 14-18; 행 8 : 39 참조). 성령의 사역은 성부와 성자 하나님을 대신하여 하시는 일이지만 그분의 모든 신적 사역은 그분이 하나님이심을 나타내고 있는 것이다(요 16 : 13-15 참조).

3) 성령의 내주와 중생의 역사

사람이 성령의 감동으로 예수를 구주로 믿게 되며 또 믿는 순간 그 마음 속에 성령이 들어가셔서 거듭나게 하시고 새 생명과 새 성품을 주시고 내주하시게 된다(고전 12 : 3,9; 딛 3 : 5; 고후 5 : 17; 요 14 : 16-17).

고전 12 : 3	그러므로 내가 너희에게 알게 하노니 하나님의 영으로 말하는 자는 누구든지 예수를 저주할 자라하지 않고 또 성령으로 아니하고는 누구든지 예수를 주시라 할 수 없느니라

고전 12 : 9   다른 이에게는 같은 성령으로 믿음을 어떤이에게는 한 성령으로
             병 고치는 은사를

딛 3 : 5   우리를 구원하시되 우리의 행한바 의로운 행위로 말미암지 아니하고
             오직 그의 긍휼하심을 좇아 중생의 씻음과 성령의 새롭게 하심으로
             하셨나니

고후 5 : 17   그런즉 누구든지 그리스도 안에 있으면 새로운 피조물이라 이전
             것은 지나갔으니 보라 새것이 되었도다

요 14 : 16-17 내가 아버지께 구하겠으니 그가 또 다른 보혜사를 너희에게 주사
             영원토록 너희와 함께 있게 하시리니 저는 진리의 영이라 세상은
             능히 저를 받지 못하나니 이는 저를 보지도 못하고 알지도
             못함이라 그러나 너희는 저를 아나니 저는 너희와 함께 거하심이요
             또 너희 속에 계시겠음이라

겔 3 : 12   때에 주의 신이 나를 들어올리시는데 내 뒤에 크게 울리는 소리가
             들려 이르기를 여호와의 처소에서 나는 영광을 찬송할지어다 하니

마 1 : 20   이 일을 생각할 때에 주의 사자가 현몽하여 가로되 다윗의 자손
             요셉아 네 아내 마리아 데려오기를 무서워 말라 저에게 잉태된
             자는 성령으로 된 것이라

눅 1 : 35   천사가 대답하여 가로되 성령이 네게 임하시고 지극히 높으신
             이의 능력이 너를 덮으시리니 이러므로 나실바 거룩한 자는
             하나님의 아들이라 일컬으리라

마 12 : 28   그러나 내가 하나님의 성령을 힘입어 귀신을 쫓아내는 것이면
             하나님의 나라가 이미 너희에게 임하였느니라

눅 4 : 14-18   예수께서 성령의 권능으로 갈릴리에 돌아가시니 그 소문이 사방에
             퍼졌고 친히 그 여러 회당에서 가르치시매 뭇사람에게 칭송을
             받으시더라 예수께서 그 자라나신 곳 나사렛에 이르사 안식일에
             자기 규례대로 회당에 들어가사 성경을 읽으려고 서시매 선지자
             이사야의 글을 드리거늘 책을 펴서 이렇게 기록한데를 찾으시니
             곧 주의 성령이 내게 임하셨으니 이는 가난한 자에게 복음을 전하게
             하시려고 내게 기름을 부으시고 나를 보내사 포로 된 자에게 자유를
             눈먼 자에게 다시 보게 함을 전파하며 눌린 자를 자유케 하고

행 8 : 39   둘이 물에서 올라갈새 주의 영이 빌립을 이끌어 간지라 내시는
             혼연히 길을 가므로 그를 다시 보지 못하니라

요 16 : 13-15   그러하나 진리의 성령이 오시면 그가 너희를 모든 진리 가운데로
인도하시리니 그가 자의로 말하지 않고 오직 듣는 것을 말하시며
장래 일을 너희에게 알리시리라 그가 내 영광을 나타내리니 내 것을
가지고 너히에게 알리겠음이니라 무릇 아버지께 있는 것은 다
내 것이라 그러므로 내가 말하기를 그가 내 것을 가지고 너희에게
알리리라 하였노라

4. 성령은 삼위 중 한 위이심

성령은 삼위일체 하나님(성부, 성자, 성령) 중 한 위(位)의 인격이시다. 그분은
곧 하나님이시다. 성경은 성령께서 성부와 성자와 더불어 같은 수준의 위치에서
삼위일체로 연합되어 계시는 하나님이심을 밝히고 있다(마 28 : 19; 고후 13 : 13).
예수님께서는 성령이 당신의 이름으로 당신 대신으로 오실 것을 예고하셨고(요
14 : 26), 또 성령을 "다른 보혜사"라고 부르심으로써 그분을 다른 자신(自身)으로
표현하셨다(요일 3 : 24; 요 14 : 16). 사도 바울도 우리가 성령을 받는다(모신다)
는 것은 곧 그리스도께서 우리 안에 거하시는 것으로 묘사하였다(롬 8 : 9-10).

마 28 : 19   그러므로 너희는 가서 모든 족속으로 제자를 삼아 아버지와 아들과
성령의 이름으로 세례를 주고

고후 13 : 13   주 예수 그리스도의 은혜와 하나님의 사랑과 성령의 교통하심이
너희 무리와 함께 있을지어다

요 14 : 26   보혜사 곧 아버지께서 내 이름으로 보내실 성령 그가 너희에게
모든 것을 가르치시고 내가 너희에게 말한 모든 것을 생각나게
하시리라

요일 3 : 24   그의 계명들을 지키는 자는 주 안에 거하고 주는 저 안에 거하시나니
우리에게 주신 성령으로 말미암아 그가 우리안에 거하시는 줄을
우리가 아느니라

요 14 : 16   내가 아버지께 구하겠으니 그가 또 다른 보혜사를 너희에게 주사
영원토록 너희와 함께 있게 하시리니

롬 8 : 9-10   만일 너희 속에 하나님의 영이 거하시면 너희가 육신에 있지
아니하고 영에 있나니 누구든지 그리스도의 영이 없으면 그리스도의

사람이 아니라 또 그리스도께서 너희 안에 계시면 몸은 죄로
인하여 죽은 것이나 영은 의를 인하여 산 것이니라

Ⅳ. 성령의 명칭과 상징

성령은 하나님으로 불리운 적이 있다. 사도 베드로는 아나니아와 삽비라가 거
짓말로 속였을 때에 "어찌하여 사단이 네 마음에 가득하여 네가 성령을 속이고 땅
값 얼마를 감추었느냐 사람에게 거짓말 한 것이 아니요 하나님께로다"(행 5 : 3-4 참
조) 라고 하였다. 여기서는 성령을 분명히 하나님이라고 호칭하였다. 사도 바울
은 성령을 주님이라고 불렀다(고후 3 : 17-18 참조). 성령께서 역사하시는 그 직
능과 모양에 따라서 주어진 명칭과 상징은 다양하다.

1. 성령의 명칭들

성경에 나타난 성령의 명칭은 여러 가지이다. 그 중에서 가장 대표적인 것을
든다면 대략 다음과 같다.

1) 성령(Holy Spirit)

성경에 성령(聖靈)이란 말은 여러 곳에 기록되어 있다(마 4 : 1; 막 1 : 10; 행
1 : 8,2 : 4; 롬 5 : 5; 고전 6 : 19; 살전 1 : 5-6). 성령은 삼위일체 하나님의 제3
위의 하나님으로서 성부 하나님과 성자 하나님과 위격(位格)에 있어서 논리상 구
별되나, 성부 성자와 본질을 같이하시고 삼위일체를 형성하시며 계시다. 성령(聖
靈 ; Holy Spirit)이란 "거룩하신 영"이란 뜻으로 이는 곧 그분의 거룩함과 성결함
을 이루는 직능을 나타내는 명칭이다(롬 1 : 4; 시 51 : 10-11 참조). 우리는 성령
의 감동으로 예수님을 구주로 믿고 거듭나 새사람이 되고(딛 3 : 5; 고후 5 : 17;
갈 6 : 15 참조), 천성이 개조되어 그리스도의 성품을 닮게 된다. 성령은 죄를 소
멸하고 성도들에게 성결함을 가져오는 능력이시다.

그러므로 우리는 오직 성령 세례와 성령 충만을 받음으로 원죄와 자범죄로부터
깨끗함을 받고 성결의 생활을 하게 되는 것이다(마 3 : 11; 벧전 1 : 12; 고전 6 :
11; 딛 3 : 5-6; 행 1 : 5 참조). 성령은 또 인간의 내적 활동을 지도하고 하나님

과 그리스도를 마음 가운데 비춰주는 조명(照明) 사역을 담당하신다. 예수님께서 "성령이 너희에게 임하시면 너희가 권능을 받고…"(행 1:8) 하였다. 그러나 이는 성령이 단순히 하나님이 부리는 활동 능력이라는 의미가 아니다. 성령은 하나님의 능력임과 동시에 그 자체가 하나님이시다.

마 4:1	그 때에 예수께서 성령에게 이끌리어 마귀에게 시험을 받으러 광야로 가사
막 1:10	곧 물에서 올라오실새 하늘이 갈라짐과 성령이 비둘기같이 자기에게 내려오심을 보시더니
행 1:8	오직 성령이 너희에게 임하시면 너희가 권능을 받고 예루살렘과 온 유대와 사마리아와 땅끝까지 이르러 내 증인이 되리라 하시니라
행 2:4	저희가 다 성령의 충만함을 받고 성령이 말하게 하심을 따라 다른 방언으로 말하기를 시작하니라
롬 5:5	소망이 부끄럽게 아니함은 우리에게 주신 성령으로 말미암아 하나님의 사랑이 우리 마음에 부은바 됨이니
고전 6:19	너희 몸은 너희가 하나님께로부터 받은바 너희 가운데 계신 성령의 전인 줄을 알지 못하느냐 너희는 너희 것이 아니라
살전 1:5-6	이는 우리 복음이 말로만 너희에게 이른 것이 아니라 오직 능력과 성령과 큰 확신으로 된 것이니 우리가 너희 가운데서 너희를 위하여 어떠한 사람이 된 것은 너희 아는 바와 같으니라 또 너희는 많은 환난 가운데서 성령의 기쁨으로 도를 받아 우리와 주를 본받은 자가 되었으니

2) 하나님의 성령

성경에 성령을 가리켜 "하나님의 성령"이라고 하였다(마 3:16; 엡 4:30; 요일 4:13; 고후 3:3; 고전 3:16; 롬 8:9). 이는 성령께서 하나님으로 말미암아 보내심을 받았으며(요 15:26), 또 하나님께서 성령을 통하여 역사하시기 때문이다. 즉 하나님은 성령을 통하여 창조의 사업을 수행하시고(창 1:2; 욥 33:4; 사 42:5), 죄인을 구주 예수께로 인도하여 믿게 하시고(요 6:44; 고전 12:3), 거듭나게(중생) 하시고(딛 3:5; 요 3:5), 진리를 가르쳐 주심으로써 성도들을 진리 가운데로 인도하시는 것이다(요 14 : 26, 16 : 13).

마 3 : 16	예수께서 세례를 받으시고 곧 물에서 올라 오실새 하늘이 열리고 하나님의 성령이 비둘기 같이 내려 자기 위에 임하심을 보시더니
엡 4 : 30	하나님의 성령을 근심하게 하지 말라 그 안에서 너희가 구속의 날까지 인치심을 받았느니라
요일 4 : 13	그의 성령을 우리에게 주시므로 우리가 그 안에 거하고 그가 우리 안에 거하시는 줄을 아느니라
고후 3 : 3	너희는 우리로 말미암아 나타난 그리스도의 편지니 이는 먹으로 쓴것이 아니요 오직 살아 계신 하나님의 영으로 한 것이며 또 돌비에 쓴 것이 아니요 오직 육의 심비에 한 것이라
고전 3 : 16	너희가 하나님의 성전인 것과 하나님의 성령이 너희 안에 거하시는 것을 알지 못하느뇨
롬 8 : 9	만일 너희 속에 하나님의 영이 거하시면 너희가 육신에 있지 아니하고 영에 있나니 누구든지 그리스도의 영이 없으면 그리스도의 사람이 아니라
요 15 : 26	내가 아버지께로서 너희에게 보낼 보혜사 곧 아버지께로서 나오시는 진리의 성령이 오실 때에 그가 나를 증거하실 것이요
창 1 : 2	땅이 혼돈하고 공허하며 흑암이 깊음위에 있고 하나님의 신은 수면에 운행하시니라
욥 33 : 4	하나님의 신이 나를 지으셨고 전능자의 기운이 나를 살리시느니라
사 42 : 5	하늘을 창조하여 펴시고 땅과 그 소산을 베푸시며 땅 위의 백성에게 호흡을 주시며 땅에 행하는 자에게 신을 주시는 하나님 여호와께서 이같이 말씀하시되
요 6 : 44	나를 보내신 아버지께서 이끌지 아니하면 아무라도 내게 올 수 없으니 오는 그를 내가 마지막 날에 다시 살리리라
고전 12 : 3	그러므로 내가 너희에게 알게 하노니 하나님의 영으로 말하는 자는 누구든지 예수를 저주할 자라 하지 않고 또 성령으로 아니하고는 누구든지 예수를 주시라 할 수 없느니라
딛 3 : 5	우리를 구원하시되 우리의 행한바 의로운 행위로 말미암지 아니하고 오직 그의 긍휼하심을 좇아 중생의 씻음과 성령의 새롭게 하심으로 하셨나니

요 3 : 5	예수께서 대답하시되 진실로 진실로 네게 이르노니 사람이 물과 성령으로 나지 아니하면 하나님 나라에 들어갈 수 없느니라
요 14 : 26	보혜사 곧 아버지께서 내 이름으로 보내실 성령 그가 너희에게 모든 것을 가르치시고 내가 너희에게 말한 모든 것을 생각나게 하시리라
요 16 : 13	그러하나 진리의 성령이 오시면 그가 너희를 모든 진리 가운데로 인도하시리니 그가 자의로 말하지 않고 오직 듣는 것을 말하시며 장래 일을 너희에게 알리시리라

3) 그리스도의 영

그리스도의 영(롬 8 : 9)이란 "하나님의 영"과 같이 성령의 별칭이다. 성경에 "그리스도의 영"(고후 3 : 17; 갈 4 : 6; 빌 1 : 19)이란 그리스도의 신성과 성령께서 성부와 성자에 의하여 보내심을 받았음을 나타내는 호칭이다(요 15 : 26). 성령은 성부께로부터 나서 성자를 통해 주시는 것이다(요 14 : 26,15 : 26). 성령은 성자 예수께서 성부 하나님께 받아서 부어주시는 영이다. 그러므로 성령을 그리스도의 영이라고 부르게 된 것이다(행 2 : 33). 예수님은 십자가에 죽으시기 전(요 14 : 16,16 : 13)과, 부활하신 후(요 20 : 22; 행 1 : 5)에 누누히 성령께서 오셔서 예수님 자신의 사역을 교대(交代)할 것을 예고하셨다. 그리고 승천하신 예수님께서는 예고하신 대로 성령을 교대하여 보내 주셨다(요 16 : 7). 그러므로 성령께서 임재하심은 예수 그리스도의 임재와 동일한 것이다(요 14 : 16-20; 마 28 : 19-20).

성령은 구주 예수께서 십자가에 죽으심과 부활을 통하여 이루어 놓으신 구속과 생명의 은총을 증거하시고(요 15 : 26), 가르치시고(요 16 : 12-14), 깨닫게 하시며(고전 12 : 3) 우리의 심령 속에 체험케 하는 일을 하신다(롬 8 : 1-4; 요일 5 : 11-12 참조). 그러므로 그분이 그리스도의 영이라 불리우는 것이다.

혹자는 성령과 그리스도의 영이 서로 다르다고 주장한다. 그들의 주장에 의하면 신자가 중생할 때는 그리스도의 영을 받고 성결 또는 성령 세례를 받을 때는 성령을 받는 것이라고 한다. 이것은 성경적으로 옳지 못한 주장이다. 하나님은 성부, 성자, 성령 삼위일체이심으로 성령과 그리스도의 영이 서로 다르다고 보는 것은 하나님의 삼위일체 교리를 바로 이해하지 못한 소치라 할 수밖에 없다. 그리스도의 영과 성령은 동일한 영이시다.

롬 8 : 9	만일 너희 속에 하나님의 영이 거하시면 너희가 육신에 있지 아니하고 영에 있나니 누구든지 그리스도의 영이 없으면 그리스도의 사람이 아니라
고후 3 : 17	주는 영이시니 주의 영이 계신 곳에는 자유함이 있느니라
갈 4 : 6	너희가 아들인고로 하나님이 그 아들의 영을 우리 마음 가운데 보내사 아바 아버지라 부르게 하셨느니라
빌 1 : 19	이것이 너희 간구와 예수 그리스도의 성령의 도우심으로 내 구원에 이르게 할 줄 아는고로
요 15 : 26	내가 아버지께로서 너희에게 보낼 보혜사 곧 아버지께로서 나오시는 진리의 성령이 오실 때에 그가 나를 증거하실 것이요
요 14 : 26	보혜사 곧 아버지께서 내 이름으로 보내실 성령 그가 너희에게 모든 것을 가르치시고 내가 너희에게 말한 모든 것을 생각나게 하시리라
행 2 : 33	하나님이 오른손으로 예수를 높이시매 그가 약속하신 성령을 아버지께 받아서 너희 보고 듣는 이것을 부어 주셨느니라
요 14 : 16	내가 아버지께 구하겠으니 그가 또 다른 보혜사를 너희에게 주사 영원토록 너희와 함께 있게 하시리니
요 16 : 13	그러하나 진리의 성령이 오시면 그가 너희를 모든 진리 가운데로 인도하시리니 그가 자의로 말하지 않고 오직 듣는 것을 말하시며 장래 일을 너희에게 알리시리라
요 20 : 22	이 말씀을 하시고 저희를 향하사 숨을 내쉬며 가라사대 성령을 받으라
행 1 : 5	요한은 물로 세례를 베풀었으나 너희는 몇 날이 못되어 성령으로 세례를 받으리라 하셨느니라
요 16 : 7	그러하나 내가 너희에게 실상을 말하노니 내가 떠나가는 것이 너희에게 유익이라 내가 떠나가지 아니하면 보혜사가 너희에게로 오시지 아니할 것이요 가면 내가 그를 너희에게로 보내리니
요 14 : 16-20	내가 아버지께 구하겠으니 그가 또 다른 보혜사를 너희에게 주사 영원토록 너희와 함께 있게 하시리니 저는 진리의 영이라 세상은 능히 저를 받지 못하나니 이는 저를 보지도 못하고 알지도 못함이라

그러나 너희는 저를 아나니 저는 너희와 함께 거하심이요 또 너희
속에 계시겠음이라 내가 너희를 고아와 같이 버려두지 아니하고
너희에게로 오리라 조금 있으면 세상은 다시 나를 보지 못할
터이로되 너희는 나를 보리니 이는 내가 살았고 너희도 살겠음이라
그 날에는 내가 아버지 안에 너희가 내 안에 내가 너희 안에 있는
것을 너희가 알리라

마 28 : 19-20   그러므로 너희는 가서 모든 족속으로 제자를 삼아 아버지와 아들과
성령의 이름으로 세례를 주고 내가 너희에게 분부한 모든 것을
가르쳐 지키게 하라 볼지어다 내가 세상 끝날까지 너희와 항상
함께 있으리라 하시니라

요 16 : 12-14   내가 아직도 너희에게 이를 것이 많으나 지금은 너희가 감당치
못하리라 그러나 진리의 성령이 오시면 그가 너희를 모든 진리
가운데로 인도하시리니 그가 자의로 말하지 않고 오직 듣는 것을
말하시며 장래 일을 너희에게 알리시리라 그가 내 영광을
나타내리니 내 것을 가지고 너희에게 알리겠음이니라

고전 12 : 3   그러므로 내가 너희에게 알게 하노니 하나님의 영으로 말하는
자는 누구든지 예수를 저주할 자라하지 않고 또 성령으로
아니하고는 누구든지 예수를 주시라 할 수 없느니라

롬 8 : 1-4   그러므로 이제 그리스도 예수 안에 있는 자에게는 결코 정죄함이
없나니 이는 그리스도 예수 안에 있는 생명의 성령의 법이 죄와
사망의 법에서 너를 해방하였음이라 율법이 육신으로 말미암아
연약하여 할 수 없는 그것을 하나님은 하시나니 곧 죄를 인하여
자기 아들을 죄 있는 육신의 모양으로 보내어 육신에 죄를 정하사
육신을 좇지 않고 그 영을 좇아 행하는 우리에게 율법의 요구를
이루어지게 하려 하심이니라

4) 보혜사(保惠師)

보혜사(Comforter)라는 말의 원래 뜻은 "도움받기 위해 곁으로 부름받은 자"란
의미이다. 헬라어의 "보혜사"를 뜻하는 "파라클레토스"(Parakletos)는 "옆에서 도
와준다"는 의미이다. 성경에 사용된 보혜사라는 말은 위로자(요 14 : 16,26), 혹
은 대언자(요일 2 : 1), 중보자, 상담자 등의 뜻을 가지고 있다.

예수님께서 성령을 보혜사라고 부르시는 동시에 당신 자신도 보혜사로 지칭하셨다. 즉 당신이 승천하신 후에 당신의 이름을 대신하여 와서 자리를 채워 줄 성령을 가리켜 "다른 보혜사"(알로스 파라클레토스) 라고 말씀하신 것이다(요 14 : 16). 여기서 "다른 보혜사"의 "다른"이란 헬라어는 "알로스"인데, 그 뜻은 종류와 성질이 똑같은 다른 것을 나타내는 것이다. 그러므로 다른 "보혜사"는 예수님께서 보내실 보혜사 성령이 예수님과 똑같은 보혜사로서 동일한 인격과 동일한 목적을 가지고 예수님의 이름으로 예수님을 대신하여 예수님의 위치에서 일하실 것을 의미하는 호칭이다(요 16 : 7-8 참조). 그러므로 보혜사 성령의 오심은 곧 예수님 자신의 오심이며, 성령의 임재하심은 예수님의 임재와 동일한 것이다(요 14 : 18; 마 28 : 20). 따라서 성령의 충만은 곧 예수님의 충만이라고 할 수 있다.

요 14 : 16	내가 아버지께 구하겠으니 그가 또 다른 보혜사를 너희에게 주사 영원토록 너희와 함께 있게 하시리니
요 14 : 26	보혜사 곧 아버지께서 내 이름으로 보내실 성령 그가 너희에게 모든 것을 가르치시고 내가 너희에게 말한 모든 것을 생각나게 하시리라
요일 2 : 1	나의 자녀들아 내가 이것을 너희에게 씀은 너희 죄를 범치 않게 하려 함이라 만일 누가 죄를 범하면 아버지 앞에서 우리에게 대언자가 있으니 곧 의로우신 예수 그리스도시라
요 14 : 18	내가 너희를 고아와 같이 버려두지 아니하고 너희에게로 오리라
마 28 : 20	내가 너희에게 분부한 모든 것을 가르쳐 지키게 하라 볼지어다 내가 세상 끝 날까지 너희와 항상 함께 있으리라 하시니라

5) 진리의 영

성경에 성령을 가리켜 "진리의 영"이라고도 하였다(요 14 : 17,15 : 26). 참이신 하나님(살전 1 : 9; 렘 10 : 10)은 곧 진리의 하나님이시며(시 31 : 5), 성자 자신도 진리이시니(요 14 : 6), 성령 또한 진리이실 것은 당연하다(요 16 : 13; 요일 5 : 7).

성령을 진리의 영이라 함에는 다음 몇 가지 뜻이 있다.

첫째, 성령을 "진리의 영"이라 함은 그분이 성부와 성자와 같은 "진리의 하나님"(시 31 : 5; 요 16 : 13 참조)이라는 뜻이다.

둘째, 성령을 진리의 영이라 함은 그분이 곧 진리이시며(요일 5 : 7), 그분이 진리의 하나님과 진리의 말씀(요 17 : 17; 시 119 : 43)을 선포하고(계 14 : 13,2 : 11,29), 진리이신 그리스도를 증거하고(요 14 : 6,15 : 26), 우리를 하나님의 모든 진리 가운데로 인도하시기 때문이다.

셋째, 성령을 진리의 영이라 함은 신자는 성령의 지배 하에 있고 세상은 미혹의 신(요일 4 : 6 참조)의 지배 하에 있는데, 성령은 신자에게 진리를 가르치고 진리에로 인도하나, 미혹의 신은 진리에서 떠나게 한다. 그러므로 성령을 가리켜 진리의 영이라 하는 것이다.

넷째, 성령을 진리의 영이라 하는 또 다른 이유는 그분이 진리의 말씀인 성경의 저작자가 되시고(딤후 3 : 16; 벧후 1 : 21), 그 해석자가 되시고(고전 2 : 10,13), 전파자가 되시기 때문이다(벧전 1 : 12).

요 14 : 17	저는 진리의 영이라 세상은 능히 저를 받지 못하나니 이는 저를 보지도 못하고 알지도 못함이라 그러나 너희는 저를 아나니 저는 너희와 함께 거하심이요 또 너희 속에 계시겠음이라
요 15 : 26	내가 아버지께로서 너희에게 보낼 보혜사 곧 아버지께로서 나오시는 진리의 성령이 오실 때에 그가 나를 증거하실 것이요
살전 1 : 9	저희가 우리에 대하여 스스로 고하기를 우리가 어떻게 너희 가운데 들어간 것과 너희가 어떻게 우상을 버리고 하나님께로 돌아와서 사시고 참되신 하나님을 섬기며
렘 10 : 10	오직 여호와는 참하나님이시요 사시는 하나님이시요 영원한 왕이시라 그 진노하심에 땅이 진동하며 그 분노하심을 열방이 능히 당치 못하느니라
요 14 : 6	예수께서 가라사대 내가 곧 길이요 진리요 생명이니 나로 말미암지 않고는 아버지께로 올 자가 없느니라
요 16 : 13	그러하나 진리의 성령이 오시면 그가 너희를 모든 진리 가운데로 인도하시리니 그가 자의로 말하지 않고 오직 듣는 것을 말하시며 장래 일을 너희에게 알리시리라

시 31 : 5	내가 나의 영을 주의 손에 부탁하나이다 진리의 하나님 여호와여 나를 구속하셨나이다
요일 5 : 7	증거하는 이는 성령이시니 성령은 진리니라
요 17 : 17	저희를 진리로 거룩하게 하옵소서 아버지의 말씀은 진리니이다
시 119 : 43	진리의 말씀이 내 입에서 조금도 떠나지 말게 하소서 내가 주의 규례를 바랐음이니이다
계 14 : 13	또 내가 들으니 하늘에서 음성이 나서 가로되 기록하라 자금 이후로 주안에서 죽는 자들은 복이 있도다 하시매 성령이 가라사대 그러하다 저희 수고를 그치고 쉬리니 이는 저희의 행한 일이 따름이라 하시더라
계 2 : 11	귀 있는 자는 성령이 교회들에게 하시는 말씀을 들을지어다 이기는 자는 둘째 사망의 해를 받지 아니하리라
계 2 : 29	귀 있는 자는 성령이 교회들에게 하시는 말씀을 들을지어다
딤후 3 : 16	모든 성경은 하나님의 감동으로 된 것으로 교훈과 책망과 바르게 함과 의로 교육하기에 유익하니
벧후 1 : 21	예언은 언제든지 사람의 뜻으로 낸 것이 아니요 오직 성령의 감동하심을 입은 사람들이 하나님께 받아 말한 것임이니라
벧전 1 : 12	이 섬긴 바가 자기를 위한 것이 아니요 너희를 위한 것임이 계시로 알게 되었으니 이것은 하늘로부터 보내신 성령을 힘입어 복음을 전하는 자들로 이제 너희에게 고한 것이요 천사들도 살펴보기를 원하는 것이니라
고전 2 : 10	오직 하나님이 성령으로 이것을 우리에게 보이셨으니 성령은 모든 것 곧 하나님의 깊은 것이라도 통달하시느니라
고전 2 : 13	우리가 이것을 말하거니와 사람의 지혜의 가르치신 것으로 하니 신령한 일은 신령한 것으로 분별하느니라

6) 생명의 성령

성경이 성령을 "'생명의 성령"(롬 8 : 2)이라고 기록함은 그분이 죄와 허물로 죽은 사람의 심령 속에 그리스도의 영원한 새 생명을 불어넣어 영생하시는 하나님의 자녀로 새로 태어나게 하시기 때문이다(요 3 : 3,5; 요일 5 : 12-13). 성령의 신적 속성 중의 하나가 "생명을 주는 능력"이다. 욥의 친구 엘리후는 "하나님의 신이 나를 지으셨고 전능자의 기운이 나를 살리시느니라"(욥 33 : 4)고 하였다.

롬 8 : 2 　　　 이는 그리스도 예수 안에 있는 생명의 성령의 법이 죄와 사망의
　　　　　　　　 법에서 너를 해방하였음이라

요 3 : 3 　　　 예수께서 대답하여 가라사대 진실로 진실로 네게 이르노니 사람이
　　　　　　　　 거듭나지 아니하면 하나님 나라를 볼수 없느니라

요 3 : 5 　　　 예수께서 대답하시되 진실로 진실로 네게 이르노니 사람이 물과
　　　　　　　　 성령으로 나지 아니하면 하나님 나라에 들어갈 수 없느니라

요일 5 : 12-13 　 아들이 있는 자에게는 생명이 있고 하나님의 아들이 없는 자에게는
　　　　　　　　 생명이 없느니라 내가 하나님의 아들의 이름을 믿는 너희에게
　　　　　　　　 이것을 쓴 것은 너희로 하여금 너희에게 영생이 있음을 알게 하려
　　　　　　　　 함이라

2. 성령의 상징(象徵)

1) 물(생수)

성경에 물을 성령의 상징으로 표현하였다. 예수님께서 가라사대 "누구든지 목마르거든 내게로 와서 마시라 나를 믿는 자는 성경에 이름과 같이 그 배에서 생수의 강이 흘러나리라"(요 7 : 37-39, 4 : 14)고 하셨다. 하나님께서 모세에게 이르시되 "내가 거기서 호렙산 반석 위에 너를 대하여 서리니 너는 반석을 치라 그것에서 물이 나리니 백성이 마시리라…"(출 17 : 6)고 하셨다. 그런데 여기 반석은 곧 그리스도라고 하였다(고전 10 : 4). 즉 광야에서 이스라엘 백성이 마신 생수는 장차 그리스도를 통하여 부어 주실 성령의 생수의 모형이었던 것이다.

물은 인간이 생명을 유지함에 필요 불가결한 요소이다. 인간의 몸은 거의 7할이 수분이다. 그런고로 성령을 물로 비유한 것은 물이 인간 육체의 생명 유지에 불가결한 것과 같이 성령은 인간의 영적 생명을 형성하고 유지함에 불가결한 요소임을 의미한다. 사람은 성령으로 거듭남으로 새 생명을 소유하게 되고(요 3 : 5), 거듭난 심령은 또 성령의 생수를 끊임없이 마심으로(고전 12 : 13) 영적 생명을 유지하며 만족한 생활을 누리게 되는 것이다(요 4 : 13-14). 물은 또 깨끗하게 씻어 정결하게 하는 역할을 한다. 이와 같이 성령은 우리의 심령을 매일 깨끗이

씻어 줌으로써 성결케 하는(딛 3 : 5) 물의 역할을 하는 것이다.

고전 10 : 4	다 같은 신령한 음료를 마셨으니 이는 저희를 따르는 신령한 반석으로부터 마셨으매 그 반석은 곧 그리스도시라
요 3 : 5	예수께서 대답하시되 진실로 진실로 네게 이르노니 사람이 물과 성령으로 나지 아니하면 하나님 나라에 들어갈 수 없느니라
고전 12 : 13	우리가 유대인이나 헬라인이나 종이나 자유자나 다 한 성령으로 세례를 받아 한 몸이 되었고 또 다 한 성령을 마시게 하셨느니라
요 4 : 13-14	예수께서 대답하여 가라사대 이 물을 먹는 자마다 다시 목마르려 니와 내가 주는 물을 먹는 자는 영원히 목마르지 아니하리니 나의 주는 물은 그 속에서 영생하도록 솟아나는 샘물이 되리라
딛 3 : 5	우리를 구원하시되 우리의 행한 바 의로운 행위로 말미암지 아니하고 오직 그의 긍휼하심을 좇아 중생의 씻음과 성령의 새롭게 하심으로 하셨나니

2) 불(火)

성경은 오순절날에 성령이 "불"같이 임하였다고 한다(행 2 : 3-4). 그리고 세례 요한은 예수를 가리켜 "… 그는 성령과 불로 너희에게 세례를 줄 것이요"(마 3 : 11; 행 1 : 5 참조) 라고 하였다. 불은 하나님의 임재의 모형이다(출 3 : 1-5; 왕상 18 : 24). 불은 태우는 역사를 하는데 가장 완전한 소독 청결 방법은 불로 태우는 것이다. 이와 같이 성령은 우리의 심령에 오염된 죄악을 소멸하는 불이다(히 12 : 29; 렘 23 : 29; 마 3 : 12). 불은 또 밝은 빛을 발하게 된다. 눈이 있어도 빛이 없이는 보지 못한다. 우리의 영안이 보기 위해서는 성령의 빛이 있어야 한다. 성령은 영적 세계와 우리의 심령을 조명(照明)하는 빛이다.

불은 뜨거운 열이 있다. 성령은 우리의 심령 속에 신앙 생활의 열심을 일으켜 준다(딤후 1 : 6; 눅 24 : 32). 불은 힘을 발휘한다. 그러기에 인류 사회에 있어서 모든 기계적 원동력은 불이다. 성령은 우리의 영적 생활에 활력을 불어넣어 주고 심령 속에 하늘의 능력을 일으키는 불이다.

행 2 : 3-4	불의 혀같이 갈라지는 것이 저희에게 보여 각 사람 위에 임하여

있더니 저희가 다 성령의 충만함을 받고 성령이 말하게 하심을
따라 다른 방언으로 말하기를 시작하니라

출 3 : 1-5   모세가 그 장인 미디안 제사장 이드로의 양무리를 치더니 그 무리를
광야 서편으로 인도하여 하나님의 산 호렙에 이르매 여호와의
사자가 떨기나무 불꽃 가운데서 그에게 나타나시니라 그가 보니
떨기 나무에 불이 붙었으나 사라지지 아니하는지라 이에 가로되
내가 돌이켜 가서 이 큰 광경을 보리라 떨기나무가 어찌하여 타지
아니하는고 하는 동시에 여호와께서 그가 보려고 돌이켜 오는
것을 보신지라 하나님이 떨기나무 가운데서 그를 불러 가라사대
모세야 모세야 하시매 그가 가로되 내가 여기 있나이다 하나님이
가라사대 이리로 가까이 하지 말라 너의 선 곳은 거룩한 땅이니
네 발에서 신을 벗으라

왕상 18 : 24   너희는 너희 신의 이름을 부르라 나는 여호와의 이름을 부르리니
이에 불로 응답하는 신 그가 하나님이니라 백성이 다 대답하되
그 말이 옳도다

히 12 : 29   우리 하나님은 소멸하는 불이심이니라

렘 23 : 29   나 여호와가 말하노라 내 말이 불같지 아니하냐 반석을 쳐서
부스러뜨리는 방망이같지 아니하냐

마 3 : 12   손에 키를 들고 자기의 타작 마당을 정하게 하사 알곡은 모아
곳간에 들이고 쭉정이는 꺼지지 않는 불에 태우시리라

딤후 1 : 6   그러므로 내가 나의 안수함으로 네 속에 있는 하나님의 은사를
다시 불일듯하게 하기 위하여 너로 생각하게 하노니

눅 24 : 32   저희 눈이 밝아져 그인줄 알아보더니 예수는 저희에게 보이지
아니하시는지라 저희가 서로 말하되 길에서 우리에게 말씀하시고
우리에게 성경을 풀어 주실 때에 우리 속에서 마음이 뜨겁지
아니하더냐 하고

3) 바람(風)

예수님께서 가라사대 "바람이 임의로 불매 네가 그 소리를 들어도 어디서 오며 어
디로 가는지 알지 못하나니 성령으로 난 사람은 다 이러하니라"(요 3 : 8)고 하셨다.
예수님은 성령을 바람으로 상징하셨다. 헬라어로 "성령"과 "바람"은 다 같은 "프

뉴마 ; Pneuma"(바람, 숨)이다(행 2 : 2, 4). 하나님께서 흙으로 사람을 지으시고 그 코에 생기(生氣)를 불어넣었던 것과 같이(창 2 : 7), 성령은 죄악으로 죽은 심령에게 바람(생기)을 불어넣어 새 생명으로 새로 나게 하시는 것이다(요 3 : 8; 겔 37 : 9; 욥 32 : 8, 33 : 4; 요 20 : 22).

바람은 세상 어느 곳에나 편만해 있다. 바람은 세상 어느 공간에나 다 들어가 있으며 세상에는 바람이 없는 날이 없다. 이와 같이 성령께서는 세계 어느 곳에든지 임재하시어 끊임없이 역사하고 계시다.

행 2 : 2   홀연히 하늘로부터 급하고 강한 바람 같은 소리가 있어 저희 앉은 온 집에 가득하며

행 2 : 4   저희가 다 성령의 충만함을 받고 성령이 말하게 하심을 따라 다른 방언으로 말하기를 시작하니라

창 2 : 7   여호와 하나님이 흙으로 사람을 지으시고 생기를 그 코에 불어넣으시니 사람이 생령이 된지라

요 3 : 8   바람이 임의로 불매 네가 그 소리를 들어도 어디서 오며 어디로 가는지 알지 못하나니 성령으로 난 사람은 다 이러하니라

겔 37 : 9   또 내게 이르시되 인자야 너는 생기를 향하여 대언하라 생기에게 대언하여 이르기를 주 여호와의 말씀에 생기야 사방에서부터 와서 이 사망을 당한 자에게 불어서 살게 하라 하셨다 하라

욥 32 : 8   사람의 속에는 심령이 있고 전능자의 기운이 사람에게 총명을 주시나니

욥 33 : 4   하나님의 신이 나를 지으셨고 전능자의 기운이 나를 살리시느니라

요 20 : 22   이 말씀을 하시고 저희를 향하사 숨을 내쉬며 가라사대 성령을 받으라

4) 기름(油)

기름은 성령의 상징이다(슥 4 : 1-6). 성경에 "주 여호와의 신이(성령이) 내게 임하셨으니 이는 여호와께서 내게 기름을 부으사 가난한 자에게 아름다운 소식을 전하게 하려 하심이라…"(눅 4 : 18 참조 사61 : 1)고 하였고, 또 "사무엘이 기름뿔을 취하여 그 형제 중에서 그에게 부었더니 이날 이후로 다윗이 여호와의 신에게 크게 감

동되니라…"(삼상 16 : 13)고 하였다.

성경에 나타난 기름 부음은 어떤 물건이나 인물을 거룩히 구별하여 하나님께 속하였음을 나타내는 하나의 의식(儀式)이다(출 30 : 25-29, 30 : 30; 삼상 16 : 13; 왕상 19 : 16). 주를 믿는 신자들은 성령의 기름 부음을 받음으로써 세상으로부터 거룩히 구별되어 하나님께 속한 자요, 택하신 족속이요, 왕 같은 제사장이요, 거룩한 나라요, 그의 소유된 백성이 되는 것이다(벧전 2 : 9).

슥 4 : 1-6	내게 말하던 천사가 다시 와서 나를 깨우니 마치 자는 사람이 깨우임 같더라 그가 내게 묻되 네가 무엇을 보느냐 내가 대답하되 내가 보니 순금 등대가 있는데 그 꼭대기에 주발 같은 것이 있고 또 그 등대에 일곱 등잔이 있으며 그 등대 꼭대기 등잔에는 일곱 관이 있고 그 등대 곁에 두 감람나무가 있는데 하나는 그 주발 우편에 있고 하나는 그 좌편에 있나이다 하고 내게 말하는 천사에게 물어 가로되 내 주여 이것들이 무엇이니이까 내게 말하는 천사가 대답하여 가로되 네가 이것들이 무엇인지 알지 못하느냐 내가 대답하되 내 주여 내가 알지 못하나이다 그가 내게 일러 가로되 여호와께서 스룹바벨에게 하신 말씀이 이러하니라 만군의 여호와께서 말씀하시되 이는 힘으로 되지 아니하며 능으로 되지 아니하고 오직 나의 신으로 되느니라
출 30 : 25-29	그것으로 거룩한 관유를 만들되 향을 제조하는 법대로 향기름을 만들지니 그것이 거룩한 관유가 될지라 너는 그것으로 회막과 증거궤에 바르고 상과 그 모든 기구며 등대와 그 기구며 분향단과 및 번제단과 그 모든 기구와 물두멍과 그 받침에 발라 그것들을 지성물로 구별하라 무릇 이것에 접촉하는 것이 거룩하리라
출 30 : 30	너는 아론과 그 아들들에게 기름을 발라 그들을 거룩하게 하고 그들로 내게 제사장 직분을 행하게 하고
삼상 16 : 13	사무엘이 기름 뿔을 취하여 그 형제 중에서 그에게 부었더니 이 날 이후로 다윗이 여호와의 신에게 크게 감동되니라 사무엘이 떠나서 라마로 가니라
왕상 19 : 16	너는 또 님시의 아들 예후에게 기름을 부어 이스라엘 왕이 되게 하고 또 아벨므홀라 사밧의 아들 엘리사에게 기름을 부어 너를

대신하여 선지자가 되게 하라

벧전 2 : 9　오직 너희는 택하신 족속이요 왕 같은 제사장들이요 거룩한 나라요
그의 소유된 백성이니 이는 너희를 어두운 데서 불러내어 그의
기이한 빛에 들어가게 하신 자의 아름다운 덕을 선전하게 하려
하심이라

5) 비둘기

예수님께서 세례를 받으시고 물에서 올라오실 때 "성령이 형체로 비둘기같이" 임하셨다(마 3 : 16; 눅 3 : 22; 요 1 : 32). 성령을 비둘기로 상징한 것은 다음 몇 가지 뜻이 있다.

첫째, 비둘기는 평화의 상징이다. 노아가 방주 안에서 내보낸 비둘기는 그에게 감람나무 새 잎사귀를 물어다 줌으로써 하나님의 진노와 심판이 지나가고 다시 평화가 왔다는 것을 알려 주었다(창 8 : 10-11). 성령은 예수님을 믿고 구원을 얻어 하나님과 화평을 이룬 성도들에게 하늘의 위로와 평화를 가져다 준다(롬 5 : 1). 그러나 성령께서 하나님의 진노와 심판 아래 놓인 사람들의 심령에는 결코 임하지 않으신다.

둘째, 비둘기는 온유와 겸손의 상징이다. 성령은 우리의 심령 속에 오시어 우리로 하여금 온유한 성격과 겸비한 마음을 심어 주신다.

셋째, 비둘기는 정결하고 무해한 동물이다. 즉 비둘기는 까마귀같이 추하거나 솔개나 독수리 같이 살상하지 아니한다. 우리 속에 성령이 임하시면 항상 성결하고 남에게 덕을 세우는 생활이 가능한 것이다.

넷째, 비둘기는 다른 짐승과 달리 쉽게 놀라며 한두 번 계속 괴롭히면 영영히 그곳을 떠나 버리고 만다. 성령께서는 인간의 잘못으로 인하여 근심하시게 되기 쉽고 또 인간의 거역으로 인하여 그 역사가 소멸되기가 쉬운 것이다. 그러기에 성경은 우리에게 "하나님의 성령을 근심하게 하지 말라"(슬프게 혹은 섭섭하게 말라)고 교훈하고 있는 것이다(엡 4 : 30).

마 3 : 16　예수께서 세례를 받으시고 곧 물에서 올라오실새 하늘이 열리고
하나님의 성령이 비둘기같이 내려 자기 위에 임하심을 보시더니

눅 3 : 22	성령이 형체로 비둘기같이 그의 위에 강림하시더니 하늘로써 소리가 나기를 너는 내 사랑하는 아들이라 내가 너를 기뻐하노라 하시니라
요 1 : 32	요한이 또 증거하여 가로되 내가 보매 성령이 비둘기 같이 하늘로써 내려와서 그의 위에 머물렀더라
창 8 : 10-11	또 칠 일을 기다려 다시 비둘기를 방주에서 내어놓으매 저녁 때에 비둘기가 그에게로 돌아왔는데 그 입에 감람 새 잎사귀가 있는지라 이에 노아가 땅에 물이 감한 줄 알았으며
롬 5 : 1	그러므로 우리가 믿음으로 의롭다 하심을 얻었은즉 우리 주 예수 그리스도로 말미암아 하나님으로 더불어 화평을 누리자
엡 4 : 30	하나님의 성령을 근심하게 하지 말라 그 안에서 너희가 구속의 날까지 인치심을 받았느니라

6) 인(印)

성경에 성령의 체험을 인(印)침으로 상징하였다(엡 1 : 13,4 : 30; 고후 1 : 22). 인침은 아무나 허락 없이 손대지 못하도록 봉함을 의미하며, 특정인의 소유권을 표현하는 것이다. 또한 인침은 권위의 표징이다. 아무리 중요한 문서라도 거기에 해당하는 도장이 찍히기 전에는 아무런 권위가 없다. 이와 같이 신자가 성령의 인치심을 받으면 하나님 외에는 아무도 손대지 못하는 하나님께 속한 자, 즉 하나님의 자녀가 되며 하나님의 자녀의 신분과 권세를 누리게 된다(계 7 : 3).

엡 1 : 13	그 안에서 너희도 진리의 말씀 곧 너희의 구원의 복음을 듣고 그 안에서 또한 믿어 약속의 성령으로 인치심을 받았으니
엡 4 : 30	하나님의 성령을 근심하게 하지 말라 그 안에서 너희가 구속의 날까지 인치심을 받았느니라
고후 1 : 22	저가 또한 우리에게 인치시고 보증으로 성령을 우리 마음에 주셨느니라
계 7 : 3	가로되 우리가 우리 하나님의 종들의 이마에 인치기까지 땅이나 바다나 나무나 해하지 말라 하더라

7) 보증(保證)

성경에 성령을 보증으로 상징하였다(고후 1 : 21-22; 엡 1 : 13-14). 성령은 하나님께서 그리스도 예수를 믿는 성도로 하여금 구원과 천국 입국에 관하여 의심없이 믿고 확신할 수 있도록 세워 주신 보증이시다. 그러므로 성령을 모신 사람은 언제나 구원에 대한 확신과 천국에 대한 부동의 희망을 안고 기쁨이 넘치는 생활을 하게 되는 것이다.

> 고후 1 : 21-22   우리를 너희와 함께 그리스도 안에서 견고케 하시고 우리에게 기름을 부으신 이는 하나님이시니 저가 또한 우리에게 인치시고 보증으로 성령을 우리 마음에 주셨느니라
>
> 엡 1 : 13-14   그 안에서 너희도 진리의 말씀 곧 너희의 구원의 복음을 듣고 그 안에서 또한 믿어 약속의 성령으로 인치심을 받았으니 이는 우리의 기업에 보증이 되사 그 얻으신 것을 구속하시고 그의 영광을 찬미하게 하려 하심이라

8) 술(酒)

오순절 당시에 성령 충만함을 받은 사람들을 조롱하여 이르기를 "… 저희가 새 술이 취하였다"라고 하였다(행 2 : 13). 사도 바울은 "술 취하지 말라 이는 방탕한 것이니 오직 성령의 충만함을 받으라"고 하였다(엡 5 : 18). 이와 같이 성령의 충만함을 받는 체험을 술취함에 비유함으로써 성령을 술로 상징하였다.

> 행 2 : 13   또 어떤 이들은 조롱하여 가로되 저희가 새 술에 취하였다 하리라
>
> 엡 5 : 18   술 취하지 말라 이는 방탕한 것이니 오직 성령의 충만을 받으라

성령의 사역

I. 창조의 사역

신자들도 대개는 천지 창조에 관하여 단지 성부 하나님을 창조주로 생각하기 쉽다. 그러나 성경을 좀더 깊이 살펴보면 삼위의 하나님의 근본적이고 필연적인 일체성 때문에 역시 성자와 성령께서도 성부와 함께 창조의 사역에 동역(同役)하신 사실을 알게 된다.

1. 천지(天地) 창조의 사역

성령은 성업(聖業 ; 하나님이 하시는 모든 일)의 동역자(同役者)로서 하나님의 창조 사역에서 함께 역사하고 계심을 다음 성경 구절들이 밝히 보여 주고 있다. 성령의 천지 창조의 사역에 대하여 창세기 1장 1-2절에 "태초에 하나님이 천지를 창조하시니라 땅이 혼돈하고 공허하며 흑암이 깊음 위에 있고 하나님의 신은 수면에 운행하시니라"고 하였고 시편 33편 6절에는 "여호와의 말씀으로 하늘이 지음이 되었으며 그 만상이 그 입 기운으로 이루었도다" 라고 하였다.

그리고 시편 104편 30절에 "주의 영을 보내어 저희를 창조하사 지면을 새롭게 하시나이다" 라고 하였다. 이상의 말씀들은 하나님의 천지 창조에 성령께서 동역하심을 분명히 말해 주고 있다.

2. 인간 창조의 사역

하나님께서 인간을 창조하시기 전에 말씀하시기를 "우리의 형상을 따라 우리의 모양대로 우리가 사람을 만들고 그로 바다의 고기와 공중의 새와 육축과 온 땅과 땅에 기는 모든 것을 다스리게 하자"(창 1 : 26) 라고 하셨다. 이는 인간 창조의 성업에 있어서 삼위의 신이 함께 역사하셨음을 분명히 말해 주고 있다. 창세기에 나타난 하나님의 인간 창조의 기사를 보면 "여호와 하나님이 흙으로 사람을 지으시고 생기를 그 코에 불어넣으시니 사람이 생령이 된지라"고 하였다(창 2 : 7).

그리고 성경 다른 곳에 보면 "하나님의 신이 나를 지으셨고 전능자의 기운이 나를 살리시느니라"(욥 33 : 4)고 하였다. 성령께서 인간 창조의 사역에 하나님과 동역하신 것이 분명하며, 또 "기운"은 성령의 다른 호칭이니 인간 창조에 있어서 사람의 생명을 주는 분은 삼위일체 하나님의 제삼위이심이 분명하다.

성경에 "사람의 속에는 심령이 있고 전능자의 기운(영)이 사람에게 총명을 주신다"(욥 32 : 8) 라고 한 말씀을 보면 사람을 단순히 동물이 아닌 산 영혼으로서 그가 이성적이고 도덕적인 존재로 선하고, 거룩하고, 의롭고, 지혜롭도록 만드시는 분이 바로 성령이심을 알 수 있다.

> **창 2 : 7**　　여호와 하나님이 흙으로 사람을 지으시고 생기를 그 코에 불어넣으시니 사람이 생령이 된지라

3. 인간 재창조의 사역

성경은 처음 인간의 심령을 창조하신 성령께서 죄와 허물로 죽은 인간의 영혼을 거듭나게 하심으로써 재창조하시는 것으로 가르쳐 주고 있다(엡 2 : 1; 요 3 : 3-5). 인간은 처음 창조시에 하나님의 형상대로 창조함을 받았으므로(창 1 : 27), 참생명과 의로움과 거룩함과 지식의 영광스러운 하나님의 형상을 가지게 되었지만 타락으로 말미암아 사람은 그 생명과 지식과 의로움과 거룩함과 영광의 형상을 상실하고 말았다. 그러나 복음을 믿는 자는 그리스도 안에서 새로운 피조물이 되는 것이다(고후 5 : 17; 엡 2 : 10).

그리스도 안에서 새로운 피조물이 된 자는 성령의 사역에 의하여 중생(신생)한 사람(요 3 : 3), 즉 새사람이다(엡 4 : 23-24; 골 3 : 3). 그리스도 안에서 성령으로 거듭나서 새사람된 자는 다시 하나님의 형상을 회복하게 되는데 이번에는 잃어버림이 없이 그 형상을 영구히 보존하게 되는 것이다.

성령이 사람을 그리스도 안에서 중생하여 새사람이 되게 하는 것을 "재창조"

라고 함은 성령이 죄 많은 인간의 영혼을 아주 멸하고 무에서 유로 전혀 새 영혼을 창조해내는 것이 아니라 이미 존재하는, 즉 죄와 허물로 죽은(엡 2 : 1) 것을 취하여 그리스도 예수 안에 있는 신령한 생명을 심어줌으로써 의와 진리와 거룩함의 하나님의 형상을 회복케 하기 때문이다(엡 4 : 23-24; 골 3 : 3; 엡 2 : 10).

엡 2 : 1   너희의 허물과 죄로 죽었던 너희를 살리셨도다

요 3 : 3-5   예수께서 대답하여 가라사대 진실로 진실로 네게 이르노니 사람이
                  거듭나지 아니하면 하나님 나라를 볼 수 없느니라 니고데모가
                  가로되 사람이 늙으면 어떻게 날 수 있삽나이까 두 번째 모태에
                  들어갔다가 날 수 있삽나이까 예수께서 대답하시되 진실로 진실로
                  내게 이르노니 사람이 물과 성령으로 나지 아니하면 하나님 나라에
                  들어갈 수 없느니라

창 1 : 27   하나님이 자기 형상 곧 하나님의 형상대로 사람을 창조하시되
                  남자와 여자를 창조하시고

고후 5 : 17   그런즉 누구든지 그리스도 안에 있으면 새로운 피조물이라 이전
                  것은 지나갔으니 보라 새것이 되었도다

엡 2 : 10   우리는 그의 만드신 바라 그리스도예수 안에서 선한 일을 위하여
                  지으심을 받은 자니 이 일은 하나님 이전에 예비하사 우리로 그
                  가운데서 행하게 하려 하심이니라

골 3 : 3   이는 너희가 죽었고 너희 생명이 그리스도와 함께 하나님 안에
                  감취었음이니라

엡 4 : 23-24   오직 심령으로 새롭게 되어 하나님을 따라 의와 진리의 거룩함으로
                  지으심을 받은 새사람을 입으라

II. 그리스도와 관련된 사역

성령의 사역 중에서 중요한 사역의 하나는 그리스도와 관련된 사역이다. 그리스도는 성령으로 잉태되어 도성 인신하셨고, 지상에서의 전 생애를 통하여 성령의 도우심을 받았다.

1. 그리스도의 성육신과 성령

성경은 예수 그리스도의 성육신, 즉 성자께서 동정녀 마리아의 몸에 잉태되어 인간의 몸으로 탄생하신 것이 성령의 은밀한 사역에 의하여 되어진 것이라고 밝히고 있다(눅 1 : 35; 마 1 : 18,20).

눅 1 : 35   천사가 대답하여 가로되 성령이 네게 임하시고 지극히 높으신
              이의 능력이 너를 덮으시리니 이러므로 나실 바 거룩한 자는
              하나님의 아들이라 일컫으리라
마 1 : 18   예수 그리스도의 나심은 이러하니라 그 모친 마리아가 요셉과
              정혼하고 동거하기 전에 성령으로 잉태된 것이 나타났더니
마 1 : 20   이 일을 생각할 때에 주의 사자가 현몽 하여 가로되 다윗의 자손
              요셉아 네 아내 마리아 데려오기를 무서워 말라 저에게 잉태된
              자는 성령으로 된 것이라

2. 그리스도의 세례와 성령

예수 그리스도께서 세례를 받으실 때에 "하늘이 열리고 성령이 형체로 비둘기같이 그의 위에 강림하셨다" 라고 하였으니(눅 3 : 21-22), 이는 그분의 세례에 성령의 은사가 임하였던 것이다. 메시야이신 예수님께서는 선지자, 제사장, 왕으로서의 그 직책을 수행할 자격을 갖추기 위하여 성령의 임하심이 필요하셨던 것이다.

눅 3 : 21-2   백성이 다 세례를 받을 새 예수도 세례를 받으시고 기도하실 때에
               하늘이 열리며 성령이 형체로 비둘기같이 그의 위에 강림하시더니
               하늘로서 소리가 나기를 너는 내 사랑하는 아들이라 내가 너를
               기뻐하노라 하시니라

3. 그리스도의 직임과 성령
1) 성령의 기름 부음

성경은 그리스도가 구세주의 직무를 수행하기 위하여 성령의 기름부음을 받게 될 것이라고 하였다. 구약에 "이새의 줄기에서 한 싹이 나며… 여호와의 신 곧 지혜

와 총명의 신이요 모략과 재능의 신이요 지식과 여호와를 경외하는 신이 그 위에 강림하시리니"(사 11 : 1-2) 라고 하였으니 이는 그리스도가 그분의 직무 수행을 위하여 성령의 기름부음을 받게 될 것을 예언한 것이다(사 61 : 1). 예수님도 "주의 성령이 내게 임하셨으니 이는 가난한 자에게 복음을 전하게 하시려고 내게 기름을 부으시고…"(눅 4 : 18) 라고 하셨으며, 베드로도 그의 설교 중에 "하나님이 나사렛 예수에게 성령과 능력을 기름 붓듯 하셨으매 저가 두루 다니시며 착한 일을 행하시고 마귀에게 눌린 모든 자를 고치셨으니 이는 하나님이 함께 하셨음이라"(행 10 : 38)고 하였다. 그리스도는 구약의 예언대로 성령의 기름 부음을 받으시고 구세주의 성직을 수행하였음이 분명하다.

사 61 : 1	주 여호와의 신이 내게 임하셨으니 이는 여호와께서 내게 기름을 부으사 가난한 자에게 아름다운 소식을 전하게 하려 하심이라 나를 보내 사 마음이 상한 자를 고치며 포로 된 자에게 자유를 갇힌 자에게 놓임을 전파하며

2) 성령 충만함 받음

성부 하나님이 성자 예수님께 성령을 한량없이 부어 주심으로써(요 3 : 34) 그분이 성령의 충만함을 받고 구세주의 위대한 사명을 감당하셨다고 성경이 말하고 있다(행 10 : 38; 눅 4 : 14; 마 12 : 28; 행 1 : 2).

요 3 : 34	하나님의 보내신 이는 하나님의 말씀을 하나니 이는 하나님의 성령을 한량없이 주심이니라
행 10 : 38	하나님이 나사렛 예수에게 성령과 능력을 기름 붓듯 하셨으매 저가 두루 다니시며 착한 일을 행하시고 마귀에게 눌린 모든 자를 고치셨으니 이는 하나님이 함께 하셨음이라
눅 4 : 14	예수께서 성령의 권능으로 갈릴리에 돌아가시니 그 소문이 사방에 퍼졌고
마 12 : 28	그러나 내가 하나님의 성령을 힘입어 귀신을 쫓아내는 것이면 하나님의 나라가 이미 너희에게 임하였느니라
행 1 : 2	그의 택하신 사도들에게 성령으로 명하시고 승천하신 날까지의

일을 기록하였노라

4. 그리스도의 죽음과 성령

그리스도의 십자가의 죽음에 성령의 사역이 있었음을 성경이 증거한다. 히브리서 기자는 그리스도의 십자가의 죽으심을 놓고 "영원하신 성령으로 말미암아 흠 없는 자기를 하나님께 드린 그리스도의 피…" 라고 표현하였다(히 9 : 14). 성자 예수는 성령으로 잉태하셨고(마 1 : 20), 일생을 통해 성령의 동행과 인도하심을 받았으며(마 3 : 16; 눅 4 : 18; 행 10 : 38), 성령으로 십자가에 죽으시고(히 9 : 14), 마침내 성령으로 부활하셨다(롬 1 : 4; 딤전 3 : 16).

히 9 : 14	하물며 영원하신 성령으로 말미암아 흠 없는 자기를 하나님께 드린 그리스도의 피가 어찌 너희 양심으로 죽은 행실에서 깨끗하게 하고 살아 계신 하나님을 섬기게 못하겠느뇨
마 1 : 20	이 일을 생각할 때에 주의 사자가 현몽하여 가로되 다윗의 자손 요셉아 네 아내 마리아 데려오기를 무서워 말라 저에게 잉태된 자는 성령으로 된 것이라
마 3 : 16	예수께서 세례를 받으시고 곧 물에서 올라 오실새 하늘이 열리고 하나님의 성령이 비둘기 같이 내려 자기 위에 임하심을 보시더니
눅 4 : 18	주의 성령이 내게 임하셨으니 이는 가난한 자에게 복음을 전하게 하시려고 내게 기름을 부으시고 나를 보내사 포로 된 자에게 자유를 눈먼 자에게 다시 보게 함을 전파하며 눌린 자를 자유케 하고
행 10 : 38	하나님이 나사렛 예수에게 성령과 능력을 기름 붓듯 하셨으매 저가 두루 다니시며 착한 일을 행하시고 마귀에게 눌린 모든 자를 고치셨으니 이는 하나님이 함께 하셨음이라
롬 1 : 4	성결의 영으로는 죽은 가운데서 부활하여 능력으로 하나님의 아들로 인정되셨으니 곧 우리 주 예수 그리스도시니라
딤전 3 : 16	크도다 경건의 비밀이여 그렇지 않다 하는 이 없도다 그는 육신으로 나타난바 되시고 영으로 의롭다 하심을 입으시고 천사들에게 보이시고 만국에서 전파되시고 세상에서 믿은 바 되시고 영광 가운데서 올리우셨음이니라

5. 그리스도의 부활과 성령

성령으로 십자가에 죽으신 성자는 또한 성령으로 부활하셨음을 성경이 증거하고 있다(롬 1 : 4; 딤전 3 : 16). 예수님을 죽은 자 가운데서 살리신 이는 물론 하나님이시다. 그러나 성자는 또한 성령으로 부활하셨으니, 성령은 생명의 영으로서(롬 8 : 2) 부활의 사역을 수행하시는 것이다(롬 8 : 11). 이상과 같이 성령은 그리스도에 대하여 그분의 잉태로부터 그 생애와 죽음 그리고 부활에 이르기까지 줄곧 역사하셨다.

롬 1 : 4	성결의 영으로는 죽은 가운데서 부활하여 능력으로 하나님의 아들로 인정되셨으니 곧 우리 주 예수 그리스도시니라
딤전 3 : 16	크도다 경건의 비밀이여 그렇지 않다 하는 이 없도다 그는 육신으로 나타난바 되시고 영으로 의롭다하심을 입으시고 천사들에게 보이시고 만국에서 전파되시고 세상에서 믿은바 되시고 영광 가운데서 올리우셨음이니라
롬 8 : 2	이는 그리스도 예수 안에 있는 생명의 성령의 법이 죄와 사망의 법에서 너를 해방하였음이라
롬 8 : 11	예수를 죽은 자 가운데서 살리신 이의 영이 너희 안에 거하시면 그리스도 예수를 죽은 자 가운데서 살리신 이가 너희 안에 거하시는 그의 영으로 말미암아 너희 죽을 몸도 살리시리라

III. 인간에 대한 사역
1. 보편적 은혜의 사역

성령의 보편적 은혜의 사역이라 함은 택함받은 자(하나님의 백성, 그리스도인들)와 택함을 받지 아니한 자. 즉 구원받을 자와 구원받지 못할 자 모두에게 일반적으로 임하는 성령의 보편적 은혜의 역사를 의미한다. 성령이 신자는 물론 비신자의 심령 안에서도 역사하시는데. 비신자 안에서의 성령의 역사는 구원을 얻게 하기 위함이 아니고 중생이나 성화의 과정도 아니다. 다만 보편적으로 인간의 악행을 억제하고 선행을 장려하고 고취하는 역사일 뿐이다.

1) 은혜 역사의 증거

(1) 비신자의 선행 고취

타락한 인간의 "마음은 그 계획하는 바가 항상 악할 뿐이라"고 하였으며(창 6:
5,8:21), 또 "만물보다 거짓되고 심히 부패한 것이 사람의 마음이라"고 하였다(렘
17:9). 그러기에 이러한 인간의 마음 상태를 그대로 방치한다면 인간들에게서는
악 외에는 나올 것이 없다. 그럼에도 불구하고 그리스도인이 아닌(비 중생자) 사
람들 중에서 선행을 발견하게 되는 것은 어찌된 일인가?

불신자들 중에도 인간의 악한 성향을 완전히 따르지 않고 남 보기에 선하고 고
상하고 유익한 일을 많이 하며 오히려 그리스도인들보다도 성미가 더 온화하고
욕심을 더 억제하고 아량이 더 크고 진실성이 더 자발적이고 그들의 자녀들은 그
리스도인의 자녀들보다 더 속이는 일이 없고 남의 기분을 더 잘 살피고 더 정직
한 것을 볼 수 있다. 이는 어찌된 일인가? 그것은 바로 성령의 보편적 선행 고취
의 역사로 말미암아 이루어지는 것이다. 은혜로우신 하나님은 불신자에게 햇빛과
비를 주시며 병들었을 때에 치유의 능력을 주시며, 벌하시기를 오래 참으시며,
그들의 응답받을 보응을 당장에 실행하지 않으시는데 이는 구원과 관계없는 보편
적 은혜일 뿐이다. 이와 마찬가지로 성령께서도 비신자 안에서 악을 억제하고 선
을 행하도록 장려하고 고취하시는 일을 하시는데 이는 그를 구원하기 위함이 아
니라 다만 그가 인간으로서의 인간다운 삶을 지향하게 하시기 위함일 뿐이다.

창 6:5　　여호와께서 사람의 죄악이 세상에 관영함과 그 마음의 생각의
　　　　　모든 계획이 항상 악할 뿐임을 보시고

창 8:21　　여호와께서 그 향기를 흠향하시고 그 중심에 이르시되 내가 다시는
　　　　　사람으로 인하여 땅을 저주하지 아니하리니 이는 사람의 마음의
　　　　　계획하는 바가 어려서부터 악함이라 내가 전에 행한 것 같이 모든
　　　　　생물을 멸하지 아니하리니

렘 17:9　　만물보다 거짓되고 심히 부패한 것은 마음이라 누가 이를 알리요마는

(2) 비신자의 죄에 대한 억제

하나님은 성령을 비신자(비 택정자)들 가운데 보내어 그들이 악한 성향대로 끝

까지 내닫지 아니하도록 하신다. 성경 역사에서 보면 사울은 여호와의 신이 그 심령 안에 거하여 그로 선을 행하도록 하셨다. 그러나 그가 계속 불순종하게 될 때에 "여호와의 신이 사울(그)에게서 떠나고 여호와의 부리신 악신이 그를 번뇌케 하였다"(삼상 16 : 14). 이사야 선지자는 이스라엘의 완악함을 개탄하면서 "그들이 반역하여 주의 성령을 근심케 하였으므로 그가 돌이켜 그들의 대적이 되사 친히 그들을 치셨더니"(사 63 : 10) 라고 하였다. 이 말씀은 이스라엘 백성들의 심령 안에서 구원에 이르는 방편으로는 아니지만 성령께서 그들의 죄를 억제하는 역사를 하셨던 것을 나타내 보여 주고 있다.

스데반은 유대인들이 아브라함 때부터 그리스도를 살해하기까지 반역한 일을 책망하면서 "목이 곧고 마음과 귀에 할례를 받지 못한 사람들아 너희가 항상 성령을 거스려 너희 조상과 같이 너희도 하는도다"(행 7 : 51) 라고 하였다. 이 말씀은 그들이 비록 믿지 않고 거듭나지 않았을지라도 성령께서는 어떤 방법으로든지 그들의 마음속에서 역사하셨던 것을 나타내고 있다. 특히 히브리서는 성령이 "한번 비침을 얻고 하늘의 은사를 맛보고 성령에 참예한 바 되고 하나님의 선한 말씀과 내세의 능력을 맛보는" 정도까지 비 택정자(종래 회개하지 않고 멸망에 이르는 자)의 심령 안에서 역사하심을 보여 주고 있다(히 6 : 4-5).

> 히 6 : 4-5　　한번 비침을 얻고 하늘의 은사를 맛보고 성령에 참예한 바 되고
> 하나님의 선한 말씀과 내세의 능력을 맛보고

2) 보편적 은혜 역사와 구원

성령의 보편적 은혜의 역사가 곧 사람을 구원하는 일은 아니다. 성령의 보편적 은혜만으로는 아무도 구원받지 못한다. 예를 들면 성령이 사람들 안에서 그들로 범죄를 금하게 하고 표면상 선한 일을 하도록 장려할 수 있다. 그러나 그 사람들이 선한 일을 한다고 해서 구원받으리라고 생각한다면 이는 성경적이 아니다. 성경은 어느 곳에서도 선을 행하는 자가 구원을 받는다고 말하지 않았다. 구원은 오직 예수 그리스도를 자기의 구주로 믿음으로써만이 받는다(요 3 : 16; 롬 1 : 17,3 : 28; 갈 2 : 16,3 : 11). 그리고 구원을 얻는 믿음이 생기는 것은 성령의 역

사로서 이루어지는 것이다(엡 2 : 8; 고전 12 : 3). 믿음을 일으키는 성령의 역사는 택한 자에게만 적용되는 특별한 은혜의 역사인 것이다(행 13 : 48). 그러므로 죄인이 구원받기 위하여는 성령의 보편적 은혜의 역사 외에 특수 은혜의 역사가 필요한데 그것은 곧 하나님의 독생자 예수 그리스도를 구주로 믿고 주의 이름을 부르게 하는 성령의 특별한 은혜의 역사이다(고전 12 : 3; 롬 10 : 13).

요 3 : 16	하나님이 세상을 이처럼 사랑하사 독생자를 주셨으니 이는 저를 믿는 자마다 멸망치 않고 영생을 얻게 하려 하심이니라
롬 1 : 17	복음에는 하나님의 의가 나타나서 믿음으로 믿음에 이르게 하나니 기록된바 오직 의인은 믿음으로 말미암아 살리라 함과 같으니라
롬 3 : 28	그러므로 사람이 의롭다 하심을 얻는 것은 율법의 행위에 있지 않고 믿음으로 되는 줄 우리가 인정하노라
갈 2 : 16	사람이 의롭게 되는 것은 율법의 행위에서 난 것이 아니요 오직 예수 그리스도를 믿음으로 말미암는 줄 아는 고로 우리도 그리스도 예수를 믿나니 이는 우리가 율법의 행위에서 아니고 그리스도를 믿음으로서 의롭다 함을 얻으려 함이라 율법의 행위로서는 의롭다 함을 얻을 육체가 없느니라
갈 3 : 11	또 하나님 앞에서 아무나 율법으로 말미암아 의롭게 되지 못할 것이 분명하니 이는 의인이 믿음으로 살리라 하였음이니라
엡 2 : 8	너희가 그 은혜를 인하여 믿음으로 말미암아 구원을 얻었나니 이것이 너희에게서 난 것이 아니요 하나님의 선물이라
고전12 : 3	그러므로 내가 너희에게 알게 하노니 하나님의 영으로 말하는 자는 누구든지 예수를 저주할 자라 하지 않고 또 성령으로 아니하고는 누구든지 예수를 주시라 할 수 없느니라
행 13 : 48	이방인들이 듣고 기뻐하여 하나님의 말씀을 찬송하며 영생을 주시기로 작정한 자는 다 믿더라
롬 10 : 13	누구든지 주의 이름을 부르는 자는 구원을 얻으리라

2. 죄를 책망하여 회개케 하는 사역

예수님께서 성령은 범죄 타락하여 죄 가운데 있는 인간이 하나님 앞에 죄인임을 깨달아 회개하고 믿음으로 구원을 얻게 하기 위하여 죄에 대하여 책망하신다고 하셨다(요 16 : 8-9). 사단은 사람들의 생각을 어둡게 하여 그들이 하나님께 돌아와서 회개하고 죄로부터 해방을 받지 못하도록 활동을 하고 있다(고후 4 : 4). 그러기 때문에 사람은 자기 스스로 죄를 깨닫고 하나님께 나올 수 있는 자가 하나도 없다. 더구나 죄로 죽은 사람은 자기를 위해 아무 것도 할 수 없다. 그러므로 인간들은 성령의 회개케 하는 사역을 통해서만이 자기 죄를 깨닫고 고백하고 구속주이신 예수 그리스도를 구주로 믿고 영접하게 되는 것이다(고전 12 : 3).

요 16 : 8-9   그가 와서 죄에 대하여, 의에 대하여, 심판에 대하여 세상을 책망하시리라 죄에 대하여라 함은 저희가 나를 믿지 아니함이요
고후 4 : 4   그 중에 이 세상 신이 믿지 아니하는 자들의 마음을 혼미케 하여 그리스도의 영광의 복음의 광채가 비취지 못하게 함이니 그리스도는 하나님의 형상이니라
고전 12 : 3   그러므로 내가 너희에게 알게 하노니 하나님의 영으로 말하는 자는 누구든지 예수를 저주할 자라 하지 않고 또 성령으로 아니하고는 누구든지 예수를 주시라 할 수 없느니라

3. 믿음을 일으키는 사역

인간은 행위로써가 아니라 "오직 믿음으로 말미암아 구원을 얻는다" 라는 것이 성경의 가르침이다(요 3 : 16; 롬 1 : 17,3 : 28; 엡 2 : 8; 갈 2 : 16,3 : 11). 믿음은 인간이 구원을 받는 유일한 조건이다. 그러나 믿음이라는 것은 인간의 마음대로 가지고 싶으면 갖고, 갖고 싶지 않으면 안 가지는 것이 아니다. 그것은 하나님께서 성령을 통하여 일방적으로 주시는 은혜이기 때문이다(엡 2 : 8; 고전 12 : 3,9). 그러기에 우리가 믿음을 가졌다고 해서 자랑할 것이 없는 것은 우리의 믿음은 성령의 역사로 인하여 있게 된 하나님의 선물이기 때문이다.

요 3 : 16   하나님이 세상을 이처럼 사랑하사 독생자를 주셨으니 이는 저를 믿는 자마다 멸망하지 않고 영생을 얻게 하려 하심이니라
롬 1 : 17   복음에는 하나님의 의가 나타나서 믿음으로 믿음에 이르게 하나니 기록된바 오직 의인은 믿음으로 말미암아 살리라 함과 같으니라
롬 3 : 28   그러므로 사람이 의롭다 하심을 얻는 것은 율법의 행위에 있지

않고 믿음으로 되는 줄 우리가 인정하노라

갈 2 : 16 　사람이 의롭게 되는 것은 율법의 행위에서 난 것이 아니요 오직
　　　　　예수 그리스도를 믿음으로 말미암는 줄 아는 고로 우리도 그리스도
　　　　　예수를 믿나니 이는 우리가 율법의 행위에서 아니고 그리스도를
　　　　　믿음으로서 의롭다 함을 얻으려 함이라 율법의 행위로서는 의롭다
　　　　　함을 얻을 육체가 없느니라

갈 3 : 11 　또 하나님 앞에서 아무나 율법으로 말미암아 의롭게 되지 못할
　　　　　것이 분명하니 이는 의인이 믿음으로 살리라 하였음이니라

엡 2 : 8 　　너희가 그 은혜를 인하여 믿음으로 말미암아 구원을 얻었나니
　　　　　이것이 너희에게서 난 것이 아니요 하나님의 선물이라

고전 12 : 3 　그러므로 내가 너희에게 알게 하노니 하나님의 영으로 말하는
　　　　　자는 누구든지 예수를 저주할 자라 하지 않고 또 성령으로
　　　　　아니하고는 누구든지 예수를 주시라 할 수 없느니라

고전 12 : 9 　다른 이에게는 같은 성령으로 믿음을 어떤 이에게는 한 성령으로
　　　　　병 고치는 은사를

4. 중생케 하는 사역

　성령은 중생(거듭남)의 사역을 하신다(딛 3 : 5). 사람이 성령의 감동으로 예수
그리스도를 구주로 믿으면(고전 12 : 3) 그 믿는 순간에 성령의 역사를 통하여 새
생명과 새 성품을 얻게 된다(요 3 : 6; 이하 참조 갈 5 : 17; 엡 4 : 24; 벧후 1 : 4
참조). 성경은 인간의 심령이 본래 죄와 허물로 죽었다고 선언하고 있다(엡 2 :
1; 롬 6 : 23). 죄로 인해 심령이 죽은 사람은 영적으로는 자기를 위해 아무 것도
할 수 없다. 그러므로 그 사람은 다시 나지 않으면(새 생명을 받아) 에스겔 골짜
기에 흩어져 있던 마른 뼈들과 다를 바가 없다(겔 37 : 1).

　그러기에 인간은 하나님께로 돌아가기 위하여는 하나님의 생명을 받아 새로 태
어나는 중생의 경험이 필요한 것이다. 예수님도 "사람이 거듭나지 아니하면 하나님
나라를 볼 수 없느니라"고 하셨다(요 3 : 3). 죄와 허물로 죽은 인생을 중생하게 하
는 것은 성령의 사역이다(요 3 : 5-6). 성경에 죄로 인하여 죽은 심령들은 성령의
특수한 사역에 의하여 영원한 생명을 받고 중생(새로 태어남)케 된다고 하였다
(요 3 : 5,6,8; 딛 3 : 5-6; 갈 5 : 5; 요 6 : 63). 죄와 허물로 죽은 심령이 성령으

성경적 세계관의 틀과 문화를 도구로
다음 세대를 세우는 토론식 성경공부 교재

삶이 있는 신앙 ^{시리즈}

우리가 만든 주일학교 교재는 성경적 세계관의 틀과 문화를 도구로 합니다.

왜 '성경적 세계관의 틀'인가?

진리가 하나의 견해로 전락한 시대에, 진리의 관점에서 세상의 견해를 분별하기 위해서
◇ 성경적 세계관의 틀은 성경적 시각으로 우리의 삶을 보게 만드는 원리입니다.
◇ 이 교재는 성경적 세계관의 틀로 현상을 보는 시각을 길러줍니다.

왜 '문화를 도구'로 하는가?

어린이, 청소년, 청년들의 삶에 가장 큰 영향을 끼치는 것이 문화이기 때문에
◇ 문화를 도구로 하는 이유는 우리의 자녀들이 문화 현상 속에 젖어 살고, 그 문화의 기초가 되는 사상(이론)을 자신도 모르게 이미 받아들이고 있기 때문입니다.
◇ 공부하는 학생들의 삶의 현장으로 들어갑니다(이원론 극복).

✦ 다른 세대가 아닌 다음 세대 양육

자기 생각에 옳은 대로 하는 포스트모던적인 사고의 틀을 벗어나, 하나님의 말씀에 기초해서 생각하고 행동하는 성경적 세계관(창조, 타락, 구속)의 틀로 시대를 읽고 살아가는 "믿음의 다음 세대"를 세울 구체적인 지침서!

✦ 가정에서 실질적인 쉐마 교육 가능

각 부서별(유년, 초등, 중등, 고등)의 눈높이에 맞게 집필하면서 모든 부서가 "동일한 주제의 다른 본문"으로 공부하도록 함으로써, 가정에서 부모와 자녀가 함께 성경에 대한 유대인들의 학습법인 하브루타식의 토론이 가능!

✦ 원하는 주제에 따라서 권별로 주제별 성경공부 가능

성경말씀, 조직신학, 예수님의 생애, 제자도 등등

✦ 3년 교육 주기로 성경과 교리에 대한 기본적인 이해가 가능하도록 구성(삶이 있는 신앙)

- 1년차 : 성경말씀의 관점으로 본 창조 / 타락 / 구속
- 2년차 : 구속사의 관점으로 본 창조 / 타락 / 구속
- 3년차 : 하나님 나라의 관점으로 본 창조 / 타락 / 구속

"토론식 공과는 교사용과 학생용이 동일합니다!" (교사 자료는 "삶이있는신앙" 홈페이지에 있습니다)

1 목적

부지불식간(不知不識間)에 대중문화와 또래문화에 오염된 어린이들의 생각을 공과교육을 통해서 성경적 세계관으로 전환시킨다. 이를 위해 현실 세계를 분명하게 직시함과 동시에 그 현실을 믿음(성경적 세계관)으로 바라보며, 말씀의 빛을 따라 살아가도록 지도한다(이원론 극복).

2 구성

쉐 마 분명한 성경적 원리의 전달을 위해서 본문 주해를 비롯한 성경의 핵심 원리를 제공한다(씨앗심기, 열매맺기, 외울말씀).

문 화 지금까지 단순하게 성경적 지식 제공을 중심으로 한 주일학교 교육의 결과 중 하나가 신앙과 삶의 분리, 즉 주일의 삶과 월요일에서 토요일의 삶이 다른 이원론(二元論)이다. 우리 교재는 학생들의 삶 속에서 일어나는 문화를 토론의 주제로 삼아서 신앙과 삶의 하나 됨(일상성의 영성)을 적극적으로 시도한다(터다지기, 꽃피우기, HOT 토론).

세계관 오늘날 자기중심적인 시대정신에 노출된 학생들의 생각과 삶의 방식을 성경적 세계관을 토대로 바라보게 함으로써, 자신을 돌아보고 삶에 적용하는 것을 돕는다.

3 설교

학생들이 공과의 내용을 잘 이해하고, 공과 공부 시간을 풍성하게 하기 위해서, 부서 사역자가 매주 '동일한 주제의 다른 본문'으로 설교를 한 후에 공과를 진행한다.

권별	부서별	공과 제목	비고
시리즈 1권 (입문서)	유·초등부 공용	성경적으로 세계관을 세우기	신간 교재 발행!
	중·고등부 공용	성경적 세계관 세우기	
시리즈 2권	유년부	예수님 손잡고 말씀나라 여행	주기별 기존 공과 1년차-1/2분기
	초등부	예수님 걸음따라 말씀대로 살기	
	중등부	말씀과 톡(Talk)	
	고등부	말씀 팔로우	
시리즈 3권	유년부	예수님과 함께하는 제자나라 여행	주기별 기존 공과 1년차-3/4분기
	초등부	제자 STORY	
	중등부	나는 예수님 라인(Line)	
	고등부	Follow Me	
시리즈 4권	유년부	구속 어드벤처	주기별 기존 공과 2년차-1/2분기
	초등부	응답하라 9191	
	중등부	성경 속 구속 Lineup	
	고등부	하나님의 Saving Road	
시리즈 5권	유년부	하나님 백성 만들기	주기별 기존 공과 2년차-3/4분기
	초등부	신나고 놀라운 구원의 약속	
	중등부	THE BIG CHOICE	
	고등부	희망 로드 Road for Hope	
시리즈 6권	유년부		2024년 12월 발행 예정!
	초등부		
	중등부		
	고등부		

✔ 『삶이있는신앙시리즈』는 "입문서"인 1권을 먼저 공부하고 "성경적 세계관"을 정립합니다.
✔ 토론식 공과는 순서와 상관없이 관심있는 교재를 선택하여 6개월씩 성경공부를 할 수 있습니다.

성경적 세계관의 틀과 문화를 도구로 다음 세대를 세우고,
스토리story가 있는, 하브루타chavruta 학습법의 토론식 성경공부 교재

성경적 시각으로 포스트모던시대를 살아갈 힘을 주는
새로운 교회 / 주일학교 교재!

삶이 있는 신앙 시리즈

국민일보
CHRISTIAN EDU BRAND AWARD
기독교 교육 브랜드 대상

토론식 공과(12년간 커리큘럼) 전22종 발행!

기독교 세계관적 성경공부 교재 고신대학교 전 총장 **전광식**

신앙과 삶의 일치를 추구하는 토론식 공과 성산교회 담임목사 **이재섭**

다음세대가 하나님 말씀의 진리에 풍성히 거할 수 있게 될 것을 확신 총신대학교 명예교수 **신국원**

한국교회 주일학교 상황에 꼭 필요한 교재 브리지임팩트사역원 이사장 **홍민기**

소비 문화에 물든 십대들의 세속적 세계관을 바로잡는 눈높이 토론이 시작된다!

발행처 : 도서출판 **삶이 있는 신앙**
공급처 : 솔라피데출판유통 / 주소 : 경기도 파주시 문발로 123 솔라피데하우스
주문 및 문의 / 전화 : 031-992-8691 팩스 : 031-955-4433
홈페이지 : www.faithwithlife.com

로 거듭나면 영이신 하나님과의 새로운 영적 관계가 형성된다(고후 5 : 17; 요 1 : 12-13 참조). 즉 예수 그리스도를 구주로 믿고 영접할 때 성령의 사역으로 중생하는 사람은 중생과 동시에 그리스도의 생명을 받고, 하나님의 아들이 된다(요 1 : 12-13; 요일 5 : 11-12; 롬 8 : 1-4 참조).

고전 12 : 3	그러므로 내가 너희에게 알게 하노니 하나님의 영으로 말하는 자는 누구든지 예수를 저주할 자라 하지 않고 또 성령으로 아니하고는 누구든지 예수를 주시라 할 수 없느니라
엡 2 : 1	너희의 허물과 죄로 죽었던 너희를 살리셨도다
롬 6 : 23	죄의 삯은 사망이요 하나님의 은사는 그리스도 예수 우리 주 안에 있는 영생이니라
겔 37 : 1	여호와께서 권능으로 내게 임하시고 그 신으로 나를 데리고 가서 골짜기 가운데 두셨는데 거기 뼈가 가득하더라
요 3 : 3	예수께서 대답하여 가라사대 진실로 진실로 네게 이르노니 사람이 거듭나지 아니하면 하나님 나라를 볼 수 없느니라
요 3 : 5-6	예수께서 대답하시되 진실로 진실로 네게 이르노니 사람이 물과 성령으로 나지 아니하면 하나님 나라에 들어갈 수 없느니라 육으로 난 것은 육이요 성령으로 난 것은 영이니
요 3 : 8	바람이 임의로 불매 네가 그 소리를 들어도 어디서 오며 어디로 가는지 알지 못하나니 성령으로 난 사람은 다 이러하니라
딛 3 : 5-6	우리를 구원하시되 우리의 행한 바 의로운 행위로 말미암지 아니하고 오직 그의 긍휼하심을 좇아 중생의 씻음과 성령의 새롭게 하심으로 하셨나니 성령을 우리 구주 예수 그리스도로 말미암아 우리에게 풍성히 부어 주사
갈 5 : 5	우리가 성령으로 믿음을 좇아 의의 소망을 기다리노니
요 6 : 63	살리는 것은 영이니 육은 무익하니라 내가 너희에게 이른 말이 영이요 생명이라

5. 인치심의 사역

성령의 인치심에 대한 성경적 근거는 에베소서 1장 13-14절이다. 즉 "… 그 안에서 또한 믿어 약속의 성령으로 인치심을 받았으니 이는 우리의 기업에 보증이 되사 그의 영광을 찬미하게 하려 하심이라"고 하였다. 여기서 우리는 성부 하나님께서 그 아들 예수 그리스도를 믿는 사람들에 대하여 성령으로 인치신다는 것을 알 수 있다.

고린도후서 1장 21-22절에 "우리를 너희와 함께 그리스도 안에서 견고케 하시고 우리에게 기름을 부으신 이는 하나님이시니 저가 또한 우리에게 인치시고 보증으로 성령을 우리 마음에 주셨느니라"고 하신 말씀이 그것을 분명히 가르쳐 주고 있다 (엡 4 : 30; 고후 5 : 5). 성령의 인치심은 우리가 영광스러운 몸으로 변화되기까지 우리를 보호하심을 보증하신다는 의미가 있다(엡 4 : 30; 벧전 1 : 5). 성령의 인치심을 받은 성도들은 예수 그리스도께서 다시 오실 때에 흠도 점도 없는 온전한 몸으로 영광스럽게 변화될 것이다(롬 8 : 23-24; 고전 15 : 20-23; 빌3 : 20-21).

엡 1 : 13-14 그 안에서 너희도 진리의 말씀 곧 너희의 구원의 복음을 듣고 그 안에서 또한 믿어 약속의 성령으로 인치심을 받았으니 이는 우리의 기업에 보증이 되사 그 얻으신 것을 구속하시고 그의 영광을 찬미하게 하려 하심이라

고후 1 : 21-22 우리를 너희와 함께 그리스도 안에서 견고케 하시고 우리에게 기름을 부으신 이는 하나님이시니 저가 또한 우리에게 인치시고 보증으로 성령을 우리 마음에 주셨느니라

엡 4 : 30 하나님의 성령을 근심하게 하지 말라 그 안에서 너희가 구속의 날까지 인치심을 받았느니라

고후 5 : 5 곧 이것을 우리에게 이루게 하시고 보증으로 성령을 우리에게 주신 이는 하나님이시니라

벧전 1 : 5 너희가 말세에 나타내기로 예비하신 구원을 얻기 위하여 믿음으로 말미암아 하나님의 능력으로 보호하심을 입었나니

롬 8 : 23-24 이뿐 아니라 또한 우리 곧 성령의 처음 익은 열매를 받은 우리까지도 속으로 탄식하여 양자 될 것 곧 우리 몸의 구속을 기다리느니라 우리가 소망으로 구원을 얻었으매 보이는 소망이 소망이 아니니 보는 것을 누가 바라리요

고전 15 : 20-23 그러나 이제 그리스도께서 죽은 자 가운데서 다시 살아 잠자는 자들의 첫 열매가 되셨도다 사망이 사람으로 말미암았으니 죽은

자의 부활도 사람으로 말미암는도다 아담 안에서 모든 사람이
죽은 것 같이 그리스도 안에서 모든 사람이 삶을 얻으리라 그러나
각각 자기 차례대로 되리니 먼저는 첫 열매인 그리스도요 다음에는
그리스도 강림하실 때에 그에게 붙은 자요
빌 3 : 20-21 오직 우리의 시민권은 하늘에 있는지라 거기로서 구원하는 자
곧 주 예수 그리스도를 기다리노니 그가 만물을 자기에게 복종케
하실 수 있는 자의 역사로 우리의 낮은 몸을 자기 영광의 몸의
형체와 같이 변케 하시리라

6. 성도의 성화 사역

성령은 성도의 성화(聖化)에 대한 사역을 하신다. 성화란 신자가 성령 안에서 성령의 거룩하게 하시는 은혜롭고, 계속적인 사역에 의하여(고전 6 : 11; 벧전 1 : 2; 살후 2 : 13; 살전 5 : 23-24) 하나님의 형상을 온전히 이루게 됨을 의미한다. 즉 성령 충만함으로 성결의 은혜가 신자의 전인격에 그리고 행동과 생활에까지 온전히 영향을 미쳐서 하나님의 형상과 영광을 회복하게 되는 것을 의미한다(딛 3 : 5-6; 엡 4 : 13; 골 3 : 10). 성령은 신자에 대하여 계속적인 사역으로써 의롭고, 씻음받고, 거룩하게 되며(고전 6 : 11; 엡 4 : 22-24) 신의 성품에 참예함으로써(영적으로 깊은 교제를 통하여; 벧후 1 : 4) 하나님의 형상을 회복하도록 하신다(창 1 : 27; 롬 3 : 23).

고전 6 : 11 너희 중에 이와 같은 자들이 있더니 주 예수 그리스도의 이름과
우리 하나님의 성령 안에서 씻음과 거룩함과 의롭다 하심을
얻었느니라
벧전 1 : 2 곧 하나님 아버지의 미리 아심을 따라 성령의 거룩하게 하심으로
순종함과 예수 그리스도의 피 뿌림을 얻기 위하여 택하심을 입은
자들에게 편지하노니 은혜와 평강이 너희에게 더욱 많을지어다
살후 2 : 13 주의 사랑하시는 형제들아 우리가 항상 너희를 위하여 마땅히
하나님께 감사할 것은 하나님이 처음부터 너희를 택하사 성령의
거룩하게 하심과 진리를 믿음으로 구원을 얻게 하심이니
살전 5 : 23-24 평강의 하나님이 친히 너희로 온전히 거룩하게 하시고 또 너희

	온 영과 혼과 몸이 우리 주 예수 그리스도 강림하실 때에 흠 없게 보전되기를 원하노라 너희를 부르시는 이는 미쁘시니 그는 또한 이루시리라
딛 3 : 5-6	우리를 구원하시되 우리의 행한바 의로운 행위로 말미암지 아니하고 오직 그의 긍휼 하심을 좇아 중생의 씻음과 성령의 새롭게 하심으로 하셨나니 성령을 우리 구주 예수 그리스도로 말미암아 우리에게 풍성히 부어 주사
엡 4 : 13	우리가 다 하나님의 아들을 믿는 것과 아는 일에 하나가 되어 온전한 사람을 이루어 그리스도의 장성한 분량이 충만한 데까지 이르리니
골 3 : 10	새사람을 입었으니 이는 자기를 창조하신 자의 형상을 좇아 지식에까지 새롭게 하심을 받은 자니라
엡 4 : 22-24	너희는 유혹의 욕심을 따라 썩어져 가는 구습을 좇는 옛사람을 벗어 버리고 오직 심령으로 새롭게 되어 하나님을 따라 의와 진리의 거룩함으로 지으심을 받은 새사람을 입으라
창 1 : 27	하나님이 자기 형상 곧 하나님의 형상대로 사람을 창조하시되 남자와 여자를 창조하시고
롬 3 : 23	모든 사람이 죄를 범하였으매 하나님의 영광에 이르지 못하더니

7. 인간에 대한 성령의 주요 사역 단계
인간에 대한 성령의 주요 사역을 단계적으로 살펴 보면 다음과 같다.

1) 죄인을 구주 예수 앞에 나오게 하심(요 6 : 44)
성부 하나님께서 성령을 통하여 구원받아야 할 자를 이끌어 구주 예수 그리스도 앞에 나오게 하신다는 사실을 예수님께서 말씀하셨다.

요 6 : 44	나를 보내신 아버지께서 이끌지 아니하면 아무라도 내게 올 수 없으니 오는 그를 내가 마지막 날에 다시 살리리라

2) 예수 앞에 나온 자를 예수 믿게 하심(고전 12 : 3)
구원받을 죄인을 구주 예수 그리스도 앞으로 나오게 하신 성부 하나님께서 성령을 통하여 예수님을 구주로 믿고 영접하게 하신다.

| 고전 12 : 3 | 그러므로 내가 너희에게 알게 하노니 하나님의 영으로 말하는 자는 누구든지 예수를 저주할 자라 하지 않고 또 성령으로 아니하고는 누구든지 예수를 주시라 할 수 없느니라 |

3) 예수 믿는 자를 거듭나게 하심(요 3 : 5; 딛 3 : 5)

회개하고 예수 그리스도를 믿는 자를 성령께서 거듭나게 하신다.

| 요 3 : 5 | 예수께서 대답하여 가라사대 진실로 진실로 네게 이르노니 사람이 거듭나지 아니하면 하나님 나라를 볼 수 없느니라 |
| 딛 3 : 5 | 우리를 구원하시되 우리의 행한 바 의로운 행위로 말미암지 아니하고 오직 그의 긍휼하심을 좇아 중생의 씻음과 성령의 새롭게 하심으로 하셨나니 |

성령 세례

Ⅰ. 성령 세례란?

1. 죄를 씻는 사역

성령 세례란 사람의 심령 속에 성령이 임하여 죄(원죄)를 씻어 성결케 하는 사역을 의미한다(행 1 : 5; 벧전 1 : 2; 딛 3 : 5-6). 성령 세례는 불 세례라고도 하는데(마 3 : 11), 이는 성령이 불로 임하여 심중에 잠재하는 원죄(유전 죄 혹은 죄의 근성, 롬 5 : 12; 시 51 : 5)를 소멸하여 사람으로 하여금 죄의 근성으로부터 완전 해방케 하는 사역을 하기 때문이다. 그러므로 성령 세례를 받은 사람은 모든 죄에서 온전히 정결함을 받으며(요일 1 : 7), 죄의 몸이 멸하여 다시는 죄에게 종노릇하지 아니하게 되는 것이다(롬 6 : 6).

사람이 예수님을 믿고 하나님의 자녀로 중생한 후에도 죄의 유혹 가운데 살다가 죄의 세력에 사로잡혀 다시 죄를 범하고 괴로워하는 경우가 있다. 사도 바울은 이러한 경험을 로마서 7장 15-20절에서 고백하였다. 그리고 그는 다시 이 문제에 대하여 해결받음을 로마서 8장 1-2절에서 고백하였다. 즉 "… 그리스도 예수 안에 있는 생명의 성령의 법이 죄와 사망의 법에서 너를 해방하였음이라"고 한 것이 바로 그것이다.

신자가 선을 행하고 악을 행치 않고자 하는 소원이 있음에도 도리어 악에게 끌려 악을 행하고 범죄케 되는 것은 타락한 인간의 심령 속에 죄의 근성(원죄)이 잠재하여 있기 때문이다. 그러나 성령의 불 세례를 받아 죄의 근성이 소멸되어 버리면 죄악의 유혹에 끌리지 않고 온전히 선을 행하게 되는 것이다(롬 6 : 6). 또 성령의 세례는 모든 믿는 사람들이 그리스도의 영적인 몸 안에 속하게 되는 것을 의미한다(고전 12 : 13).

성령의 세례의 사역으로 모든 믿는 사람들은 교회의 머리가 되시는 그리스도(엡 1 : 22-23; 골 1 : 8 참조)와 연합되는 동시에 또다른 그리스도인들과도 연합이 되어 한 몸을 이루게 되는 것이다(갈 3 : 26-28 참조).

행 1 : 5	요한은 물로 세례를 베풀었으나 너희는 몇 날이 못되어 성령으로 세례를 받으리라 하셨느니라
벧전 1 : 2	곧 하나님 아버지의 미리 아심을 따라 성령의 거룩하게 하심으로 순종함과 예수 그리스도의 피 뿌림을 얻기 위하여 택하심을 입은 자들에게 편지하노니
딛 3 : 5-6	우리를 구원하시되 우리의 행한바 의로운 행위로 말미암지 아니하고 오직 그의 긍휼 하심을 좇아 중생의 씻음과 성령의 새롭게 하심으로 하셨나니 성령을 우리 구주 예수그리스도로 말미암아 우리에게 풍성히 부어 주사
마 3 : 11	나는 너희로 회개케 하기 위하여 물로 세례를 주거니와 내 뒤에 오시는 이는 나보다 능력이 많으시니 나는 그의 신을 들기도 감당치 못하겠노라 그는 성령과 불로 너희에게 세례를 주실 것이요
롬 5 : 12	이러므로 한 사람으로 말미암아 죄가 세상에 들어오고 죄로 말미암아 사망이 왔나니 이와 같이 모든 사람이 죄를 지었으므로 사망이 모든 사람에게 이르렀느니라
시 51 : 5	내가 죄악 중에 출생하였음이여 모친이 죄 중에 나를 잉태하였나이다
요일 1 : 7	저가 빛 가운데 계신 것같이 우리도 빛 가운데 행하면 우리가 서로 사귐이 있고 그 아들 예수의 피가 우리를 모든 죄에서 깨끗하게 하실 것이요
롬 6 : 6	우리가 알거니와 우리 옛사람이 예수와 함께 십자기에 못박힌 것은 죄의 몸이 멸하여 다시는 우리가 죄에게 종노릇하지 아니하려 함이니
고 12 : 13	우리가 유대인이나 헬라인이나 종이나 자유자나 다 한 성령으로 세례를 받아 한 몸이 되었고 또 다 한 성령을 마시게 하였느니라

성령 세례란 신자의 심령 속에 약속하신 성령을 충만히 부어 주심으로써 그 사

람으로 하여금 성령의 사람이 되게 하는 사역을 의미한다(욜 2 : 28; 행 2 :
33,10 : 45; 딛 3 : 5-6). 참그리스도인을 가리켜서 "성령의 사람"이라고 하는데
이는 그가 성령으로 거듭나고(요 3 : 5), 성령으로 하나님의 자녀가 되고(요 1 :
13,3 : 6; 롬 8 : 15-16), 하나님과 교제하며(요 14 : 20), 성령의 인도함을 받으며
(롬 8 : 14), 성령 안에서 의와 평강과 희락을 누리는 천국 생활을 하는 사람인 때
문이다(롬 14 : 17).

욜 2 : 28	그 후에 내가 내 신을 만민에게 부어 주리니 너희 자녀들이 장래 일을 말할 것이며 너희 늙은이는 꿈을 꾸며 너희 젊은이는 이상을 볼 것이며
행 2 : 33	하나님이 오른손으로 예수를 높이시매 그가 약속하신 성령을 아버지께 받아서 너희 보고 듣는 이것을 부어 주셨느니라
행 10 : 45	베드로와 함께 온 할례받은 신자들이 이방인들에게도 성령 부어 주심을 인하여 놀라니
딛 3 : 5-6	우리를 구원하시되 우리의 행한 바 의로운 행위로 말미암지 아니하고 오직 그의 긍휼 하심을 좇아 중생의 씻음과 성령의 새롭게 하심으로 하셨나니 성령을 우리 구주 예수 그리스도로 말미암아 우리에게 풍성히 부어 주사
요 3 : 5	예수께서 대답하시되 진실로 진실로 네게 이르노니 사람이 물과 성령으로 나지 아니하면 하나님 나라에 들어갈 수 없느니라
요 1 : 13	이는 혈통으로나 육정으로나 사람의 뜻으로 나지 아니하고 오직 하나님께로서 난 자들이니라
요 3 : 6	육으로 난 것은 육이요 성령으로 난 것은 영이니
롬 8 : 15-16	너희는 다시 무서워하는 종의 영을 받지 아니하였고 양자의 영을 받았으므로 아바 아버지라 부르짖느니라 성령이 친히 우리 영으로 더불어 우리가 하나님의 자녀인 것을 증거하시나니
롬 8 : 14	무릇 하나님의 영으로 인도함을 받는 그들은 곧 하나님의 아들이라
롬 14 : 17	하나님의 나라는 먹는 것과 마시는 것이 아니요 오직 성령 안에서 의와 평강과 희락이라
요 14 : 20	그 날에는 내가 아버지 안에 너희가 내 안에 내가 너희 안에 있는 것을 너희가 알리라

2. 그리스도와의 연합의 사역

성령의 세례는 그리스도와의 온전한 연합을 의미한다. 예수님께서 "그날(오순절날)에는 내가 아버지 안에 너희가 내 안에 내가 너희 안에 있는 것을 너희가 알리라"(요 14 : 20)고 하셨으니 이는 성령께서 오심으로써 제자들은 주님과 더불어 생명의 연결체가 된다는 사실을 보여 주신 것이다.

여기서 "내가 아버지 안에"는 성부자(聖父子)의 생명적 결합을 의미하고, "너희가 내 안에"는 이런 생명체에 신자가 성령에 의하여 생명적으로 연합하게 되는 사실을 의미하는 것이다(고전 12 : 13). 그러므로 성령의 세례는 성삼위와 성도들이 성령으로 생명적 연합을 이루고 깊은 교제를 온전히 이루게 되는 체험이다(고전 12 : 12-13).

신약 성서에 성령 충만했던 사람들의 이름과 그 자취가 여러 곳에 나타나고 있으며, 성령의 세례를 받은 사람들과 그 사건에 대한 기록이 여러 군데 있다(눅 1 : 15, 41, 67; 행4 : 31, 13 : 52, 7 : 55, 11 : 24). 사도행전 1장 5절의 말씀을 보면 당시에는 성령 세례가 없었음을 알 수 있다. 그러기에 제자들은 "너희가 회개하여 각각 예수 그리스도의 이름으로 세례(물 세례)를 받고 죄사함을 얻으라 그리하면 성령을 선물로 받으리라"(행 2 : 38)고만 했지 "성령으로 세례를 받으라"는 말은 하지 못했다.

사도행전에 "성령과 권능으로 기름 부음을 받는다", "성령이 강림하시다", "성령을 받는다"(행 8 : 17), "성령을 선물로 주신다"라는 등의 표현은 모두 다 성령의 세례를 의미하는 같은 뜻의 말이다. 이것들은 단지 동일 사건에 대한 다른 표현에 불과하다.

고전 12 : 12-13 몸은 하나인데 많은 지체가 있고 몸의 지체가 많으나 한 몸임과 같이 그리스도도 그러하니라 우리가 유대인이나 헬라인이나 종이나 자유자나 다 한 성령으로 세례를 받아 한 몸이 되었고 또 다 한 성령을 마시게 하셨느니라

눅 1 : 15 이는 저가 주 앞에 큰 자가 되며 포도주나 소주를 마시지 아니하며 모태로부터 성령의 충만함을 입어

눅 1 : 41 엘리사벳이 마리아의 문안함을 들으매 아이가 복중에서 뛰노는지라

엘리사벳이 성령의 충만함을 입어

눅 1 : 67 그 부친 사가랴가 성령의 충만함을 입어 예언하여 가로되

행 4 : 31 빌기를 다하매 모인 곳이 진동하더니 무리가 다 성령이 충만하여 담대히 하나님의 말씀을 전하나라

행 13 : 52 제자들은 기쁨과 성령이 충만하나라

행 7 : 55 스데반이 성령이 충만하여 하늘을 우러러 주목하여 하나님의 영광과 및 예수께서 하나님 우편에 서신 것을 보고

행 11 : 24 바나바는 착한 사람이요 성령과 믿음이 충만한 자라 이에 큰 무리가 주께 더하더라

II. 성령 세례의 약속과 목적
1. 성령 세례의 약속

성령의 세례는 예수님께서 승천하시기 전에 약속하셨으니 사도행전 1장 5절에 "요한은 물로 세례를 베풀었으나 너희는 몇 날이 못 되어 성령으로 세례를 받으리라"고 하신 것이다.

주님의 이 약속은 오순절날에 성취되어 성령과 불로 세례를 주셨다(행 2 : 1-4 참조). 그러나 당시에 사도들은 그 때 자기들이 성령받은 것인 줄 알았을 뿐, 그것이 바로 성령 세례인 것은 인식하지 못했다. 그래서 사도행전 2장 4절에는 "성령 충만"이라고 기록되어 있는데 후에 베드로가 이 사건을 "성령의 세례"라고 언급하였다(행 11 : 5-17 참조).

우리가 그리스도를 진정 믿을 때 순간적으로 거듭나고, 성령의 세례를 받으며, 성령의 내주 하심과 인치심을 받을 수 있다. 예수님의 제자들이 예수님을 믿기 시작할 당시 성령의 세례를 받지 못한 이유가 요한복음 7장 39절에 명시되어 있다. 그것은 곧 "··· 예수께서 아직 영광을 받지 못하신 고로 성령이 아직 저희에게 계시지 아니하시더라"고 하신 말씀이 그것이다. 이것은 고넬료와 그 가족들의 경우에도 마찬가지이다(행 10 : 44-46 참조).

1) 구약의 약속
구약에는 장차 그리스도를 모든 믿는 자들에게 차별 없이 성령의 세례를 주실

것을 약속하였다(욜 2 : 28-29). 이 약속은 사도 시대에 와서 성취되기 시작하였다(행 2 : 1-4, 17-18).

<blockquote>

욜 2 : 28-29   그 후에 내가 내 신을 만민에게 부어 주리니 너희 자녀들이 장래 일을 말할 것이며 너희 늙은이는 꿈을 꾸며 너희 젊은이는 이상을 볼 것이며 그 때에 내가 또 내 신으로 남종과 여종으로 부어 줄 것이며

행 2 : 1-4   오순절날이 이미 이르매 저희가 다같이 한 곳에 모였더니 홀연히 하늘로부터 급하고 강한 바람 같은 소리가 있어 저희 앉은 온 집에 가득하며 불의 혀같이 갈라지는 것이 저희에게 보여 각 사람 위에 임하여 있더니 저희가 다 성령의 충만함을 받고 성령이 말하게 하심을 따라 다른 방언으로 말하기를 시작하니라

행 2 : 17-18   하나님이 가라사대 말세에 내가 내 영으로 모든 육체에게 부어 주리니 너희의 자녀들은 예언할 것이요 너희의 젊은이들은 환상을 보고 너희의 늙은이들은 꿈을 꾸리라 그 때에 내가 또 내 영으로 남종과 여종으로 부어 주리니 저희가 예언할 것이요

</blockquote>

2) 신약의 약속

신약에는 예수님께서 자기를 믿고 간절히 사모하는 자들에게 성령의 세례를 주실 것을 약속하셨으며(요 7 : 37-39), 부활하신 후 승천 직전에는 제자들에게 분부하여 가로되 "… 예루살렘을 떠나지 말고 내게 들은 바 아버지의 약속하신 것(성령)을 기다리라 요한은 물로 세례를 베풀었으나 너희는 몇 날이 못되어 성령으로 세례를 받으리라"(행 1 : 4-5)고 하셨다. 이 약속은 그대로 성취되어 제자들은 약 10일 후에 성령의 세례를 받았다(행 2 : 1-4; 행 11 : 5-17 참조). 세례 요한은 신자가 그리스도를 통하여 성령의 세례를 받게 될 것을 예언하였다(요 1 : 33; 마 3 : 11; 눅 3 : 16).

<blockquote>

요 7 : 37-39   명절 끝날 곧 큰 날에 예수께서 서서 외쳐 가라사대 누구든지 목마르거든 내게로 와서 마시라 나를 믿는 자는 성경에 이름과 같이 그 배에서 생수의 강이 흘러 나리라 하시니 이는 그를 믿는

</blockquote>

자의 받을 성령을 가리켜 말씀하신 것이라(예수께서 아직 영광을
받지 못하신 고로 성령이 아직 저희에게 계시지 아니하시더라)

행 2 : 1-4   오순절날이 이미 이르매 저희가 다같이 한 곳에 모였더니 홀연히
하늘로부터 급하고 강한 바람 같은 소리가 있어 저희 앉은 온 집에
가득하며 불의 혀같이 갈라지는 것이 저희에게 보여 각 사람 위에
임하여 있더니 저희가 다 성령의 충만함을 받고 성령이 말하게
하심을 따라 다른 방언으로 말하기를 시작 하니라

요 1 : 33   나도 그를 알지 못하였으나 나를 보내어 물로 세례를 주라 하신
그이가 나에게 말씀하시되 성령이 내려서 누구 위에든지 머무는
것을 보거든 그가 곧 성령으로 세례를 주는 이 인줄 알라 하셨기에

마 3 : 11   나는 너희로 회개케 하기 위하여 물로 세례를 주거니와 내 뒤에
오시는 이는 나보다 능력이 많으시니 나는 그의 신을 들기도 감당치
못하겠노라 그는 성령과 불로 너희에게 세례를 주실 것이요

눅 3 : 16   요한이 모든 사람에게 대답하여 가로되 나는 물로 너희에게 세례를
주거니와 나보다 능력이 많으신 이가 오시나니 나는 그 신들메를
풀기도 감당치 못하겠노라 그는 성령과 불로 너희에게 세례를
주실 것이요

2. 성령 세례의 목적

1) 그리스도와 연합

성령 세례는 그리스도와 신자를 하나되게 하는데 목적이 있다. 그리스도와 신
자가 연합되지 않고는 교회를 이룰 수 없다. 신자는 성령의 세례를 받아 영적 생
명 공동체인 그리스도의 몸된 교회를 이루게 되는 것이다(고전 12 : 12-13). 그리
고 신자가 그리스도와 연합되지 않고는 잘린 포도나무 가지와 같이 되기 때문에
(요 15 : 3-4) 성령의 열매를 맺을 수가 없는 것이다(갈 5 : 22-23,3 : 27).

고전 12 : 12-13   몸은 하나인데 많은 지체가 있고 몸의 지체가 많으나 한 몸임과
같이 그리스도도 그러하니라 우리가 유대인이나 헬라인이나 종이나
자유자나 다 한 성령으로 세례를 받아 한 몸이 되었고 또 다 한
성령을 마시게 하셨느니라

요 15 : 3-4   너희는 내가 일러준 말로 이미 깨끗하였으니 내 안에 거하라 나도

너희 안에 거하리라 가지가 포도나무에 붙어 있지 아니하면 절로
과실을 맺을 수 없음같이 너희도 내 안에 있지 아니하면 그러하리라

갈 5 : 22-23   오직 성령의 열매는 사랑과 희락과 화평과 오래 참음과 자비와
양선과 충성과 온유와 절제니 이같은 것을 금지할 법이 없느니라

갈 3 : 27   누구든지 그리스도와 합하여 세례를 받은 자는 그리스도로 옷
입었느니라

2) 온전한 사귐

성령 세례는 신자가 그리스도와의 온전한 사귐을 가지게 하는데 목적이 있다.
즉 성령의 세례를 받음으로 모든 신자가 성부와 성자와 더불어 온전한 사귐의 교
제가 이루어지는 것이다(요 14 : 20; 고전 12 : 13).

요 14 : 20   그 날에는 내가 아버지 안에, 너희가 내 안에, 내가 너희 안에 있는
것을 너희가 알리라

고전 12 : 13   우리가 한 유대인이나 헬라인이나 종이나 자유자나 다 한 성령으로
세례를 받아 한 몸이 되었고 또 다 한 성령을 마시게 하셨느니라

3) 성도의 사명을 감당

성령 세례는 신자로 하여금 성도의 사명을 감당케 하는데 목적이 있다. 신자는
성령 세례를 받음으로 힘있게 봉사하며(눅 24 : 49), 전도하며(행 1 : 8), 참된 예
배를 드리며(요 4 : 23-24; 고전 12 : 3), 바른 기도를 드리며(롬 8 : 26-27; 고전
14 : 15; 유 1 : 20-25), 하나님을 진정으로 찬미하며(고전 14 : 15; 엡 5 : 18-
19), 천국 일을 생각하며(롬 8 : 5-6), 성도의 바른 생활을 하여 열매를 맺고(갈
5 : 22-23), 고난을 이기고 승리하게 되는 것이다(요 14 : 16; 살전 1 : 6).

눅 24 : 49   볼지어다 내가 내 아버지의 약속하신 것을 너희에게 보내리니
너희는 위로부터 능력을 입히울 때까지 이 성에 유하라 하시니라

행 1 : 8   오직 성령이 너희에게 임하시면 너희가 권능을 받고 예루살렘과
온 유대와 사마리아와 땅 끝까지 이르러 내 증인이 되리라 하시니라

요 4 : 23-24   아버지께 참으로 예배하는 자들은 신령과 진정으로 예배할 때가

오나니 곧 이때라 아버지께서는 이렇게 자기에게 예배하는 자들을 찾으시느니라 하나님은 영이시니 예배하는 자가 신령과 진정으로 예배할지니라

고전 12 : 3   그러므로 내가 너희에게 알게 하노니 하나님의 영으로 말하는 자는 누구든지 예수를 저주할 자라 하지 않고 또 성령으로 아니하고는 누구든지 예수를 주시라 할 수 없느니라

롬 8 : 26-27   이와 같이 성령도 우리 연약함을 도우시나니 우리가 마땅히 빌바를 알지 못하나 오직 성령이 말할 수 없는 탄식으로 우리를 위하여 친히 간구 하시느니라 마음을 감찰하시는 이가 성령의 생각을 아시나니 이는 성령이 하나님의 뜻대로 성도를 위하여 간구 하심이니라

고전 14 : 15   그러면 어떻게 할꼬 내가 영으로 기도하고 또 마음으로 기도하며 내가 영으로 찬미하고 또 마음으로 찬미하리라

유 1 : 20-25   사랑하는 자들아 너희는 너희의 지극히 거룩한 믿음 위에 자기를 건축하며 성령으로 기도하며 하나님의 사랑 안에서 자기를 지키며 영생에 이르도록 우리 주 예수 그리스도의 긍휼을 기다리라 어떤 의심하는 자들을 긍휼히 여기라 또 어떤 자를 불에서 끌어내어 구원하라 또 어떤 자를 그 육체로 더럽힌 옷이라도 싫어하여 두려움으로 긍휼히 여기라 능히 너희를 보호하사 거침이 없게 하시고 너희로 그 영광 앞에 흠이 없이 즐거움으로 서게 하실 자 곧 우리 구주 홀로 하나이신 하나님께 우리 주 예수 그리스도로 말미암아 영광과 위엄과 권력과 권세가 만고 전부터 이제와 세세에 있을지어다 아멘

엡 5 : 18-19   술 취하지 말라 이는 방탕한 것이니 오직 성령의 충만을 받으라 시와 찬미와 신령한 노래들로 서로 화답하며 너희의 마음으로 주께 노래하며 찬송하며

롬 8 : 5-6   육신을 좇는 자는 육신의 일을 영을 좇는 자는 영의 일을 생각하나니 육신의 생각은 사망이요 영의 생각은 생명과 평안이니라

갈 5 : 22-23   오직 성령의 열매는 사랑과 희락과 화평과 오래 참음과 자비와 양선과 충성과 온유와 절제니 이 같은 것을 금지할 법이 없느니라

요 14 : 16   내가 아버지께 구하겠으니 그가 또 다른 보혜사를 너희에게 주사 영원토록 너희와 함께 있게 하시리니

살전 1 : 6   또 너희는 많은 환난 가운데서 성령의 기쁨으로 도를 받아 우리와
              주를 본받은 자가 되었으니

III. 물 세례와 성령 세례

1. 물 세례는 성령 세례의 조건이 아님

어떤 사람은 "너희가 회개하여 각각 예수 그리스도의 이름으로 세례를 받고 죄 사함을 얻으라 그리하면 성령을 선물로 받으리니"(행 2 : 38) 라고 하였다고 해서 물 세례가 성령 세례의 전제 조건이라고 주장한다. 그러나 물세례는 성령 세례의 상징일 뿐 조건은 아니다.

2. 물 세례와 성령 세례의 차이

사람에 의하여 수행되는 물 세례는 외적 의식이며 구원을 주시는 하나님이 성령으로 수행하시는 성령 세례는 내적이고 영적인 것이다. 즉 물 세례는 성령의 내적 세례의 외적 상징이다. 물 세례는 자범죄에서 씻음(사함)받고 중생(신생)하는 표라고 하면, 성령 세례는 심중에 잠재하는 원죄에서 씻음(정결함)받고 성결케 된 표라고 할 수 있다(마 3 : 11).

마 3 : 11   나는 너희로 회개케 하기 위하여 물로 세례를 주거니와 내 뒤에
              오시는 이는 나보다 능력이 많으시니 나는 그의 신을 들기도
              감당치 못하겠노라 그는 성령과 불로 너희에게 세례를 주실 것이요

IV. 중생과 성령 세례

1. 중생자도 성령 세례를 받아야 함

예수님은 그 제자들이 이미 주님의 말씀을 듣고 믿어 구원을 얻고(요5 : 24) 깨끗이 씻음받아 중생하여(요 13 : 10,15 : 3; 벧전 1 : 23; 딛 3 : 5) 새 생명을 얻었으며, 그 이름이 하늘 나라 생명록에 기록되었음에도(눅 10 : 20) 불구하고 부활 후 승천하시기 직전 "… 예루살렘을 떠나지 말고 내게 들은 바 아버지의 약속하신 것을 기다리라 요한은 물로 세례를 베풀었으나 너희는 몇 날이 못되어 성령으로 세례

를 받으리라"(행 1 : 4-5)고 분부하셨다. 이 말씀을 보면 예수님의 제자들이 예수님을 믿고, 영생 얻고 그들의 이름이 생명책에 기록된 후에도 줄곧 성령의 세례는 받지 못하고 있었음이 분명하다(행 1 : 5 참조). 여기서 우리는 사람이 믿고, 세례받고, 중생을 체험하는 일과 성령 세례를 받는 것은 엄연히 구별되는 체험임을 알 수 있다(행 8 : 14-17).

요 5 : 24   내가 진실로 진실로 너희에게 이르노니 내 말을 듣고 또 나 보내신 이를 믿는 자는 영생을 얻었고 심판에 이르지 아니하나니 사망에서 생명으로 옮겼느니라

요 13 : 10   예수께서 가라사대 이미 목욕한 자는 발밖에 씻을 필요가 없느니라 온몸이 깨끗하니라 너희가 깨끗하나 다는 아니니라 하시니

요 15 : 3   너희는 내가 일러준 말로 이미 깨끗하였으니

벧전 1 : 23   너희가 거듭난 것이 썩어질 씨로 된 것이 아니요 썩지 아니할 씨로 된 것이니 하나님의 살아 있고 항상 있는 말씀으로 되었느니라

딛 3 : 5   우리를 구원하시되 우리의 행한 바 의로운 행위로 말미암지 아니하고 오직 그의 긍휼 하심을 좇아 중생의 씻음과 성령의 새롭게 하심으로 하셨나니

눅 10 : 20   그러나 귀신들이 너희에게 항복하는 것으로 기뻐하지 말고 너희 이름이 하늘에 기록된 것으로 기뻐하라 하시니라

행 8 : 14-17   예루살렘에 있는 사도들이 사마리아도 하나님의 말씀을 받았다 함을 듣고 베드로와 요한을 보내매 그들이 내려가서 저희를 위하여 성령받기를 기도하니 이는 아직 한 사람에게도 성령 내리신 일이 없고 오직 주 예수의 이름으로 세례만 받을 뿐이러라 이에 두 사도가 저희에게 안수하매 성령을 받는지라

2. 중생에는 죄가 진압되는 것임

중생은 자범죄에서 사함과 새 생명을 받는 일이고, 성령 세례는 심중에 잠재한 원죄에서 정결함을 받는 일이며, 중생에는 죄가 진압되고, 성령 세례에는 죄의 몸이 멸함이 된다(롬 6 : 6). 그러므로 중생은 성결의 시작이요, 성령 세례는 중생의 완성이다 (갈 3 : 27; 롬 6 : 4-5). 물론 중생은 논리적으로 성령 세례에 앞

서지만 중생과 성령 세례를 동시에 체험할 수도 있다.

> 롬 6 : 6　　우리가 알거니와 우리 옛 사람이 예수와 함께 십자가에 못박힌
> 것은 죄의 몸이 멸하여 다시는 우리가 죄에게 종노릇하지
> 아니하려 함이니
>
> 갈 3 : 27　　누구든지 그리스도와 합하여 세례를 받은 자는 그리스도로 옷
> 입었느니라
>
> 롬 6 : 4-5　그러므로 우리가 그의 죽으심과 합하여 세례를 받음으로 그와
> 함께 장사되었나니 이는 아버지의 영광으로 말미암아 그리스도를
> 죽은 자 가운데서 살리심과 같이 우리로 또한 새 생명 가운데서
> 행하게 하려 함이니라 만일 우리가 그의 죽으심을 본받아 연합한
> 자가 되었으면 또한 그의 부활을 본받아 연합한 자가 되리라

V. 성령 세례를 받는 방법
1. 갈급하는 마음

구약에 성령의 은혜는 갈급하여 사모하는 자에게 부어 주신다고 약속하였다(사 44 : 3). 신약에는 예수께서 "누구든지 목마르거든 내게로 와서 마시라 나를 믿는 자는 성경에 이름과 같이 그 배에서 생수의 강이 흘러나리라"고 하셨다. 그리고 "이는 그를 믿는 자의 받을 성령을 가리켜 말씀하신 것이라…"(요 7 : 37-39)고 하였다. 이 사야 선지자도 예언하기를 "너희 목마른 자들아 물로 나아오라"고 하였다(사 55 : 1). 이상의 말씀은 성령 세례를 받으려면, 즉 "목마름"(갈급하여 사모하는 마음)이 있어야 함을 보여 주는 것이다. 성령 세례를 안 받아도 살 수 있으려니 하는 사람은 성령 세례를 받을 길이 없다. 그러나 성령 세례를 받고자 하는 욕망도 순수하지 않으면 안 된다(행 8 : 20-22).

> 사 44 : 3　　대저 내가 갈한 자에게 물을 주며 마른 땅에 시내가 흐르게 하며
> 나의 신을 네 자손에게 나의 복을 네 후손에게 내리리니
>
> 사 55 : 1　　너희 목마른 자들아 물로 나아오라 돈 없는 자도 오라 너희는 와서
> 사 먹되 돈 없이 값 없이 와서 포도주와 젖을 사라
>
> 행 8 : 20-22　베드로가 가로되 네가 하나님의 선물을 돈 주고 살 줄로

생각하였으니 네 은과 네가 함께 망할지어다 하나님 앞에서 네
마음이 바르지 못하니 이 도에는 네가 관계도 없고 분깃 될 것도
없느니라 그러므로 너의 이 악함을 회개하고 주께 기도하라 혹
마음에 품은 것을 사하여 주시리라

2. 회개와 사죄

성경에 "너희가 회개하여 각각 예수 그리스도의 이름으로 세례를 받고 죄 사함을
얻으라 그리하면 성령을 선물로 받으리니"(행 2 : 38) 라고 하였다. 이는 성령 세례
를 받기 위하여는 회개하고 주 예수 그리스도를 구세주로 영접하고 세례를 받음
으로 죄 사함을 얻어야 함을 의미한다. 죄가 있는 곳에는 성령이 임하지 않으신
다. 그러므로 회개하고 죄 사함을 받아야 성령께서 임하시는 것이다. 진정한 회
개는 마음의 변화로부터 이루어진다(행 2 : 37). 즉 회개는 하나님께 대한 마음의
변화(하나님을 경외함)와 예수 그리스도에 대한 마음의 변화(예수님을 구주로 영
접함)와 죄에 대한 마음의 변화(죄를 미워함)이다. 즉 창조주 하나님을 경외하고
구주 예수 그리스도를 영접함과 죄를 미워하고 배척하는 마음으로 죄에서 떠나
변하여 죄와 인연을 끊고 의를 향하게 되는 것이다.

행 2 : 37   저희가 이 말을 듣고 마음에 찔려 베드로와 다른 사도들에게 물어
가로되 형제들아 우리가 어찌할고 하거늘

3. 믿음(Faith)

믿는 자는 반드시 성령을 받아야 하고(행 19 : 2) 또 믿음은 곧 성령을 받는 방
편이라고 성경이 말하고 있다(요 7 : 37-39). 성령의 세례를 받기 위하여는 하나
님의 말씀을 믿고(요 17 : 17; 엡 5 : 26; 시 119 : 9), 성령의 능력을 믿고(딛 3 :
5; 마 3 : 11; 행 1 : 5), 주의 보혈을 믿고(히 9 : 14; 요일 1 : 7), 주의 구속을 믿
어야 한다(갈 3 : 13; 고후 5 : 21). 토레이(R. A. Torrey)박사는 "성령의 세례는
은밀하게 예수님을 믿는 사람에게 내리는 것이 아니고, 사람들 앞에서 공공연하게 자
기의 죄를 버리고 예수 그리스도를 구주로 모셔들인 것을 간증하는 사람을 위하여 있
는 것이다" 라고 하였다.

행 19 : 2   가로되 너희가 믿을 때에 성령을 받았느냐 가로되 아니라 우리는
            성령이 있음도 듣지 못하였노라

요 7 : 37-39 명절 끝날 곧 큰 날에 예수께서 서서 외쳐 가라사대 누구든지
             목마르거든 내게로 와서 마시라 나를 믿는 자는 성경에 이름과
             같이 그 배에서 생수의 강이 흘러나리라 하시니 이는 그를 믿는
             자의 받을 성령을 가리켜 말씀하신 것이라 (예수께서 아직 영광을
             받지 못하신 고로 성령이 아직 저희에게 계시지 아니하시더라)

요 17 : 17 저희를 진리로 거룩하게 하옵소서 아버지의 말씀은 진리니이다

엡 5 : 26   이는 곧 물로 씻어 말씀으로 깨끗하게 하사 거룩하게 하시고

시 119 : 9 청년이 무엇으로 그 행실을 깨끗게 하리이까 주의 말씀을 따라
            삼갈 것이니이다

딛 3 : 5   우리를 구원하시되 우리의 행한 바 의로운 행위로 말미암지
            아니하고 오직 그의 긍휼 하심을 좇아 중생의 씻음과 성령의
            새롭게 하심으로 하셨나니

마 3 : 11   나는 너희로 회개케 하기 위하여 물로 세례를 주거니와 내 뒤에
            오시는 이는 나보다 능력이 많으시니 나는 그의 신을 들기도
            감당치 못하겠노라 그는 성령과 불로 너희에게 세례를 주실 것이요

행 1 : 5   요한은 물로 세례를 베풀었으나 너희는 몇 날이 못 되어 성령으로
            세례를 받으리라 하셨느니라

히 9 : 14   하물며 영원하신 성령으로 말미암아 흠 없는 자기를 하나님께
            드린 그리스도의 피가 어찌 너희 양심으로 죽은 행실에서 깨끗하게
            하고 살아 계신 하나님을 섬기게 못하겠느뇨

요일 1 : 7 저가 빛 가운데 계신 것같이 우리도 빛 가운데 행하면 우리가 서로
            사귐이 있고 그 아들 예수의 피가 우리를 모든 죄에서 깨끗하게
            하실 것이요

갈 3 : 13   그리스도께서 우리를 위하여 저주를 받은 바 되사 율법의 저주에서
            우리를 속량하셨으니 기록된 바 나무에 달린 자마다 저주 아래
            있는 자라 하였음이라

고후 5 : 21 하나님이 죄를 알지도 못하신 자로 우리를 대신하여 죄를 삼으신
             것은 우리로 하여금 저의 안에서 하나님의 의가 되게 하려
             하심이니라

4. 순종함

성경에 "우리는 이 일에 증인이요 하나님이 자기를 순종하는 사람들에게 주신 성령도 그러하니라"(행 5 : 32)고 하였다. 성령은 믿고 순종하는 자들에게 주시는 하나님의 선물이다(행 2 : 38,8 : 20,10 : 45,11 : 17,15 : 8-9). 사람이 자기의 의지를 버리고 주님의 뜻을 따라 온전히 자기를 드림으로써 순종하게 될 때에 성령의 세례를 받게되는 것이다.

행 2 : 38 　 베드로가 가로되 너희가 회개하여 각각 예수 그리스도의 이름으로
　　　　　 세례를 받고 죄 사함을 얻으라 그리하면 성령을 선물로 받으리니

행 8 : 20 　 베드로가 가로되 네가 하나님의 선물을 돈 주고 살 줄로
　　　　　 생각하였으니 네 은과 네가 함께 망할지어다

행 10 : 45 　 베드로와 함께 온 할례받은 신자들이 이방인들에게도 성령 부어
　　　　　 주심을 인하여 놀라니

행 11 : 17 　 그런즉 하나님이 우리가 주 예수 그리스도를 믿을 때에 주신 것과
　　　　　 같은 선물을 저희에게도 주셨으니 내가 누구관대 하나님을 능히
　　　　　 막겠느냐 하더라

행 15 : 8-9 　 또 마음을 아시는 하나님이 우리에게와 같이 저희에게도 성령을
　　　　　 주어 증거하시고 믿음으로 저희 마음을 깨끗이 하사 저희나
　　　　　 우리나 분간치 아니하셨느니라

5. 기도함

성령은 믿고 기도로 구하는 자에게 임하시는 하나님의 선물이다(눅 11 : 13). 주님의 제자들은 "예루살렘을 떠나지 말고 약속한 성령을 기다리라"는 주님의 분부를 받고 예루살렘에 모여 기도하다가 120명의 문도가 다같이 성령의 세례를 받았다(행 2 : 1,4 : 31; 행 11 : 5-17 참조).

눅 11 : 13 　 너희가 악할지라도 좋은 것을 자식에게 줄 줄 알거든 하물며 너희
　　　　　 천부께서 구하는 자에게 성령을 주시지 않겠느냐 하시니라

행 2 : 1 　 오순절날이 이미 이르매 저희가 다같이 한 곳에 모였더니

행 4 : 31 　 빌기를 다하매 모인 곳이 진동하더니 무리가 다 성령이 충만하여

담대히 하나님의 말씀을 전하니라

6. 안수받음

성경에 사도들이 신자들에게 안수할 때에 그들이 성령을 받은 사실을 기록하고 있다(행 8 : 17,19 : 6). 안수는 성령을 받기 위해 기도하는 가장 성스럽고 아름다운 상징적 모습이다.

행 8 : 17   이에 두 사도가 저희에게 안수하매 성령을 받는지라
행 19 : 6   바울이 그들에게 안수하매 성령이 그들에게 임하시므로 방언도
             하고 예언도 하니

VI. 성령 세례의 결과
1. 능력을 얻음

성령 세례를 받으면 권능과 능력을 얻고 죄와 정욕과 세상을 이기며 하나님의 사명을 감당하게 된다(행 1 : 8; 눅 24 : 49).

행 1 : 8   오직 성령이 너희에게 임하시면 너희가 권능을 받고 예루살렘과
            온 유대와 사마리아와 땅 끝까지 이르러 내 증인이 되리라 하시니라
눅 24 : 49 볼지어다 내가 내 아버지의 약속하신 것을 너희에게 보내리니
            너희는 위로부터 능력을 입히울 때까지 이 성에 유하라 하시니라

2. 성령의 열매를 맺음

성령의 세례를 받으면 그리스도와 한 몸, 하나로 연결되어(고전 12 : 13), 성령의 열매를 맺게 된다(요 15 : 3-4; 갈 5 : 22-23).

고전 12 : 13 우리가 유대인이나 헬라인이나 종이나 자유자나 다 한 성령으로
              세례를 받아 한 몸이 되었고 또 다 한 성령을 마시게 하셨느니라
요 15 : 3-4   너희는 내가 일러준 말로 이미 깨끗하였으니 내 안에 거하라 나도
              너희 안에 거하리라 가지가 포도나무에 붙어 있지 아니하면 절로

	과실을 맺을 수 없음같이 너희도 내 안에 있지 아니하면 그러하리라
갈 5 : 22-23	오직 성령의 열매는 사랑과 희락과 화평과 오래 참음과 자비와
	양선과 충성과 온유와 절제니 이같은 것을 금지할 법이 없느니라

3. 성결하게 됨

성령의 세례를 받으면 죄와 허물(엡 2 : 1), 즉 자범죄와 원죄로부터 깨끗이 씻음받고 성결하게 되며(딛 3 : 5-6; 마 3 : 11; 행 1 : 5), 죄의 몸이 멸하여 다시는 죄에 종노릇하지 않고 온전히 하나님의 뜻을 따라 순종하며 살게 된다(롬 6 : 6).

엡 2 : 1	너희의 허물과 죄로 죽었던 너희를 살리셨도다
딛 3 : 5-6	우리를 구원하시되 우리의 행한바 의로운 행위로 말미암지
	아니하고 오직 그의 긍휼 하심을 좇아 중생의 씻음과 성령의
	새롭게 하심으로 하셨나니 성령을 우리 구주 예수 그리스도로
	말미암아 우리에게 풍성히 부어 주사
마 3 : 11	나는 너희로 회개케 하기 위하여 물로 세례를 주거니와 내 뒤에
	오시는 이는 나보다 능력이 많으시니 나는 그의 신을 들기도
	감당치 못하겠노라 그는 성령과 불로 너희에게 세례를 주실 것이요
행 1 : 5	요한은 물로 세례를 베풀었으나 너희는 몇 날이 못되어 성령으로
	세례를 받으리라 하셨느니라
롬 6 : 6	우리가 알거니와 우리 옛사람이 예수와 함께 십자가에 못박힌
	것은 죄의 몸이 멸하여 다시는 우리가 죄에게 종노릇하지
	아니하려 함이니

성령의 내주와 성령 충만

Ⅰ. 성령의 내주

성령의 내주하심은 어떤 사람이 예수님을 구주로 믿을 때 그의 마음속에 성령이 들어가 거하심을 의미한다(롬 8 : 9). 예수님께서 성령의 내주를 약속하셨고 그것은 구약 시대의 믿는 사람들과 성령과의 관계와는 다르다. 즉 예수님께서 말씀하시기를 "내가 아버지께 구하겠으니 그가 또 다른 보혜사를 너희에게 주사 영원토록 너희와 함께 있게 하시리니 저는 진리의 영이라 세상은 능히 저를 받지 못하나니 이는 저를 보지도 못하고 알지도 못함이라 그러나 너희는 저를 아나니 저는 너희와 함께 거하심이요 또 너희 속에 계시겠음이라"(요 14 : 16-17)고 하셨다. 여기서 "함께"(with)와 "속에"(in) 라는 표현의 차이에 주의해야 한다. 오순절 사건이 있기 전 구약 시대에는 성령은 방문자로서, 믿는 사람과 일시적으로 함께 거하셨다. 그러나 오순절 사건 후부터 이제 성령은 믿는 사람 속에 내주하시어 영원히 거하신다(고전 6 : 19). 신약 시대의 성령의 내주하심은 우리로 하여금 거룩한 삶을 살게 하는 동기와 능력의 근원이 된다(고전 6 : 15-20). 또한 성령의 내주하심으로 말미암아 우리가 신령한 일을 이해할 수 있다(고전 2 : 9-13; 요 16 : 12-15). 그리고 성령은 우리의 기도와 삶을 도와주신다(롬 8 : 26-27; 엡 2 : 18,6 : 18)

롬 8 : 9　　　　**만일 너희 속에 하나님의 영이 거하시면 너희가 육신에 있지 아니하고 영에 있나니 누구든지 그리스도의 영이 없으면 그리스도의 사람이 아니라**

요 14 : 16-17　**내가 아버지께 구하겠으니 그가 또 다른 보혜사를 너희에게 주사 영원토록 너희와 함께 있게 하시리니 저는 진리의 영이라 세상은 능히 저를 받지 못하나니 이는 저를 보지도 못하고 알지도 못함이라**

그러나 너희는 저를 아나니 저는 너희와 함께 거하심이요 또 너희
속에 계시겠음이라

고전 6 : 15-20 너희 몸이 그리스도의 지체인 줄을 알지 못하느냐 내가 그리스도의
지체를 가지고 창기의 지체를 만들겠느냐 결코 그럴 수 없느니라
창기와 합하는 자는 저와 한 몸인 줄을 알지 못하느냐 일렀으되
둘이 한 육체가 된다 하셨나니 주와 합하는 자는 한 영이니라 음행을
피하라 사람이 범하는 죄마다 몸 밖에 있거니와 음행하는 자는
자기 몸에 죄를 범하느니라 너희 몸은 너희가 하나님께로부터
받은 바 너희 가운데 계신 성령의 전인줄을 알지 못하느냐 너희는
너희의 것이 아니라 값으로 산 것이 되었으니 그런즉 너희 몸으로
하나님께 영광을 돌리라

고전 2 : 9-13 기록된바 하나님이 자기를 사랑하는 자들을 위하여 예비하신 모든
것은 눈으로 보지 못하고 귀로도 듣지 못하고 사람의 마음으로도
생각지 못하였다 함과 같으니라 오직 하나님이 성령으로 이것을
우리에게 보이셨으니 성령은 모든 것 곧 하나님의 깊은 것이라도
통달하시느니라 사람의 사정을 사람의 속에 있는 영 외에는 누가
알리요 이와 같이 하나님의 사정도 하나님의 영 외에는 아무도
알지 못하느니라 우리가 세상의 영을 받지 아니하고 오직
하나님께로 온 영을 받았으니 이는 우리로 하여금 하나님께서
우리에게 은혜로 주신 것들을 알게 하려 하심이라 우리가 이것을
말하거니와 사람의 지혜의 가르친 말로 아니하고 오직 성령의
가르치신 것으로 하니 신령한 일은 신령한 것으로 분별하느니라

요 16 : 12-15 내가 아직도 너희에게 이를 것이 많으나 지금은 너희가 감당치
못하리라 그러하나 진리의 성령이 오시면 그가 너희를 모든 진리
가운데로 인도하시리니 그가 자의로 말하지 않고 오직 듣는 것을
말하시며 장래 일을 너희에게 알리시리라 그가 내 영광을
나타내리니 내 것을 가지고 너희에게 알리겠음이니라 무릇 아버지께
있는 것은 다 내 것이라 그러므로 내가 말하기를 그가 내 것을
가지고 너희에게 알리리라 하였노라

롬 8 : 26-27 이와 같이 성령도 우리 연약함을 도우시나니 우리가 마땅히 빌
바를 알지 못하나 오직 성령이 말할 수 없는 탄식으로 우리를 위하여
친히 간구하시느니라 마음을 감찰하시는 이가 성령의 생각을

> 아시나니 이는 성령이 하나님이 뜻대로 성도를 위하여
> 간구하심이니라
엡 2 : 18 이는 저로 말미암아 우리 둘이 한 성령 안에서 아버지께 나아감을
얻게 하려 하심이라
엡 6 : 18 모든 기도와 간구로 하되 무시로 성령 안에서 기도하고 이를 위하여
깨어 구하기를 항상 힘쓰며 여러 성도를 위하여 구하고

II. 성령 충만
1. 성령 충만의 의미

에베소서 5장 18절에 모든 믿는 사람에게 "… 오직 성령의 충만을 받으라"고 명령하고 있다. 여기서 성령의 충만을 받으라 함은 계속적인 성령의 충만함을 받으라는 의미이다. 사도행전 13장 9절에 "바울이라 하는 사울이 성령 충만했다"라고 하였으며 또 누가복음 4장 1절에 "예수께서 마귀에게 시험을 받으실 때에 성령 충만하셨다"라고 하였다.

성령 충만의 "충만"(Fill)이란 말은 헬라어의 "플레르"(Pler)에서 온 말이다. 이는 장기간 계속적이고 연속적인 포화 상태를 가리킨다. 즉 한번 채워진 것이 없어지지 않으면서 계속 존재하는 것이 "충만하다"의 뜻이다. 그러므로 성령의 충만을 받으라 함은 계속적인 성령의 충만을 받으라는 것이다. 성령의 충만은 단번에 순간적으로 영원히 이루어지는 성령의 세례와 다르다.

성령 세례는 일생에 한번 있는 반면 성령의 충만은 여러 번 있다. 사도행전의 기록들이 이를 뒷받침하고 있다. 즉 오순절날 제자들은 성령의 충만함을 받았다(행 2 : 1-4). 그리고 처음 박해가 있은(행 4 : 1-15 참조) 후 제자들은 다시 성령의 충만함을 받았다(행 4 : 31). 이 일이 있기 전 베드로는 산헤드린 앞에 섰을 때 벌써 성령의 충만함을 받았던 것이다(행 4 : 8).

성령 충만은 우리에 대하여 성령의 온전한 지배를 의미한다. 즉 성령 충만은 우리가 성령님의 가르침과 인도하심과 주장하심에 순복할 때에 우리를 전적으로 지배하시고 주장하시는 성령의 능력을 의미하는 것이다. 그러므로 성령 충만은 단순히 신자가 성령을 많이 받았다는 뜻이 아니고 성령이 신자의 전심 전령, 즉

전 인격을 온전히 주장하고 지배한다는 뜻이다. 그러기에 성령의 내주와 성령 충만(온전한 지배)은 다르다.

성경에는 신자의 성령 충만을 술취함에 비유하였고(엡 5 : 18) 초대 교회 그리스도인들의 성령 충만함을 보고 그 당시 사람들이 "새 술에 취했다"고 하였다(행 2 : 13). 사람은 술에 취하면 자기 정신, 자기 감정, 자기 생각, 자기 의지에 따라 행동을 하는 것이 아니라, 술의 지배를 받아 술의 정신, 술이 일으키는 감정, 술이 시키는 생각과 의지에 따라 행동하게 되는 것이다. 그러므로 사람이 술에 취하여 버리면 전적으로 술의 지배를 받으므로 자기 자신의 의지가 아닌 술의 주장대로 행동을 하게 된다. 이 때 그 사람은 술의 사람이 되어 버리고 마는 것이다. 성령 충만은 신자가 성령의 새 술에 취하여 성령의 온전한 지배를 받는 성령의 사람이 되는 체험이다. 그러므로 신자가 성령 충만하게 된다는 것은 그리스도가 보내신 성령에 의하여 전심 전령(全心全靈), 전 인격(全人格)이 온전히 성령에 지배됨으로써 온전한 그리스도인으로 행동을 하게 되는 것을 의미한다.

성령이 충만한 신자는 내가 살았으나 나의 생각, 나의 감정, 나의 의지가 아니라 성령의 생각, 성령의 감정, 성령의 의지로써 행동하게 되는 것이다. 우리가 성령 충만하여 성령의 전적 지배를 받고 성령 안에 행할 때 성령의 열매를 맺게 된다(갈 5 : 16,22-23). 그 때 우리는 예수 그리스도를 능력 있게 전할 수 있다(행 1 : 8,4 : 31-33). 그러므로 성령 충만이란 하나님께로부터 받는 임무를 수행할 수 있는 능력을 부여받는 것이라고도 할 수 있다. 성령 충만이란 개인적인 삶과 교회 그리고 세상에서 하나님을 찬양하고 경배하며, 그분의 뜻에 순종하고 섬기는 믿음과 소망과 사랑을 부여받고, 세상을 구원하시는 하나님의 능력과 정의와 사랑의 도구가 되는 것이다. 성령 충만함의 최초 최상의 모범은, 성부 하나님의 인류 구원의 뜻을 이루어 드리기 위하여 자기를 희생하시며 죽기까지 순종하시는 예수 그리스도의 생애에서 찾아볼 수 있다(빌 2 : 5-8 참조).

행 2 : 1-4   오순절날이 이미 이르매 저희가 다같이 한 곳에 모였더니 홀연히 하늘로부터 급하고 강한 바람 같은 소리가 있어 저희 앉은 온 집에 가득하며 불의 혀같이 갈라지는 것이 저희에게 보여 각 사람 위에

임하여 있더니 저희가 다 성령의 충만함을 받고 성령이 말하게
하심을 따라 다른 방언으로 말하기를 시작하니라

행 4 : 8   이에 베드로가 성령이 충만하여 가로되 백성의 관원과 장로들아

엡 5 : 18   술 취하지 말라 이는 방탕한 것이니 오직 성령의 충만을 받으라

행 2 : 13   또 어떤 이들은 조롱하여 가로되 저희가 새 술이 취하였다 하더라

갈 5 : 16   내가 이르노니 너희는 성령을 좇아 행하라 그리하면 육체의
           욕심을 이루지 아니하리라

갈 5 : 22-23 오직 성령의 열매는 사랑과 희락과 화평과 오래 참음과 자비와
             양선과 충성과 온유와 절제니 이 같은 것을 금지할 법이 없느니라

행 1 : 8   오직 성령이 너희에게 임하시면 너희가 권능을 받고 예루살렘과
           온 유대와 사마리아와 땅 끝까지 이르러 내 증인이 되리라 하시니라

행 4 : 31-33 빌기를 다하매 모인 곳이 진동하더니 무리가 다 성령이 충만하여
             담대히 하나님의 말씀을 전하니라 믿는 무리가 한 마음과 한 뜻이
             되어 모든 물건을 서로 통용하고 제 재물을 조금이라도 제것이라
             하는 이가 하나도 없더라 사도들이 큰 권능으로 주 예수의 부활을
             증거하니 무리가 큰 은혜를 얻어

2. 성령 충만의 비결

성령의 충만을 받기 위해 필요한 것은 우선 하나님의 성령이 우리를 지배해 주
시기를 원하는 갈증이다(요 7 : 37). 그리고 그 다음에는 신뢰가 필요하다(요 7 :
37). 성령의 전적 지배를 받기 위해 우리는 예수님을 신뢰해야 된다. 예수께서
"… 누구든지 목마르거든 내게로 와서 마시라"고 하였다(요 7 : 37). 여기서 "목마
름"은 "갈증" 즉 간절히 원하는 것이고 "마심"은 "순종과 신뢰"인 것이다.

성령의 은사

Ⅰ. 성령의 은사란?

1. 권능의 시여(施輿)

은사란 은혜로 주시는 선물이라는 뜻이니, 성령의 은사라 함은 성령께서 각 사람에게 나누어 주시는 선물을 의미한다. 즉, 성령께서 성도들이 그리스도의 몸 안에서 그 지체로서의 각양 기능(직임)을 효과적으로 수행할 수 있는 권능을 시여하는 것을 가리켜 성령의 은사라 한다(행 1 : 8; 고전 12 : 4-6).

행 1 : 8	오직 성령이 너희에게 임하시면 너희가 권능을 받고 예루살렘과 온 유대와 사마리아와 땅 끝까지 이르러 내 증인이 되리라 하시니라
고전 12 : 4-6	은사는 여러 가지나 성령은 같고 직임은 여러 가지나 주는 같으며 또 역사는 여러 가지나 모든 것을 모든 사람 가운데서 역사하시는 하나님은 같으니

2. 성령의 나타남

성령의 은사란 성령께서 각 사람을 유익하게 하고, 나아가서는 교회 전체의 유익을 위하여 각 사람에게 각양으로 성령의 역사가 나타나서 그 직임(기능)을 효과적으로 수행하도록 하는 것이다(고전 12 : 7).

고전 12 : 7	각 사람에게 성령의 나타남을 주심은 유익하게 하려 하심이라

II. 성령 은사의 특징
1. 은사는 성령이 시여함

성령 은사는 사람이 선택하는 것이 아니라 하나님의 절대적 주권 행사로써 하나님께서 주시고자 하시는 그 사람에게 그 신앙의 정도에 따라 성령을 통하여 주시는 것이다(고전 12 : 11).

고전 12 : 11   이 모든 일은 같은 한 성령이 행하사 그 뜻대로 각 사람에게 나눠
주시느니라

2. 은사는 여러 가지임

사람의 몸은 하나여도 지체는 여럿이며, 그 기능이 각기 다른 것처럼 그리스도의 몸된 교회도 여러 지체(신자)가 있고, 그 직임이 각각 다르기 때문에 모두가 다 통일적으로 같은 은사를 받는 것이 아니다(롬 12 : 4-6; 고전 12 : 7-10,29-30). 그러기에 신자마다 일률적으로 똑같은 은사를 받는 것이 아니며, 모든 은사를 다 갖고 있는 신자도 없는 것이다.

롬 12 : 4-6   우리가 한 몸에 많은 지체를 가졌으나 모든 지체가 같은 직분을
가진 것이 아니니 이와 같이 우리 많은 사람이 그리스도 안에서
한 몸이 되어 서로 지체가 되었느니라

고전 12 : 7-10   각 사람에게 성령의 나타남을 주심은 유익하게 하려 하심이라
어떤 이에게는 성령으로 말미암아 지혜의 말씀을 어떤 이에게는
같은 성령을 따라 지식의 말씀을 다른 이에게는 같은 성령으로
믿음을 어떤 이에게는 한 성령으로 병 고치는 은사를 어떤 이에게는
능력 행함을 어떤 이에게는 예언함을 어떤 이에게는 영들 분별함을
다른 이에게는 각종 방언 말함을 어떤 이에게는 방언을 통역함을
주시나니 이 모든 일은 같은 한 성령이 행하사 그 뜻대로 각
사람에게 나눠주시느니라

고전 12 : 29-30   다 사도겠느냐 다 선지자겠느냐 다 교사겠느냐 다 능력을 행하는
자겠느냐 다 병 고치는 은사를 가진 자겠느냐 다 방언을 말하는
자겠느냐 다 통역하는 자겠느냐

3. 은사는 동등하지 않음

모든 은사는 그 중요성과 가치에 있어서 동등하지가 않다. 성경에 어떤 은사는
다른 은사보다 크고, 중요한 것을 가르치고 있다. 즉 사도 바울은 은사의 가치와
중요성을 논함에 있어서 첫째, 둘째, 셋째 식으로 성령의 은사를 열거하고 나서
"너희는 더 큰 은사를 사모하라"고 하였다(고전 12 : 28-31).

> 고전 12 : 28-31 하나님이 교회 중에 몇을 세우셨으니 첫째는 사도요 둘째는
> 선지자요 셋째는 교사요 그 다음은 능력이요 그 다음은 병 고치는
> 은사와 서로 돕는 것과 다스리는 것과 각종 방언을 하는 것이라
> 다 사도겠느냐 다 선지자겠느냐 다 교사겠느냐 다 능력을 행하는
> 자겠느냐 다 병 고치는 은사를 가진 자겠느냐 다 방언을 말하는
> 자겠느냐 다 통역하는 자겠느냐 너희는 더욱 큰 은사를 사모하라
> 내가 또한 제일 좋은 길을 너희에게 보이리라

4. 잠정적 은사의 시여

어떤 경우에는 특정한 시기나 필요성에 따라 일시적으로 은사가 시여되는 경우
가 있다. 예를 들면 바울은 한 때 성령의 은사로써 병자를 고칠 수 있었으나(행
14 : 8-10), 그 후에 그는 이 은사를 사용하지 아니했던 것이다(빌 2 : 17; 딤후
4 : 20). 어떤 은사가 일시적, 잠정적으로 시여되는 것은 복음의 말씀을 확증하
고, 주의 일을 효과적으로 수행하여 하나님께 영광을 돌리도록 하게 하기 위해서
인 것이다(히 2 : 4; 벧전 4 : 10).

> 행 14 : 8-10 루스드라에 발을 쓰지 못하는 한 사람이 있어 앉았는데 나면서
> 앉은뱅이 되어 걸어 본 적이 없는 자라 바울이 말하는 것을 듣거늘
> 바울이 주목하여 구원받을 만한 믿음이 그에게 있는 것을 보고 큰
> 소리로 가로되 네 발로 바로 일어서라 하니 그 사람이 뛰어 걷는지라
> 빌 2 : 17 만일 너희 믿음의 제물과 봉사 위에 내가 나를 관제로 드릴지라도
> 나는 기뻐하고 너희 무리와 함께 기뻐하리니
> 딤후4 : 20 에라스도는 고린도에 머물렀고 드로비모는 병듦으로 밀레도에
> 두었으니

| 히 2 : 4 | 하나님도 표적들과 기사들과 여러 가지 능력과 및 자기 뜻을 따라 성령의 나눠주신 것으로써 저희와 함께 증거하셨느니라 |
| 벧전 4 : 10 | 각각 은사를 받은 대로 하나님의 각양 은혜를 맡은 선한 청지기 같이 서로 봉사하라 |

5. 은사는 하나님의 선물임

성령의 은사는 은사라는 말 그대로 인간의 공로나 일한 대가로 주어지는 것이 아니고, 오직 성령이신 하나님께서 교회를 위하여 교인들에게 나누어 주시는 선물이다(행 8 : 17-20).

| 행 8 : 17-20 | 이에 두 사도가 저희에게 안수하매 성령을 받는지라 시몬이 사도들의 안수함으로 성령 받는 것을 보고 돈을 드려 가로되 이 권능을 내게도 주어 누구든지 내가 안수하는 사람은 성령을 받게 하여 주소서 하니 베드로가 가로되 네가 하나님의 선물을 돈 주고 살 줄로 생각하였으니 네 은과 네가 함께 망할지어다 |

6. 사랑 없는 은사는 공허임

성경에 "사랑이 없는 은사는 아무 것도 아니다" 라고 하였다(고전 13 : 1-3). 즉 사랑이 없이는 방언도, 예언도, 능력도, 지식도, 모든 은사가 다 무가치하고 무용하고 무익하므로 공허하다는 것이다. 그러기에 모든 은사는 사랑 가운데서만 활용되어져야 하며, 모든 은사는 사랑 안에서만이 진정한 효력을 발휘하게 되는 것이다.

사랑의 은사는 모든 은사보다 크고, 모든 은사를 초월하며, 모든 은사보다 절대로 필요하다. 그러므로 사랑의 은사를 능가할 은사가 없으니 사랑이 없이는 모든 은사가 무익하고 무가치한 때문이다.

| 고전 13 : 1-3 | 내가 사람의 방언과 천사의 말을 할지라도 사랑이 없으면 소리나는 구리와 울리는 꽹과리가 되고 내가 예언하는 능이 있어 모든 비밀과 모든 지식을 알고 또 산을 옮길만한 모든 믿음이 있을지라도 사랑이 없으면 내가 아무 것도 아니요 내가 내게 있는 모든 것으로 구제하고 또 내 몸을 불사르게 내어 줄지라도 사랑이 없으면 내게 아무 |

유익이 없느니라

III. 성령 은사의 구분

1. 일반적인 은사

성경에 보면 하나님이 교회에 시여하시는 은사 가운데 일반적인 은사는 대략 9가지로 나타내고 있다(고전 12 : 8-10). 랄프 릭그스(Ralph Riggs)는 그의 저서 「성령 자신」이라는 책에서 이 9가지 은사를 세 가지 은사씩 세부적으로 구분하였다. 이를 도해(圖解)하면 다음과 같다.

성령의 9가지 은사

하나님	성부	계시의 은사	1. 지혜의 말씀 2. 지식의 말씀 3. 영 분별하는 것	지(知)	사랑	사람
	성자	표현의 은사	1. 예언 2. 방언 3. 방언 통역하는 것	정(情)		
	성령	능력의 은사	1. 믿음 2. 능력 3. 병 고치는 것	의(意)		

고전 12 : 8-10　어떤 이에게는 성령으로 말미암아 지혜의 말씀을 어떤 이에게는 같은 성령을 따라 지식의 말씀을 어떤 이에게는 같은 성령으로 믿음을 어떤 이에게는 한 성령으로 병 고치는 은사를 어떤 이에게는 능력 행함을 어떤 이에게는 예언함을 어떤 이에게는 영들 분별함을 다른 이에게는 각종 방언 말함을 어떤 이에게는 방언을 통역함을 주시니

1) 계시의 은사

(1) 지혜의 말씀의 은사

지혜는 사물의 진가와 사리를 달관하는 것으로 우리는 일상 생활에 있어서 이

지혜가 필요한 것이다. 성경은 지혜를 구하면 주신다고 약속했다(약 1 : 5). 지혜의 말씀의 은사는 성령의 역사를 통하여 하나님의 지혜가 성도에게 시여되고 성도는 그 지혜를 통하여 어려운 문제를 놀랍게 해결하고 하나님께 영광 돌리는 은사이다(고전 12 : 8).

하나님은 솔로몬 왕에게 이 지혜의 말씀의 은사를 부어 주셨다(왕상 3 : 28). 예수님도 가이사에게 세를 바칠 것인가, 안 바칠 것인가 하는 문제를 가지고 시험하는 바리세인들을 지혜의 말씀으로 물리치셨다(마 22 : 21). 그리고 간음하다가 현장에서 잡혀 무참히 돌에 맞아 죽을 여인도 이 은사를 통하여 구하고 회개시켜 구원 얻게 하셨다(요 8 : 7).

주님께서는 성도가 신앙과 복음 때문에 핍박을 당할 때에는 지혜의 말씀인 은사를 주시겠다고 약속하셨다(눅 21 : 15).

약 1 : 5	너희 중에 누구든지 지혜가 부족하거든 모든 사람에게 후히 주시고 꾸짖지 아니하시는 하나님께 구하라 그리하면 주시리라
고전 12 : 8	어떤 이에게는 성령으로 말미암아 지혜의 말씀을 어떤 이에게는 같은 성령을 따라 지식의 말씀을
왕상 3 : 28	온 이스라엘이 왕의 심리하여 판결함을 듣고 왕을 두려워하였으니 이는 하나님의 지혜가 저의 속에 있어 판결함을 봄이더라
마 22 : 21	가로되 가이사의 것이니이다 이에 가라사대 그런즉 가이사의 것은 가이사에게 하나님의 것은 하나님께 바치라 하시니
요 8 : 7	저희가 묻기를 마지 아니하는지라 이에 일어나 가라사대 너희 중에 죄 없는 자가 먼저 돌로 치라 하시고
눅 21 : 15	내가 너희의 모든 대적이 능히 대항하거나 변박할 수 없는 구재와 지혜를 너희에게 주리라

(2) 지식의 말씀의 은사

지식은 사물을 바로 깨달아 아는 것을 의미한다. 하나님께서 모든 것을 알고 계시는 지식 중에 사람에게 알게 하기를 원하시는 것들만을 계시해 주심으로써 그로 하여금 밝히 알고 말하게 하시는 것이다(고전 12 : 8). 구약에 엘리사에게 나타났던 은사가 바로 이 지식의 말씀의 은사이다(왕하 6 : 12). 신약에는 베드로에게 이 은사가 나타났다(행 5 : 3). 복음의 요의(要義)를 깨달아 알고 말하게 하는 것도 지식의 말씀의 은사이다(마 16 : 16).

고전12 : 8	어떤 이에게는 성령으로 말미암아 지혜의 말씀을 어떤 이에게는 같은 성령을 따라 지식의 말씀을
왕하 6 : 12	그 신복 중에 하나가 가로되 우리 주 왕이여 아니로소이다 오직 이스라엘 선지자 엘리사가 왕이 침실에서 하신 말씀이라도 이스라엘 왕에게 고하나이다
행 5 : 3	베드로가 가로되 아나니아야 어찌하여 사단이 네 마음에 가득하여 네가 성령을 속이고 땅값 얼마를 감추었느냐
마 16 : 16	시몬 베드로가 대답하여 가로되 주는 그리스도시오 살아 계신 하나님의 아들이시니이다

(3) 영 분별의 은사

이는 성령과 악령을 분별하는 은사이다. 성령과 악령의 역사는 유사하여 이를 분간하는 것은 인지(人知)로는 불가능하다(요일 4 : 1-3 참조). 그런고로 주의 종들에게 영 분별의 은사가 시여되는 것이다(고전 12 : 10).

성경에 말세에는 악령의 미혹을 받아 믿음에서 떠나는 사람들이 있다는 것을 경고하였다(딤전 4 : 1).

구약에 선지자들을 통하여 거짓영과 참영이 나타났던 사실과 미가야 선지자에게 영 분별의 은사가 있었던 것이 기록되어 있다(왕상 22 : 23).

고전 12 : 10	어떤 이에게는 능력 행함을 어떤 이에게는 예언함을 어떤 이에게는 영들 분별함을 다른 이에게는 각종 방언 말함을 어떤 이에게는 방언들 통역함을 주시나니
딤전 4 : 1	그러나 성령이 밝히 말씀하시기를 후일에 어떤 사람들이 믿음에서 떠나 미혹케 하는 영과 귀신의 가르침을 좇으리라 하셨으니
왕상 22 : 23	이제 여호와께서 거짓말하는 영을 왕의 이 모든 선지자의 입에 넣으셨고 또 여호와께서 왕에게 대하여 화를 말씀하셨나이다

2) 표현의 은사

이 은사는 밖으로 표현되는 것이 특징이다. 그러므로 이 은사는 받은 사람은 물론, 주변의 다른 사람들도 알게 된다.

(1) 예언의 은사(고전 12 : 10)

이 은사는 미래에 관한 하나님의 계시를 미리 말하는 기능뿐만 아니라 구약의 경우처럼 미래사에 대한 예언(행 11 : 28,21 : 10,22 : 25)과 더불어 성령의 능력으로 가르치며 권위하며 설교하는 기능도 포함한다(행 14 : 3-4).

예언은 사람이 알아듣는 명료한 말로 교훈하는 것으로 직접 사람을 상대하기 때문에 사람에게 유익한 것이다(고전 14 : 1). 방언은 하나님을 상대로 하여 스스로 황홀경을 즐기는 것이요, 예언은 사람을 상대하여 가르치고 권면하고 위로하기 때문에 그들에게 덕이 된다. 그러기에 사도 바울은 모든 은사 중에서 "특별히 예언을 하려고 하라"고 권면하였던 것이다(고전 14 : 1).

고전 12 : 10	어떤 이에게는 능력 행함을 어떤 이에게는 예언함을 어떤 이에게는 영들 분별함을 다른 이에게는 각종 방언 말함을 어떤 이에게는 방언들 통역함을 주시나니
행 11 : 28	그 중에 아가보라 하는 한 사람이 일어나 성령으로 말하되 천하가 크게 흉년 들리라 하더니 글라우디오 때에 그렇게 되니라
행 21 : 10	여러 날 있더니 한 선지자 아가보라 하는 이가 유대로부터 내려와
행 22 : 25	가죽줄로 바울을 매니 바울이 곁에 섰는 백부장더러 이르되 너희가 로마 사람 된 자를 죄도 정치 아니하고 채찍질할 수 있느냐 하니
행 14 : 3	두 사도가 오래 있어 주를 힘입어 담대히 말하니 주께서 저희 손으로 표적과 기사를 행하게 하여 주사 자기 은혜의 말씀을 증거하시니 그 성내 무리가 나뉘어 유대인을 좇는 자도 있고 두 사도를 좇는 자도 있는지라
고전 14 : 1	이에 이고니온에서 두 사도가 함께 유대인의 회당에 들어가 말하니 유대와 헬라의 허다한 무리가 믿더라

(2) 방언의 은사(고전 12 : 10)

성경에 방언은 사람들이 알아듣는 대인 방언과(행 2 : 9-11) 알아듣지 못하는 대신 방언(고전 14 : 2,14)으로 구분하고 있다.

방언의 은사는 하나님과의 영적교제를 위하고(고전 14 : 2) 개인의 신앙 향상을 위하여 주시하는데(고전 14 : 4) 믿고 순종하는 자들을 위하여 주시는 예언과는 달리 방언은 믿지 않는 자들을 위하여 주시는 것이다(고전 14 : 13).

고전 12 : 10	어떤 이에게는 능력 행함을 어떤 이에게는 예언함을 어떤 이에게는 영들 분별함을 다른 이에게는 각종 방언 말함을 어떤 이에게는 방언들 통역함을 주시나니
행 2 : 9-11	우리는 바대인과 메대인과 엘림인과 또 메소보다미아 유대와 가바도기아 본도와 아시아 브루기아와 밤빌리아 애굽과 및 구레네에 가까운 리비야 여러 지방에 사는 사람들과 로마로부터 온 나그네 곧 유대인과 유대교에 들어온 사람들과 그레데인과 아라비아인들과 우리가 다 우리의 각 방언으로 하나님의 큰 일을 말함을 듣는도다 하고
고전 14 : 2	너희도 알거니와 너희가 이방인으로 있을 때에 말 못하는 우상에게로 끄는 그대로 끌려갔느니라
고전 14 : 14	몸은 한 지체뿐 아니요 여럿이니
고전 14 : 4	은사는 여러 가지나 성령은 같고
고전 14 : 13	우리가 유대인이나 헬라인이나 종이나 자유자나 다 한 성령으로 세례를 받아 한 몸이 되었고 또 다 한 성령을 마시게 하셨느니라

3) 능력의 은사

(1) 믿음의 은사(고전 12 : 9)

성령의 은사로 주어지는 믿음은 구원에 대한 일반적인 신앙이 아니고(롬 10 : 17,12 : 3), 성령의 역사를 통하여 순간적으로 하나님의 믿음이 성도의 마음 속에 부은 바 되어 일반적인 믿음으로서는 상상도 할 수 없는 강렬한 믿음의 능력이 생겨나 큰 역사를 수행케 하는 믿음을 의미한다.

고전 12 : 9	다른 이에게는 같은 성령으로 믿음을 어떤 이에게는 한 성령으로 병 고치는 은사를
롬 10 : 17	그러므로 믿음은 들음에서 나며 들음은 그리스도의 말씀으로 말미암았느니라
롬 12 : 3	내게 주신 은혜로 말미암아 너희 중 각 사람에게 말하노니 마땅히 생각할 그 이상의 생각을 품지 말고 오직 하나님께서 각 사람에게 나눠 주신 믿음의 분량대로 지혜롭게 생각하라

(2) 능력 행하는 은사

이는 여러 가지 이적을 일으키는 능력의 은사를 의미한다. 예를 들면 여호수아가 태양을 머물게 한 일(수 10 : 12-14), 모세가 홍해를 가르고 이스라엘을 바다 가운데 육지로 행하게 한 일(출 14 : 21-22), 바울이 박수 엘루마를 징계한 일(행 13 : 8-12 참조), 베드로가 아나니아 부부를 징계한 일(행 5 : 1-10 참조) 등에서 나타난 것은 모두 다 능력을 행하는 은사로 인한 결과인 것이다(고전 12 : 10).

수 10 : 12-14	여호와께서 아모리 사람을 이스라엘 자손에게 붙이시던 날에 여호수아가 여호와께 고하되 이스라엘 목존에서 가로되 태양아 너는 기브온 위에 머무르라 달아 너도 아얄론 골짜기에 그리할지어다 하매 태양이 머물고 달이 그치기를 백성이 그 대적에게 원수를 갚도록 하였느니라 야살의 책에 기록되기를 태양이 중천에 머물러서 거의 종일토록 속히 내려가지 아니하였다 하지 아니하였느냐 여호와께서 사람의 목소리를 들으신 이같은 날은 전에도 없었고 후에도 없었나니 이는 여호와께서 이스라엘을 위하여 싸우셨음이니라
출 14 : 21-22	모세가 바다 위로 손을 내어민대 여호와께서 큰 동풍으로 밤새도록 바닷물을 물러가게 하시니 물이 갈라져 바다가 마른 땅이 된지라
고전 12 : 10	어떤 이에게는 능력 행함을 어떤 이에게는 예언함을 어떤 이에게는 영들 분별함을 다른 이에게는 각종 방언 말함을 어떤 이에게는 방언들 통역함을 주시나니

(3) 병 고치는 은사(고전 12 : 9)

이 은사는 치료하시는 하나님이(출 15 : 26; 시 103 : 3; 말 4 : 2; 마 8 : 16-17) 그 치료의 능력을 부어 주심으로 병을 고치게 하는 것을 의미한다.

병 고치는 은사는 받았다가도 하나님께서 걷어 가실 수도 있으며, 아무에게나 효험이 있는 것은 아니다. 바울은 병 고치는 은사가 있어 에베소에서 "심지어 사람들이 바울의 몸에서 손수건이나 앞치마를 가져다가 병자에게 얹으면 그 병이 떠나고 악귀도 나가게 되었다"(행 19 : 11-12). 그러나 후에 그는 병이 들어 밀레도에 남겨둔 드로비모의 병을 고칠 수 없었으며(딤후 4 : 20) 위장병으로 고생하는 디모데에게 편지를 통하여 선의의 권면을 하였지만 역시 그 병을 고칠 수가 없었다(딤전 5 : 23).

병 고치는 은사는 또 아무에게나 효험이 있는 것은 아니다. 바울은 그의 지병인 육체의 가시가 그의 영적인 생활에 유익하기 때문에 그 병을 고침받을 수가 없었다(고후 12 : 7-9). 죽을 병은 기도해도 낫지 않으며 죄로 인한 병은 회개가 선행되어야 한다(약 5 : 16). 그러기에 아무에게나 경솔히 안수하지 말아야 한다는 것이다(딤전 5 : 22).

출 15 : 26	가라사대 너희가 너희 하나님 나 여호와의 말을 청종하고 나의 보기에 의를 행하며 내 계명에 귀를 기울이며 내 모든 규례를 지키면 내가 애굽 사람에게 내린 모든 질병의 하나도 너희에게 내리지 아니하리니 나는 너희를 치료하는 여호와임이니라
시 103 : 3	저가 네 모든 죄악을 사하시며 네 모든 병을 고치시며
말 4 : 2	내 이름을 경외하는 너희에게는 의로운 해가 떠올라서 치료하는 광선을 발하리니 너희가 나가서 외양간에서 나온 송아지같이 뛰리라
마 8 : 16-17	저물매 사람들이 귀신 들린 자를 많이 데리고 예수께 오거늘 예수께서 말씀으로 귀신들을 쫓아내시고 병든 자를 다 고치시니 이는 선지자 이사야로 하신 말씀에 우리 연약한 것을 친히 담당하시고 병을 짊어지셨도다 함을 이루려 하심이더라
행 19 : 11-12	하나님이 바울의 손으로 희한한 능을 행하게 하시니 심지어 사람들이 바울의 몸에서 손수건이나 앞치마를 가져다가 병든 사람에게 얹으면 그 병이 떠나고 악귀도 나가더라

딤후 4 : 20	에라스도는 고린도에 머물렀고 드로비모는 병듦으로 밀레도에 두었노니
딤전 5 : 23	이제부터는 물만 마시지 말고 네 비위와 자주 나는 병을 인하여 포도주를 조금씩 쓰라
고후 12 : 7-9	각 사람에게 성령의 나타남을 주심은 유익하게 하려 하심이라 어떤 이에게는 성령으로 말미암아 지혜의 말씀을 어떤 이에게는 같은 성령을 따라 지식의 말씀을 다른 이에게는 같은 성령으로 믿음을 어떤 이에게는 한 성령으로 병 고치는 은사를
약 5 : 16	이러므로 너희 죄를 서로 고하며 병 낫기를 위하여 서로 기도하라 의인의 간구는 역사하는 힘이 많으니라
딤전 5 : 22	아무에게나 경솔히 안수하지 말고 다른 사람의 죄에 간섭지 말고 네 자신을 지켜 정결케 하라

2. 특수 은사

1) 전도의 은사

전도의 은사는 복음을 힘있게 전하라고 주시는 전도의 능력인데 예수께서는 성령이 오시면 제자들이 무엇보다도 복음 증거하는 권능(은사)을 받게 될 것이라고 예고하셨다(행 1 : 8). 그리고 사도 바울은 남달리 전도의 은사를 받아 세계를 누비면서 목숨을 걸고 복음을 전하였는데(행 20 : 24), 이러한 전도의 은사는 특별한 사람들에게만 주시는 은사이다(엡 4 : 11).

초대 교회는 전도의 은사를 받아 불신자에게 복음 전하는 전도자들이 있었다. 이들은 목사처럼 일정한 교회에 머물지 않고 순회하면서 전도하였다. 일곱 집사 중의 하나인 빌립은 전도자라고 불리었고(행 21 : 8), 디모데도 전도자의 일을 하라는 권함을 받았다(딤후 4 : 5).

| 행 1 : 8 | 오직 성령이 너희에게 임하시면 너희가 권능을 받고 예루살렘과 온 유대와 사마리아와 땅 끝까지 이르러 내 증인이 되리라 하시니라 |
| 행 20 : 24 | 나의 달려갈 길과 주 예수께 받은 사명 곧 하나님의 은혜의 복음 증거하는 일을 마치려 함에는 나의 생명을 조금도 귀한 것으로 여기지 아니하노라 |

엡 4 : 11	그가 혹은 사도로 혹은 선지자로 혹은 복음 전하는 자로 혹은 목사와 교사로 주셨으니
행 21 : 8	이튿날 떠나 가이사랴에 이르러 일곱 집사 중 하나인 전도자 빌립의 집에 들어가서 유하니라
딤후 4 : 5	그러나 너는 모든 일에 근신하여 고난을 받으며 전도인의 일을 하며 네 직무를 다하라

2) 목회 은사

목회 은사란 목사와 교사의 직임을 감당하는 능력을 의미한다(엡 4 : 11). 목사와 교사의 은사를 하나로 묶어서 목회 은사라고 하는 이유는 가르칠 줄 모르는 자는 목사가 될 수 없고, 또 목회적 경험을 통하지 않고는 잘 가르칠 수 없기 때문이다. 그리고 목사는 교회를 감독하고 지도하며 교인들을 먹이는 직분이며, 교사는 성경을 해석하여 교리를 가르쳐 교인들을 영적으로 지도하는 직분이니, 목사는 이 두 직분을 겸무한 자로서 목회 은사는 목사와 교사의 은사를 짝 지워 주시는 은사인 것이다.

그러므로 주의 양무리를 잘 먹이고 돌보는 목회자의 사명을 즐거움으로 바로 감당하는 것은 목회 은사를 받은 사람만이 가능하다(행 20 : 28; 벧전 5 : 2).

엡 4 : 11	그가 혹은 사도로 혹은 선지자로 혹은 복음 전하는자로 혹은 목사와 교사로 주셨으니
행 20 : 28	너희는 자기를 위하여 또는 온 양떼를 위하여 삼가라 성령이 저들 가운데 너희로 감독자를 삼고 하나님이 자기 피로 사신 교회를 치게 하셨느니라
벧전 5 : 2	너희 중에 있는 하나님의 양 무리를 치되 부득이함으로 하지 말고 오직 하나님의 뜻을 좋아 자원함으로 하며 더러운 이를 위하여 하지 말고 오직 즐거운 뜻으로 하며

3) 가르치는 은사

이는 교인들에게 성경을 남달리 잘 가르치는 은사를 의미한다(롬 12 : 7-8).

롬 12 : 7-8   혹 섬기는 일이면 섬기는 일로 혹 가르치는 자면 가르치는 일로
                  혹 권위하는 자면 권위하는 일로 구제하는 자는 성실함으로
                  다스리는 자는 부지런함으로 긍휼을 베푸는 자는 즐거움으로
                  할 것이니라

4) 봉사의 은사

이는 남달리 즐거움으로 봉사를 잘하는 은사이다(롬 12 : 7; 벧전 4 : 10).

롬 12 : 7   혹 섬기는 일이면 섬기는 일로 혹 가르치는 자면 가르치는 일로
벧전 4 : 10   각각 은사를 받은대로 하나님의 각양 은혜를 맡은 선한 청지기
                  같이 서로 봉사하라

5) 권위하는 은사

이는 남달리 믿음이 약한 교인들을 권면하고 위로하며(롬 12 : 8), 잘 돌보고
격려하는 은사이다(고전 14 : 3; 눅 6 : 24).

롬 12 : 8   혹 권위하는 자면 권위하는 일로 구제하는 자는 성실함으로
                  다스리는 자는 부지런함으로 긍휼을 베푸는 자는 즐거움으로
                  할 것이니라
고전 14 : 3   그러나 예언하는 자는 사람에게 말하여 덕을 세우며 권면하며
                  안위하는 것이요
눅 6 : 24   그러나 화 있을진저 너희 부요한 자여 너희는 너희의 위로를 이미
                  받았도다

6) 긍휼 베푸는 은사

이는 남달리 가난하고 병들고 고통을 당하는 불행한 자들을 동정하고 구제함으
로 긍휼을 베푸는 은사이다(롬 12 : 8). 성경에 긍휼을 베푸는 은사는 여인들에게
특히 많이 시여된 듯하다. 초대교회의 여신도 다비다(도르가) 같은 이는 이 은사
를 받았던 것이다(행 9 : 36).

| 롬 12 : 8 | 혹 권위하는 자면 권위하는 일로 구제하는 자는 성실함으로 다스리는 자는 부지런함으로 긍휼을 베푸는 자는 즐거움으로 할 것이니라 |
| 행 9 : 36 | 욥바에 다비다라 하는 여제자가 있으니 그 이름을 번역하면 도르가라 선행과 구제하는 일이 심히 많더니 |

9. 다스리는 은사

교회에서 남달리 신앙적으로 리더십을 발휘하여 교회 분위기를 은혜롭게, 질서 있게 이끌어 가는 은사이다(롬 12 : 8; 딤전 3 : 5; 고전 12 : 28).

롬12 : 8	혹 권위하는 자면 권위하는 일로 구제하는 자는 성실함으로 다스리는 자는 부지런함으로 긍휼을 베푸는 자는 즐거움으로 할 것이니라
딤전 3 : 5	(사람이 자기 집을 다스릴 줄 알지 못하면 어찌 하나님의 교회를 돌아보리요)
고전 12 : 28	하나님이 교회 중에 몇을 세우셨으니 첫째는 사도요 둘째는 선지자요 셋째는 교사요 그 다음은 능력이요 그 다음은 병 고치는 은사와 서로 돕는 것과 다스리는 것과 각종 방언을 하는 것이라

제 16 장
구원론

구원론이란, 그리스도께서 이룩하신 구속 사역이 성령의 특별한 역사를 통해
죄인의 마음과 생활에 어떻게 적용되는지를 논하는 기독교 신학의 한 분야이다.
그 적용 단계를 구원의 서정(序程) 혹은 구원의 순서라고 하는데
이것은 교파마다 약간의 차이가 있으나
그리스도의 구속 사역을 떠나서는 그 어디에도 구원이 없다는 데는
로마 카톨릭이나 루터파 교회나 개신교가 일치하다.
초기 루터파에서는 구원의 서정을 단순히 회개, 믿음, 선행으로 말했으나
이것은 후에 좀더 구체화함으로써 개혁파의
구원의 서정과 매우 유사하게 되었다.
여기서는 구원의 서정을 "소명⇒회개⇒믿음(신앙)⇒중생⇒칭의
⇒양자⇒성결⇒성화⇒견인⇒영화"의 순으로 기술하였다.

쉽게 풀어쓴

기독교 신학

구원론 입문

　구원론(救援論 ; Soteriology)이란 인간의 구원 문제를 다루는 신학의 한 부분으로써 이는 그리스도께서 이루신 구속 사역과 축복이 성령의 특별한 역사를 통하여 죄인들의 마음과 생활에 어떻게 적용되어 하나님과의 직접적인 교제의 생활을 하게 되는지를 연구하는 것이다. 구원론에서는 주로 인간의 타락과 죄, 하나님의 구속 사역, 예수 그리스도의 속죄, 갱신을 다루고 있다. 우리가 구원론을 연구하기 전에 구원론의 입문(入門)으로 우선 알아두어야 할 것들이 있다.

　첫째, 예수 그리스도께서 십자가에 못박혀 피 흘려 죽으심으로서 인류의 죄를 대속하셨다고 해서 모든 사람이 다 자연적으로 중생하고 구원을 얻는 것이 아니라 오직 믿는 사람만 구원을 얻는 것이다. 그리고 구원 얻는 믿음은 하나님께서 거져 주시는 선물이라는 것이다(엡 2 : 8).

엡 2 : 8　　　**너희가 그 은혜를 인하여 믿음으로 말미암아 구원을 얻었나니
　　　　　　이것이 너희에게서 난 것이 아니요 하나님의 선물이라**

　둘째, 그리스도께서 이룩하신 구속 사역이 적용되는 단계를 "구원의 서정"(救援의 序程) 혹은, "구원의 순서"라고 하는데 그 내용은 교파마다 차이가 있다. 그러나 그리스도의 구속 사역(십자가의 공로)을 떠나서는 그 어디에도 구원이 없다고 하는데는 일치하다. 개신교의 루터파는 초기에 구원의 서정을 단순히 회개, 믿음, 선행이라고 하였으나 후에 루터파 신학자들이 좀 더 구체적인 구원의 서정을 주장함에 따라 개혁파의 구원의 서정과 거의 유사하게 되었다.

개혁파의 구원 서정은 내적(유효적) 소명, 회개, 믿음, 중생, 칭의, 성결, 성화, 영화 등인데 이는 성령의 특별한 활동에 의하여 신자들에게 적용된다. 그러나 이런 것들 중 어떤 것은 동시에 일어나기 때문에 이 구원의 순서는 시간적 순서라기보다 논리적 순서라고 보는 것이 타당하다.

셋째, 본 장에서는 구원론의 내용을 소명(召命)→회개(悔改)→믿음(信仰)→중생(重生)→칭의(稱義)→양자(養子)→성결(聖潔)→성화(聖化)→견인(堅忍)→영화(榮化)의 순으로 기술한다. 소명과 칭의까지의 순서를 놓고 이런 저런 논의도 있지만, 우리가 믿고 구원을 성취함이 성령의 감동과 감화로 되는 것이며 구원 성취 단계가 그 선후를 구별할 수 없으리만큼 성령의 은밀한 역사로 말미암아 순간적으로 이루어지는 것이기 때문에 구원론에서 구원의 내용들을 단계적으로 열거하는 것은 논리적 체계로 선후를 구분하는 것일 뿐, 실제적으로는 불가능한 것이다.

그리고 개혁주의 교회 중 칼빈주의 계통에서는 구원 성취 단계를 "소명, 중생, 회개, 믿음, 칭의"의 순으로 열거하고 웨슬리안 계통에서는 "소명, 선행적 은총, 회개, 믿음, 칭의, 중생"의 순으로 열거한다. 그러나 이 점에 있어서 사실상 회개, 믿음, 중생의 순서를 바꾸어 믿는다고 구원에 차질이 생길 것은 아니다.

넷째, 본 장에서 구원의 서정(구원의 은혜가 신자에게 적용되는 순서적 과정)을 차례로 논술함에 있어서 첫 번째로 "소명"(召命)을 거론함은 성경에 "또 미리 정하신 그들을 또한 부르시고"(롬 8 : 30) 라고 하였기 때문이며, "회개"(悔改)를 두 번째로 논하고, "믿음"(信仰)을 세 번째로 논술함은 예수께서 "회개하고 복음을 믿으라"(막 1 : 15)고 하셨기 때문이다.

"믿음" 다음에 네 번째로 "중생"(重生)을 말함은 예수 그리스도를 믿는 자 곧 영접하는 자는 성령으로 그 영혼이 다시 나서 하나님의 자녀가 된다고 하였기 때문이다(요 1 : 12-13).

다섯 번째, "칭의"(稱義)를 논함은 "믿는 자에게는 그의 믿음을 의로 여기시나니"(롬 4 : 5) 라고 하였으니, 하나님의 은혜로 말미암아 예수 그리스도를 구주로 믿고 하나님의 자녀로 거듭난 사람에 대하여 의인(義認), 즉 칭의(稱義 ; 의롭다 함)

가 선포되기 때문이다(롬 3 : 24,8 : 1).

여섯 번째, "양자"(養子)를 거론함은 성경에 "의롭다 하심을 얻어 영생의 소망을 따라 후사가 되게 하심이라"고 (딛 3 : 7) 하신 대로 하나님이 의롭다고 한 자는 하나님의 양자가 되어 하늘의 기업을 누릴(갈 4 : 7) 하나님의 후사가 되기 때문이며(롬 8 : 17), 일곱 번째, "성결"(聖潔)을 논함은 예수님을 믿고 성령으로 거듭나고 성령의 세례를 받은 자는 성결한 인격과 성별 된 생활을 하게 되기 때문이다(행 6 : 3; 고후 7 : 1; 벧전 1 : 15).

여덟 번째, "성화"(聖化)에 대하여 말함은 성결의 은혜를 체험한 자가 성령의 충만과 재 충만을 받으며 성령의 법을 따라 순종하는 삶을 살아갈 때 그 사람의 속에서 일어나는 지속적인 성령의 작용이 점진적으로 더욱더 성결한 인격과 생활(성화)이 이루어지게 하기 때문이다.

아홉 번째, "견인"(堅忍)을 말함은 믿고 거듭나 의롭다 함을 얻고 하나님의 자녀(양자)가 된 자는 결코 버림당하지 않고 끝내 하나님의 보호하심과 인도하심을 받아 궁극적으로 구원을 성취하게 되기 때문이며, 마지막으로 열 번째, 맨 마지막으로 "영화"(榮化)를 논함은 영화는 구속(救贖)의 전 과정의 완성 단계이기 때문이다(롬 8 : 30).

롬 8 : 30	또 미리 정하신 그들을 또한 부르시고 부르신 그들을 또한 의롭다 하시고 의롭다 하신 그들을 또한 영화롭게 하셨느니라
막 1 : 15	가라사대 때가 찼고 하나님의 나라가 가까웠으니 회개하고 복음을 믿으라 하시더라
요 1 : 12-13	영접하는 자 곧 그 이름을 믿는 자들에게는 하나님의 자녀가 되는 권세를 주셨으니 이는 혈통으로나 육정으로나 사람의 뜻으로 나지 아니하고 오직 하나님께로서 난 자들이니라
롬 8 : 1	그러므로 이제 그리스도 예수 안에 있는 자에게는 결코 정죄함이 없나니
롬 3 : 24	그리스도 예수 안에 있는 구속으로 말미암아 하나님의 은혜로 값없이 의롭다 하심을 얻은 자 되었느니라
갈 4 : 7	그러므로 네가 이 후로는 종이 아니요 아들이니 아들이면 하나님으로 말미암아 유업을 이을 자니라

롬 8 : 17	자녀이면 또한 후사 곧 하나님의 후사요 그리스도와 함께한 후사니 우리가 그와 함께 영광을 받기 위하여 고난도 함께 받아야 될 것이니라
행 6 : 3	형제들아 너희 가운데서 성령과 지혜가 충만하여 칭찬 듣는 사람 일곱을 택하라 우리가 이 일을 저희에게 맡기고
고후 7 : 1	그런즉 사랑하는 자들아 이 약속을 가진 우리가 하나님을 두려워 하는 가운데서 거룩함을 온전히 이루어 육과 영의 온갖 더러운 것에서 자신을 깨끗케 하자
벧전 1 : 15	오직 너희를 부르신 거룩한 자처럼 너희도 모든 행실에 거룩한 자가 되라

다섯째, 구원 과정에도 과거와 현재와 미래의 단계가 있다. 즉 한번 믿음으로 영원히 의롭다 인정된 것은 과거에 이미 받은 구원이다. 그리고 하나님의 은혜 안에서 육체의 소욕을 억제하며 성령을 따라 가는 점진적 성결(성화)의 생활은 현재에 받고 있는 구원이다. 따라서 신자에게 남아 있는 것은 그리스도의 재림시에 영화(榮化)될 미래의 구원이다.

로마서 8장 29-30절에 "하나님이 미리 아신 자들로 또한 그 아들의 형상을 본받게 하기 위하여 미리 정하셨으니⋯ 또 미리 정하신 그들을 또한 부르시고 부르신 그들을 또한 의롭다 하시고 의롭다 하신 그들을 또한 영화롭게 하셨느니라"고 하신 말씀대로 "예지(豫知), 예정(豫定), 부르심(召命), 칭의(稱義), 영화(榮化)"는 구원 서정(救援序程 : 구원 적용의 순서)에 있어서 과연 "황금 사슬"(The Golden Chain)이라고 하겠다. 그 이유는 예지 예정 부르심 칭의 영화의 단계가 서로 뒷받침하기 때문이며, 한번 시작한 이 과정은 중단됨이 없이 반드시 성취하기 때문이다. 예지와 예정은 역사 이전 영원하신 경륜에서 이뤄졌고(엡 1 : 4-5) 부르심은 역사 내에서 교회의 선교를 통해 이루어지고 칭의는 역사 내에서 초역사적으로 이루어지는 것이며 영화는 역사 이후 영원에서 이루어질 것이다. 예지란 하나님의 초연한 지식을 가리키는데 구원론에서는 신자의 믿음과 복종을 예지 하셨다는 뜻이며(롬 8 : 29-30), 하나님의 예지는 모든 일을 완전히 그리고 미리 아시는 초연한 지식으로서 이 예지는 그분의 예정의 근거가 되는 것이다. 그리고 이렇게 하나님이 미리 아시는 자가 곧 그의 기뻐하시는 자이며(엡 1 : 5) 사랑의 대상인 것이 사실이다.

고전 1 : 9   너희를 불러 그의 아들 예수 그리스도 우리 주로 더불어 교제케
하시는 하나님은 미쁘시도다

엡 1 : 5   그 기쁘신 뜻대로 우리를 예정하사 예수 그리스도로 말미암아
자기의 아들들이 되게 하셨으니

롬 8 : 29-30   하나님이 미리 아신 자들로 또한 그 아들의 형상을 본받게 하기
위하여 미리 정하셨으니 이는 그로 많은 형제 중에서 맏아들이
되게 하려 하심이니라 또 미리 정하신 그들을 또한 부르시고
부르신 그들을 또한 의롭다 하시고 의롭다 하신 그들을 또한
영화롭게 하셨느니라

소명

구원론에서 소명(召命;Calling;부르심)이란 효과적 소명으로서 이는 하나님의 은혜로우신 부르심, 즉 예수 그리스도를 통하여 성취되고 준비된 구원을 받아들이도록 죄인을 부르시는 하나님의 은혜로운 초청을 의미한다(고전 1:9; 살전 2:12; 벧전 5:10). 성부 하나님께서는 죄인이 구원받도록 부르시되 미리 정하신 자들을(롬 8:30) 성자를 통해서(마 11:28; 눅 5:32; 요 7:37; 행 5:31-32; 롬1:6) 혹은 그 사람의 심령 속에 성령을 통하여(마 10:20; 요 15:26) 역사하신다. 소명은 외적 소명과 내적 소명으로 구분되는데 하나님은 양자(兩者)의 주체자(소명자)되시고 성령은 양자(외적 소명과 내적 소명) 속에서 다같이 역사하시는 것이다.

고전 1:9　　너희를 불러 그의 아들 예수 그리스도 우리 주로 더불어 교제케 하시는 하나님은 미쁘시도다

살전 2:12　　이는 너희를 부르사 자기 나라와 영광에 이르게 하시는 하나님께 합당히 행하게 하려 함이니라

벧전 5:10　　모든 은혜의 하나님 곧 그리스도 안에서 너희를 부르사 자기의 영원한 영광에 들어가게 하신 이가 잠깐 고난을 받은 너희를 친히 온전케 하시며 굳게 하시며 강하게 하시며 터를 견고케 하시리라

마 11:28　　수고하고 무거운 짐진 자들아 다 내게로 오라 내가 너희를 쉬게 하리라

눅 5:32　　내가 의인을 부르러 온 것이 아니요 죄인을 불러 회개시키러 왔노라

요 7:37　　명절 끝날 곧 큰 날에 예수께서 서서 외쳐 가라사대 누구든지 목마르거든 내게로 와서 마시라

행 5:31-32　　이스라엘로 회개케 하사 죄 사함을 얻게 하시려고 그를 오른손으로

높이사 임금과 구주를 삼으셨느니라

롬 1 : 6   너희도 그들 중에 있어 예수 그리스도의 것으로 부르심을 입은
           자니라

롬 8 : 30   또 미리 정하신 그들을 또한 부르시고 부르신 그들을 또한 의롭다
           하시고 의롭다 하신 그들을 또한 영화롭게 하셨느니라

마 10 : 20 말하는 이는 너희가 아니라 너희 속에서 말씀하시는 자 곧 너희
           아버지의 성령이시니라

요 15 : 26 내가 아버지께로서 너희에게 보낼 보혜사 곧 아버지께로서
           나오시는 진리의 성령이 오실 때에 그가 나를 증거하실 것이요

Ⅰ. 외적 소명
1. 외적 소명이란?

외적 소명(外的 召命 ; External calling)은 복음의 보편적 부름이다. 외적 소명은 모든 사람들에게 예수 그리스도의 구속을 선포하고 제시하여 사죄와 영생을 얻기 위하여 믿음으로 그리스도 예수를 영접하라는 구원에로의 초대로써 이는 곧 사람의 영혼을 사랑하시는 하나님의 권고이다.

2. 외적 소명의 특성
1) 일반적 소명임

외적 소명은 일반적이고 보편적인 소명이다. 그러기에 외적 소명은 하나님의 말씀을 듣는 모든 사람들에게 임하는 것이다(요 3 : 16; 마 11 : 28). 이 소명은 어느 시대, 어느 민족, 어느 계급을 막론하고 누구에게나 제한 없이 의인과 악인, 선택과 버림받은 자에 관계없이 모두에게 임하는 것이다(요엘 2 : 32; 시 86 : 5; 사 55 : 1, 45 : 22; 마 11 : 28; 계 22 : 17). 이 소명은 선민에게만 국한되지 않고 세계 모든 사람들에게 보편적으로 임하는 것이다(잠 1 : 24-26; 겔 3 : 19; 마 22 : 2-8, 14; 눅 14 : 16-24).

성경은 하나님이 세상을 사랑하사 독생자를 주시고 누구든지 저(그리스도)를 믿으면 멸망받지 않고 영생을 얻는다고 약속하고 있다(요 3 : 15-16). 하나님은 택자(擇者)와 불택자(不擇者)를 가리지 않고 일단 공개적으로 모든 인류에게 구

원에 이르는 복음의 초대장을 반포하심으로써 모든 사람들에게 복음을 듣고 구주 예수 그리스도를 영접하여 구원을 얻을 수 있는 기회를 주시는 것이다.

요 3 : 16	하나님이 세상을 이처럼 사랑 하사 독생자를 주셨으니 이는 저를 믿는 자마다 멸망치 않고 영생을 얻게 하려 하심이니라
마 11 : 28	수고하고 무거운 짐진 자들아 다 내게로 오라 내가 너희를 쉬게 하리라
욜 2 : 32	누구든지 여호와의 이름을 부르는 자는 구원을 얻으리니 이는 나 여호와의 말대로 시온 산과 예루살렘에서 피할 자가 있을 것임이요 남은 자 중에 나 여호와의 부름을 받을 자가 있을 것임이니라
시 86 : 5	주는 선하사 사유하기를 즐기시며 주께 부르짖는 자에게 인자함이 후하심이니이다
사 55 : 1	너희 목마른 자들아 물로 나아오라 돈 없는 자도 오라 너희는 와서 사 먹되 돈 없이 값없이 와서 포도주와 젖을 사라
사 45 : 22	땅 끝의 모든 백성아 나를 앙망하라 그리하면 구원을 얻으리라 나는 하나님이라 다른 이가 없음이니라
마 11 : 28	수고하고 무거운 짐진 자들아 다 내게로 오라 내가 너희를 쉬게 하리라
계 22 : 17	성령과 신부가 말씀하시기를 오라 하시는도다 듣는 자도 오라 할 것이요 목마른 자도 올 것이요 또 원하는 자는 값없이 생명수를 받으라 하시더라
잠 1 : 24-26	내가 부를지라도 너희가 듣기 싫어하였고 내가 손을 펼지라도 돌아보는 자가 없었고 도리어 나의 모든 교훈을 멸시하며 나의 책망을 받지 아니하였은즉 너희가 재앙을 만날 때에 내가 웃을 것이며 너희에게 두려움이 임할 때에 내가 비웃으리라
겔 3 : 19	네가 악인을 깨우치되 그가 그 악한 마음과 악한 행위에서 돌이키지 아니하면 그는 그 죄악 중에서 죽으려니와 너는 네 생명을 보존하리라
마 22 : 2-8	천국은 마치 자기 아들을 위하여 혼인 잔치를 베푼 어떤 임금과 같으니 그 종들을 보내어 그 청한 사람들을 혼인 잔치에 오라

하였더니 오기를 싫어하거늘 다시 다른 종들을 보내며 가로되
청한 사람들에게 이르기를 내가 오찬을 준비하되 나의 소와 살진
짐승을 잡고 모든 것을 갖추었으니 혼인 잔치에 오소서 하라
하였더니 저희가 돌아보지도 않고 하나는 자기 밭으로 하나는
자기 상업 차로 가고 그 남은 자들은 종들을 잡아 능욕하고 죽이니
임금이 노하여 군대를 보내어 그 살인한 자들을 진멸하고 그
동네를 불사르고 이에 종들에게 이르되 혼인 잔치는 예비
되었으나 청한 사람들은 합당치 아니하니

눅 14 : 16-24 이르시되 어떤 사람 큰잔치를 배설하고 많은 사람을 청하였더니
잔치할 시간에 그 청하였던 자들에게 종을 보내어 가로되 오소서
모든 것이 준비되었나이다 하매 다 일치하게 사양하여 하나는
가로되 나는 밭을 샀으매 불가불 나가 보아야 하겠으니 청컨대
나를 용서하도록 하라 하고 또 하나는 가로되 나는 소 다섯 겨리를
샀으매 시험하러 가니 청컨대 나를 용서하도록 하라 하고 또
하나는 가로되 나는 장가들었으니 그러므로 가지 못하겠노라
하는지라 종이 돌아와 주인에게 그대로 고하니 이에 집주인이
노하여 그 종에게 이르되 빨리 시내의 거리와 골목으로 나가서
가난한 자들과 병신들과 소경들과 저는 자들을 데려오라 하니라
종이 가로되 주인이여 명하신 대로 하였으되 오히려 자리가
있나이다 주인이 종에게 이르되 길과 산울가로 나가서 사람을
강권하여 데려다가 내 집을 채우라 내가 너희에게 말하노니 전에
청하였던 그 사람은 하나도 내 잔치를 맛보지 못하리라 하였다
하시니라

2) 가항적 소명임

가항적(可抗的) 소명이란 하나님의 구원에로의 초대를 받고 이에 대하여 인간
이 자유 의지(自由意志)로서 초청에 응하기를 거부할 수 있음을 의미한다. 성경
은 하나님의 부르심을 받고도 응하지 않는(돌아오지 않음)자들이 있음(마 22 :
14; 눅 14 : 23-24)과 또 처음부터 초청을 거부하며 복음을 받지 않으려고 완악하
게 항거하는 자들이 있음을 보여 주고 있다(요 3 : 36; 행 13 : 46; 살후 1 : 8).

마 22 : 14   청함을 받은 자는 많되 택함을 입은 자는 적으니라
눅 14 : 23-24 주인이 종에게 이르되 길과 산울 가로 나가서 사람을 강권하여
             데려다가 내 집을 채우라 내가 너희에게 말하노니 전에 청하였던
             그 사람은 하나도 내 잔치를 맛보지 못하리라 하였다 하시니라
요 3 : 36   아들을 믿는 자는 영생이 있고 아들을 순종치 아니하는 자는 영생을
             보지 못하고 도리어 하나님의 진노가 그 위에 머물러 있느니라
행 13 : 46   바울과 바나바가 담대히 말하여 가로되 하나님의 말씀을 마땅히
             먼저 너희에게 전할 것이로되 너희가 버리고 영생 얻음에 합당치
             않은 자로 자처하기로 우리가 이방인에게로 향하노라
살후 1 : 8   하나님을 모르는 자들과 우리 주 예수의 복음을 복종치 않는
             자들에게 형벌을 주시리니

3) 효과적 소명이 아님

외적 소명은 내적 소명과 달리 예수 그리스도를 믿도록 하는 성령의 특별한 역사가 없이 부르심을 받은 자가 자기의 주관적 판단이나 결단에 따라 회개하게 되는 자연적인 생활에만 영향을 주기 때문에 소명을 받아도 구원받지 못하는 자들이 있다(마 28 : 19; 막 16 : 15).

마 28 : 19   그러므로 너희는 가서 모든 족속으로 제자를 삼아 아버지와
             아들과 성령의 이름으로 세례를 주고
막 16 : 15   또 가라사대 너희는 온 천하에 다니며 만민에게 복음을 전파하라

4) 하나님의 간절한 소명임

외적 소명이 비록 일반적이고 보편적인 부르심이기는 하나 죄인들이 예수님을 믿고 구원을 받으라는 하나님의 부르심, 즉 인간들의 죄에 대한 관용과 회개하는 자에게 은혜 주실 약속이 포함된 진실하신 하나님의 간곡한 부르심임에는 틀림이 없다(벧후 3 : 8-9; 시 81 : 13-16; 잠 1 : 24; 사 1 : 18-20; 겔 18 : 23; 마 11 : 20-24;21 : 37-39; 딤후 2 : 13; 겔 33 : 11).

벧후 3 : 8-9 사랑하는 자들아 주께는 하루가 천 년 같고 천 년이 하루 같은

이 한 가지를 잊지 말라 주의 약속은 어떤 이의 더디다고 생각하는
것같이 더딘 것이 아니라 오직 너희를 대하여 오래 참으사 아무도
멸망치 않고 다 회개하기에 이르기를 원하시느니라

시 81 : 13-16　　내 백성이 나를 청종하며 이스라엘이 내 도 행하기를 원하노라
그리하면 내가 속히 저희 원수를 제어하며 내 손을 돌려 저희
대적을 치리니 여호와를 한하는 자는 저에게 복종하는 체 할지라도
저희 시대는 영원히 계속하리라 내가 또 밀의 아름다운 것으로
저희에게 먹이며 반석에서 나오는 꿀로 너를 만족케 하리라
하셨도다

잠 1 : 24　　내가 부를지라도 너희가 듣기 싫어하였고 내가 손을 펼지라도
돌아보는 자가 없었고

사 1 : 18-20　　여호와께서 말씀하시되 오라 우리가 서로 변론하자 너희 죄가
주홍 같을지라도 눈과 같이 희어질 것이요 진홍같이 붉을지라도
양털같이 되리라

겔 18 : 23　　나 주 여호와가 말하노라 내가 어찌 악인의 죽는 것을 조금인들
기뻐하랴 그가 돌이켜 그 길에서 떠나서 사는 것을 어찌 기뻐하지
아니하겠느냐

마 11 : 20-24　　예수께서 권능을 가장 많이 베푸신 고을들이 회개치 아니하므로
그때에 책망하시되 화가 있을진저 고라신아 화가 있을진저 벳새다야
너희에게서 행한 모든 권능을 두로와 시돈에서 행하였더면 저희가
벌써 베옷을 입고 재에 앉아 회개하였으리라 내가 너희에게
이르노니 심판 날에 두로와 시돈이 너희보다 견디기 쉬우리라
가버나움아 네가 하늘에까지 높아지겠느냐 음부에까지 낮아지리라
네게서 행한 모든 권능을 소돔에서 행하였더면 그 성이 오늘날까지
있었으리라 내가 너희에게 이르노니 심판 날에 소돔땅이 너보다
견디기 쉬우리라 하시니라

마 21 : 37-39　　후에 자기 아들을 보내며 가로되 저희가 내 아들은 공경하리라
하였더니 농부들이 그 아들을 보고 서로 말하되 이는 상속자니
자 죽이고 그의 유업을 차지하자 하고 이에 잡아 포도원 밖에 내어
좇아 죽였느니라

딤후 2 : 13　　우리는 미쁨이 없을지라도 주는 일향 미쁘시니 자기를 부인하실
수 없으시리라

겔 33 : 11   주 여호와의 말씀에 나의 삶을 두고 맹세하노니 나는 악인의 죽는
                      것을 기뻐하지 아니하고 악인이 그 길에서 돌이켜 떠나서 사는
                      것을 기뻐하노라 이스라엘 족속아 돌이키고 돌이키라 너희 악한
                      길에서 떠나라 어찌 죽고자 하느냐 하셨다 하라

5) 죄인 정죄의 빙거(憑據)가 됨

외적 소명은 하나님께서 죄인을 정죄 하심과 심판하실 때에 변명의 여지가 없
게 함과 심판의 정당성이 인정되는 확실한 증거가 되는 것이다(요 15 : 22; 마
22 : 12; 롬 1 : 20). 하나님이 부르시는 초청의 말씀은 우주에 충만하고 전 세계
땅 끝까지 이르기 때문에(시19 : 3-4) 아무도 그분의 부르심을 듣지 못하여 응답
하지 아니했다고 할 자가 없다.

요 15 : 22   내가 와서 저희에게 말하지 아니하였더면 죄가 없었으려니와
                      지금은 그 죄를 핑계할 수 없느니라
마 22 : 12   가로되 친구여 어찌하여 예복을 입지 않고 여기 들어왔느냐 하니
                      저가 유구 무언이어늘
롬 1 : 20   창세로부터 그의 보이지 아니하는 것들 곧 그의 영원하신 능력과
                      신성이 그 만드신 만물에 분명히 보여 알게 되나니 그러므로
                      저희가 핑계치 못할지니라
시 19 : 3-4   언어가 없고 들리는 소리도 없으나 그 소리가 온 땅에 통하고 그
                      말씀이 세계 끝까지 이르도다 하나님이 해를 위하여 하늘에 장막을
                      베푸셨도다

II. 내적 소명
1. 내적 소명(內的 召命)이란?

내적 소명(內的 召命 ; Internal Calling)은 그리스도 예수 안에서 주어진 구원
을 받도록 하나님이 모든 사람을 초청하시는 보편적 부르심인 외적 소명이 성령
의 역사를 통하여 피택자의 심령 속에서 예수 그리스도를 믿고 회개케 하여 구원
의 효과를 발생시키는 것을 의미한다(고전 12 : 3). 그러므로 내적 소명을 효과적

소명이라고도 한다. 그러나 죄인이 부르심에 응하여 구원을 얻게 될 때 외적 소명과 내적 소명을 둘이 하나가 되어 성령의 역사를 통해 그 효력을 거두게 된다. 그러기 때문에 외적 소명을 떠나서는 내적 소명이 있지 않다는 것이다(롬 10 : 13-14,17). 내적 소명과 외적 소명의 관계성은 예수님께서 "청함을 받은 자는 많되 택함을 입은 자는 적으니라"(마 22 : 14)고 하신 말씀에서 잘 드러나고 있다.

고전 12 : 3   그러므로 내가 너희에게 알게 하노니 하나님의 영으로 말하는
            자는 누구든지 예수를 저주할 자라 하지 않고 또 성령으로
            아니하고는 누구든지 예수를 주시라 할 수 없느니라
롬 10 : 13-14 누구든지 주의 이름을 부르는 자는 구원을 얻으리라 그런즉 저희가
            믿지 아니하는 이를 어찌 부르리요 듣지도 못한 이를 어찌 믿으리요
            전파하는 자가 없이 어찌 들으리요
롬 10 : 17   그러므로 믿음은 들음에서 나며 들음은 그리스도의 말씀으로
            말미암았느니라

2. 내적 소명의 특성
1) 효과적 소명임
내적 소명은 효과적인 부르심이다. 내적 소명은 하나님의 부르심의 말씀을 들은 자의 심령 속에 예수 그리스도를 구주로 믿고 영접하게 하는 성령의 특별한 역사로 말미암아 반드시 구원을 얻는 결과를 낳게 되는 것이다(고전 1 : 9,1 : 23-24).

고전 1 : 9   너희를 불러 그의 아들 예수 그리스도 우리 주로 더불어 교제케
            하시는 하나님은 미쁘시도다
고전 1 : 23-24 우리는 십자가에 못박힌 그리스도를 전하니 유대인에게는 거리끼는
            것이요 이방인에게는 미련한 것이로되 오직 부르심을 입은
            자들에게는 유대인이나 헬라인이나 그리스도는 하나님의 능력이요
            하나님의 지혜니라

2) 불가항적 소명임

내적 소명은 하나님께서 절대적 주권과 의지로 그분의 택한 백성을 구원의 상태로 이끌어 주시는 강력한 소환이며, 성령의 역사를 통하여 그 사람의 마음속에 깊이 전달되는 간절한 하나님의 초청이기 때문에 일단 부름을 받는 자는 응답하지 않을 수 없으므로 불가항적이다(행 13 : 48; 고전 1 : 23-24). 그러므로 내적 소명을 받은 자는 반드시 죄를 깨닫고 회개하고 그리스도를 구주로 시인하고 믿게 된다(요 6 : 37).

행 13 : 48	이방인들이 듣고 기뻐하여 하나님의 말씀을 찬송하며 영생을 주시기로 작정 된 자는 다 믿더라
고전 1 : 23-24	우리는 십자가에 못 박힌 그리스도를 전하니 유대인에게는 거리끼는 것이요 이방인에게는 미련한 것이로되 오직 부르심을 입은 자들에게는 유대인이나 헬라인이나 그리스도는 하나님의 능력이요 하나님의 지혜니라
요 6 : 37	아버지께서 내게 주신 자는 다 내게로 올 것이요 내게 오는 자는 내가 결코 내어 쫓지 아니하리라

3) 확실 불변성의 소명임

내적 소명을 받은 자는 필연적으로 확실히 구원을 얻는데(롬 8 : 30) 이는 소명자이신 하나님께서는 후회나 변개하심이 없으신 고로 한번 발송된 내적 소명은 결코 취소되지 아니하기 때문이다(롬 11 : 29; 고전 1 : 9). 그러므로 내적 소명은 유효성과 동시에 불변성과 확실성을 지니고 있는 것이 특징이다.

롬 8 : 30	또 미리 정하신 그들을 또한 부르시고 부르신 그들을 또한 의롭다 하시고 의롭다 하신 그들을 또한 영화롭게 하셨느니라
롬 11 : 29	하나님의 은사와 부르심에는 후회하심이 없느니라
고전 1 : 9	너희를 불러 그의 아들 예수 그리스도 우리 주로 더불어 교제케 하시는 하나님은 미쁘시도다

3. 내적 소명의 주체

소명자는 성부 하나님이시다(고전 1 : 9; 딤후 1 : 8-9). 하나님께서는 구원 얻을 자들을 불러 그리스도와 더불어 교제케 하시는 분이시다. 그러므로 소명은 중생이나 칭의 또는 양자와 마찬가지로 전적으로 하나님의 은혜롭고 능력 있는 사역이다. 소명은 하나님의 단독적인 은혜로운 행위로서 그 소명이 우리로 하여금 구원의 은혜에 참여케 하는 구원 성취의 최초 단계라고 볼 때 우리의 구원은 처음부터 하나님의 주권적 은혜로운 행위에 전적으로 의존하고 있다는 것을 분명히 깨닫게 된다. 성경은 구원을 성취시키는 유효적 소명을 놓고 이를 예정하신 하나님께서 또한 부르시는 것이라고 밝히 말해 주고 있다(롬 8 : 30).

고전 1 : 9   너희를 불러 그의 아들 예수 그리스도 우리 주로 더불어 교제케 하시는 하나님은 미쁘시도다

딤후 1 : 8-9   그러므로 네가 우리 주의 증거와 또는 주를 위하여 갇힌 자된 나를 부끄러워 말고 오직 하나님의 능력을 좇아 복음과 함께 고난을 받으라 하나님이 우리를 구원하사 거룩하신 부르심으로 부르심은 우리의 행위대로 하심이 아니요 오직 자기 뜻과 영원한 때 전부터 그리스도 예수 안에서 우리에게 주신 은혜대로 하심이라

롬 8 : 30   또 미리 정하신 그들을 또한 부르시고 부르신 그들을 또한 의롭다 하시고 의롭다 하신 그들을 또한 영화롭게 하셨느니라

회개

구속 적용 단계에 있어서 소명을 첫 단계로 하고 다음에 회개(Repentance)를 내세우는 것은 하나님의 효과적 소명을 받은 자는 필연적으로 부름에 합당한 응답을 하며 회개하고 믿어 중생에 이르게 되기 때문이다. 그리고 예수님도 "… 회개하고 복음을 믿으라"(막 1 : 15)고 하셨으니 구원의 조건은 믿음이요 믿음의 조건은 회개인 것이다. 에릭슨(Millard J. Erickson)박사는 그의 저서 「구원의 확신」에서 구속 적용 단계를 회개, 신앙, 중생, 칭의의 순으로 설명하였다. 혹자는 "죄와 허물로 죽고 부패한 심령이 중생함이 없이 어떻게 자기 죄에 대한 자각과 의지적 결단으로 생의 방향을 바꾸는 회개를 할 수 있는가?" 라는 의문을 제기하면서 회개보다 허물과 죄로 죽은 심령이 거듭나는 중생이 선행되어야 한다고 주장한다. 그러나 이는 그리스도의 구속을 적용시키는 성령의 특별한 역사와 하나님의 능력을 믿지 않고 인간적 사고와 사리를 가지고 신령한 일을 이해하려는 어리석음에서 나오는 주장일 뿐이다.

에스겔 골짜기에 흩어져 있던 해골과 마른 뼈들이 하나님의 부르심을 받고 즉시 살아 일어나 움직이는 군대가 될 수 있었을진대 어찌 죄와 허물로 죽고 부패한 인간이 성부 하나님께서 성자 예수와 교제케 하시려고 구원에로 부르시는 효과적 소명을 받고 자기 죄를 깨달아 뉘우치고 회개하며 예수님을 구주로 믿고 영접하여 중생에 이르지 않겠는가(요 1 : 12-13)?

회개와 신앙은 사실상 선후를 구분할 수 없고 또 구별할 필요도 없다. 그것은 구원적 신앙은 회개하는 신앙이며, 생명으로 인도되는 회개는 신앙 있는 회개인고로 구원적 신앙은 회개와 결합되어 있고, 생명에 이르는 회개는 신앙과 결합되어 있기 때문이다. 그리고 소명에 응답하는 자의 회심과 회개가 하나님의 인간

재창조의 작업에 속한 것이라고 한다면 회개가 중생보다 논리상으로 앞서는 것이 순리일 것이다.

성경은 하나님이 성령을 보내어 택한 자를 불러 그리스도께 나아오도록 이끌어 주시고(요 6 : 44) 생명을 얻는 회개를 주시고(행 11 : 18) 그 회개함을 통하여 근본적인 마음의 변화와 진리이신 그리스도를 바로 깨달아 알고 그를 자신의 구주로 맞아들이게 하시고(딤후 2 : 25) 율법(말씀)을 주셔서 영혼을 소성케 하시고(시 19 : 7-8) 그리스도의 복음의 말씀을 들음으로써 믿음이 생기게 하시며(롬 10 : 17) 말씀과 성령으로 거듭나게 하시는 것이라고 가르치고 있다(요 3 : 5; 벧전 1 : 23; 엡 5 : 26; 히 4 : 13).

사람이 회심과 회개를 통하여 부패한 마음(렘 17 : 9)을 먼저 고침받아야 믿음도 가질 수 있고 중생도 가능하다. 그 이유는 우리가 마음에 말씀을 받고(눅 8 : 12), 또 성령을 받을 때(고후 1 : 22) 물(말씀)과 (벧전 1 : 23) 성령으로(요 3 : 5) 거듭나게 되기 때문이다.

예수님께서 교훈하시기를 믿음의 씨앗인 말씀(롬 10 : 17)이 사람의 마음에 뿌려졌을 때 마귀는 마음에 뿌려진 그 믿음의 씨앗(말씀)을 빼앗아감으로써 구원을 얻지 못하게 한다고 하셨다(눅 8 : 12). 성경은 우리가 믿음도 마음에 담고(딤전 1 : 19) 하나님도 마음에 모시는 것이며(롬 1 : 28), 믿음이 마음에서 생기듯(롬 10 : 10; 눅 8 : 12), 의심도 마음에서 일어나는 것이라고 가르치고 있다(눅 24 : 38). 그러므로 사람이 영적으로 새롭게 다시 나는 중생은 오직 회개하고 마음을 새롭게 함으로써 변하여 새사람됨을 의미하는 것이다(롬 12 : 2; 고후 5 : 17). 사람이 중생하기 위하여 부패한 마음(렘 17 : 9)을 고치는 회개가 선행되어야 한다는 것이 성경적으로 합당한 주장이다.

막 1 : 15	가라사대 때가 찼고 하나님의 나라가 가까웠으니 회개하고 복음을 믿으라 하시더라
요 1 : 12-13	영접하는 자 곧 그 이름을 믿는 자들에게는 하나님의 자녀가 되는 권세를 주셨으니 이는 혈통으로나 육정으로나 사람의 뜻으로 나지 아니하고 오직 하나님께로서 난 자들이니라
요 6 : 44	나를 보내신 아버지께서 이끌지 아니하면 아무라도 내게 올 수

없으니 오는 그를 내가 마지막 날에 다시 살리리라

행 11 : 18   저희가 이 말을 듣고 잠잠하여 하나님께 영광을 돌려 가로되
그러면 하나님께서 이방인에게도 생명 얻는 회개를 주셨도다 하니라

딤후 2 : 25   거역하는 자를 온유함으로 징계할지니 혹 하나님이 저희에게
회개함을 주사 진리를 알게 하실까 하며

시 19 : 7-8   여호와의 율법은 완전하여 영혼을 소성케 하고 여호와의 증거는
확실하여 우둔한 자로 지혜롭게 하며 여호와의 교훈은 정직하여
마음을 기쁘게 하고 여호와의 계명은 순결하여 눈을 밝게 하도다

롬 10 : 17   그러므로 믿음은 들음에서 나며 들음은 그리스도의 말씀으로
말미암았느니라

요 3 : 5   예수께서 대답하시되 진실로 진실로 네게 이르노니 사람이 물과
성령으로 나지 아니하면 하나님 나라에 들어갈 수 없느니라

벧전 1 : 23   너희가 거듭난 것이 썩어질 씨로 된 것이 아니요 썩지 아니할 씨로
된 것이니 하나님의 살아 있고 항상 있는 말씀으로 되었느니라

엡 5 : 26   이는 곧 물로 씻어 말씀으로 깨끗하게 하사 거룩하게 하시고

히 4 : 13   지으신 것이 하나라도 그 앞에 나타나지 않음이 없고 오직 만물이
우리를 상관하시는 자의 눈앞에 벌 거벗은 것 같이 드러나느니라

렘 17 : 9   만물보다 거짓되고 심히 부패한 것은 마음이라 누가 능히 이를
알리요마는

눅 8 : 12   길가에 있다는 것은 말씀을 들은 자니 이에 마귀가 와서 그들로
믿어 구원을 얻지 못하게 하려고 말씀을 그 마음에서 빼앗는 것이요

고후 1 : 22   저가 또한 우리에게 인치시고 보증으로 성령을 우리 마음에
주셨느니라

딤전 1 : 19   믿음과 착한 양심을 가지라 어떤 이들이 이 양심을 버렸고 그
믿음에 관하여는 파선하였느니라

롬 1 : 28   또한 저희가 마음에 하나님 두기를 싫어하매 하나님께서 저희를
그 상실한 마음대로 내어 버려두사 합당치 못한 일을 하게 하셨으니

롬 10 : 10   사람이 마음으로 믿어 의에 이르고 입으로 시인하여 구원에
이르느니라

눅 24 : 38   예수께서 가라사대 어찌하여 두려워하며 어찌하여 마음에 의심이
일어나느냐

롬 12 : 2   너희는 이 세대를 본받지 말고 오직 마음을 새롭게 함으로 변화를

받아 하나님의 선하시고 기뻐하시고 온전하신 뜻이 무엇인지
분별하도록 하라
고후 5 : 17   그런즉 누구든지 그리스도 안에 있으면 새로운 피조물이라
이전 것은 지나갔으니 보라 새것이 되었도다

I. 회개란 무엇인가?

회개(悔改 ; Repentance)란 내적 소명을 받은 자가 죄인을 구속하시려고 회개케 하시는 하나님의 은혜로우신 역사를 통하여(행 11 : 18; 딤후 2 : 25) 자기의 죄를 자각하고 깊이 뉘우치며(고후 7 : 10; 행 2 : 37-38) 의지적인 결단으로 죄의 자리를 떠나 삶의 방향을 전환(轉換)함으로써 은혜의 하나님께로 돌아가 새로운 생활을 하는 것을 의미한다.

행 11 : 18   저희가 이 말을 듣고 잠잠하여 하나님께 영광을 돌려 가로되
그러면 하나님께서 이방인에게도 생명 얻는 회개를 주셨도다 하니라
딤후 2 : 25   거역하는 자를 온유함으로 징계할지니 혹 하나님이 저희에게
회개함을 주사 진리를 알게 하실까 하며
고후 7 : 10   하나님의 뜻대로 하는 근심은 후회할 것이 없는 구원에 이르게
하는 회개를 이루는 것이요 세상 근심은 사망을 이루는 것이니라
행 2 : 37-38   저희가 이 말을 듣고 마음에 찔려 베드로와 다른 사도들에게 물어
가로되 형제들아 우리가 어찌할고 하거늘 베드로가 가로되 너희가
회개하여 각각 예수 그리스도의 이름으로 세례를 받고 죄 사함을
얻으라 그리하면 성령을 선물로 받으리니

1. 회개의 어의

성경에 회개(悔改)를 묘사하는 용어가 몇 가지 있으며 그 뜻은 다음과 같다.

1) 구약의 용어

(1) 나 - 캄(Nacham)

구약에서 회개를 나타내는 대표적인 용어 중에 하나는 "나-캄"(Nacham)인데 이는 "후회한다, 뉘우친다"라는 뜻이다.

(2) 슈-브(Shubuh)

구약에서 또 회개를 나타내는 또다른 용어는 "슈-브"(Shubuh)이다. 이는 "돌이킨다, 돌아간다"라는 뜻이다(렘 8 : 4; 겔 33 : 19). 특히 떠났다가 다시 돌아가는 것을 의미한다.

> **렘 8 : 4**   너는 또 그들에게 말하기를 여호와의 말씀에 사람이 엎드러지면 어찌 일어나지 아니하겠으며 사람이 떠나갔으면 어찌 돌아오지 아니하겠느냐
>
> **겔 33 : 19**   만일 악인이 돌이켜 그 악에서 떠나 법과 의대로 행하면 그가 그로 인하여 살리라

2) 신약의 용어

(1) 메타노이아(Metanoia)

신약에서 회개를 나타내는 말 중에 하나는 메타노이오(Metanoeo) 혹은 메타노이아(Metanoia)이다. 이는 근본적으로 "마음의 변화"를 가리키는 말로써 특히 마음과 양심이 변화함을 의미한다. 하나님을 떠난 인간은 본래 마음이 부패하고 양심이 더러워졌기 때문이다(딛 1 : 15; 렘 17 : 9).

> **딛 1 : 15**   깨끗한 자들에게는 모든 것이 깨끗하나 더럽고 믿지 아니하는 자들에게는 아무 것도 깨끗한 것이 없고 오직 저희 마음과 양심이 더러운지라
>
> **렘 17 : 9**   만물보다 거짓되고 심히 부패한 것은 마음이라 누가 능히 이를 알리요마는

(2) 에피스트레포(Epistrepho)

신약의 회개 용어 중 또 하나는 "에피스트레포"(Epistrepho)이다. 에피스트레포는 "전향"(轉向)과 "돌아옴", 즉 "방향을 돌리다" 혹은 "되돌아가다"의 뜻이 있다. 이는 회심의 최종적 행동을 나타내는 말로서 회(悔 ; 뉘우침)와 개(改 ; 돌아감)의 뜻을 모두 포함한 말이다(행 3 : 19, 15 : 3).

앞에서 말한 "메타노이아"는 회개의 내적 성질인 "애통"과 "후회"를 뜻하는 구약의 "나-캄"에 해당하고, "에피스트레포"(Epistrepho)는 회개의 외적 성질인 "돌아옴"과 "전향"(轉向)을 뜻하는 구약의 "슈-브"에 해당된다.

행 3 : 19   그러므로 너희가 회개하고 돌이켜 너희 죄 없이 함을 받으라
            이같이 하면 유쾌하게 되는 날이 주 앞으로부터 이를 것이요
행 15 : 3   저희가 교회의 전송을 받고 베니게와 사마리아로 다녀가며
            이방인들의 주께 돌아온 일을 말하여 형제들을 다 크게 기쁘게
            하더라

2. 회개의 정의

회개란 하나님을 떠난 인간이 죄의 상태에서 마음을 돌려 먹고 그 전존재(全存在)를 하나님께로 복귀하는 행위를 의미한다. 다시 말하면 회개란 성령을 통한 하나님의 회개케 하시는 역사로(행 11 : 18; 딤후 2 : 25) 말미암아 지적(知的)으로는 죄를 알고 감정(感情)으로는 죄를 미워하며, 의지(意志)로는 결단을 내려 죄에서 떠나 삶의 방향을 바꾸어 하나님께로 향하는 것을 의미한다(고후 7 : 10; 행 2 : 37-38). 회개는 죄인이 사죄를 받기 위하여 필요한 것으로서(행 2 : 38), 진정한 회개는 마음 또는 사고 방식이나 감정을 고치는 것으로 특히 그리스도에 대한 그릇된 관념을 고치고 그분을 구주로 받아들이는 것으로 성경에 묘사되어 있다. 오순절 때의 유대인의 회개(행 2 : 36-37)나 다메섹 도상에서의 사울의 회개가 그 좋은 예이다(행 9 : 1-9).

소요리 문답에 의하면 "생명적 회개는 구원적 은혜로 말미암아 죄인이 자기의 죄와 그리스도 안에 있는 하나님의 자비를 깨닫고 자기의 죄를 슬퍼하고 미워하며 완전히 새로운 순종을 결심하고 그렇게 노력하면서 그 죄로부터 돌이키는 것이라"고 정의하였다.

행 11 : 18   저희가 이 말을 듣고 잠잠하여 하나님께 영광을 돌려 가로되
            그러면 하나님께서 이방인에게도 생명 얻는 회개를 주셨도다 하니라
딤후 2 : 25   거역하는 자를 온유함으로 징계할지니 혹 하나님이 저희에게

	회개함을 주사 진리를 알게 하실까 하며
고후 7 : 10	하나님의 뜻대로 하는 근심은 후회할 것이 없는 구원에 이르게
	하는 회개를 이루는 것이요 세상 근심은 사망을 이루는 것이니라
행 2 : 36-37	그런즉 이스라엘 온 집이 정녕 알지니 너희가 십자가에 못 박은
	이 예수를 하나님이 주와 그리스도가 되게 하셨느니라 하니라
	저희가 이 말을 듣고 마음에 찔려 베드로와 다른 사도들에게 물어
	가로되 형제들아 우리가 어찌할꼬 하거늘
행 2 : 38	베드로가 가로되 너희가 회개하여 각각 예수 그리스도의 이름으로
	세례를 받고 죄 사함을 얻으라 그리하면 성령을 선물로 받으리니
행 9 : 1-9	사울이 주의 제자들을 대하여 여전히 위협과 살기가 등등하여
	대제사장에게 가서 다메섹 여러 회당에 갈 공문을 청하니 이는
	만일 그 도를 좇는 사람을 만나면 무론 남녀하고 결박하여
	예루살렘으로 잡아오려 함이라 사울이 행하여 다메섹에 가까이
	가더니 홀연히 하늘로서 빛이 저를 둘러 비추는지라 땅에 엎드러져
	들으매 소리 있어 가라사대 사울아 사울아 네가 어찌하여 나를
	핍박하느냐 하시거늘 대답하되 주여 뉘시오니이까 가라사대 나는
	네가 핍박하는 예수라 네가 일어나 성으로 들어가라 행할 것을
	네게 이를 자가 있느니라 하시니 같이 가던 사람들은 소리만 듣고
	아무도 보지 못하여 말을 못하고 섰더라 사울이 땅에서 일어나
	눈은 떴으나 아마 아무 것도 보지 못하고 사람의 손에 끌려
	다메섹으로 들어가서 사흘 동안을 보지 못하고 식음을 전폐하니라

3. 성경에 나타난 회개의 유형

성경에 나타난 회개의 여러 유형을 사례별로 소개하면 다음과 같다.

1) 개인적 회개

개인적 회개는 회개의 유형 중에 가장 기본적인 것으로써 하나님과 나 자신만의 1대1의 관계에서 이루어지는 회개를 의미한다. 그러나 개인적 회개라 할지라도 단순히 개인의 의지나 희망에 따라서 이루어지는 것은 결코 아니다. 하나님께서 개개인에게 회개의 영을 주셔서 회개할 수 있도록 해주셔야만 회개가 가능한 것이다(행 11 : 18).

예수님께서 간음하다 현장에서 잡힌 여자를 용서하시면서 "··· 가서 다시는 죄를 범치 말라"(요 8 : 11)고 하셨던 경우와 같이 개인적으로 뉘우치고 회개하여 하나님께로 돌아오는 모습들이 성경에 기록되어 있다.

> 행 11 : 18   저희가 이 말을 듣고 잠잠하여 하나님께 영광을 돌려 가로되
> 그러면 하나님께서 이방인에게도 생명 얻는 회개를 주셨도다 하니라

2) 민족적 회개

모세나, 여호수아, 사사 시대에 이스라엘 백성들은 자주 여호와를 배반하고 하나님의 진노를 경험한 후에 죄를 회개하고 하나님께로 돌아왔다. 열왕 시대의 유다 왕국에서는 히스기야와 요시야 시대에 국민적 회개가 있었던 일과, 요나의 전도로 니느웨 백성들이 민족적인 죄를 회개하고 하나님의 보호를 받았던 사실이 성경에 기록되어 있다(욘 3 : 10). 민족적(국민적) 회개 때도 물론 어떤 개인들의 참된 종교적 회심을 수반했을 것이지만 대개는 사회적, 도덕적 개혁의 성질만을 가지고 있으며 개인의 심령면에서는 매우 피상적인 것이었다. 민족적 회개는 백성들이 도탄에 빠지고 국가가 존망의 위기를 당했을 때에 경건한 국가의 통치자들이 하나님의 뜻을 묻고자 온 백성과 더불어 회개 의식을 거행함으로써 진행되었다. 그러나 불경건한 악인들에 의하여 통치될 때에는 백성들은 즉시 그들의 불경건한 옛 습관으로 되돌아가고 말았다.

> 욘 3 : 10   하나님이 그들의 행한 것 곧 그 악한 길에서 돌이켜 떠난 것을 감찰
> 하시고 뜻을 돌이키사 그들에게 내리리라 말씀하신 재앙을 내리지
> 아니하시니라

3) 일시적 회개

성경에 보면 마음의 근본적인 변화를 나타내지 않고, 다만 일시적인 의미를 가지는 회개에 대하여도 언급하고 있다. 즉 주님은 씨뿌리는 비유에서, 말씀을 듣고 즉시 기쁘게 받으나 "그 속에 뿌리가 없어 잠시 견디다가 말씀을 인하여 환난이

나 핍박이 일어나는 때에는 곧 넘어지는 자"가 있다고 하셨다(마 13 : 20-21). 사도 바울은 후메내오와 알렉산더를 가리켜 "그 믿음에 관하여는 파선하였느니라"고 하였으며(딤전 1 : 19-20; 딤후 2 : 17-18), 또 "데마는 이 세상을 사랑하여 나를 버리고 데살로니가로 갔다"라고 하였다(딤후 4 : 10). 이상과 같이 일시적 회개도 잠시 동안은 진정한 회심인 것처럼 보인다.

마 13 : 20-21   돌밭에 뿌리웠다는 것은 말씀을 듣고 즉시 기쁨으로 받되 그 속에
              뿌리가 없어 잠시 견디다가 말씀을 인하여 환난이나 핍박이
              일어나는 때에는 곧 넘어지는 자요
딤전 1 : 19-20 믿음과 착한 양심을 가지라 어떤 이들이 이 양심을 버렸고 그
              믿음에 관하여는 파선하였느니라 그 가운데 후메내오와 알렉산더가
              있으니 내가 사단에게 내어준 것은 저희로 징계를 받아 훼방하지
              말게 하려 함이니라
딤후 2 : 17-18 저희 말은 독한 창질의 썩어져감과 같은데 그 중에 후메내오와
              빌레도가 있느니라 진리에 관하여는 저희가 그릇되었도다 부활이
              이미 지나갔다 하므로 어떤 사람들의 믿음을 무너뜨리느니라
딤후 4 : 10   데마는 이 세상을 사랑하여 나를 버리고 데살로니가로 갔고
              그레스게는 갈라디아로 디도는 달마디아로 갔고

4) 거짓된 회개

출애굽의 기사에 의하면 하나님의 재앙에 굴복한 바로가 자신의 무능을 시인하고 고백했던 회개의 모습이 나타나 있으나 그의 고백은 진실 된 참회의 고백이 아닌 거짓된 회개의 모습이었다. 그는 하나님 앞에 자신의 무능을 고백하였어도 하나님의 뜻을 따르지는 않았다. 입으로 시인해도 행동으로 실천하지 않는 회개는 마귀의 술책이다(약 2 : 19). 거짓된 회개는 위선이요, 하나님 앞에 범죄이다.

약 2 : 19   네가 하나님은 한 분이신 줄을 믿느냐 잘하는도다 귀신들도 믿고
              떠느니라

5) 진정한 회개

진정한 회개는 경건한 슬픔에서 나오며 이는 구원을 이루게 된다(고후 7 : 10). 성경에 진정한 회개에 대한 구절들이 여러 곳에 나타나 있다. 진정한 회개는 입으로 시인하고 마음과 행동을 바꾸어 하나님과 그리스도에게로 완전히 돌이키는 것, 즉 집을 나간 탕자가 자기 죄를 뉘우치고 돌아옴같이 핍박자 사울이 다메섹으로 가는 길에 예수님을 만나 회개함으로써 사울이 바울로 바꾸어짐같이 진정한 회개는 완전히 사람을 바꾸어 놓으며 구원에 이르게 한다. 성경에 나타난 진정한 회개의 모습들은 다음과 같다.

고후 7 : 10　　하나님의 뜻대로 하는 근심은 후회할 것이 없는 구원에 이르게 하는 회개를 이루는 것이요 세상 근심은 사망을 이루는 것이니라

(1) 나아만의 회개(왕하 5 : 15)

왕하 5 : 15　　나아만이 모든 종자와 함께 하나님의 사람에게로 도로 와서 그 앞에 서서 가로되 내가 이제 이스라엘 외에는 온 천하에 신이 없는 줄을 아나이다 청컨대 당신의 종에게서 예물을 받으소서

(2) 므낫세의 회개(대하 33 : 12-13)

대하 33 : 12-13　저가 환난을 당하여 그 하나님 여호와께 간구하고 그 열조의 하나님 앞에 크게 겸비하여 기도한 고로 하나님이 그 기도를 받으시며 그 간구를 들으시사 저로 예루살렘에 돌아와서 다시 왕위에 거하게 하시매 므낫세가 그제야 여호와께서 하나님이신 줄을 알았더라

(3) 삭개오의 회개(눅 19 : 8-9)

눅 19 : 8-9　　삭개오가 서서 주께 여짜오되 주여 보시옵소서 내 소유의 절반을 가난한 자들에게 주겠사오며 만일 뉘 것을 토색한 일이 있으면 사배나 갚겠나이다 예수께서 이르시되 오늘 구원이 이 집에 이르렀으니 이 사람도 아브라함의 자손임이로다

(4) 나면서 소경된 자의 회개 (요 9 : 38)
요 9 : 38 　　가로되 주여 내가 믿나이다 하고 절하는지라

(5) 사마리아 여인의 회개 (요 4 : 29, 39)
요 4 : 29 　　나의 행한 모든 일을 내게 말한 사람을 와 보라 이는 그리스도가
　　　　　　　아니냐 하니
요 4 : 39 　　여자의 말이 그가 나의 행한 모든 것을 내게 말하였다 증거하므로
　　　　　　　그 동네 중에 많은 사마리아인이 예수를 믿는지라

(6) 구스인 내시의 회개 (행 8 : 30-40)
행 8 : 30-40 　빌립이 달려가서 선지자 이사야의 글 읽는 것을 깨닫느뇨 대답하되
　　　　　　　지도하는 사람이 없으니 어찌 깨달을 수 있느뇨 하고 빌립을 청하여
　　　　　　　병거에 올라 같이 앉으라 하니라 읽는 성경 구절은 이것이니
　　　　　　　일렀으되 저가 사지로 가는 양과 같이 끌리었고 털 깎는 자 앞에
　　　　　　　있는 어린양의 잠잠함과 같이 그 입을 열지 아니하였도다 낮을
　　　　　　　때에 공변된 판단을 받지 못하였으니 누가 가히 그 세대를 말하리요
　　　　　　　그 생명이 땅에서 빼앗김이로다 하였거늘 내시가 빌립더러 말하되
　　　　　　　청컨대 묻노니 선지자가 이 말한 것이 누구를 가리킴이뇨 자기를
　　　　　　　가리킴이뇨 타인을 가리킴이뇨 빌립이 입을 열어 이 글에서
　　　　　　　시작하여 예수를 가르쳐 복음을 전하니 길 가다가 물 있는 곳에
　　　　　　　이르러 내시가 말하되 보라 물이 있으니 내가 세례를 받음에 무슨
　　　　　　　거리낌이 있느뇨 이에 명하여 병거를 머물고 빌립과 내시가 둘
　　　　　　　다 물에 내려가 빌립이 세례를 주고 둘이 물에서 올라갈새 주의
　　　　　　　영이 빌립을 이끌어 간지라 내시는 흔연히 길을 가므로 그를 다시
　　　　　　　보지 못하니라 빌립은 아소도에 나타나 여러 성을 지나 다니며
　　　　　　　복음을 전하고 가이사랴에 이르니라

(7) 고넬료의 회개 (행 10 : 44-48)
행 10 : 44-48 　베드로가 이 말할 때에 성령이 말씀 듣는 모든 사람에게 내려오시니
　　　　　　　베드로와 함께 온 할례 받은 신자들이 이방인들에게도 성령 부어
　　　　　　　주심을 인하여 놀라니 이는 방언을 말하며 하나님 높임을

들음이러라 이에 베드로가 가로되 이 사람들이 우리와 같이 성령을
받았으니 누가 능히 물로 세례 줌을 금하리요 하고 명하여 예수
그리스도의 이름으로 세례를 주라 하니라 저희가 베드로에게 수일
더 유하기를 청하니라

(8) 바울의 회개(행 9 : 3-9)

행 9 : 3-9   사울이 행하여 다메섹에 가까이 가더니 홀연히 하늘로서 빛이
저를 둘러 비추는지라 땅에 엎드러져 들으매 소리 있어 가라사대
사울아 사울아 네가 어찌하여 나를 핍박하느냐 하시거늘 대답하되
주여 뉘시오니이까 가라사대 나는 네가 핍박하는 에수라 네가
일어나 성으로 들어가라 행할 것을 네게 이를 자가 있느니라 하시니
같이 가던 사람들은 소리만 듣고 아무도 보지 못하여 말을 못하고
섰더라 사울이 땅에서 일어나 눈은 떴으나 아무것도 보지 못하고
사람의 손에 끌려 다메섹으로 들어가서 사흘 동안을 보지 못하고
식음을 전폐하니라

(9) 루디아의 회개(행 16 : 14-15)

행 16 : 14-15   두아디라성의 자주 장사로서 하나님을 공경하는 루디아라 하는
한 여자가 들었는데 주께서 그 마음을 열어 바울의 말을 청종하게
하신지라 저와 그 집이 다 세례를 받고 우리에게 청하여 가로되
만일 나를 주 믿는 자로 알거든 내 집에 들어와 유하라 하고
강권하여 있게 하니라

6) 기회를 놓친 회개

무한히 자비로우신 하나님께서는 모든 죄인에 대하여 회개할 기회를 허락하신
다. 그러나 인간은 완악하여 제때에 회개하지 못하고 종종 그 기회를 놓쳐 버리
는 것이다. 히브리서 기자는 불신앙으로 장자의 명분을 가볍게 여기고 팔아 넘긴
에서(창 25 : 28-34)가 "그 후에 축복을 기업으로 받으려고 눈물을 흘리며 구하되 버
린 바 되어 회개할 기회를 얻지 못하였느니라"고 하였다(히 12 : 17). 에서는 눈물
로 회개하며 팔아 버린 축복, 장자권을 회복하고자 했지만 이루지 못하고 말았

다. 죄인이 하나님께서 허락하신 회개의 기회를 놓치면 영영히 불행하게 되고 마는 것이다(계 2 : 21-23). 예수님을 은 30냥에 팔아 넘긴 가룟 유다에 대하여 주님은 몇 번이나 회개의 기회를 주셨다. 그러나 유다는 끝내 구원에 이르는 생명을 얻는 회개를 하지 못하고 말았다(고후 7 : 1; 마 7 : 3-5; 행 1 : 18).

창 25 : 28-34   이삭은 에서의 사냥한 고기를 좋아하므로 그를 사랑하고 리브가는
                야곱을 사랑하였더라 …야곱이 가로되 형의 장자의 명분을 오늘날
                내게 팔라 …에서가 맹세하고 장자의 명분을 야곱에게 판지라
                … 에서가 장자의 명분을 경홀이 여김이었더라

히 12 : 17   너희의 아는 바와 같이 저가 그 후에 축복을 기업으로 받으려고
                눈물을 흘리며 구하되 버린 바가 되어 회개할 기회를 얻지
                못하였느니라

계 2 : 21-23   또 내가 그에게 회개할 기회를 주었으되 그 음행을 회개하고자
                아니하는도다 볼지어다 내가 그를 침상에 던질 터이요 또 그로
                더불어 간음하는 자들도 만일 그의 행위를 회개치 아니하면 큰
                환난 가운데 던지고 또 내가 사망으로 그의 자녀를 죽이리니 모든
                교회가 나는 사람의 뜻과 마음을 살피는 자인 줄 알지라 내가 너희
                각 사람의 행위대로 갚아주리라

고후 7 : 1   그런즉 사랑하는 자들아 이 약속을 가진 우리가 하나님을 두려워
                하는 가운데서 거룩함을 온전히 이루어 육과 영의 온갖 더러운
                것에서 자신을 깨끗게 하자

마 7 : 3-5   어찌하여 형제의 눈 속에 있는 티는 보고 네 눈 속에 있는 들보는
                깨닫지 못하느냐 보라 네 눈 속에 들보가 있는데 어찌하여 형제에게
                말하기를 나로 네 눈 속에 있는 티를 빼게 하라 하겠느냐 외식하는
                자여 먼저 네 눈 속에서 들보를 빼어라 그 후에야 밝히 복 형제의
                눈 속에서 티를 빼리라

행 1 : 18   이 사람이 불의의 삯으로 밭을 사고 후에 몸이 곤두박질하여 배가
                터져 창자가 다 흘러 나온지라

7) 반복적 회개

사람이 잠시 동안 죄의 길에 빠져들어 갔다가 하나님께로 다시 돌이키는 일을

거듭하는 반복적 회개에 대하여 성경은 언급하고 있다. 그러나 회개는 엄밀하게 구원론적 의미에서 결코 반복되지 않는다는 것을 우리는 이해해야 한다. 반복적 회개가 있게 되는 이유는 참된 회개를 경험한 자들이라 할지라도 역시 연약한 인간인지라 간혹 낙심할 때도 있고, 또 일시적으로 악의 매력에 끌려서 죄에 빠지게 되며(때로는 멀리 방랑할 수도 있음), 그러나 그들 속에 이미 경험한 "구원에 이르게 하는 회개"(고후 7 : 10), 즉 "생명 얻는 회개"(행 11 : 18)를 통하여 심기워진 새 생명이 다시 약동하여 그들로 하여금 통회하는 심정을 가지고 하나님께로 돌아오게 하기 때문이다(요일 5 : 16-17). 그리고 은혜로우신 하나님께서는 회개한 자가 실족했다가 다시 회개하고 주 앞으로 돌아오면 즉시 용서해 주시는 것이다(요일 1 : 9-10). 성경은 여러 곳에서 반복적 회개에 대하여 언급하고 있음을 볼 수 있다(눅 22 : 32; 계 2 : 5,16,21-22,3 : 3,19).

행 11 : 18	저희가 이 말을 듣고 잠잠하여 하나님께 영광을 돌려 가로되 그러면 하나님께서 이방인에게도 생명 얻는 회개를 주셨도다 하니라
고후 7 : 10	하나님의 뜻대로 하는 근심은 후회할 것이 없는 구원에 이르게 하는 회개를 이루는 것이요 세상 근심은 사망을 이루는 것이니라
요일 5 : 16-17	누구든지 형제가 사망에 이르지 아니한 죄 범하는 것을 보거든 구하라 그러면 사망에 이르지 아니하는 범죄자들을 위하여 저에게 생명을 주시리라 사망에 이르는 죄가 있으니 이에 대하여 나는 구하라 하지 않노라
요일 1 : 9-10	만일 우리가 우리 죄를 자백하면 저는 미쁘시고 의로우사 우리 죄를 사하시며 모든 불의에서 우리를 깨끗게 하실 것이요 만일 우리가 범죄하지 아니하였다 하면 하나님을 거짓말하는 자로 만드는 것이니 또한 그의 말씀이 우리 속에 있지 아니하니라
눅 22 : 32	그러나 내가 너를 위하여 네 믿음이 떨어지지 않기를 기도하였노니 너는 돌이킨 후에 네 형제를 굳게 하라
계 2 : 5	그러므로 어디서 떨어진 것을 생각하고 회개하여 처음 행위를 가지라 만일 그리하지 아니하고 회개치 아니하면 내가 네게 임하여 네 촛대를 그 자리에서 옮기리라
계 2 : 16	그러므로 회개하라 그리하지 아니하면 내가 네게 속히 임하여

내 입의 검으로 그들과 싸우리라

계 2 : 21-22   또 내가 그에게 회개할 기회를 주었으되 그 음행을 회개하고자
아니하는도다 볼지어다 내가 그를 침상에 던질 터이요 또 그로
더불어 간음하는 자들도 만일 그의 행위를 회개치 아니하면 큰
환난 가운데 던지고

계 3 : 3   그러므로 네가 어떻게 받았으며 어떻게 들었는지 생각하고 지키어
회개하라 만일 일깨지 아니하면 내가 도적같이 이르리니 어느
시에 네게 임할는지 네가 알지 못하리라

계 3 : 19   무릇 내가 사랑하는 자를 책망하여 징계하노니 그러므로 네가
열심을 내라 회개하라

II. 회개의 중요성
1. 구원의 필수 조건임

세례 요한은 회개가 구원의 필수 조건임을 강조하였고(마 3 : 2,8) 예수님도 구
원의 조건은 신앙이며 신앙의 조건은 회개임을 강조하셨다(마 4 : 17; 막 1 : 15).
그리고 바울과 베드로는 회개를 진정한 구원과 동일시하였다(행 20 : 21; 벧후
3 : 9).

마 3 : 2   회개하라 천국이 가까웠느니라 하였으니

마 3 : 8   그러므로 회개에 합당한 열매를 맺고

마 4 : 17   이때부터 예수께서 비로소 전파하여 가라사대 회개하라 천국이
가까웠느니라 하시더라

막 1 : 15   가라사대 때가 찼고 하나님 나라가 가까웠으니 회개하고 복음을
믿으라 하시더라

행 20 : 21   유대인과 헬라인들에게 하나님께 대한 회개와 우리 주 예수
그리스도께 대한 믿음을 증거한 것이라

벧후 3 : 9   주의 약속은 어떤 이의 더디다고 생각하는 것 같이 더딘 것이
아니라 오직 너희를 대하여 오래 참으사 아무도 멸망치 않고 다
회개하기에 이르기를 원하시느니라

2. 전도의 제목임

그리스도의 선구자로 그분보다 먼저 세상에 온 세례 요한은 전도함에 있어서 무엇보다도 회개를 촉구했다(마 3 : 1-3). 그리고 예수님의 전도 제목도 역시 회개였다. 예수님께서 공생애에 들어서시면서 제일성을 발하시었는데 그것은 곧 "회개하라 천국이 가까웠느니라"는 것이었다(마 4 : 17; 눅 13 : 3).

예수님께서 제자들을 파송하시면서 회개의 복음을 전파하라고 명령하셨고(눅 24 : 47) 사도들은 나가서 전하되 죄 사함을 얻도록 회개하라고 전파하였다(막 6 : 12; 행 2 : 38,20 : 21; 벧후 3 : 9; 행 17 : 30).

마 3 : 1-3   그 때에 세례 요한이 이르러 유대 광야에서 전파하여 가로되 회개하라 천국이 가까웠느니라 하였으니 저는 선지자 이사야로 말씀하신 자라 일렀으되 광야에 외치는 자의 소리가 있어 가로되 너희는 주의 길을 예비하라 그의 첩경을 평탄케 하라 하였느니라

마 4 : 17   이때부터 예수께서 비로소 전파하여 가라사대 회개하라 천국이 가까웠느니라 하시더라

눅 13 : 3   너희에게 이르노니 아니라 너희도 만일 회개치 아니하면 다 이와 같이 망하리라

눅 24 : 47   또 그의 이름으로 죄 사함을 얻게 하는 회개가 예루살렘으로부터 시작하여 모든 족속에게 전파될 것이 기록되었으니

막 6 : 12   제자들이 나가서 회개하라 전파하고

행 2 : 38   베드로가 가로되 너희가 회개하여 각각 예수 그리스도의 이름으로 세례를 받고 죄 사함을 얻으라 그리하면 성령을 선물로 받으리니

행 20 : 21   유대인과 헬라인들에게 하나님께 대한 회개와 우리 주 예수 그리스도께 대한 믿음을 증거한 것이라

벧후 3 : 9   주의 약속은 어떤 이의 더디다고 생각하는 것같이 더딘 것이 아니라 오직 너희를 대하여 오래 참으사 아무도 멸망치 않고 다 회개하기에 이르기를 원하시느니라

행 17 : 30   알지 못하던 시대에는 하나님이 허물치 아니하셨거니와 이제는 어디든지 사람을 다 명하사 회개하라 하셨으니

3. 믿음의 기초임

하늘 나라에 들어가기 위해 준비할 것은 믿음인데, 그 믿음의 기초가 회개인 것이다. 구원적 신앙은 회개를 기초로 한 신앙이며(막 1 : 15; 눅 13 : 3) 생명으로 인도되는 회개는 구원적 신앙을 가지게 되는 회개이다(행 11 : 18; 고후 7 : 10). 주님은 "회개하고 복음을 믿으라"고 하셨다(막 1 : 15; 행 2 : 38). 회개는 믿음에 이르는 관문이며 구원에 이르는 전제이다. 회개는 그리스도의 구속 적용의 한 과정으로서 그것은 인간에 대한 하나님의 재창조 사역으로 절대적이며, 초자연적인 사역이다. 그리고 회개는 하나님의 일방적 은밀한 사역에 의해서 이루어지는 중생과 달리 죄인의 각성과 의식적 활동의 협력과 함께 이루어지는 것이 특징이다.

막 1 : 15   가라사대 때가 찼고 하나님 나라가 가까웠으니 회개하고 복음을
              믿으라 하시더라

눅 13 : 3   너희에게 이르노니 아니라 너희도 만일 회개치 아니하면 다 이와
              같이 망하리라

행 11 : 18   저희가 이 말을 듣고 잠잠하여 하나님께 영광을 돌려 가로되
              그러면 하나님께서 이방인에게도 생명 얻는 회개를 주셨도다 하니라

고후 7 : 10   하나님의 뜻대로 하는 근심은 후회할 것이 없는 구원에 이르게
              하는 회개를 이루는 것이요 세상 근심은 사망을 이루는 것이니라

행 2 : 38   베드로가 가로되 너희가 회개하여 각각 예수 그리스도의 이름으로
              세례를 받고 죄 사함을 얻으라 그리하면 성령을 선물로 받으리니

III. 회개의 특성

회개는 단지 구원 성취 과정의 한 부분이나, 그것은 유기적 과정의 한 부분이기 때문에 자연히 다른 각 부분과 밀접하게 관련되어 있다. 회개에 대하여 다음 몇 가지 특성이 있음을 생각할 수 있다.

1. 회개는 칭의와 같이 하나님의 법적 재판적 행위라기보다는 오히려 중생과 같이 하나님의 인간 재창조적 사역에 속한다. 그것은 회개가 인간의 신분(身分; State)을 변경하지 않고 그 상태(狀態; Condition)를 바꾸어 주기 때문이다.

2. 회개는 죄인의 잠재 의식적 생활에서 되지 않고 그의 의식적 생활에서 이루어진다. 다시 말하면 인간의 협력이 요구되는 회개는 그 사람의 각성 의식에서 생기는 "지·정·의" 세가지의 인격적 표현 행위로서 이는 인간의 무의식 속에 하나님의 일방적이고 주권적인 사역으로 이루어지는 중생과 다르다.

3. 회개는 옛사람을 벗어 버리는 것으로, 이는 죄를 떠나는 것 뿐만 아니라 새 사람을 옷 입는다는 의미도 있다. 즉 회개는 근복적으로 마음의 변화와 함께 생활의 변화(거룩한 생활)를 지향하는 것을 의미한다. 그러므로 죄인은 회개함으로써 의식적으로 죄악된 옛 생활을 포기하고 하나님과 더불어 교제하며 그분에게 헌신하는 성별 된 생활에 들어가게 되는 것이다.

4. 만일 우리가 "회개"란 말을 그 특수한 의미에서만 생각하게 되면 이것은 단번의 변화(순간적인 개변)를 의미하는 것이요, 성화와 같은 한 과정을 뜻하는 것이 아니다. 이것은 단 한번만 일어나는 변화요 반복될 수 없는 변화이다. 그러나 성경은 다소 다른 의미에서 반복적 회개를 언급하고 있다. 즉 기독자(신자)가 죄로 타락했다가 다시 마음을 고쳐먹고 하나님께로 돌이키는 것에 대하여 말해 주고 있는 것이다. 이는 믿는 자가 하나님이나 거룩을 일시적으로 상실한 이후에 또 다시 그것을 회복하게 됨으로써 기독자의 의식 생활에는 일진 일퇴(ups and downs), 즉 하나님과의 밀접한 교제의 즐거운 생활의 때와 그분에게로부터 멀어진 불화와 불안한 생활의 때가 있을 수도 있다는 것을 보여 주는 것이다.

IV. 회개의 요소

회개의 요소는 다음 세 가지로 구별할 수 있다.

1. 지성적 요소

이것은 지적 각성의 요소이다. 회개가 성립되려면 먼저 생각의 변화가 있어야 하는데 그것은 곧 과거의 생활이 온갖 죄와 오염과 부정에 빠져 절망을 안고 있는 죄악된 생활이었음을 지적으로 인식하고 깨닫는 것이다. 이것을 성경에서는 죄에 관한 지식적 각성으로 표현되고 있다(롬 3 : 20). 회개에 있어서 지성적 요소는 "나는 죄인이다" 라고 인정하며 확신하는 것, 곧 그 죄에 대한 가책을 의미한다. 회개를 위한 성령의 일차적 역사는 각자가 죄인임을 지각(知覺)하고 각성(覺醒)케 하는 것이다(요 16 : 8-9).

> 롬 3 : 20   그러므로 율법의 행위로 그의 앞에 의롭다 하심을 얻을 육체가 없나니 율법으로는 죄를 깨달음이니라
>
> 요 16 : 8-9   그가 와서 죄에 대하여 의에 대하여 심판에 대하여 세상을 책망하시리라 죄에 대하여라 함은 저희가 나를 믿지 아니함이요

2. 감정적 요소

이것은 감정의 변화로서 곧 거룩하고 의로우신 하나님을 반역하여 저지른 죄에 대하여(사 5 : 2, 10 : 14) 후회하고 슬퍼하는 것을 의미한다(렘 31 : 8-9; 겔 18 : 31). 만일 이것이 생활에 참된 변화를 일으키기만 한다면 그것은 곧 경건한 비애(하나님의 뜻대로 하는 근심)라고 불리워질 수 있을 것이다(고후 7 : 9-10). 그러나 만일 그것이 그렇지 않을 때엔 이것은 세상 근심(한탄과 실망에서 나타나는)이 되고 말 것이다(고후 7 : 9-10; 마 27 : 3). 회개에 있어서 감정적 요소는 하나님 앞에 죄에 대한 유감이나 슬픔을 깊이 느끼고 탄식함을 의미한다(눅 18 : 23).

> 사 5 : 2   땅을 파서 돌을 제하고 극상품 포도나무를 심었었도다 그 중에 망대를 세웠고 그 안에 술틀을 팠었도다 좋은 포도 맺기를 바랐더니 들 포도를 맺혔도다
>
> 사 10 : 14   나의 손으로 열국의 재물을 얻은 것은 새의 보금자리를 얻음 같고 온 세계를 얻은 것은 내어버린 알을 주움 같았으나 날개를 치거나 입을 벌리거나 지저귀는 것이 하나도 없었다 하는도다
>
> 렘 31 : 8-9   보라 내가 그들을 북편 땅에서 인도하며 땅 끝에서부터 모으리니 그들 중에는 소경과 절뚝발이와 잉태한 여인과 해산하는 여인이 함께 하여 큰 무리를 이루어 이 곳으로 돌아오되 울며 올 것이며 그들이 나의 인도함을 입고 간구할 때에 내가 그들로 넘어지지 아니하고 하숫가의 바른 길로 행하게 하리라 나는 이스라엘의

아비요 에브라임은 나의 장자니라

겔 18 : 31 너희는 범한 모든 죄악을 버리고 마음과 영을 새롭게 할지어다
이스라엘 족속아 너희가 어찌하여 죽고자 하느냐

고후7 : 9-10 내가 지금 기뻐함은 너희로 근심하게 한 까닭이 아니요 도리어
너희가 근심함으로 회개함에 이른 까닭이라 너희가 하나님의 뜻대로
근심하게 된 것은 우리에게서 아무 해도 받지 않게 하려 함이라
하나님의 뜻대로 하는 근심은 후회할 것이 없는 구원에 이르게
하는 회개를 이루는 것이요 세상 근심은 사망을 이루는 것이니라

마 27 : 3 때에 예수를 판 유다가 그의 정죄됨을 보고 스스로 뉘우쳐 그 은
삼십을 대제사장들과 장로들에게 도로 갖다 주며

눅 18 : 23 그 사람이 큰 부자인고로 이 말씀을 듣고 심히 근심하더라

3. 의지적 요소

이것은 의도(意圖)의 변화이니, 즉 목적의 변화이다. 이 요소는 죄에서 떠나는
내적 전환, 사죄와 정화(정결)를 추구하는 성향(性向)을 의미한다(시 51 :
5,7,10; 렘 25 : 5; 행 2 : 38; 롬 2 : 4). 이것은 회개의 가장 중요한 요소이다.
회개에 있어서 의도의 변화는 자기의 잘못된 삶의 목적과 방법과 행위를 바꾸기
로 작정하고 결단을 내리는 것을 의미한다(사 55 : 7; 행 2 : 38-41).

시 51 : 5 내가 죄악 중에 출생하였음이여 모친이 죄 중에 나를 잉태하였나이다

시 51 : 7 우슬초로 나를 정결케 하소서 내가 정하리이다 나를 씻기소서
내가 눈보다 희리이다

시 51 : 10 하나님이여 내 속에 정한 마음을 창조하시고 내 안에 정직한 영을
새롭게 하소서

렘 25 : 5 이르시기를 너희는 각기 악한 길과 너희 악행에서 돌이키라
그리하면 나 여호와가 너희와 너희 열조에게 옛적에 주어 영원히
있게 한 그 땅에 거하리니

롬 2 : 4 혹 네가 하나님의 인자하심이 너를 인도하여 회개케 하심을 알지
못하여 그의 인자하심과 용납하심과 길이 참으심의 풍성함을 멸시
하느뇨

사 55 : 7 악인은 그 길을 불의한 자는 그 생각을 버리고 여호와께로

돌아오라 그리하면 그가 긍휼히 여기시리라 우리 하나님께로
나아오라 그가 널리 용서하시리라

행 2 : 38-41 　베드로가 가로되 너희가 회개하여 각각 예수 그리스도의 이름으로
세례를 받고 죄 사함을 얻으라 그리하면 성령을 선물로 받으리니
이 약속은 너희와 너희 자녀와 모든 먼 데 사람 곧 주 우리 하나님이
얼마든지 부르시는 자들에게 하신 것이라 하고 또 여러 말로
확증하며 권하여 가로되 너희가 이 패역한 세대에서 구원을
받으라 하니 그 말을 받는 사람들은 세례를 받으매 이 날에 제자의
수가 삼천이나 더하더라

V. 로마 교회의 회개의 개념

로마 교회는 고해 성사(告解聖事)에서 회개의 절차를 전적으로 형식화하였다.
고해 성사의 가장 중요한 요소들은 다음과 같다.

1. 통회(痛悔 ; Contrition)

통회는 죄에 대한 진정한 비애를 말하는 것이다. 그러나 이것은 타고난 죄(生
得的 罪)에 대한 통회가 아니고 단지 개인적인 과실(범죄)에 대하여 슬퍼함을 말
한다. 그리고 이 통회 대신에 회죄(悔罪 ; Attrition)로도 만족을 삼기도 하는데
이는 죄가 마땅히 형벌을 받아야만 한다는 죄의 형벌에 대한 공포에 불과한 것일
뿐, 하나님께 대한 신뢰와 죄로부터 돌이키려는 결단적인 의도를 포함하지 않는
다. 진정한 회개는 단순한 죄에 대한 슬픔이나(고후 7 : 10) 고백(요일 1 : 9)이
아니다(행 3 : 19).

고후 7 : 10 　하나님의 뜻대로 하는 근심은 후회할 것이 없는 구원에 이르게
하는 회개를 이루는 것이요 세상 근심은 사망을 이루는 것이니라

요일 1 : 9 　만일 우리가 우리 죄를 자백하면 저는 미쁘시고 의로우사 우리
죄를 사하시며 모든 불의에서 우리를 깨끗게 하실 것이요

행 3 : 19 　그러므로 너희가 회개하고 돌이켜 너희 죄 없이함을 받으라
이같이 하면 유쾌하게 되는 날이 주 앞으로부터 이를 것이요

2. 고백(告白 ; Confession)

이것은 은혜와 사죄의 주되시는 하나님 앞에서의 선언적(폭로적)인 고백이 아니라 재판적으로 관면(寬免)하는 신부에게 대한 고백이다. 로마 교회는 고해성사에서 회개자가 만족한 고백을 할 때 신부는 선언하기를 하나님께서 회개자의 죄를 용서할 뿐만 아니라 나 자신도 그것을 용서한다고 말한다.

3. 보속(補贖 ; Satisfaction)

이는 죄인의 행동적인 회개(자기 죄악의 결과를 보상하는 행위)로서, 즉 고통스러운 어떤 일을 인내하거나 혹은 어렵고도 불유쾌한 일을 수행하는 것을 의미한다. 이상과 같이 심령 속 깊이 이루어지는 내면적인 것보다는 외면적이고 형식적 수행들이 실제적으로 죄에 대한 보속(補贖)을 구성한다는 것이 로마 교회의 중심 사상이요 회개관이다.

VI. 회개의 성경적 견해와 실제
1. 회개의 성경적 견해

회개의 성경적 견해는 죄인의 어떤 형식적, 외면적 수행을 말하는 것이 아니라 전적으로 내적 행위, 즉 통회의 행위 혹은 죄에 대한 비애와 함께 은혜의 하나님을 신뢰하고 죄로부터 떠나 하나님께로 돌이키는 것이라고 본다(사 55 : 7). 그러기에 성경은 회개로부터 비롯되어 결과되는 외적 생활의 변화를 회개와 혼동하지 않고 죄의 고백이나 또는 오류의 수정은 회개의 열매로서 악의 배상으로 본다.

더욱이 성경적 참된 회개는 항상 참된 신앙을 동반한다고 말한다. 회개와 신앙, 이 둘은 동일한 전환(죄에서 돌이켜 하나님을 향하는 전환)의 상이한 국면들에 지나지 않는다. 다시 말하면 이 둘은 서로 결코 분리될 수 없는 까닭에 사람 안에서 동시에 일어나는 변화의 다른 두 면에 지나지 않는다는 것이다. 루터는 신앙보다 선행(先行)하는 회개에 대하여 언급하였으나, 칼빈은 신앙의 한 열매로서의 참된 회개를 말하였다.

사 55 : 7   악인은 그 길을 불의한 자는 그 생각을 버리고 여호와께로

돌아오라 그리하면 그가 긍휼히 여기시리라 우리 하나님께로
나아오라 그가 널리 용서하시리라

2. 참된 회개의 실제

성경에 나타난 참된 회개의 실상을 소개하면 다음과 같다.

1) 뉘우침

이는 인간의 마음 사상의 전환으로(마 21 : 30), 즉 그리스도에 대한 마음과 생
각을 바꾸는 것으로 죄에 대한 사고 방식의 전환함이다(행 2 : 38-40).

마 21 : 30   둘째 아들에게 가서 또 이같이 말하니 대답하여 가로되 싫소이다
            하더니 그 후에 뉘우치고 갔으니

행 2 : 38-40 베드로가 가로되 너희가 회개하여 각각 예수 그리스도의 이름으로
            세례를 받고 죄 사함을 얻으라 그리하면 성령을 선물로 받으리니
            이 약속은 너희와 너희 자녀와 모든 먼 데 사람 곧 주 우리 하나님이
            얼마든지 부르시는 자들에게 하신 것이라 하고 또 여러 말로
            확증하며 권하여 가로되 저희가 이 패역한 세대에서 구원을
            받으라 하니

2) 슬퍼함

이는 감정의 변화, 즉 하나님 앞에 저지른 죄에 대하여 슬퍼하고 근심하는 것
이다(고후 7 : 9; 시 38 : 18; 약 4 : 9).

고후 7 : 9   내가 지금 기뻐함은 너희로 근심하게 한 까닭이 아니요 도리어
            너희가 근심함으로 회개함에 이른 까닭이라 너희가 하나님의
            뜻대로 근심하게 된 것은 우리에게서 아무 해도 받지 않게
            하려함이라

시 38 : 18   내 죄악을 고하고 내 죄를 슬퍼함이니이다

약 4 : 9   슬퍼하며 애통하며 울지어다 너희 웃음을 애통으로 너희 즐거움을
            근심으로 바꿀지어다

3) 전향함

이는 의도의 변화로서, 즉 목적의 변화이다. 예를 들면 탕자가 범죄하고 타락한 자리에서 떠나 아버지께로 돌아감같이 인간이 죄악을 떠나 하나님께로 전향(前向)함이다(사 55 : 7; 행 3 : 19; 눅 15 : 18-21; 살전 1 : 9).

사 55 : 7　　　악인은 그 길을 불의한 자는 그 생각을 버리고 여호와께로 돌아오라 그리하면 그가 긍휼히 여기시리라 우리 하나님께로 나아오라 그가 널리 용서하시리라

행 3 : 19　　　그러므로 너희가 회개하고 돌이켜 너희 죄 없이함을 받으라 이같이 하면 유쾌하게 되는 날이 주 앞으로부터 이를 것이요

눅 15 : 18-21　내가 일어나 아버지께 가서 이르기를 아버지여 내가 하늘과 아버지께 죄를 얻었사오니 지금부터는 아버지의 아들이라 일컬음을 감당치 못하겠나이다 나를 품군의 하나로 보소서 하리라 하고 이에 일어나서 아버지께로 돌아가니라 아직도 상거가 먼데 아버지가 저를 보고 측은히 여겨 달려가 목을 안고 입을 맞추니 아들이 가로되 아버지여 내가 하늘과 아버지께 죄를 얻었사오니 지금부터는 아버지의 아들이라 일컬음을 감당치 못하겠나이다 하나

살전 1 : 9　　　저희가 우리에 대하여 스스로 고하기를 우리가 어떻게 너희 가운데 들어간 것과 너희가 어떻게 우상을 버리고 하나님께로 돌아와서 사시고 참되신 하나님을 섬기며

Ⅶ. 회개의 방법과 결과
1. 회개의 방법
1) 소명에 순응함으로 됨

회개는 죄인이 하나님의 복음을 통한 은혜로운 소명에 순응함으로 이루어진다(사 1 : 18-19; 마 11 : 28). 주님은 죄인을 불러 회개시키려고 이 땅에 오셨다고 하셨다(눅 5 : 32). 지금도 주님은 복음을 통하여 죄인들을 불러 회개시키고 계신 것이다.

사 1 : 18-19　　여호와께서 말씀하시되 오라 우리가 서로 변론하자 너희 죄가

주홍 같을지라도 눈과 같이 희어질 것이요 진홍같이 붉을지라도
양털같이 되리라 너희가 즐겨 순종하면 땅의 아름다운 소산을
먹을 것이요

마 11 : 28 수고하고 무거운 짐진 자들아 다 내게로 오라 내가 너희를 쉬게
하리라

눅 5 : 32 내가 의인을 부르러 온 것이 아니요 죄인을 불러 회개시키러 왔노라

2) 하나님의 은사로 됨

인간이 스스로 무력함을 깨닫고 하나님께 일체를 맡기며 심령에 하나님의 은혜
의 역사가 행해지기를 간구할 때 하나님의 회개의 은사가 임함으로 되는 것이다
(행 11 : 18; 딤후 2 : 25; 행 5 : 30-31).

행 11 : 18 저희가 이 말을 듣고 잠잠하여 하나님께 영광을 돌려 가로되 그러면
하나님께서 이방인에게도 생명 얻는 회개를 주셨도다 하니라

딤후 2 : 25 거역하는 자를 온유함으로 징계할지니 혹 하나님이 저희에게
회개함을 주사 진리를 알게 하실까 하며

행 5 : 30-31 너희가 나무에 달아 죽인 예수를 우리 조상의 하나님이 살리시고
이스라엘로 회개케 하사 죄 사함을 얻게 하시려고 그를 오른손으로
높이사 임금과 구주를 삼으셨느니라

3) 말씀을 들음으로 됨

회개는 죄인이 하나님의 말씀을 들을 때 이루어진다. 즉 회개를 촉구하는 복음
이 죄인의 심령에 선포될 때 하나님은 성령을 통하여 그 심령에 회개의 영을 부
어 주시는 것이다(행 2 : 37-38; 롬 2 : 4; 이하 참조 욘 3 : 5-10; 살전 1 : 5-10).

행 2 : 37-38 저희가 이 말을 듣고 마음에 찔려 베드로와 다른 사도들에게
물어 가로되 형제들아 우리가 어찌할고 하거늘 베드로가 가로되
너희가 회개하여 각각 예수 그리스도의 이름으로 세례를 받고
죄 사함을 얻으라 그리하면 성령을 선물로 받으리니

롬 2 : 4 혹 네가 하나님의 인자하심이 너를 인도하여 회개케 하심을 알지

못하여 그의 인자하심과 용납하심과 길이 참으심의 풍성함을
멸시하느뇨

4) 자기 죄를 슬퍼함으로 됨

회개는 자기 죄를 슬퍼하면서(시 34 : 18 참조) 하나님의 자비를 구함으로써 이
루어진다(눅 18 : 13; 사 22 : 12; 마 5 : 4).

눅 18 : 13   세리는 멀리 서서 감히 눈을 들어 하늘을 우러러보지도 못하고
            다만 가슴을 치며 가로되 하나님이여 불쌍히 여기옵소서 나는
            죄인이로소이다 하였느니라
사 22 : 12   그 날에 주 만군의 여호와께서 명하사 통곡하며 애호하며 머리털을
            뜯으며 굵은 베를 띠라 하셨거늘
마 5 : 4   애통하는 자는 복이 있나니 저희가 위로를 받을 것임이요

5) 다시 하지 아니함으로 됨

예수님께서 간음하다 현장에서 잡힌 한 여자가 뉘우치는 것을 보시고 "가서 다
시는 죄를 범치 말라"고 하셨다. 참된 회개는 죄를 다시 범하지 아니함으로 되는
것이다(요 8 : 11,5 : 14; 겔 18 : 30-31). 칼빈은 "참된 회개는 다시 하지 아니하는
것이다"라고 하였다.

요 8 : 11   대답하되 주여 없나이다 예수께서 가라사대 나도 너를 정죄하지
            아니하노니 가서 다시는 죄를 범치 말라 하시니라
요 5 : 14   그 후에 예수께서 성전에서 그 사람을 만나 이르시되 보라 네가
            나았으니 더 심한 것이 생기지 않게 다시는 죄를 범치 말라 하시니
겔 18 : 30-31 나 주 여호와가 말하노라 이스라엘 족속아 내가 너희 각 사람의
            행한 대로 국문할지라 너희는 돌이켜 회개하고 모든 죄에서
            떠날지어다 그리한즉 죄악이 너희를 패망케 아니하리라 너희는
            범한 모든 죄악을 버리고 마음과 영을 새롭게 할지어다 이스라엘
            족속아 너희가 어찌하여 죽고자 하느냐

6) 금식하고 기도함으로 됨

성경에 나타난 회개의 방법 중 하나는 금식하며, 기도하며, 자복하고, 통회하는 것이다(스 10 : 1). 금식하며 회개하는 방법은 하나님께서 죄인에게 요구하시는 방법이다. 성경에 보면 "여호와의 말씀에 너희는 이제라도 금식하며 울며 애통하고 마음을 다하여 내게로 돌아오라"고 하셨다(욜 2 : 12).

> 스 10 : 1　　에스라가 하나님의 전 앞에 엎드려 울며 기도하여 죄를 자복할
> 　　　　　　때에 많은 백성이 심히 통곡하매 이스라엘 중에서 백성의 남녀와
> 　　　　　　어린아이의 큰 무리가 그 앞에 모인지라

2. 회개의 결과

1) 심령이 새롭게 변화됨

하나님께서 회개하는 심령을 근본적으로 새롭게 변화시켜 주실 것을 약속하였으니 "내가 그들에게 일치한 마음을 주고 그 속에 새 신을 주며 그 몸에서 굳은 마음을 제하고 부드러운 마음"(겔 11 : 19)을 주시겠다고 하였다. 그러므로 그리스도의 복음을 듣고 회개하는 자는 그 마음부터 새롭게 거듭나서 본질적으로 새사람이 된다(요 3 : 3; 고후 5 : 17; 골 3 : 9-10; 딛 3 : 5). 심령이 새롭게 되는 변화는 회개자 자신의 의지를 초월한 성령님의 능력의 역사로 이루어지는 것이다.

심령이 새롭게 변화된 사람은 하나님을 사랑하는 마음(신 6 : 5), 영원을 사모하는 마음(전 3 : 11), 끝까지 참는 마음(전 7 : 8), 겸손한 마음(롬 12 : 16), 하나님께 영광 돌리는 마음(롬 15 : 6), 사랑과 온유한 마음(고전 4 : 21), 찬미하는 마음(고전 14 : 15), 즉 그리스도의 마음(고전 2 : 16)을 가지게 된다.

> 겔 11 : 19　　내가 그들에게 일치한 마음을 주고 그 속에 새 신을 주며 그 몸에서
> 　　　　　　　굳은 마음을 제하고 부드러운 마음을 주어서
> 요 3 : 3　　　예수께서 대답하여 가라사대 진실로 진실로 네게 이르노니 사람이
> 　　　　　　　거듭나지 아니하면 하나님 나라를 볼 수 없느니라
> 고후 5 : 17　　그런즉 누구든지 그리스도 안에 있으면 새로운 피조물이라 이전
> 　　　　　　　것은 지나갔으니 보라 새것이 되었도다

골 3 : 9-10	너희가 서로 거짓말을 말라 옛 사람과 그 행위를 벗어버리고 새사람을 입었으니 이는 자기를 창조하신 자의 형상을 좇아 지식에까지 새롭게 하심을 받는 자니라
딛 3 : 5	우리를 구원하시되 우리의 행한 바 의로운 행위로 말미암지 아니하고 오직 그의 긍휼하심을 좇아 중생의 씻음과 성령의 새롭게 하심으로 하셨나니
신 6 : 5	너는 마음을 다하고 성품을 다하고 힘을 다하여 네 하나님 여호와를 사랑하라
전 3 : 11	하나님이 모든 것을 지으시되 때를 따라 아름답게 하셨고 또 사람에게 영원을 사모하는 마음을 주셨느니라 그러나 하나님의 하시는 일의 시종을 사람으로 측량할 수 없게 하셨도다
전 7 : 8	일의 끝이 시작보다 낫고 참는 마음이 교만한 마음보다 나으니
롬 12 : 16	서로 마음을 같이 하며 높은 데 마음을 두지 말고 도리어 낮은 데 처하며 스스로 지혜 있는 체 말라
롬 15 : 6	한 마음과 한 입으로 하나님 곧 우리 주 예수 그리스도의 아버지께 영광을 돌리게 하려 하노라
고전 4 : 21	너희가 무엇을 원하느냐 내가 매를 가지고 너희에게 나아가랴 사랑과 온유한 마음으로 나아가랴
고전 14 : 15	그러면 어떻게 할고 내가 영으로 기도하고 또 마음으로 기도하며 내가 영으로 찬미하고 또 마음으로 찬미하리라
고전 2 : 16	누가 주의 마음을 알아서 주를 가르치겠느냐 그러나 우리가 그리스도의 마음을 가졌느니라

2) 모든 죄를 사함받음

성경에 보면 자기의 죄를 뉘우치고 회개함으로써 하나님께로 돌아오는 자는 모든 죄를 사함받는다고 약속하였다(사 55 : 7; 시 51 : 1-2, 43 : 25; 골 2 : 14; 사 1 : 18; 행 3 : 19; 요일 1 : 7).

사 55 : 7	악인은 그 길을 불의한 자는 그 생각을 버리고 여호와께로 돌아오라 그리하면 그가 긍휼히 여기시리라 우리 하나님께로 나아오라 그가 널리 용서하시리라

시 51 : 1-2	하나님이여 주의 인자를 좇아··· 내 죄과를 도말하소서 나의 죄악을 말갛게 씻기시며 나의 죄를 깨끗이 제하소서
사 43 : 25	나 곧 나는 나를 위하여 네 허물을 도말하는 자니 네 죄를 기억지 아니하리라
골 2 : 14	우리를 거스르고 우리를 대적하는 의문에 쓴 증서를 도말하시고 제하여 버리사 십자가에 못박으시고
사 1 : 18	여호와께서 말씀하시되 오라 우리가 서로 변론하자 너희 죄가 주홍 같을지라도 눈과 같이 희어질 것이요 진홍같이 붉을지라도 양털같이 되리라
행 3 : 19	그러므로 너희가 회개하고 돌이켜 너희 죄 없이 함을 받으라 이같이 하면 유쾌하게 되는 날이 주 앞으로부터 이를 것이요
요일 1 : 7	저가 빛 가운데 계신 것같이 우리도 빛 가운데 행하면 우리가 서로 사귐이 있고 그 아들 예수의 피가 우리를 모든 죄에서 깨끗하게 하실 것이요

3) 성령을 선물로 받음

성경에 보면 "너희가 회개하여 각각 예수 그리스도의 이름으로 세례를 받고 죄사함을 얻으라 그리하면 성령을 선물로 받으리니"(행 2 : 38) 라고 하였다. 하나님의 부르심을 받고 회개함으로 돌아오는 자는 성령을 선물로 받고 영이신 하나님과 교제할 수 있는 것이다(갈 4 : 6).

갈 4 : 6	너희가 아들인 고로 하나님이 그 아들의 영을 우리 마음 가운데 보내사 아바 아버지라 부르게 하셨느니라

4) 유쾌한 날을 보게 됨

성경에 "그러므로 너희가 회개하고 돌이켜 너희 죄 없이 함을 받으라 이같이 하면 유쾌하게 되는 날이 주 앞으로부터 이를 것이요"(행 3 : 19) 라고 하였다. 또 "··· 좋은 날 보기를 원하는 자는··· 악에서 떠나 선을 행하고 화평을 구하여 이를 좇으라"(벧전 3 : 10-11) 라고 하였다.

5) 천상에 기쁨이 넘침

예수님께서 당신은 죄인을 불러 회개시키려고 이 땅에 왔다고 강조하셨고(눅 5 : 32), 죄인 하나가 회개하면 하늘에서는 회개할 것 없는 의인 아흔 아홉을 인하여 기뻐하는 것 보다 더하리라고 하셨다(눅 15 : 7-10).

눅 5 : 32   내가 의인을 부르러 온 것이 아니요 죄인을 불러 회개시키러 왔노라
눅 15 : 7-10   내가 너희에게 이르노니 이와 같이 죄인 하나가 회개하면
             하늘에서는 회개할 것 없는 의인 아흔 아홉을 인하여 기뻐하는
             것보다 더하리라 어느 여자가 열 드라크마가 있는데 하나를
             잃으면 등불을 켜고 집을 쓸며 찾도록 부지런히 찾지 아니하겠느냐
             또 찾은즉 벗과 이웃을 불러 모으고 말하되 나와 함께 즐기자 잃은
             드라크마를 찾았노라 하리라 내가 너희에게 이르노니 이와 같이
             죄인 하나가 회개하면 하나님의 사자들 앞에 기쁨이 되느니라

Ⅷ. 회개의 주체자
1. 회개의 주체자이신 하나님

회개의 주체자(主體者)는 오직 하나님뿐이시다. 인간의 무의식 속에 하나님의 주권적, 일방적 사역으로 이루어지는 중생과는 달리 회개는 인간의 협력이 필요하다. 그러나 회개의 주체자는 어디까지나 하나님이시다. 그러므로 인간이 마음대로 회개하고 싶다고 회개가 되어지는 것이 아니다. 하나님의 성령의 말할 수 없는 탄식(롬 8 : 26)에 의해 하나님께서 회개의 영을 불어넣어 주셔야만 회개할 수 있는 것이다(슥 12 : 10; 행 5 : 31; 딤후 2 : 25).

그러기에 시편 85편 4절에 시인은 "우리 구원의 하나님이여 우리를 돌이키소서…"라고 기도하였고 예레미야 31장 18절에서 에브라임은 "나를 이끌어 돌이키소서 그리하시면 내가 돌아오겠나이다"라고 기도하였다. 베드로는 "하나님이 이방인들에게도 생명을 얻는 회개를 주셨다"라는 사실에 주의를 기울이도록 촉구하였으며(행 11 : 18), 이와 유사한 진술이 예레미야 애가 5장 21절과 디모데후서 2장 25절에서도 발견된다. 회개는 그 사람의 심령 속에 하나님께서 성령을 통하여 직접적으로 사역하심으로써 이루어지는 것이다(요 6 : 44; 빌 2 : 13; 겔 11 : 19).

하나님께서는 죄인의 회개에서 직접 초자연적인 방법으로 역사하시어 심령의 변화를 일으키신다.

롬 8 : 26   이와 같이 성령도 우리 연약함을 도우시나니 우리가 마땅히 빌
             바를 알지 못하나 오직 성령이 말할 수 없는 탄식으로 우리를 위하여
             친히 간구하시느니라

슥 12 : 10   내가 다윗의 집과 예루살렘 거민에게 은총과 간구하는 심령을
             부어 주리니 그들이 그 찌른바 그를 바라보고 그를 위하여
             애통하기를 독자를 위하여 애통하듯 하며 그를 위하여 통곡하기를
             장자를 위하여 통곡하듯 하리로다

행 5 : 31   이스라엘로 회개케 하사 죄 사함을 얻게 하시려고 그를 오른손으로
             높이사 임금과 구주를 삼으셨느니라

딤후 2 : 25 거역하는 자를 온유함으로 징계할지니 혹 하나님이 저희에게
             회개함을 주사 진리를 알게 하실까 하며

행 11 : 18   저희가 이 말을 듣고 잠잠하여 하나님께 영광을 돌려 가로되
             그러면 하나님께서 이방인에게도 생명 얻는 회개를 주셨도다 하니라

요 6 : 44   나를 보내신 아버지께서 이끌지 아니하면 아무라도 내게 올 수
             없으니 오는 그를 내가 마지막 날에 다시 살리리라

빌 2 : 13   너희 안에서 행하시는 이는 하나님이시니 자기의 기쁘신 뜻을
             위하여 너희로 소원을 두고 행하게 하시나니

겔 11 : 19   내가 그들에게 일치한 마음을 주고 그 속에 새 신을 주며 그 몸에서
             굳은 마음을 제하고 부드러운 마음을 주어서

2. 사람은 회개에 협력함

회개의 주체자이신 하나님만이 인간의 심령 속에 회개를 일으키신다는 것은 사실이지만, 회개에 있어서 인간은 하나님과 협력하는 것이다. 중생에 있어서는 하나님만이 역사하시고 인간은 전적으로 피동적이지만, 회개에 있어서 인간은 능동적으로 협력한다는 사실을 성경은 명백히 보여 주고 있다(사 55 : 7; 렘 18 : 11,23; 겔 33 : 11; 행 2 : 38,17 : 30). 그러나 회개에 협력할 수 있는 인간의 활동 능력은 항상 인간 안에서 행하시는 하나님의 선행적 사역에서 오는 것이며(애

5 : 21; 빌 2 : 13), 인간은 하나님이 그에게 주신 능력으로서만 행동할 수 있다는
것을 잊어서는 안 된다.

그러기에 궁극적으로 구원은 하나님의 자유로운 선물로서 거저 얻어지는 것이
지 인간의 행위로 얻어지는 것이 아니다. 구원에 있어서 인간은 하나님의 하시는
일에 호응하고 또 여러 가지 점에서 하나님의 역사에 협동하게 된다. 그러나 하
나님께서는 모든 인간들의 동기를 유발시키고 능력을 주시면서 은혜로운 역사를
하고 계시다.

사 55 : 7	악인은 그 길을 불의한 자는 그 생각을 버리고 여호와께로 돌아오라 그리하면 그가 긍휼히 여기시리라 우리 하나님께로 나아오라 그가 널리 용서하시리라
렘 18 : 11	그러므로 이제 너는 유다 사람들과 예루살렘 거민들에게 말하여 이르기를 여호와의 말씀에 보라 내가 너희에게 재앙을 내리며 계책을 베풀어 너희를 치려하노니 너희는 각기 악한 길에서 돌이키며 너희 길과 행위를 선하게 하라 하셨다 하라
겔 18 : 23	나 주 여호와가 말하노라 내가 어찌 악인의 죽는 것을 조금인들 기뻐하랴 그가 돌이켜 그 길에서 떠나서 사는 것을 어찌 기뻐하지 아니하겠느냐
겔 33 : 11	주 여호와의 말씀에 나의 삶을 두고 맹세하노니 나는 악인의 죽는 것을 기뻐하지 아니하고 악인이 그길에서 돌이켜 떠나서 사는 것을 기뻐하노라 이스라엘 족속아 돌이키고 돌이키라 너희 악한 길에서 떠나라 어찌 죽고자 하느냐 하셨다 하라
행 2 : 38	베드로가 가로되 너희가 회개하여 각각 예수 그리스도의 이름으로 세례를 받고 죄 사함을 얻으라 그리하면 성령을 선물로 받으리니
행 17 : 30	알지 못하던 시대에는 하나님이 허물치 아니하셨거니와 이제는 어디든지 사람을 다 명하사 회개하라 하셨으니
애 5 : 21	여호와여 우리를 주께로 돌이키소서 그리하시면 우리가 주께로 돌아가겠사오니 우리의 날을 다시 새롭게 하사 옛적 같게 하옵소서
빌 2 : 13	너희 안에서 행하시는 이는 하나님이시니 자기의 기쁘신 뜻을 위하여 너희로 소원을 두고 행하게 하시나니

IX. 회개자의 의무

1. 회개에 합당한 열매를 맺어야 한다

회개한 자는 이전 생활에서 벗어나 새롭고 의와 거룩한 성도의 생활을 함으로써 회개에 합당한 열매를 맺어야 한다(행 26 : 20; 마 3 : 8).

행 26 : 20   먼저 다메섹에와 또 예루살렘에 있는 사람과 유대 온 땅과
                 이방인에게까지 회개하고 하나님께로 돌아가서 회개에 합당한
                 일을 행하라 선전하므로

마 3 : 8   그러므로 회개에 합당한 열매를 맺고

2. 성결한 생활을 해야 함

회개하고 하나님께로 돌아온 자는 성결한 생활을 통하여 하나님의 성품에 참여하는 자가 되어야 한다(벧후 1 : 4). 그러기 위하여는 가증한 것을 버리고(겔 11 : 18), 행위를 바르게 하며(렘 7 : 5), 악업을 버리고(사 1 : 16), 마음을 청결케 하며(마 5 : 8; 약 4 : 8), 화평을 도모하고(슥 8 : 19), 공평과 정의를 사랑하며(렘 22 : 3), 육체의 정욕을 제어하고(벧전 2 : 11), 몸의 사욕을 순종치 않고 몸의 지체를 의의 병기로 드리며(롬 6 : 12-13), 선한 싸움을 싸우고(딤전 6 : 12), 전적으로 헌신하는 삶을 살아야 한다(롬 12 : 1, 13 : 14).

벧후 1 : 4   이로써 그 보배롭고 지극히 큰 약속을 우리에게 주사 이 약속으로
                 말미암아 너희로 정욕을 인하여 세상에서 썩어질 것을 피하여
                 신의 성품에 참예하는 자가 되게 하려 하셨으니

겔 11 : 18   그들이 그리로 가서 그 가운데 모든 미운 물건과 가증한 것을
                 제하여 버릴지라

렘 7 : 5   너희가 만일 길과 행위를 참으로 바르게 하여 이웃들 사이에
                 공의를 행하며

사 1 : 16   너희는 스스로 씻으며 스스로 깨끗게 하여 내 목전에서 너희
                 악업을 버리며 악행을 그치고

마 5 : 8   마음이 청결한 자는 복이 있나니 저희가 하나님을 볼 것임이요

약 4 : 8   하나님을 가까이 하라 그리하면 너희를 가까이 하시리라 죄인들아

손을 깨끗이 하라 두 마음을 품은 자들아 마음을 성결케 하라

슥 8 : 19 만군의 여호와가 말하노라 사월의 금식과 오월의 금식과 칠월의 금식과 시월의 금식이 변하여 유다 족속에게 기쁨과 즐거움과 희락의 절기가 되리니 오직 너희는 진실과 화평을 사랑할지니라

렘 22 : 3 여호와께서 이같이 말씀하시되 너희가 공평과 정의를 행하여 탈취당한 자를 압박하는 자의 손에서 건지고 이방인과 고아와 과부를 압제하거나 학대하지 말며 이곳에서 무죄한 피를 흘리지 말라

벧전 2 : 11 사랑하는 자들아 나그네와 행인 같은 너희를 권하노니 영혼을 거스려 싸우는 육체의 정욕을 제어하라

롬 6 : 12-13 그러므로 너희는 죄로 너희 죽을 몸에 왕노릇하지 못하게 하여 몸의 사욕을 순종치 말고 또한 너희 지체를 불의의 병기로 죄에게 드리지 말고 오직 너희 자신을 죽은 자 가운데서 다시 산 자 같이 하나님께 드리며 너희 지체를 의의 병기로 하나님께 드리라

딤전 6 : 12 믿음의 선한 싸움을 싸우라 영생을 취하라 이를 위하여 네가 부르심을 입었고 많은 증인 앞에서 선한 증거를 증거하였도다

롬 12 : 1 그러므로 형제들아 내가 하나님의 모든 자비하심으로 너희를 권하노니 너희 몸을 하나님이 기뻐하시는 거룩한 산 제사로 드리라 이는 너희의 영적 예배니라

롬 13 : 14 오직 주 예수 그리스도로 옷 입고 정욕을 위하여 육신의 일을 도모하지 말라

신앙

　여기서 믿음을 중생보다 앞서 논술하는 것은 성경에 "영접하는 자 곧 그 이름을 믿는 자들에게는 하나님의 자녀가 되는 권세를 주셨으니 이는 혈통으로나 육정으로나 사람의 뜻으로 나지 아니하고 오직 하나님께로서 난 자들이니라"(요 1 : 12-13)고 한 것을 보면 그리스도를 믿는 자는, 곧 중생한(하나님께로서 나서 하나님의 자녀가 됨)자 임을 명백히 보여 주고 있기 때문이다. 그리고 "믿음으로 거듭난다" 라는 것은 곧 중생의 방법에 대한 사도 요한의 해명이라 할 수 있다. 성경에 자녀에 대한 개념이 두 가지가 있으니, 즉 양자가 됨으로 상속자가 된다는 개념(롬 8 : 15; 갈 4 : 5-6)과 본성적으로 자녀가 된다는 개념이다(요 1 : 12-13). 후자는 사도 요한의 견해로서 이는 그리스도를 믿고 영접하는 자가 중생의 결과로 이루어지는 관계인 것이다(요 1 : 12-13; 요일 3 : 1-2,10,5 : 2).

요 1 : 12-13	영접하는 자 곧 그 이름을 믿는 자들에게는 하나님의 자녀가 되는 권세를 주셨으니 이는 혈통으로나 육정으로나 사람의 뜻으로 나지 아니하고 오직 하나님께로서 난 자들이니라
롬 8 : 15	너희는 다시 무서워하는 종의 영을 받지 아니하였고 양자의 영을 받았으므로 아바 아버지라 부르짖느니라
갈 4 : 5-6	율법 아래 있는 자들을 속량하시고 우리로 아들의 명분을 얻게 하려 하심이라 너희가 아들인 고로 하나님이 그 아들의 영을 우리 마음 가운데 보내사 아바 아버지라 부르게 하셨느니라
요일 3 : 1-2	보라 아버지께서 어떠한 사랑을 우리에게 주사 하나님의 자녀라 일컬음을 얻게 하셨는고 우리가 그러하도다 그러므로 세상이 우리를 알지 못함은 그를 알지 못함이니라 사랑하는 자들아 우리가 지금은

하나님의 자녀라 장래에 어떻게 될 것은 아직 나타나지
아니하였으나 그가 나타내심이 되면 우리가 그와 같을 줄을 아는
것은 그의 계신 그대로 볼 것을 인함이니

요일 3 : 10 이러므로 하나님의 자녀들과 마귀의 자녀들이 나타나나니 무릇
의를 행치 아니하는 자나 또는 그 형제를 사랑치 아니하는 자는
하나님께 속하지 아니하느니라

요일 5 : 2 우리가 하나님을 사랑하고 그의 계명들을 지킬 때에 우리가
하나님의 자녀 사랑하는 줄을 아느니라

Ⅰ. 신앙(信仰 ; Faith)의 개념

1. 신앙을 나타내는 용어

1) 구약의 용어

(1) 에무나(Emuna)

구약에서 "에무나"(Emuna)는 가장 신앙적 의미로 사용된 낱말이다(합 2 : 4). 이는 통상적으로 "신실" 혹은 "성실성"을 의미하는 말이다(신 32 : 4; 시 36 : 5, 37 : 3, 40 : 10). 하박국이 진술한 이 용어가 신약에서 구원적 신앙을 표현하는 데 응용된 것을 보면 선지자가 신앙의 의미로 이 명사를 사용하였음이 분명하다 (롬 1 : 17; 갈 3 : 11; 히 10 : 38).

합 2 : 4 ··· 그러나 의인은 그 믿음으로 말미암아 살리라

신 32 : 4 그는 반석이시니 그 공덕이 완전하고 그 모든 길이 공평하며 진실
무망하신 하나님이시니 공의로우시고 정직하시도다

시 36 : 5 여호와여 주의 인자하심이 하늘에 있고 주의 성실하심이 공중에
사무쳤으며

시 37 : 3 여호와를 의뢰하여 선을 행하라 땅에 거하여 그의 성실로 식물을
삼을지어다

시 40 : 10 ··· 주의 성실과 구원을 선포하였으며 내가 주의 인자와 진리를
대회 중에서 숨기지 아니하였나이다

롬 1 : 17 복음에는 하나님의 의가 나타나서 믿음으로 믿음에 이르게 하나니
기록된 바 오직 의인은 믿음으로 말미암아 살리라 함과 같으니라

갈 3 : 11   또 하나님 앞에서 아무나 율법으로 말미암아 의롭게 되지 못할
                것이 분명하니 이는 의인이 믿음으로 살리라 하였음이니라
히 10 : 38   오직 나의 의인은 믿음으로 말미암아 살리라 또한 뒤로 물러가면
                내 마음이 저를 기뻐하지 아니하리라 하셨느니라

(2) 헤에민(He-emin)

구약에서 "믿는다"를 의미하는 보편적인 말은 "헤에민"(He-emin)이다. 이는
"견고함"과 "안정성"을 의미하는 "에멘"(Emen)이라는 어근(語根)에서 온 말이다.
이 말의 동사는 "아만"(Aman)의 히필(Hi-phil)형으로 사용되어 인간이나 사물
을 "믿다", "신뢰하다", "아멘으로 응답하다" 라는 의미를 가진다. 이 말은 지성적
요소를 강조하는 말로서 특히 히필(Hi-phil)형에서는 "확정된 줄로 고찰한다" 혹
은 "참된 줄로 본다" 혹은 "믿는다" 라는 뜻이며, 다른 사람이 증명하는 것에 대해
참된 것으로 받아들이는 것을 의미한다. 이도 역시 "확고함", "불변함", "신뢰",
"신실성" 등의 개념을 지니고 있으며, 하나님의 신실하심(신 7 : 9)과 그 믿음을
기초로 한 신뢰와 충성됨(민 12 : 7)을 나타내는 말이다.

신 7 : 9   그런즉 너는 알라 오직 네 하나님 여호와는 하나님이시요 신실하신
                하나님이시라 그를 사랑하고 그 계명을 지키는 자에게는 천 대까지
                그 언약을 이행하시며 인애를 베푸시되
민 12 : 7   내 종 모세와는 그렇지 아니하니 그는 나의 온 집에 충성됨이라

(3) 바탁(Batach)

구약에 신앙을 표현하는 말 가운데 또 하나의 중요한 말은 "바탁"(Batach)이니
이는 "신임하다", "의지하다", "신뢰하다"의 뜻을 가지고 있다. 이 말은 지성적 요
소에 치중하지 않고 신임적 의뢰(信任的 依賴)의 요소를 강조하는 말로 "헤에민"
(He-emin)과 구별된다.

(4) 카사(Chasah)

이는 드물게 사용되는 말이다. "카사"(Chasah)는 "자신을 숨긴다" 혹은 "도피

한다", "피난한다"의 뜻을 가지고 있다(시 7 : 1). 즉 이 말은 하나님께로 자신을
도피시켜 의지한다는 의미이다.

> **시 7 : 1**　　여호와 내 하나님이여 주께 피하오니 나를 쫓는 모든 자에게서
> 　　　　　　나를 구하여 건지소서

2) 신약의 용어

(1) 피스티스(Pistis)

신약에서 신앙을 표현하는 용어로서 대표적인 말은 "피스티스"(Pistis)인데, 이
는 "신뢰한다", "확신한다", "신임한다" 라는 뜻이 있으며 또는 "맹세", "보증", "증
거"와 같은 객관적 신빙성을 의미하는 말로서 한 인물에 대한 일반적인 신뢰, 이
러한 신뢰를 근거로 해서 그의 증거를 쉽게 받아들이는 것, 그리고 미래를 위해
서 그를 의뢰하는 것 등의 개념을 가지고 있다. 이 말은 인물과 그의 증거에 대한
신임에 기초한 확신을 의미하며 구원적 신앙의 명사로서의 이 용어는 하나님의
진실성에 관한 확신, 그분의 말씀을 믿음으로 받아들이는 것, 그리고 영혼 구원
을 위한 중심으로 그분에게 신뢰하는 것 등을 가리키는 말이다.

(2) 피스튜오(Pisteuo)

이는 피스티스(Pistis)의 동사로서 "참되다고 생각하다", "설복되다", 혹은 "기대
다"(rely upon)의 뜻이 있다. 이 말은 하나님의 말씀에 동의, 순종함(눅 1 : 20;
요 3 : 12)과 개인의 전하는 진리에 대한 신임함(요 5 : 46)과 신념을 가지고 의지
하는 것(행 27 : 25) 등을 의미한다.

> **눅 1 : 20**　　보라 이 일의 되는 날까지 네가 벙어리가 되어 능히 말을 못하리니
> 　　　　　　이는 내 말을 네가 믿지 아니함이어니와 때가 이르면 내 말이
> 　　　　　　이루리라 하더라
> **요 3 : 12**　　내가 땅의 일을 말하여도 너희가 믿지 아니하거든 하물며 하늘
> 　　　　　　일을 말하면 어떻게 믿겠느냐
> **요 5 : 46**　　모세를 믿었더면 또 나를 믿었으리니 이는 그가 내게 대하여 기록

하였음이라

행 27 : 25   그러므로 여러분이여 안심하라 나는 내게 말씀하신 그대로 되리라고
하나님을 믿노라

2. 신앙의 정의

신앙(Pistis)이란 인간이 신앙의 대상인 창조주 하나님의 은혜와 그분의 보내신 구주 예수 그리스도에 대하여 알고(요 17 : 3) 신뢰하는 것이며(시 2 : 12; 욜 2 : 32; 롬 10 : 13; 단 6 : 23; 고후 1 : 9), 영혼 구원을 위하여 하나님께서 보내 주신 예수 그리스도를 구주로 영접하여 그분에게 온전히 의탁(요 1 : 12; 행 16 : 31; 요 3 : 16)하고 사랑으로써 복종하며 하나님의 계시를 진리로 받아들이며 그분의 뜻을 따라 선을 행하는 것이다(마 7 : 21).

벌코프(Louis Berkhof)는 "신앙은 성령께서 인간의 마음속에 역사하신 결과로 복음의 진리에 대하여 가지는 견고한 확신과 그리스도 안에 있는 하나님의 약속에 대한 성실한 신뢰"라고 정의하였다. 즉 신앙이란 인간이 죄를 회개하여 벗어 버리고(행 3 : 19), 전향하여 하나님만 바라보는 것이다(히 11 : 1). 즉 신앙이란 죄를 잊어버리고 하나님만 바라보는 회심의 적극적 행위로서 오직 속죄하신 주님만을 앙망하고 확신하는 마음이다(「기독교 7영리」5권 P.16 참조). 다시 말하면 신앙이란 죄인이 복음, 즉 "그리스도의 십자가 대속의 피"와 "부활하심"을 믿고 그리스도에 대한 충성과 신뢰 중에 자신을 온전히 하나님의 십자가 공로에 의탁하는 것으로서 이것에 근거하여 하나님의 구원하시는 능력(롬 1 : 16)을 성령을 통해 경험하게 되는 것이다. 그러나 예수님을 구주로 믿는 믿음은 근본적으로 인간이 산출하는 것이 아니고 하나님의 은혜의 선물인 것이다(엡 2 : 8-9; 행 13 : 48). 그러므로 믿음이 하나님의 선물인 것처럼 그 결과인 구원도 역시 신자의 공로가 아닌 하나님의 선물이라는 것이 성경의 가르침이다.

신앙은 그리스도인의 생활에 있어서 가장 근본적이고 중요한 것이다. 왜냐하면 믿음은 구원의 필수 조건으로서(요 1 : 12; 엡 2 : 8) 오직 믿음으로 구원을 얻게 되고(엡 2 : 8; 롬 1 : 17; 합 2 : 4; 요 3 : 16), 믿음으로 하나님의 자녀가 되며(요 1 : 12), 믿음으로 천국의 후사가 되기 때문이다(롬 8 : 17; 엡 3 : 6).

요 17 : 3	영생은 곧 유일하신 참 하나님과 그의 보내신 자 예수 그리스도를 아는 것이니이다
시 2 : 12	그 아들에게 입맞추라 그렇지 아니하면 진노하심으로 너희가 길에서 망하리니 그 진노가 급하심이라 여호와를 의지하는 자는 다 복이 있도다
욜 2 : 32	누구든지 여호와의 이름을 부르는 자는 구원을 얻으리니 이는 나 여호와의 말대로 시온 산과 예루살렘에서 피할 자가 있을 것임이요 남은 자 중에 나 여호와의 부름을 받을 자가 있을 것임이니라
롬 10 : 13	누구든지 주의 이름을 부르는 자는 구원을 얻으리라
단 6 : 23	왕이 심히 기뻐서 명하여 다니엘을 굴에서 올리라 하매 그들이 다니엘을 굴에서 올린즉 그 몸이 조금도 상하지 아니하였으니 이는 그가 자기 하나님을 의뢰함이었더라
고후 1 : 9	우리 마음에 사형 선고를 받은 줄 알았으니 이는 우리로 자기를 의뢰하지 말고 오직 죽은 자를 다시 살리시는 하나님만 의뢰하게 하심이라
요 1 : 12	영접하는 자 곧 그 이름을 믿는 자들에게는 하나님의 자녀가 되는 권세를 주셨으니
행 16 : 31	가로되 주 예수를 믿으라 그리하면 너와 네 집이 구원을 얻으리라 하고
요 3 : 16	하나님이 세상을 이처럼 사랑하사 독생자를 주셨으니 이는 저를 믿는 자마다 멸망치 않고 영생을 얻게 하려 하심이니라
마 7 : 21	나더러 주여 주여 하는 자마다 천국에 다 들어갈 것이 아니요 다만 하늘에 계신 내 아버지의 뜻대로 행하는 자라야 들어가리라
행 3 : 19	그러므로 너희가 회개하고 돌이켜 너희 죄 없이함을 받으라 이같이 하면 유쾌하게 되는 날이 주 앞으로부터 이를 것이요
롬 1 : 17	복음에는 하나님의 의가 나타나서 믿음으로 믿음에 이르게 하나니 기록된 바 오직 의인은 믿음으로 말미암아 살리라 함과 같으니라
합 2 : 4	보라 그의 마음은 교만하며 그의 속에서 정직하지 못하니라 그러나 의인은 그 믿음으로 말미암아 살리라
롬 8 : 17	자녀이면 또한 후사 곧 하나님의 후사요 그리스도와 함께한 후사니 우리가 그와 함께 영광을 받기 위하여 고난도 함께 받아야 될

	것이니라
엡 3 : 6	이는 이방인들이 복음으로 말미암아 그리스도 예수 안에서 함께 후사가 되고 함께 지체가 되고 함께 약속에 참예하는 자가 됨이라
히 11 : 1	믿음은 바라는 것들의 실상이요 보지 못하는 것들의 증거니
롬 1 : 16	내가 복음을 부끄러워하지 아니하노니 이 복음은 모든 믿는 자에게 구원을 주시는 하나님의 능력이 됨이라 첫째는 유대인에게요 또한 헬라인에게로다
엡 2 : 8-9	너희가 그 은혜를 인하여 믿음으로 말미암아 구원을 얻었나니 이것이 너희에게서 난 것이 아니요 하나님의 선물이라 행위에서 난 것이 아니니 이는 누구든지 자랑치 못하게 함이니라
행 13 : 48	이방인들이 듣고 기뻐하여 하나님의 말씀을 찬송하며 영생을 주시기로 작정된 자는 다 믿더라

3. 성경적 신앙의 양태(樣態)

성경에 신앙의 양태(樣態)가 비유적으로 묘사되어 있다. 그 중에서 가장 중요한 몇 가지를 들어 그 요의(要義)를 찾아보면 신앙의 깊은 뜻을 이해함에 도움이될 것이다.

1) 예수를 바라봄

광야에서 불뱀에게 물린 이스라엘 백성들이 모세가 장대에 높이 매달아 놓은 구리뱀을 바라봄같이(민 21 : 9) 신앙은 죄인을 대속하기 위해 십자가에 높이 달려 피 흘리신 구주 예수 그리스도를 바라보는 것이라고 성경이 묘사하고 있다(요 3 : 14-15; 히 12 : 2).

민 21 : 9	모세가 놋뱀을 만들어 장대 위에 다니 뱀에게 물린 자마다 놋뱀을 쳐다본즉 살더라
요 3 : 14-15	모세가 광야에서 뱀을 든 것같이 인자도 들려야 하리니 이는 저를 믿는 자마다 영생을 얻게 하려 하심이니라
히 12 : 2	믿음의 주요 또 온전케 하시는 이인 예수를 바라보자 저는 그 앞에 있는 즐거움을 위하여 십자가를 참으사 부끄러움을 개의치

아니하시더니 하나님 보좌 우편에 앉으셨느니라

2) 기갈과 먹고 마심

성경에 보면 신앙은 곧 주리고 목마름과 먹고 마시는 것으로 묘사되어 있다(마 5 : 6; 요 6 : 50-51,4 : 14). 사람이 진정 영적으로 기갈한 때에는 무엇인가 영적 결핍함을 느끼고 그 결핍된 요소를 채우기 위해 그것을 취득하려고 노력하는데 이것이 곧 신앙의 동작이라는 것이다. 신앙은 하나님의 율법에 영적으로 합치하는 의를 구하고(마 5 : 6), 영적 영원한 생명의 떡 되시는 그리스도를 먹으며 마시듯이 섭취하는 것이요(요 6 : 50-51,4 : 14), 또 영적 생명의 원천이신 그리스도의 영의 내주(內住, 요 4 : 14)를 추구하여 주리고 목마른 자가 식물과 음료를 찾는 것같이 하는 것을 신앙적 행위라는 것이다.

마 5 : 6　　　　의에 주리고 목마른 자는 복이 있나니 저희가 배부를 것임이요

요 6 : 50-51　　이는 하늘로서 내려오는 떡이니 사람으로 하여금 먹고 죽지
　　　　　　　　아니하게 하는 것이니라 나는 하늘로서 내려온 산 떡이니 사람이
　　　　　　　　이 떡을 먹으면 영생하리라 나의 줄 떡은 곧 세상의 생명을 위한
　　　　　　　　내 살이로라 하시니라

요 4 : 14　　　　내가 주는 물을 먹는 자는 영원히 목마르지 아니하리니 나의 주는
　　　　　　　　물은 그 속에서 영생하도록 솟아나는 샘물이 되리라

3) 예수께 나옴 또는 영접함

신앙이란 멸망당할 죄인이 구속주(救贖主) 예수 그리스도께로 나아오는 것, 혹은 그분을 영접함이라고 성경이 묘사하고 있다(마 11 : 28; 요 5 : 40). 신앙은 영생을 얻기 위하여 그리스도께로 나오는 것이며(요 3 : 16), 생명의 목마른 자가 생명의 샘되시는 그리스도께로 나아와서 생명수를 마시는 것이다(요 7 : 37). 그러나 누구든지 하나님께서 이끄시므로 그리스도께 나오고(요 6 : 44-45) 그리스도를 영접하게 되는 것이다(요 1 : 12). 죄인된 인간이 그리스도께 나오는 것은 자기의 의나 공로로써는 구원을 얻을 수 없고 오직 예수 그리스도의 공로로만 얻을 수 있기 때문에 그리스도의 의를 힘입기 위함이며, 그리스도를 영접하는 것은 곧

그리스도를 구주로 받아들이는 행위인 것이다.

마 11 : 28	수고하고 무거운 짐진 자들아 다 내게로 오라 내가 너희를 쉬게 하리라
요 5 : 40	그러나 너희가 영생을 얻기 위하여 내게 오기를 원하지 아니하는도다
요 3 : 16	하나님이 세상을 이처럼 사랑하사 독생자를 주셨으니 이는 저를 믿는 자마다 멸망치 않고 영생을 얻게 하려 하심이니라
요 7 : 37	명절 끝날 곧 큰 날에 예수께서 서서 외쳐 가라사대 누구든지 목마르거든 내게로 와서 마시라
요 6 : 44-45	나를 보내신 아버지께서 이끌지 아니하면 아무라도 내게 올 수 없으니 오는 그를 내가 마지막 날에 다시 살리리라 선지자의 글에 저희가 다 하나님의 가르치심을 받으리라 기록되었은즉 아버지께 듣고 배운 사람마다 내게로 오느니라
요 1 : 12	영접하는 자 곧 그 이름을 믿는 자들에게는 하나님의 자녀가 되는 권세를 주셨으니

II. 신앙의 종류

1. 역사적 신앙

이는 인습이나 관습에 의하여 가지는 관념적 신앙으로서 살아 있는 인격적 신앙과 구별되며 이 신앙은 개인적으로 관심 없는 역사라도 받아들이는 것처럼 성경 진리를 역사적 사건으로만 알고 믿을 뿐, 역사적 사건을 통하여 계시하시는 하나님의 초역사적 계시의 진리로는 믿지 않기 때문에 구원에까지 이르지 못한다. 그러므로 이는 생명 없는 신앙이라 할 수 있으며(마 7 : 26; 행 26 : 27), 이런 단순한 지적 교리적 신앙은 구원을 얻는데 아무런 효과가 없다. 효과없는 믿음에 대하여는 "네가 하나님은 한 분이신 줄을 믿느냐 잘하는도다 귀신들도 믿고 떠느니라"(약 2 : 19)고 한 말씀이 잘 지적해 주고 있다. 귀신들도 하나님을 믿기는 하지만 그 믿음으로 구원을 받지는 못하는 것이다.

마 7 : 26	나의 이 말을 듣고 행치 아니하는 자는 그 집을 모래 위에 지은

어리석은 사람 같으리니

행 26 : 27   아그립바 왕이여 선지자를 믿으시나이까 믿으시는 줄 아나이다

2. 이적의 신앙

이는 이적을 믿음의 기준으로 삼고 이적이 있으면 믿음이 있고 이적이 없으면 믿음이 없다고 생각하는 신앙이다. 이는 또 이적이 자기에 의하여 혹은 자기를 위하여 일으켜지게 될 것이라는 마음의 확신을 가진다.

그러므로 사람이 스스로 이적을 행할 수 있다던가 혹은 자기를 위해 이적이 일으켜질 것이라고 확신하게 되면 그는 벌써 이적의 신앙을 소유하고 있는 것이다(마 17 : 20; 막 16 : 17-18). 그런데 이 신앙은 구원적 신앙을 수반할 수도 있고 수반하지 않을 수도 있다. 즉 이적을 믿는 신앙은 하나님의 살아 계심과 그 능력을 믿는 것을 의미하기 때문에 구원적 믿음으로 나갈 수 있지만, 그러나 자신이 예수 그리스도를 구주로 믿게 된 것이 하나님의 놀라운 능력의 역사로 되어진 것임을 모르고 계속해서 가시적 이적만 추구하면 인격의 변화를 동반하는 진정한 신앙의 열매를 맺을 수 없을 것이기 때문이다(마 8 : 11-13,17 : 20; 막 16 : 17-18; 요 11 : 22,40; 행 14 : 9). 예수님의 행하시는 이적을 본 자나 광야에서 모세의 이적을 체험한 자들 중에서도 멸망자가 있었던 것이다(고전 10 : 2-5).

마 17 : 20   가라사대 너희 믿음이 적은 연고니라 진실로 너희에게 이르노니 너희가 만일 믿음이 한 겨자씨만큼만 있으면 이 산을 명하여 여기서 저기로 옮기라 하여도 옮길 것이요 또 너희가 못할 것이 없으리라

막 16 : 17-18   믿는 자들에게는 이런 표적이 따르리니 곧 저희가 내 이름으로 귀신을 쫓아내며 새 방언을 말하며 뱀을 집으며 무슨 독을 마실지라도 해를 받지 아니하며 병든 사람에게 손을 얹은즉 나으리라 하시더라

마 8 : 11-13   또 너희에게 이르노니 동서로부터 많은 사람이 이르러 아브라함과 이삭과 야곱과 함께 천국에 앉으려니와 나라의 본 자손들은 바깥 어두운 데 쫓겨나 거기서 울며 이를 갊이 있으리라 예수께서 백부장에게 이르시되 가라 네 믿은 대로 될지어다 하시니 그 시로 하인이 나으니라

요 11 : 22   그러나 나는 이제라도 주께서 무엇이든지 하나님께 구하시는 것을
              하나님이 주실 줄을 아나이다
요 11 : 40   예수께서 가라사대 내 말이 네가 믿으면 하나님의 영광을 보리라
              하지 아니하였느냐 하신대
행 14 : 9   바울의 말하는 것을 듣거늘 바울이 주목하여 구원받을 만한
              믿음이 그에게 있는 것을 보고

3. 일시적 신앙

이 신앙은 양심의 어떤 자극이나 정서의 분발을 수반하고 있기는 하나 중생된 (거듭나 변화된) 마음에 뿌리를 박지 못한 종교적 진리에 관한 확신이다(마 13 : 20-21). 일시적 신앙은 하나님의 내적 소명과 참된 회개나 중생한 마음에 뿌리를 내린 것이 아니고 일시적 감정의 흥분이나, 인간 양심의 가책이나, 도덕적 수양을 위하여 기독교의 진리를 받아드린 것이라 할 수 있다. 이러한 일시적 신앙은 돌짝 밭에 떨어진 씨앗처럼(마 13 : 5, 7 참조) 신앙의 뿌리가 깊지 않아 영구적이 아니므로 환난과 핍박의 날에 그 자체를 유지하지 못하는 것이다. 그러나 이 신앙을 소유한 사람들 자신은 참된 신앙을 갖고 있다고 실제로 믿고 있는 것이다. 이 신앙은 외형적으로는 참된 것처럼 보이지만 영속되지 못하고 소멸되는 성격의 것이다. 이 신앙과 참된 구원적 신앙을 구별하기는 매우 어렵다. 일반적으로 일시적 신앙은 감정에 뿌리를 박고 하나님의 영광보다는 오히려 인간적인 기쁨을 추구하는 것이라 하겠다(마 16 : 23; 막 8 : 33).

마 13 : 20-21   돌밭에 뿌리웠다는 것은 말씀을 듣고 즉시 기쁨으로 받되 그 속에
               뿌리가 없어 잠시 견디다가 말씀을 인하여 환난이나 핍박이
               일어나는 때에는 곧 넘어지는 자요
마 16 : 23   예수께서 돌이키시며 베드로에게 이르시되 사단아 내 뒤로 물러가라
               너는 나를 넘어지게 하는 자로다 네가 하나님의 일을 생각지
               아니하고 도리어 사람의 일을 생각하는도다 하시고
막 8 : 33   예수께서 돌이키사 제자들을 보시며 베드로를 꾸짖어 가라사대
               사단아 내 뒤로 물러가라 네가 하나님의 일을 생각지 아니하고
               도리어 사람의 일을 생각하는도다 하시고

4. 구원적 신앙

구원적 신앙은 옥토에 뿌려진 씨처럼 회개한 마음에 그 좌소(자리)를 두고 중생한(변하여 새사람됨) 심령에 그 뿌리를 박고 있는 신앙을 가리킨다. 하나님께서는 이 신앙의 종자(혹은 성향)를 참회개한 마음 밭에 심으신다(마 13 : 8,23). 구원적 신앙이란 "성령으로 말미암아 마음에 일으켜진 복음의 진리에 대한 확신이며 또한 그리스도 예수 안에서 행하신 하나님의 약속에 대하여 성실하게 신뢰하는 것"이다. 구원적 신앙의 대상은 예수 그리스도이시며(행 16 : 31; 롬 10 : 13; 요 14 : 6; 행 4 : 12) 그 믿음은 하나님의 선물이다(엡 2 : 8).

마 13 : 8	더러는 좋은 땅에 떨어지매 혹 백 배, 혹 육십 배, 혹 삼십 배의 결실을 하였느니라
마 13 : 23	좋은 땅에 뿌리웠다는 것은 말씀을 듣고 깨닫는 자니 결실하여 혹 백 배 혹 육십 배 혹 삼십 배가 되느니라 하시더라
행 16 : 31	가로되 주 예수를 믿으라 그리하면 너와 네 집이 구원을 얻으리라 하고
롬 10 : 13	누구든지 주의 이름을 부르는 자는 구원을 얻으리라
요 14 : 6	예수께서 가라사대 내가 곧 길이요 진리요 생명이니 나로 말미암지 않고는 아버지께로 올 자가 없느니라
행 4 : 12	다른 이로서는 구원을 얻을 수 없나니 천하 인간에 구원을 얻을 만한 다른 이름을 우리에게 주신 일이 없음이니라 하였더라
엡 2 : 8	너희가 그 은혜를 인하여 믿음으로 말미암아 구원을 얻었나니 이것이 너희에게서 난 것이 아니요 하나님의 선물이라

III. 신앙의 요소

신앙은 단순한 영혼의 활동이 아니라 인간 전체의 활동이며, 이를 구성하고 있는 요소는 지 · 정 · 의로서 다음과 같다.

1. 지성(知性)적 요소(지식 ; 아는일)

이는 하나님의 말씀 속에 계시된 진리를 적극적으로 인식하고 지지하는 것으로 구성되는 것이다(딤후 3 : 16-17). 구원적 신앙이란 단순히 진리를 지적으로 받아들이는 것은 아니나 일반적 의미에 있어서의 신앙은 알고 받아들여 자기의 것으로 하는 것을 의미한다. 그러므로 신앙의 지성적 요소란 하나님께서 사람의 심각한 타락과 그리스도 예수 안에 있는 구속에 관하여 말씀하시는 바를 참된 것으로 받아들이고 인식하는 것을 의미한다(시 9 : 10; 롬 10 : 17, 10 : 4; 요 17 : 3).

> 딤후 3 : 16-17 모든 성경은 하나님의 감동으로 된 것으로 교훈과 책망과 바르게 함과 의로 교육하기에 유익하니 이는 하나님의 사람으로 온전케 하며 모든 선한 일을 행하기에 온전케 하려 함이니라
> 시 9 : 10 여호와여 주의 이름을 아는 자는 주를 의지하오리니 이는 주를 찾는 자들을 버리지 아니하심이니이다
> 롬 10 : 17 그러므로 믿음은 들음에서 나며 들음은 그리스도의 말씀으로 말미암았느니라
> 롬 10 : 4 그리스도는 모든 믿는 자에게 의를 이루기 위하여 율법의 마침이 되시니라
> 요 17 : 3 영생은 곧 유일하신 참 하나님과 그의 보내신 자 예수 그리스도를 아는 것이니이다

2. 감정(感情)적 요소(승인 ; 찬동하는 일)

이는 하나님과 말씀의 진리에 대하여 인격적인 관심에서 깊이 의식하고 그것에 대하여 확신을 가지고 진심으로 승인하여 찬동하는 것이다(막 12 : 32). 예수님께서는 이적을 원할 때 신앙적 승인을 요구하시고 상대편에서 이를 승인할 때 이적을 베푸셨다(마 9 : 28-30). 구원적 신앙이 되려면 예수님께서 우리를 구원하실 수 있는 구세주이심을 아는 일(지식)과 그것을 마음으로 확신하고 승인(찬동)하는 일이 필요하다(요 1 : 12; 막 12 : 32).

> 마 9 : 28-30 예수께서 집에 들어가시매 소경들이 나아오거늘 예수께서 이르시되 내가 능히 이 일할 줄을 믿느냐 대답하되 주여 그러하오이다 하니 이에 예수께서 저희 눈을 만지시며 가라사대 너희 믿음대로 되라 하신대 그 눈들이 밝아진지라 예수께서 엄히 경계하시되 삼가 아무에게도 알게 하지 말라 하셨으나

| 요 1 : 12 | 영접하는 자 곧 그 이름을 믿는 자들에게는 하나님의 자녀가 되는 권세를 주셨으니 |
| 막 12 : 32 | 서기관이 가로되 선생님이여 옳소이다 하나님은 한 분이시요 그 외에 다른 이가 없다 하신 말씀이 참이니이다 |

3. 결의(決意)적 요소(신뢰 ; 의탁하는 일)

이것은 신앙의 요소 중에 최고의 요소가 된다. 구원적 신앙은 지식과 동의만으로는 충분치 않고 예수 그리스도께서 하나님의 아들이시며 구세주이심을 개인적으로 마음속에 받아들여야 한다. 이 결의적 요소는 의도적 요소라고도 하는데, 즉 구세주이신 그리스도 예수께 대하여 깊이 인식하고 승인하는 동시에 그분을 내 마음속에 영접하여 전인격적으로 신뢰하고 의탁하는 것을 의미한다. 이 신뢰에서 인간은 죄로 더럽혀진 영혼을 그리스도께 완전히 의탁하고 그리스도를 사죄와 영적 생명의 근원으로 받아들여 채우게 된다.

신앙에 있어서 결의적 요소라 함은 하나님과 그 말씀의 진리, 그리고 구세주이신 그리스도 예수에 대하여 지적으로 인식하고 진심으로 승인하였으면 그것을 자기 것으로 하는 것이다(요 1 : 12,2 : 24). 결의적 요소(전적 신뢰)가 없이는 그리스도와 그 성업(聖業)에 대하여 알고, 또 승인한다 해도 그것은 신앙이 아니다. 그 이유는 지식적으로 그리스도를 하나님의 아들로 알고 있어도 그분을 구주로 받아들이지 않고 있는 자가 있으니 지식이란 받아들이거나 아니하거나에 관계없이 사물의 실체를 긍정하는 것이며 또 승인도 신앙과는 별개의 것이다. 즉 지식에 대한 승인이 있어도 전폭적인 신뢰에 이르지 못하는 경우가 많이 있다. 그런고로 참 신앙은 지적 승인에 따르는 의지적 신뢰이다(히 11 : 6; 행 27 : 22-25 참조; 롬 4 : 19-21 참조; 창 15 : 4-6; 요 16 : 30,20 : 28; 마 16 : 16; 요 6 : 68-69,5 : 24,11 : 25).

| 요 1 : 12 | 영접하는 자 곧 그 이름을 믿는 자들에게는 하나님의 자녀가 되는 권세를 주셨으니 |
| 요 2 : 24 | 예수는 그 몸을 저희에게 의탁지 아니하셨으니 이는 친히 모든 사람을 아심이요 |

히 11 : 6	믿음이 없이는 기쁘시게 못하나니 하나님께 나아가는 자는 반드시 그가 계신 것과 또한 그가 자기를 찾는 자들에게 상 주시는 이심을 믿어야 할지니라
창 15 : 4-6	여호와의 말씀이 그에게 임하여 가라사대 그 사람은 너의 후사가 아니라 네 몸에서 날 자가 네 후사가 되리라 하시고 그를 이끌고 밖으로 나가 가라사대 하늘을 우러러 뭇 별을 셀 수 있나 보라 또 그에게 이르시되 네 자손이 이와 같으리라 아브람이 여호와를 믿으니 여호와께서 이를 그의 의로 여기시고
요 16 : 30	우리가 지금에야 주께서 모든 것을 아시고 또 사람의 물음을 기다리시지 않는 줄 아나이다 이로써 하나님께로서 나오심을 우리가 믿삽나이다
요 20 : 28	도마가 대답하여 가로되 나의 주시며 나의 하나님이시니이다
마 16 : 16	시몬 베드로가 대답하여 가로되 주는 그리스도시요 살아 계신 하나님의 아들이시니이다
요 6 : 68-69	시몬 베드로가 대답하되 주여 영생의 말씀이 계시매 우리가 뉘게로 가오리이까 우리가 주는 하나님의 거룩하신 자신 줄 믿고 알았삽나이다
요 5 : 24	내가 진실로 진실로 너희에게 이르노니 내 말을 듣고 또 나 보내신 이를 믿는 자는 영생을 얻었고 심판에 이르지 아니하나니 사망에서 생명으로 옮겼느니라
요 11 : 25	예수께서 가라사대 나는 부활이요 생명이니 나를 믿는 자는 죽어도 살겠고

IV. 신앙의 원천

믿음의 근원은 두 가지 측면에서 생각할 수 있는데, 즉 하나님편에서와 사람편에서이다.

1. 하나님편에서

신앙은 인간의 노력이나 공로로 되는 것이 아니고 삼위일체 하나님의 사역으로만 인간 속에 생기는 것이다. 그러므로 믿음은 "성부 하나님께서 나누어 주시는 선물"(엡 2 : 8)이며 성자 하나님은 "믿음의 주요 온전케 하시는 이…"(히 12 : 2)시며 성령 하나님은 신자에게 "믿음의 은사"를 나누어 주시는 분이시다(고전 12 : 9).

> 엡 2 : 8   너희가 그 은혜를 인하여 믿음으로 말미암아 구원을 얻었나니
> 이것이 너희에게서 난 것이 아니요 하나님의 선물이라
> 고전 12 : 9   다른 이에게는 같은 성령으로 믿음을 주시나니

1) 성부 하나님이 신앙을 주심

성부 하나님께서 구원을 얻을 각 사람에게 믿음을 은혜로 나누어 주신다(엡 2 : 8).

> 엡 2 : 8   너희가 그 은혜를 인하여 믿음으로 말미암아 구원을 얻었나니
> 이것이 너희에게서 난 것이 아니요 하나님의 선물이라

2) 성자 하나님도 믿음의 근원이심

예수 그리스도 안에 믿음이 있다(딤후 3 : 15). 그리스도는 우리 믿음의 주이시며(히 12 : 2), 그리스도는 우리에게 믿음을 채워 주시는 믿음의 주인이시다(눅 17 : 5).

> 딤후 3 : 15   또 네가 어려서부터 성경을 알았나니 성경은 능히 너로 하여금
> 그리스도 예수 안에 있는 믿음으로 말미암아 구원에 이르는 지혜가
> 있게 하느니라
> 히 12 : 2   믿음의 주요 또 온전케 하시는 이인 예수를 바라보자 저는 그 앞에
> 있는 즐거움을 위하여 십자가를 참으사 부끄러움을 개의치
> 아니하시더니 하나님 보좌 우편에 앉으셨느니라
> 눅 17 : 5   사도들이 주께 여짜오되 우리에게 믿음을 더하소서 하니

3) 성령 하나님의 은사로 믿음이 생김

성령께서 각 사람에게 필요한 분량대로 믿음을 나누어 주시는 분이시다(고전 12 : 9).

고전 12 : 9   다른 이에게는 같은 성령으로 믿음을 어떤 이에게는 한 성령으로
병 고치는 은사를

2. 인간편에서

믿음은 하나님께서 주시는 은혜의 선물이며, 믿음의 근원은 하나님이시다. 그러나 믿음의 조건은 사람편에도 있다. 즉 사람이 하나님의 말씀을 듣고(롬 10 : 17), 그 말씀에 동의하며(마 13 : 23; 눅 8 : 12,15; 요 6 : 68-69), 믿음의 주(히 12 : 2)이신 예수 그리스도를 마음에 영접할 때(요 1 : 12) 믿음이 생기고 영생을 얻게 되는 것이다. 본래 믿음이 없는 사람이라도 그리스도의 복음을 듣고 하나님의 진리의 말씀을 마음에 받아들일 때 믿음이 생기는 것이다(롬 10 : 17; 행 4 : 4,16 : 31-32).

히 12 : 2   믿음의 주요 또 온전케 하시는 이인 예수를 바라보자 저는 그 앞에
있는 즐거움을 위하여 십자가를 참으사 부끄러움을 개의치
아니하시더니 하나님 보좌 우편에 앉으셨느니라

롬 10 : 17   그러므로 믿음은 들음에서 나며 들음은 그리스도의 말씀으로
말미암았느니라

마 13 : 23   좋은 땅에 뿌리웠다는 것은 말씀을 듣고 깨닫는 자니 결실하여
혹 백 배 혹 육십 배 혹 삼십 배가 되느니라 하시더라

눅 8 : 12   길가에 있다는 것은 말씀을 들은 자니 이에 마귀가 와서 그들로
믿어 구원을 얻지 못하게 하려고 말씀을 그 마음에서 빼앗는 것이요

눅 8 : 15   좋은 땅에 있다는 것은 착하고 좋은 마음으로 말씀을 듣고 지키어
인내로 결실하는 자니라

요 6 : 68-69   시몬 베드로가 대답하되 주여 영생의 말씀이 계시매 우리가 뉘게로
가오리이까 우리가 주는 하나님의 거룩하신 자신 줄 믿고
알았삽나이다

요 1 : 12   영접하는 자 곧 그 이름을 믿는 자들에게는 하나님의 자녀가 되는
권세를 주셨으니

행 4 : 4   말씀을 들은 사람 중에 믿는 자가 많으니 남자의 수가 약 오천이나
되었더라

행 16 : 31-32   가로되 주 예수를 믿으라 그리하면 너와 네 집이 구원을 얻으리라
                     하고 주의 말씀을 그 사람과 그 집에 있는 모든 사람에게 전하더라

V. 신앙의 내용 ; 사도신경

기독교에 대하여 무엇을 믿느냐고 묻는다면 한두 마디로 대답하기는 어려운 일이다. 그러나 기독교 신앙의 핵심적 내용은 사도신경이다. 사도신경은 성경 전체의 핵심적 내용을 구속사(救贖史)적으로 요약해 놓은 것이다. 그러므로 사도신경을 믿으면 성경 전체의 하나님 약속과 구원의 진리를 다 믿는 것이 된다.

1. 창조주 하나님의 실재를 믿음(히 11 : 6; 출 3 : 14; 합 1 : 12)

전능하사 천지를 만드신 하나님 아버지를 내가 믿사오며

성경 첫 머리에 "태초에 하나님이 천지를 창조하시니라"(창 1 : 1)고 하였고, 또 "내가 땅을 만들고 그 위에 사람을 창조하였으며 내가 친수로 하늘을 펴고 만상을 명하였노라"(사 45 : 12)고 하였으니 하나님께서는 전능하신 창조주 하나님이시다(욥 42 : 2). 그리고 "하나님의 영으로 인도함을 받는 그들은 곧 하나님의 아들이라"(롬 8 : 14)고 하였고 "영접하는 자 곧 그 이름을 믿는 자들에게는 하나님의 자녀가 되는 권세를 주셨으니 이는 … 오직 하나님께로서 난 자들이니라"(요 1 : 12-13)고 하였으니 하나님께서는 우리의 아버지이시다. 어거스틴(Augustine)은 "하나님께서는 그분의 능력에 있어서는 하나님이시고 그분의 사랑에 있어서는 우리의 아버지이시다"라고 하였다.

히 11 : 6   믿음이 없이는 기쁘시게 못하나니 하나님께 나아가는 자는 반드시
            그가 계신 것과 또한 그가 자기를 찾는 자들에게 상 주시는 이심을
            믿어야 할지니라

출 3 : 14   하나님이 모세에게 이르시되 나는 스스로 있는 자니라 또 이르시되
            너는 이스라엘 자손에게 이같이 이르기를 스스로 있는 자가 나를
            너희에게 보내셨다 하라

합 1 : 12   선지가 가로되 여호와 나의 하나님 나의 거룩한 자시여 주께서는
             만세 전부터 계시지 아니하시니이까 우리가 사망에 이르지
             아니하리이다 여호와여 주께서 심판하기 위하여 그를 두셨나이다
             반석이시여 주께서 경계하기 위하여 그를 세우셨나이다

출애굽기 6장 3절에 보면 하나님께서는 자신을 "전능의 하나님"이라고 밝히시
며 자신의 이름을 여호와라고 말씀하신다(욥 42 : 2). 전능하신 하나님께서는 천
지를 지으신 하나님이시요(창 1 : 1; 시 121 : 12), 예배의 대상이시며(요 4 : 23-
24; 롬 12 : 1; 마 4 : 10), 인격을 가지신 분이시다(시 33 : 13-15, 94 : 9-11; 욥
23 : 13). 그리고 우리를 구속하기 위하여 독생자를 내어주신 고마우신 하나님이
시다(요 3 : 16, 5 : 24).

출 6 : 3   내가 아브라함과 이삭과 야곱에게 전능의 하나님으로 나타났으나
               나의 이름을 여호와로는 그들에게 알리지 아니하였고
욥 42 : 2   주께서는 무소 불능하시오며 무슨 경영이든지 못 이루실 것이
               없는 줄 아오니
창 1 : 1   태초에 하나님이 천지를 창조하시니라
시 121 : 2   나의 도움이 천지를 지으신 여호와에게서로다
요 4 : 23-24   아버지께 참으로 예배하는 자들은 신령과 진정으로 예배할 때가
               오나니 곧 이 때라 아버지께서는 이렇게 자기에게 예배하는 자들을
               찾으시느니라 하나님은 영이시니 예배하는 자가 신령과 진정으로
               예배할지니라
롬 12 : 1   그러므로 형제들아 내가 하나님의 모든 자비하심으로 너희를
               권하노니 너희 몸을 하나님이 기뻐하시는 거룩한 산 제사로
               드리라 이는 너희의 드릴 영적 예배니라
마 4 : 10   이에 예수께서 말씀하시되 사단아 물러가라 기록되었으되 주 너의
               하나님께 경배하고 다만 그를 섬기라 하였느니라
시 33 : 13-15 여호와께서 하늘에서 감찰하사 모든 인생을 보심이여 곧 그 거하신
               곳에서 세상의 모든 거민을 하감하시도다 저는 일반의 마음을
               지으시며 저희 모든 행사를 감찰하시는 자로다
시 94 : 9-11   귀를 지으신 자가 듣지 아니하시랴 눈을 만드신 자가 보지

아니하시랴 열방을 징벌하시는 자 곧 지식으로 사람을 교훈하시는
자가 징치하지 아니하시랴 여호와께서 사람의 생각이 허무함을
아시느니라

욥 23 : 13   그는 뜻이 일정하시니 누가 능히 돌이킬까 그 마음에 하고자
하시는 것이면 그것을 행하시나니

요 3 : 16   하나님이 세상을 이처럼 사랑하사 독생자를 주셨으니 이는 저를
믿는 자마다 멸망치 않고 영생을 얻게 하려 하심이니라

요 5 : 24   내가 진실로 진실로 너희에게 이르노니 내 말을 듣고 또 나 보내신
이를 믿는 자는 영생을 얻었고 심판에 이르지 아니하나니 사망에서
생명으로 옮겼느니라

2. 하나님의 아들 예수 그리스도를 믿음

그 외아들 예수 그리스도를 믿사오니
이는 성령으로 잉태하사 동정녀 마리아에게 나시고

베드로가 "주는 그리스도시요 살아 계신 하나님의 아들이시니이다"(마 16 : 16)
라고 고백한대로 예수 그리스도께서는 하나님의 아들이시다. 그리고 예수 그리스
도께서는 하나님으로서 사람의 몸을 입으시고(도성 인신〈道成人身〉 혹은 화육〈化
肉〉이라고도 함) 이 땅에 오셨다.

예수님께서 타락한 인류를 대속하여 구원하시기 위해서는 인간이 되셔야만 했
으므로 그분은 스스로 하나님 되기를 포기하고 인간이 되시려고 동정녀 마리아의
몸을 빌어 성령으로 잉태되어 세상에 태어나신 것이다(마 1 : 18-25 참조). 그러
므로 성자(하나님)이신 예수 그리스도께서 동정녀에게서 탄생하신 것을 믿는 것
이 우리의 신앙이다.

막 1 : 1   하나님의 아들 예수 그리스도 믿음의 시작이라

마 16 : 16   시몬 베드로가 대답하여 가로되 주는 그리스도시요 살아 계신
하나님의 아들이시니이다

마 27 : 40   가로되 성전을 헐고 사흘에 짓는 자여 네가 만일 하나님의

아들이어든 자기를 구원하고 십자가에서 내려오라 하며

요 1 : 34   내가 보고 그가 하나님의 아들이심을 증거하였노라 하니라

3. 그리스도의 구속을 믿음

본디오 빌라도에게 고난을 받으사 십자가에 못박혀 죽으시고

예수 그리스도께서는 죄가 없으시되 우리의 죄를 대신 지시고 고난을 받으사 십자가에 못박혀 죽으심으로써 우리의 죄악을 대속하셨다(롬 4 : 25; 히 9 : 12; 빌 2 : 8).

롬 4 : 25   예수는 우리 범죄함을 위하여 내어줌이 되고 또한 우리를 의롭다
             하심을 위하여 살아나셨느니라
히 9 : 12   염소와 송아지의 피로 아니하고 오직 자기 피로 영원한 속죄를
             이루사 단번에 성소에 들어가셨느니라
빌 2 : 8   사람의 모양으로 나타나셨으매 자기를 낮추시고 죽기까지
             복종하셨으니 곧 십자가에 죽으심이라

4. 그리스도의 부활을 믿음

장사한지 사흘만에 죽은 자 가운데서 다시 살아나시며

십자가에 못박혀 죽으신 예수 그리스도께서는 장사된지 사흘만에 다시 살아나사 부활의 첫열매가 되셨다(고전 15 : 20,43-52).

고전 15 : 20   그러나 이제 그리스도께서 죽은 자 가운데서 다시 살아 잠자는
                자들의 첫 열매가 되셨도다
고전 15 : 43-52 욕된 것으로 심고 영광스러운 것으로 다시 살며 약한 것으로 심고
                강한 것으로 다시 살며 육의 몸으로 심고 신령한 몸으로 다시
                사나니 육의 몸이 있은즉 또 신령한 몸이 있느니라 기록된 바 첫

사람 아담은 산 영이 되었다 함과 같이 마지막 아담은 살려 주는
영이 되었나니 그러나 먼저는 신령한 자가 아니요 육 있는 자요
그 다음에 신령한 자니라 첫 사람은 땅에서 났으니 흙에 속한
자이거니와 둘째 사람은 하늘에서 나셨느니라 무릇 흙에 속한
자는 저 흙에 속한 자들과 같고 무릇 하늘에 속한 자는 저 하늘에
속한 자들과 같으니 우리가 흙에 속한 자의 형상을 입은 것같이
또한 하늘에 속한 자의 형상을 입으리라 형제들아 내가 이것을
말하노니 혈과 육은 하나님 나라를 유업으로 받을 수 없고 또한
썩은 것은 썩지 아니한 것을 유업으로 받지 못하느니라 보라 내가
너희에게 비밀을 말하노니 우리가 다 잠잘 것이 아니요 마지막
나팔에 순식간에 홀연히 다 변화하리니 나팔 소리가 나매 죽은
자들이 썩지 아니할 것으로 다시 살고 우리도 변화하리라

5. 그리스도의 승천과 재림을 믿음

하늘에 오르사 전능하신 하나님 우편에 앉아 계시다가
저리로서 산 자와 죽은 자를 심판하러 오시리라

부활하신 예수 그리스도께서 하늘로 올라가셔서 지금은 하나님 보좌 우편에 앉
아 계신다(막 16 : 19). 그러나 세상을 심판하시고(행 10 : 42-43; 롬 14 : 9) 우리
믿는 성도들을 데려가시기 위하여 예수 그리스도께서는 다시 세상에 심판주로 재
림하신다(요 14 : 3; 계 22 : 20).

눅 24 : 51   축복하실 때에 저희를 떠나 하늘로 올리우시니
행 1 : 9-11   이 말씀을 마치시고 저희 보는데서 올리워 가시니 구름이 저를
             가리워 보이지 않게 하더라 올라가실 때에 제자들이 자세히
             하늘을 쳐다보고 있는데 흰 옷 입은 두 사람이 저희 곁에 서서
             가로되 갈릴리 사람들아 어찌하여 서서 하늘을 쳐다보느냐 너희
             가운데서 하늘로 올리우신 이 예수는 하늘로 가심을 본 그대로
             오시리라 하였느니라
막 16 : 19   주 예수께서 말씀을 마치신 후에 하늘로 올리우사 하나님 우편에

앉으시니라

행 10 : 42-43   우리를 명 하사 백성에게 전도하되 하나님이 산 자와 죽은 자의
재판장으로 정하신 자가 곧 이 사람인 것을 증거하게 하셨고 저에
대하여 모든 선지자도 증거하되 저를 믿는 사람들이 다 그 이름을
힘입어 죄 사함을 받는다 하였느니라

롬 14 : 9   이를 위하여 그리스도께서 죽었다가 다시 살으셨으니 곧 죽은
자와 산 자의 주가 되려 하심이니라

요 14 : 3   가서 너희를 위하여 처소를 예비하면 내가 다시 와서 너희를 내게로
영접하여 나 있는 곳에 너도 있게 하리라

계 22 : 20   이것들을 증거하신 이가 가라사대 내가 진실로 속히 오리라
하시거늘 아멘 주 예수여 오시옵소서

6. 성령의 역사를 믿음

성령을 믿사오며

성령은 하나님과 그리스도의 영으로서 신자의 속에 내주하시며(롬 8 : 9), 진리
로 인도하시고(요 16 : 13-14), 능력을 주시며(행 1 : 8), 모든 것을 가르쳐 주시
고, 깨닫게 하시며(요 14 : 26), 영원토록 우리와 함께 하시는 보혜사 성령님이시
다(요 14 : 16).

롬 8 : 9   만일 너희 속에 하나님의 영이 거하시면 너희가 육신에 있지
아니하고 영에 있나니 누구든지 그리스도의 영이 없으면 그리스도의
사람이 아니라

요 16 : 13-14   그러나 진리의 성령이 오시면 그가 너희를 모든 진리 가운데로
인도하시리니 그가 자의로 말하지 않고 오직 듣는 것을 말하시며
장래 일을 너희에게 알리시리라

행 1 : 8   오직 성령이 너희에게 임하시면 너희가 권능을 받고 예루살렘과
온 유대와 사마리아와 땅 끝까지 이르러 내 증인이 되리라 하시니라

요 14 : 26   보혜사 곧 아버지께서 내 이름으로 보내실 성령 그가 너희에게
모든 것을 가르치시고 내가 너희에게 말한 모든 것을 생각나게

하시리라

요 14 : 16   내가 아버지께 구하겠으니 그가 또 다른 보혜사를 너희에게 주사
영원토록 너희와 함께 있게 하시리니

7. 교회의 일체성을 믿음

거룩한 공회와 성도가 서로 교통하는 것과

교회는 그리스도의 몸이요, 우리는 그 지체임을 믿으며(고전 12 : 27; 롬 12 :
4-6; 엡 5 : 23), 참교회는 지상 교회와 천상 교회가 단일된 하나의 교회임을 믿
는 것이다(엡 1 : 10,4 : 4).

고전 12 : 27   너희는 그리스도의 몸이요 지체의 각 부분이라
롬 12 : 4-6   우리가 한 몸에 많은 지체를 가졌으나 모든 지체가 같은 직분을
가진 것이 아니니 이와 같이 우리 많은 사람이 그리스도 안에서
한 몸이 되어 서로 지체가 되었느니라 우리에게 주신 은혜대로
받은 은사가 각각 다르니 혹 예언이면 믿음의 분수대로
엡 1 : 10   하늘에 있는 것이나 땅에 있는 것이 다 그리스도 안에서 통일되게
하려 하심이라
엡 4 : 4   몸이 하나이요 성령이 하나이니 이와 같이 너희가 부르심의 한
소망 안에서 부르심을 입었느니라
엡 5 : 23   이는 남편이 아내의 머리됨이 그리스도께서 교회의 머리됨과
같음이니 그가 친히 몸의 구주 시니라

8. 속죄를 믿음

죄를 사하여 주시는 것과

예수 그리스도께서 십자가에 죽으심으로 인하여 그 보혈의 공로로 우리가 속죄
함을 받은 것이다(벧전 2 : 24; 막 10 : 45; 벧전 3 : 18).

벧전 2 : 24	친히 나무에 달려 그 몸으로 우리 죄를 담당하셨으니 이는 우리로 죄에 대하여 죽고 의에 대하여 살게 하려 하심이라 저가 채찍에 맞음으로 너희는 나음을 얻었나니
막 10 : 45	인자의 온 것은 섬김을 받으려 함이 아니라 도리어 섬기려 하고 자기 목숨을 많은 사람의 대속물로 주려 함이니라
벧전 3 : 18	그리스도께서도 한번 죄를 위하여 죽으사 의인으로서 불의한 자를 대신하셨으니 이는 우리를 하나님 앞으로 인도하려 하심이라 육체로는 죽임을 당하시고 영으로는 살리심을 받으셨으니

9. 몸의 부활과 영생을 믿음

몸이 다시 사는 것과 영원히 사는 것을 믿사옵나이다 아멘

우리는 부활의 첫열매되신 그리스도를 믿으며 훗날 죽은 자 가운데서 우리도 다시 살아날 것을 믿는다(고전 15 : 13; 요 11 : 25; 고전 15 : 51-52; 계 22 : 5; 고전 6 : 14). 그리고 그리스도를 구주로 믿고 영접한 성도는 영생을 얻었음을 믿으며(요 3 : 16,3 : 36,6 : 40,20 : 31) 따라서 영생하시는 하나님과 함께 천국에서 영원히 거함을 믿는다(요일 2 : 17;요5 : 24;요10 : 28).

고전 15 : 13	만일 죽은 자의 부활이 없으면 그리스도도 다시 살지 못하셨으리라
요 11 : 25	예수께서 가라사대 나는 부활이요 생명이니 나를 믿는 자는 죽어도 살겠고
고전 15 : 51-52	보라 내가 너희에게 비밀을 말하노니 우리가 다 잠잘 것이 아니요 마지막 나팔에 순식간에 홀연히 다 변화하리니 나팔 소리가 나매 죽은 자들이 썩지 아니할 것으로 다시 살고 우리도 변화하리라
계 22 : 5	다시 밤이 없겠고 등불과 햇빛이 쓸데없으니 이는 주 하나님이 저희에게 비취심이라 저희가 세세토록 왕노릇하리로다
고전 6 : 14	하나님이 주를 다시 살리셨고 또한 그의 권능으로 우리를 다시 살리시리라
요 3 : 16	하나님이 세상을 이처럼 사랑하사 독생자를 주셨으니 이는 저를

믿는 자마다 멸망치 않고 영생을 얻게 하려 하심이니라

요 3 : 36   아들을 믿는 자는 영생이 있고 아들을 순종치 아니하는 자는 영생을
보지 못하고 도리어 하나님의 진노가 그 위에 머물러 있느니라

요 6 : 40   내 아버지의 뜻은 아들을 보고 믿는 자마다 영생을 얻는 이것이니
마지막 날에 내가 이를 다시 살리리라 하시니라

요 20 : 31   오직 이것을 기록함은 너희로 예수께서 하나님의 아들
그리스도이심을 믿게 하려 함이요 또 너희로 믿고 그 이름을
힘입어 생명을 얻게 하려 함이니라

요일 2 : 17 이 세상도 그 정욕도 지나가되 오직 하나님의 뜻을 행하는 이는
영원히 거하느니라

요 5 : 24   내가 진실로 진실로 너희에게 이르노니 내 말을 듣고 또 나 보내신
이를 믿는 자는 영생을 얻었고 심판에 이르지 아니하나니 사망에서
생명으로 옮겼느니라

요10 : 28   내가 저희에게 영생을 주노니 영원히 멸망치 아니할 터이요 또
저희를 내 손에서 빼앗을 자가 없느니라

VI. 신앙의 결과

예수 그리스도를 구주로 믿는 신앙에는 구원과 관련하여 여러 가지 복되고 확실한 결과가 있다. 그 중에서 중요한 몇 가지를 열거한다.

1. 하나님의 자녀가 됨

예수 그리스도를 구주로 믿고 영접하는 자는 하나님의 자녀가 되어 그 자녀의 특권을 누리게 된다(요 1 : 12; 갈 3 : 26).

요 1 : 12   영접하는 자 곧 그 이름을 믿는 자들에게는 하나님의 자녀가 되는
권세를 주셨으니

갈 3 : 26   너희가 다 믿음으로 말미암아 그리스도 예수 안에서 하나님의
아들이 되었으니

2. 영생을 얻음

예수 그리스도를 구주로 믿고 영접하는 자는 영생을 얻고 멸망치 아니한다(요 3 : 16).

요 3 : 16 　　하나님이 세상을 이처럼 사랑하사 독생자를 주셨으니 이는 저를
　　　　　　 믿는 자마다 멸망치 않고 영생을 얻게 하려 하심이니라

3. 심판에 이르지 아니함

그리스도의 복음을 듣고 믿는 자는 영생을 얻고 영원한 멸망의 심판에 이르지 아니한다(요 5 : 24; 요 10 : 28).

요 5 : 24 　　내가 진실로 진실로 너희에게 이르노니 내 말을 듣고 또 나 보내신
　　　　　　 이를 믿는 자는 영생을 얻었고 심판에 이르지 아니하나니 사망에서
　　　　　　 생명으로 옮겼느니라

요 10 : 28 　　내가 저희에게 영생을 주노니 영원히 멸망치 아니할 터이요 또
　　　　　　 저희를 내 손에서 빼앗을 자가 없느니라

4. 하늘 나라 처소를 얻음

예수 그리스도를 구주로 믿는 자는 주님께서 마련하신 하늘 나라의 처소(處所 ; 거처할 곳)를 얻게 된다(요 14 : 2-3).

요 14 : 2-3 　　내 아버지 집에 거할 곳이 많도다 그렇지 않으면 너희에게
　　　　　　 일렀으리라 내가 너희를 위하여 처소를 예비하러 가노니 가서
　　　　　　 너희를 위하여 처소를 예비하면 내가 다시 와서 너희를 내게로
　　　　　　 영접하여 나 있는 곳에 너희도 있게 하리라

5. 기쁨과 평강이 있음

예수 그리스도를 구주로 영접하고 그리스도의 대속을 믿는 자는 마음에 천국이 이루어져서 심령의 평강을 가지게 된다(사 26 : 3; 롬 5 : 1; 벧전 1 : 8; 롬 14 : 17).

사 26 : 3	주께서 심지가 견고한 자를 평강에 평강으로 지키시리니 이는 그가 주를 의뢰함이니이다
롬 5 : 1	그러므로 우리가 믿음으로 의롭다 하심을 얻었은즉 우리 주 예수 그리스도로 말미암아 하나님으로 더불어 화평을 누리자
벧전 1 : 8	예수를 너희가 보지 못하였으나 사랑하는도다 이제도 보지 못하나 믿고 말할 수 없는 영광스러운 즐거움으로 기뻐하니
롬14 : 17	하나님의 나라는 먹는 것과 마시는 것이 아니요 오직 성령 안에서 의와 평강과 희락이라

6. 능력을 체험함

예수 그리스도를 구주로 믿고 의지하는 사람은 믿음을 통한 하나님의 능력을 체험하게 된다(히 11 : 32-34; 마 21 : 21; 요 14 : 12).

히 11 : 32-34	내가 무슨 말을 더하리요 기드온 바락 삼손 입다와 다윗과 사무엘과 및 선지자들의 일을 말하려면 내게 시간이 부족하리로다 저희가 믿음으로 나라들을 이기기도 하며 의를 행하기도 하며 약속을 받기도 하며 사자들의 입을 막기도 하며 불의 세력을 멸하기도 하며 칼날을 피하기도 하며 연약한 가운데서 강하게 되기도 하며 전쟁에 용맹 되어 이방 사람들의 진을 물리치기도 하며
마 21 : 21	예수께서 대답하여 가라사대 내가 진실로 너희에게 이르노니 만일 너희가 믿음이 있고 의심치 아니하면 이 무화과나무에게 된 이런 일만 할 뿐 아니라 이 산더러 들려 바다에 던지우라 하여도 될 것이요
요 14 : 12	내가 진실로 진실로 너희에게 이르노니 나를 믿는 자는 나의 하는 일을 저도 할 것이요 또한 이보다 큰 것도 하리니 이는 내가 아버지께로 감이니라

7. 하나님을 기쁘시게 함

예수 그리스도를 구주로 믿어 영접하고 살아 계신 하나님을 믿는 자는 그 신앙과 일치된 생활을 통하여 하나님을 기쁘시게 한다(히 11 : 6).

| 히 11 : 6 | 믿음이 없이는 기쁘시게 못하나니 하나님께 나아가는 자는 반드시 그가 계신 것과 또한 그가 자기를 찾는 자들에게 상주시는 이심을 믿어야 할지니라 |

8. 죄 사함과 병 고침을 받음

우리의 죄와 질병을 담당하시고 십자가를 지신 예수 그리스도를 구주로 믿는 자는 죄 사함을 얻으며 죄의 결과로 초래된 질병도 고침을 받는다(마 8 : 16-17,9 : 2; 히 11 : 6; 약 5 : 15). 그리고 그리스도 안에서의 새로운 피조물로 새 생명, 새 성품, 새 능력을 발휘하며 하나님을 기쁘시게 하는 삶을 살게 된다.

마 8 : 16-17	저물매 사람들이 귀신들린 자를 많이 데리고 예수께 오거늘 예수께서 말씀으로 귀신들을 쫓아 내시고 병든 자를 다 고치시니 이는 선지자 이사야로 하신 말씀에 우리 연약한 것을 친히 담당하시고 병을 짊어지셨도다 함을 이루려 하심이더라
마 9 : 2	침상에 누운 중풍병자를 사람들이 데리고 오거늘 예수께서 저희의 믿음을 보시고 중풍병자에게 이르시되 소자야 안심하라 네 죄 사함을 받았느니라
히 11 : 6	믿음이 없이는 기쁘시게 못하나니 하나님께 나아가는 자는 반드시 그가 계신 것과 또한 그가 자기를 찾는 자들에게 상 주시는 이심을 믿어야 할지니라
약 5 : 15	믿음의 기도는 병든 자를 구원하리니 주께서 저를 일으키시리라 혹시 죄를 범하였을지라도 사하심을 얻으리라

9. 세상을 이김

예수님을 믿고 하나님의 자녀가 된 사람은 하나님을 사랑하므로 그분의 계명을 지키며(요일 5 : 3), 세상을 이긴다(요일 5 : 4). 이는 믿음의 주이신 그리스도께서 이미 세상을 이겼으므로(요 16 : 33) 그분을 믿는 자들도 또한 이기게 되는 것이다.

| 요일 5 : 3 | 하나님을 사랑하는 것은 이것이니 우리가 그의 계명들을 지키는 것이라 그의 계명들은 무거운 것이 아니로다 |

| 요일 5 : 4 | 대저 하나님께로서 난 자마다 세상을 이기느니라 세상을 이긴 이김은 이것이니 우리의 믿음이니라 |

요일 5 : 4 대저 하나님께로서 난 자마다 세상을 이기느니라 세상을 이긴
이김은 이것이니 우리의 믿음이니라
요 16 : 33 이것을 너희에게 이름은 너희로 내 안에서 평안을 누리게 하려
함이라 세상에서는 너희가 환난을 당하나 담대하라 내가 세상을
이기었노라 하시니라

10. 재림주의 영접을 받음

예수님을 믿고 구원 얻은 성도는 예수님께서 다시 오실때 예수님의 영접을 받아 하나님 나라로 데려감을 받는다(요 14 : 3; 살전 4 : 16-17).

요 14 : 3 가서 너희를 위하여 처소를 예비하면 내가 다시 와서 너희를 내게로
영접하여 나 있는 곳에 너희도 있게 하리라
살전 4 : 16-17 주께서 호령과 천사장의 소리와 하나님의 나팔로 친히 하늘로
좇아 강림하시리니 그리스도 안에서 죽은 자들이 먼저 일어나고
그 후에 우리 살아 남은 자도 저희와 함께 구름 속으로 끌어 올려
공중에서 주를 영접하게 하시리니 그리하여 우리가 항상 주와
함께 있으리라

VII. 신앙과 회개의 관계

신앙과 회개는 사실상 같은 것이라고 할 수 있다. 이유는 신앙과 회개는 회개의 과정의 두 부분들이거나, 똑같은 사건의 두 가지 면이라 할 수 있기 때문이다. 회개는 자신의 죄들로부터 떠나 그리스도에게로 향하여 돌이키는 것이요, 한편 믿음은 죄를 버리고 그리스도에게로 돌아와 그리스도를 구주로 믿고 받아들이며 자신을 그리스도에게 의탁하는 것이다. 그러므로 회개가 죄로부터 그리스도에게로 향하여 돌이키는 것이라면 믿음은 죄로부터 떠나 그리스도에게로 이동하여 그리스도를 만나는 것이라 하겠다.

중생

Ⅰ. 중생(重生 ; Regeneration)의 개념

기독교의 "중생"은 "거듭남"이라고도 하는데(요 3 : 3-7 참조), 여기서는 주로 중생의 정의와 본질, 중생의 필요성과 방법, 중생의 결과에 대하여 상고해 보기로 한다.

1. 중생의 어의

1) 파링게네시아(Palinggenesia)

중생(重生 ; Regeneration)은 헬라어로 "파링게네시아"(Palinggenesia) 라고 하는데 "파린"(Palin ; 다시)과 "게네시스"(Genesis ; 탄생)의 합성어(合成語)로 영적으로 다시 나는 일, 즉 신생(新生)과 동의어(同意語)이다. 이 말(Palinggenesia)은 성경에서 영적 중생(거듭남)에 대하여 적용하고 있다(딛 3 : 5).

> 딛 3 : 5   우리를 구원하시되 우리의 행한바 의로운 행위로 말미암지 아니하고 오직 그의 긍휼하심을 좇아 중생의 씻음과 성령의 새롭게 하심으로 하셨나니

2) 아노-텐(Anothen)

성경에 "거듭난다"(요 3 : 3)의 "거듭"은 헬라어로 "아노-텐"(Anothen)으로 "새로이" 혹은, "위에서"(From above) "꼭대기에서"(From top) 라는 뜻이 있다. 그러므로 사람이 "거듭난다"(중생) 라는 것은 위로부터, 즉 성령을 통하여 신생(新生)함을 의미하는 것이다. 죄와 허물로 죽은 사람(엡 2 : 1)은 물과 성령으로

거듭난 존재가 됨(요 3 : 3,5-6,8)으로써만이 하나님께서 요구하시는 영적 생활을 영위할 수 있는 것이다.

엡 2 : 1	너희의 허물과 죄로 죽었던 너희를 살리셨도다
요 3 : 3	예수께서 대답하여 가라사대 진실로 진실로 네게 이르노니 사람이 거듭나지 아니하면 하나님 나라를 볼 수 없느니라
요 3 : 5-6	예수께서 대답하시되 진실로 진실로 네게 이르노니 사람이 물과 성령으로 나지 아니하면 하나님 나라에 들어갈 수 없느니라 육으로 난 것은 육이요 성령으로 난 것은 영이니
요 3 : 8	바람이 임의로 불매 네가 그 소리를 들어도 어디서 오며 어디로 가는지 알지 못하나니 성령으로 난 사람은 다 이러하니라

3) 리제너레이션(Regeneration)

중생을 영어로 "리제너레이션"(Regeneration)이라고 하는데 이는 "파링게네시아"(Palinggenesia)의 라틴어 역문(譯文) "레제네로"(Regenero)에서 온 말로써 "다시 나는 것"(To be born again)을 의미한다.

2. 중생의 정의
1) 성경적 의미

성경에 나타난 중생의 의미는 죄와 허물로 죽었던 영혼(엡 2 : 1)이 성령의 역사를 통하여(요 3 : 5) "새로 지음받아"(엡 4 : 24; 골 3 : 10; 고후 5 : 17) 하나님의 자녀로 다시 태어나 하나님 가족의 일원이 되는 것을 의미한다(엡 2 : 19). 성경에 중생은 "위에서 남"(요 3 : 3,5,7,6 : 63; 고후 5 : 17-18), "다시 남"(약 1 : 17; 벧전 1 : 3,23), 혹은 "도덕적 혁신"(딛 3 : 5)을 가리키기도 한다.

엡 2 : 1	너희의 허물과 죄로 죽었던 너희를 살리셨도다
엡 4 : 24	하나님을 따라 의와 진리의 거룩함으로 지으심을 받은 새사람을 입으라
엡 2 : 19	저희가 감각 없는 자되어 자신을 방탕에 방임하여 모든 더러운 것을 욕심으로 행하되

골 3 : 10   새사람을 입었으니 이는 자기를 창조하신 자의 형상을 좇아
                          지식에까지 새롭게 하심을 받는 자니라

요 3 : 3   예수께서 대답하여 가라사대 진실로 진실로 네게 이르노니 사람이
                          거듭나지 아니하면 하나님 나라를 볼 수 없느니라

요 3 : 5   예수께서 대답하시되 진실로 진실로 네게 이르노니 사람이 물과
                          성령으로 나지 아니하면 하나님 나라에 들어갈 수 없느니라

요 3 : 7   내가 네게 거듭나야 하겠다 하는 말을 기이히 여기지 말라

요 6 : 63   살리는 것은 영이니 육은 무익하니라 내가 너희에게 이른 말이
                          영이요 생명이라

고후 5 : 17-18   그런즉 누구든지 그리스도 안에 있으면 새로운 피조물이라 이전
                          것은 지나갔으니 보라 새것이 되었도다 모든 것이 하나님께로
                          났나니 저가 그리스도로 말미암아 우리를 자기와 화목하게 하시고
                          또 우리에게 화목하게 하는 직책을 주셨으니

약 1 : 17   각양 좋은 은사와 온전한 선물이 다 위로부터 빛들의 아버지께로서
                          내려오나니 그는 변함도 없으시고 회전하는 그림자도 없으시니라

벧전 1 : 3   곧 하나님 아버지의 미리 아심을 따라 성령의 거룩하게 하심으로
                          순종함과 예수 그리스도의 피 뿌림을 얻기 위하여 택하심을 입은
                          자들에게 편지하노니 은혜와 평강이 너희에게 더욱 많을지어다

벧전 1 : 23   너희가 거듭난 것이 썩어질 씨로 된 것이 아니요 썩지 아니할 씨로
                          된 것이니 하나님의 살아 있고 항상 있는 말씀으로 되었느니라

딛 3 : 5   우리를 구원하시되 우리의 행한 바 의로운 행위로 말미암지
                          아니하고 오직 그의 긍휼하심을 좇아 중생의 씻음과 성령의
                          새롭게 하심으로 하셨나니

2) 신학적 의미

중생(거듭남)이란 죄와 허물로 죽었던 인간(영혼 ; 창 2 : 17; 엡 2 : 1)이 하나님의 은총을 입어 은혜로운 성령의 역사를 통하여 새 생명을 부여받고(영혼 속에 심어 주심)영적으로 새롭게 태어나는(新生 ; 신생) 경험을 의미한다(엡 4 : 22-24; 고후 5 : 17; 사 1 : 16; 렘 31 : 32; 시 51 : 5-11; 슥 13 : 1). 그러므로 중생은 성령의 초자연적인 신비로운 창조의 사역이다(요 3 : 6,8; 고후 5 : 17; 엡 4 : 24; 골 3 : 10). 사람은 이 사역에 의하여 하나님의 씨(생명과 성품)를 받고 영적인 새

사람, 즉 하나님의 자녀로 새로 태어남(요일 3 : 9)으로 영적 죽음의 상태에서 영적 생명의 상태로 옮겨지는 것이다(요 5 : 24). 중생은 허물과 죄로 죽었던 자가 회개하고 예수 그리스도를 믿음으로 다시 나는 제2의 탄생이다. 이것은 하나님의 은혜로 말미암는 것이며 여기서부터 새로운 인생이 시작되는 것이다.

창 2 : 17	선악을 알게 하는 나무의 실과는 먹지 말라 네가 먹는 날에는 정녕 죽으리라 하시니라
엡 2 : 1	너희의 허물과 죄로 죽었던 너희를 살리셨도다
엡 4 : 22-24	너희는 유혹의 욕심을 따라 썩어져 가는 구습을 좇는 옛사람을 버리고 오직 심령으로 새롭게 되어 하나님을 따라 의와 진리의 거룩함으로 지으심을 받은 새사람을 입으라
요 3 : 6	육으로 난 것은 육이요 성령으로 난 것은 영이니
요 3 : 8	바람이 임의로 불매 네가 그 소리를 들어도 어디서 오며 어디로 가는지 알지 못하나니 성령으로 난 사람은 다 이러하니라
고후 5 : 17	그런즉 누구든지 그리스도 안에 있으면 새로운 피조물이라 이전 것은 지나갔으니 보라 새것이 되었도다
골 3 : 10	새사람을 입었으니 이는 자기를 창조하신 자의 형상을 좇아 지식에까지 새롭게 하심을 받는 자니라
사 1 : 16	너희는 스스로 씻으며 스스로 깨끗케 하여 내 목전에서 너희 악업을 버리며 악행을 그치고
렘 31 : 32	나 여호와가 말하노라 이 언약은 내가 그들의 열조의 손을 잡고 애굽 땅에서 인도하여 내던 날에 세운 것과 같지 아니할 것은 내가 그들의 남편이 되었어도 그들이 내 언약을 파하였음이니라
시 51 : 5-11	내가 죄악 중에 출생하였음이여 모친이 죄중에 나를 잉태하였나이다 중심에 진실함을 주께서 원하시오니 내 속에 지혜를 알게 하시리이다 우슬초로 나를 정결케 하소서 내가 정하리이다 나를 씻기소서 내가 눈보다 희리이다 나로 즐겁고 기쁜 소리를 듣게 하사 주께서 꺾으신 뼈로 즐거워하게 하소서 주의 얼굴을 내 죄에서 돌이키시고 내 모든 죄악을 도말하소서 하나님이여 내 속에 정한 마음을 창조하시고 내 안에 정직한 영을 새롭게 하소서 나를 주 앞에서 쫓아내지 마시며 주의 성신을 내게서 거두지 마소서

슥 13 : 1	그날에 죄와 더러움을 씻는 샘이 다윗의 족속과 예루살렘 거민을 위하여 열리리라
요 5 : 24	내가 진실로 진실로 너의혜에 이르노니 내 말을 듣고 또 나 보내신 이를 믿는 자는 영생을 얻었고 심판에 이르지 아니하나니 사망에서 생명으로 옮겼느니라
요일 3 : 9	하나님께로서 난 자마다 죄를 짓지 아니하나니 이는 하나님의 씨가 그의 속에 거함이요 저도 범죄치 못하는 것은 하나님께로서 났음이라

3. 중생의 본질

중생은 죄와 허물로 인하여 영혼이 죽었던 사람이 예수 그리스도를 개인의 구주로 영접할 때에 주어지는 하나님의 생명, 하나님의 품성, 하나님의 성품, 하나님의 능력의 분여(分與)라고 할 수 있다(요 1 : 12-13; 벧후 1 : 4; 딤후 1 : 7; 빌 4 : 13).

요 1 : 12-13	영접하는 자 곧 그 이름을 믿는 자들에게는 하나님의 자녀가 되는 권세를 주셨으니 이는 혈통으로나 육정으로나 사람의 뜻으로 나지 아니하고 오직 하나님께로서 난 자들이니라
벧후 1 : 4	이로써 그 보배롭고 지극히 큰 약속을 우리에게 주사 이 약속으로 말미암아 너희로 정욕을 인하여 세상에서 썩어질 것을 피하여 신의 성품에 참예하는 자가 되게 하려 하셨으니
딤후 1 : 7	하나님이 우리에게 주신 것은 두려워하는 마음이 아니요 오직 능력과 사랑과 근신하는 마음이니
빌 4 : 13	내게 능력 주시는 자 안에서 내가 모든 것을 할 수 있느니라

1) 중생은 새 생명의 탄생임

중생은 아담의 죄성의 유전으로 영혼이 죽은 사람(요 3 : 6; 엡 2 : 1)이 물과 성령으로 다시 태어나는 신생(新生)이다. 중생은 하나님께로서 새 생명으로 새롭게 다시 태어남을 의미한다(요 3 : 3,5-6; 고후 5 : 17). 중생은 이미 존재하되 죄악으로 죽었던 영혼이 죽음에서 회생하는 것이며 하나님의 생명의 자녀로 다시 태어남을 받는 것이다. 그러므로 중생은 새 생명의 시작이다(요 3 : 8).

엡 2 : 1	**너희의 허물과 죄로 죽었던 너희를 살리셨도다**
요 3 : 3	**예수께서 대답하여 가라사대 진실로 진실로 네게 이르노니 사람이 거듭나지 아니하면 하나님 나라를 볼 수 없느니라**
요 3 : 5-6	**예수께서 대답하시되 진실로 진실로 네게 이르노니 사람이 물과 성령으로 나지 아니하면 하나님 나라에 들어갈 수 없느니라 육으로 난 것은 육이요 성령으로 난 것은 영이니**
고후 5 : 17	**그런즉 누구든지 그리스도 안에 있으면 새로운 피조물이라 이전 것은 지나갔으니 보라 새것이 되었도다**
요 3 : 8	**바람이 임의로 불매 네가 그 소리를 들어도 어디서 오며 어디로 가는지 알지 못하나니 성령으로 난 사람은 다 이러하니라**

2) 중생은 근본적 변화임

중생은 인간 속에 새로운 영적 생명의 원소가 심기움(요 3 : 3,5 : 21; 롬 6 : 13; 엡 2 : 1,5 : 14)으로 되는 것인데, 이는 속에서부터 영혼의 근본적 성향(영적 성질) 변화가 일어나는 것을 의미한다. 즉 중생은 외형적 또는 심령의 일부적 변화가 아니라 전인격의 근본적 변화이다(행 16 : 14; 롬 6 : 1,7,10 : 10; 시 51 : 10; 렘 31 : 33; 겔 11 : 19).

중생에 의한 전인격의 변화라 함은, 즉 ① 지성의 변화(고전 2 : 14-15; 고후 4 : 6; 엡 1 : 18; 골 3 : 10), ② 의지의 변화(시 110 : 3; 빌 2 : 13; 살후 3 : 5; 히 13 : 21), ③ 감정의 변화(시 42 : 1-2; 마 5 : 4; 벧전 1 : 8), ④ 심령의 변화(시 51 : 10; 벧후 1 : 4; 롬 8 : 15; 요 3 : 6)가 근본적으로 이루어지는 것을 의미한다.

요 3 : 3	**예수께서 대답하여 가라사대 진실로 진실로 네게 이르노니 사람이 거듭나지 아니하면 하나님 나라를 볼 수 없느니라**
요 5 : 21	**아버지께서 죽은 자들을 일으켜 살리심같이 아들도 자기의 원하는 자들을 살리느니라**
롬 6 : 13	**또한 너희 지체를 불의의 병기로 죄에게 드리지 말고 오직 너희**

자신을 죽은 자 가운데서 다시 산 자같이 하나님께 드리며 너희
지체를 의의 병기로 하나님께 드리라

엡 2 : 1   너희의 허물과 죄로 죽었던 너희를 살리셨도다

엡 5 : 14   그러므로 이르시기를 잠자는 자여 깨어서 죽은 자들 가운데서
일어나라 그리스도께서 네게 비취시리라 하셨느니라

행 16 : 14   두아디라 성의 자주 장사로서 하나님을 공경하는 루디아라 하는
한 여자가 들었는데 주께서 그 마음을 열어 바울의 말을 청종하게
하신 지라

롬 6 : 1   그런즉 우리가 무슨 말하리요 은혜를 더하게 하려고 죄에
거하겠느뇨

롬 6 : 7   이는 죽은 자가 죄에서 벗어나 의롭다 하심을 얻었음이니라

롬 10 : 10   사람이 마음으로 믿어 의에 이르고 입으로 시인하여 구원에
이르느니라

시 51 : 10   하나님이여 내 속에 정한 마음을 창조하시고 내 안에 정직한 영을
새롭게 하소서

렘 31 : 33   나 여호와가 말하노라 그러나 그 날 후에 내가 이스라엘 집에 세울
언약은 이러하니 곧 내가 나의 법을 그들의 속에 두며 그 마음에
기록하여 나는 그들의 하나님이 되고 그들은 내 백성이 될 것이라

겔 11 : 19   내가 그들에게 일치한 마음을 주고 그 속에 새 신을 주며 그 몸에서
굳은 마음을 제하고 부드러운 마음을 주어서

고전 2 : 14-15   육에 속한 사람은 하나님의 성령의 일을 받지 아니하나니
저희에게는 미련하게 보임이요 또 깨닫지도 못하나니 이런 일은
영적으로라야 분변함이니라 신령한 자는 모든 것을 판단하나
자기는 아무에게도 판단을 받지 아니하느니라

고후 4 : 6   어두운데서 빛이 비취리라 하시던 그 하나님께서 예수 그리스도의
얼굴에 있는 하나님의 영광을 아는 빛을 우리 마음에 비취셨느니라

엡 1 : 18   너희 마음눈을 밝히사 그의 부르심의 소망이 무엇이며 성도 안에서
그 기업의 영광의 풍성이 무엇이며

골 3 : 10   새사람을 입었으니 이는 자기를 창조하신 자의 형상을 좇아
지식에까지 새롭게 하심을 받는 자니라

시 110 : 3   주의 권능의 날에 주의 백성이 거룩한 옷을 입고 즐거이 헌신하니
새벽 이슬 같은 주의 청년들이 주께 나오는도다

빌 2 : 13	너희 안에서 행하시는 이는 하나님이시니 자기의 기쁘신 뜻을 위하여 너희로 소원을 두고 행하게 하시나니
살후 3 : 5	주께서 너희 마음을 인도하여 하나님의 사랑과 그리스도의 인내에 들어가게 하시기를 원하노라
히 13 : 21	모든 선한 일에 너희를 온전케 하사 자기 뜻을 행하게 하시고 그 앞에 즐거운 것을 예수 그리스도로 말미암아 우리 속에 이루시기를 원하노라 영광이 그에게 세세 무궁토록 있을지어다
시 42 : 1-2	하나님이여 사슴이 시냇물을 찾기에 갈급함같이 내 영혼이 주를 찾기에 갈급하니이다 내 영혼이 하나님 곧 생존하시는 하나님을 갈망하나니 내가 어느 때에 나아가서 하나님 앞에 뵈올고
마 5 : 4	애통하는 자는 복이 있나니 저희가 위로를 받을 것임이요
벧전 1 : 8	예수를 너희가 보지 못하였으나 사랑하는도다 이제는 보지 못하나 믿고 말할 수 없는 영광스러운 즐거움으로 기뻐하니
벧후 1 : 4	이로써 그 보배롭고 지극히 큰 약속을 우리에게 주사 이 약속으로 말미암아 너희로 정욕을 인하여 세상에서 썩어질 것을 피하여 신의 성품에 참예하는 자가 되게 하려 하셨으니
롬 8 : 15	너희는 다시 무서워하는 종의 영을 받지 아니하였고 양자의 영을 받았으므로 아바 아버지라 부르짖느니라
요 3 : 6	육으로 난 것은 육이요 성령으로 난 것은 영이니

3) 중생은 순간적(즉각적) 변화임

중생은 성화(聖化)와 같이 오랜 시간을 두고 점진적으로 실현되지 않고 순간에 실현되는 것이다(눅 23 : 39-43). 중생은 지(知)·정(情)·의(意)의 전인격의 변화가 순간적으로 홀연히 완성되는 것이다.

| 눅 23 : 39-43 | 달린 행악자 중 하나는 비방하여 가로되 네가 그리스도가 아니냐 너와 우리를 구원하라 하되 하나는 그 사람을 꾸짖어 가로되 네가 동일한 정죄를 받고서도 하나님을 두려워 아니하느냐 우리는 우리의 행한 일에 상당한 보응을 받는 것이니 이에 당연하거니와 이 사람의 행한 것은 옳지 않은 것이 없느니라 하고 가로되 예수여 당신의 나라에 임하실 때에 나를 생각하소서 하니 예수께서 |

이르시되 내가 진실로 진실로 네게 이르노니 오늘 네가 나와 함께
낙원에 있으리라 하시니라

4) 중생은 비밀한 변화임

중생은 하나님의 측량할 수 없는 비밀한 사역에 의한 변화로서 사람에게 직접적으로 지각(知覺)되지 않는다. 다만 추후에 그것의 결과를 보아서 중생의 사실을 알게 된다. 대개의 경우 중생하는 자신도 의식하지 못하고 이루어진다(요 3 : 8; 빌 2 : 12-13; 벧후 1 : 10).

요 3 : 8   바람이 임의로 불매 네가 그 소리를 들어도 어디서 오며 어디로
             가는지 알지 못하나니 성령으로 난 사람은 다 이러하니라
빌 2 : 12-13 그러므로 나의 사랑하는 자들아 너희가 나 있을 때 뿐 아니라 더욱
             지금 나 없을 때에도 항상 복종하여 두렵고 떨림으로 너희 구원을
             이루라 너희 안에서 행하시는 이는 하나님이시니 자기의 기쁘신
             뜻을 위하여 너희로 소원을 두고 행하게 하시나니
벧후 1 : 10   그러므로 형제들아 더욱 힘써 너희 부르심과 택하심을 굳게 하라
             너희가 이것을 행한즉 언제든지 실족지 아니하리라

5) 중생은 개량이 아닌 다시 남임

중생은 개량(改良)이 아닌 다시 남이다(요 1 : 12-13; 롬 6 : 6). 중생은 성령의 창조적 사역에 의해 다시 나는 것이며(요 3 : 5,1 : 12-13; 고후 5 : 17; 엡 2 : 10,4 : 24), 이로 말미암아 인간을 신(神)의 성격(性格) 및 그리스도의 생명에 참여하게 되는 것이다(갈 2 : 20; 엡 2 : 10,4 : 24; 벧전 1 : 23-25; 벧후 1 : 4; 요일 5 : 10-12).

롬 6 : 6   우리가 알거니와 우리 옛사람이 예수와 함께 십자가에 못박힌
             것은 죄의 몸이 멸하여 다시는 우리가 죄에게 종노릇하지
             아니하려 함이니
요 3 : 5   예수께서 대답하시되 진실로 진실로 네게 이르노니 사람이 물과
             성령으로 나지 아니하면 하나님 나라에 들어갈 수 없느니라

요 1 : 12-13 영접하는 자 곧 그 이름을 믿는 자들에게는 하나님의 자녀가 되는 권세를 주셨으니 이는 혈통으로나 육정으로나 사람의 뜻으로 나지 아니하고 오직 하나님께로서 난 자들이니라

고후 5 : 17 그런즉 누구든지 그리스도 안에 있으면 새로운 피조물이라 이전 것은 지나갔으니 보라 새것이 되었도다

엡 2 : 10 우리는 그의 만드신 바라 그리스도 예수 안에서 선한 일을 위하여 지으심을 받은 자니 이 일은 하나님이 전에 예비하사 우리로 그 가운데서 행하게 하려 하심이니라

엡 4 : 24 하나님을 따라 의와 진리의 거룩함으로 지으심을 받은 새사람을 입으라

갈 2 : 20 내가 그리스도와 함께 십자가에 못박혔나니 그런즉 이제는 내가 산 것이 아니요 오직 내 안에 그리스도께서 사신 것이라 이제 내가 육체 가운데 사는 것은 나를 사랑하사 나를 위하여 자기 몸을 버리신 하나님의 아들을 믿는 믿음 안에서 사는 것이라

벧전 1 : 23-25 너희가 거듭난 것이 썩어질 씨로 된 것이 아니요 썩지 아니할 씨로 된 것이니 하나님의 살아 있고 항상 있는 말씀으로 되었느니라 그러므로 모든 육체는 풀과 같고 그 모든 영광이 풀의 꽃과 같으니 풀은 마르고 꽃은 떨어지되 오직 주의 말씀은 세세토록 있도다 하였으니 너희에게 전한 복음이 곧 이 말씀이니라

벧후 1 : 4 이로써 그 보배롭고 지극히 큰 약속을 우리에게 주사 이 약속으로 말미암아 너희로 정욕을 인하여 세상에서 썩어질 것을 피하여 신의 성품에 참예하는 자가 되게 하려 하셨으니

요일 5 : 10-12 하나님의 아들을 믿는 자는 자기 안에 증거가 있고 하나님을 믿지 아니하는 자는 하나님을 거짓말하는 자로 만드나니 이는 하나님께서 그 아들에 관하여 증거하신 증거를 믿지 아니하였음이라 또 증거는 이것이니 하나님이 우리에게 영생을 주신 것과 이 생명이 그의 아들 안에 있는 그것이니라 아들이 있는 자에게는 생명이 있고 하나님의 아들이 없는 자에게는 생명이 없느니라

II. 중생의 필요

사람은 본래 죄로 인해 영혼이 죽은 상태로 태어났기 때문에 죄를 벗어 버리고

거룩하신 하나님의 생명과 성품을 받기 위해 중생이 필요하다. 예수님께서는 사람이 물과 성령으로 거듭나지 않고는 하나님을 볼 수 없고 하늘 나라에 들어갈 수도 없다고 하셨다(요 3 : 3,5 참조). 거듭나지 아니한 사람은 하나님의 일을 이해할 수 없고 또한 영이신 하나님과 참된 교제도 불가능하다(고전 2 : 14 참조).

1. 하나님을 보기 위하여

중생하지 못한 자는 영적 소경이니 하나님께 속한 것을 알지 못하며 내세의 소망도 없고 하나님도 보이지 않고 자기 영혼조차도 있는지 없는지 알지 못한다(마 13 : 14; 히 12 : 14). 이는 마치 자연적 출생 관계에 있어서 태내(胎內)에 있는 영아(嬰兒)가 신체의 모든 기관(器官)을 구비하기는 했어도 모태로부터 출생하여 지상의 빛을 보기까지는 그 기관을 사용할 수 없음같이 사람의 영혼도 "새로 나기"까지는 영적으로 맹목(盲目)이요 귀머거리요, 벙어리인 것이다(요 3 : 3,5; 시 51 : 5; 렘 17 : 9; 막 7 : 21-23; 고전 2 : 14; 롬 8 : 7-8; 엡 2 : 3).

마 13 : 14 이사야의 예언이 저희에게 이루었으니 일렀으되 너희가 듣기는 들어도 깨닫지 못할 것이요 보기는 보아도 알지 못하리라

히 12 : 14 모든 사람으로 더불어 화평함과 거룩함을 좇으라 이것이 없이는 아무도 주를 보지 못하리라

요 3 : 3 예수께서 대답하여 가라사대 진실로 진실로 네게 이르노니 사람이 거듭나지 아니하면 하나님 나라를 볼 수 없느니라

요 3 : 5 예수께서 대답하시되 진실로 진실로 네게 이르노니 사람이 물과 성령으로 나지 아니하면 하나님 나라에 들어갈 수 없느니라

시 51 : 5 내가 죄악 중에 출생하였음이여 모친이 죄 중에 나를 잉태하였나이다

렘 17 : 9 만물보다 거짓되고 심히 부패한 것은 마음이라 누가 능히 이를 알리요마는

막 7 : 21-23 속에서 곧 사람의 마음에서 나오는 것은 악한 생각 곧 음란과 도적질과 살인과 간음과 탐욕과 악독과 속임과 음탕과 흘기는 눈과 훼방과 교만과 광패니 이 모든 악한 것이 다 속에서 나와서 사람을 더럽게 하느니라

고전 2 : 14 　육에 속한 사람은 하나님의 성령의 일을 받지 아니하나니
저희에게는 미련하게 보임이요 또 깨닫지도 못하나니 이런 일은
영적으로라야 분변함이니라

롬 8 : 7-8 　육신에 생각은 하나님과 원수가 되나니 이는 하나님의 법에 굴복치
아니할 뿐 아니라 할 수도 없음이라 육신에 있는 자들은 하나님을
기쁘시게 할 수 없느니라

엡 2 : 3 　전에는 우리도 다 그 가운데서 우리 육체의 욕심을 따라 지내며
육체와 마음의 원하는 것을 하여 다른 이들과 같이 본질상 진노의
자녀이었더니

2. 하나님 나라에 들어가기 위하여

거듭나지 아니한 자는 하나님 나라에 들어갈 수가 없기 때문에 천국을 지향하
는 인간은 거듭나야 하는 것이다(요 3 : 5; 갈 6 : 15; 고전 15 : 50; 사 52 :
1,35 : 8; 마 5 : 2-12 참조).

요 3 : 5 　예수께서 대답하시되 진실로 진실로 네게 이르노니 사람이 물과
성령으로 나지 아니하면 하나님 나라에 들어갈 수 없느니라

갈 6 : 15 　할례나 무할례가 아무 것도 아니로되 오직 새로 지으심을 받은 자
뿐이니라

고전 15 : 50 　형제들아 내가 이것을 말하노니 혈과 육은 하나님 나라를 유업으로
받을 수 없고 또한 썩은 것은 썩지 아니한 것을 유업으로 받지
못하느니라

사 52 : 1 　시온이여 깰지어다 깰지어다 네 힘을 입을지어다 거룩한 성
예루살렘이여 네 아름다운 옷을 입을지어다 이제부터 할례 받지
않은 자와 부정한 자가 다시는 네게로 들어옴이 없을 것임이니라

사 35 : 8 　거기 대로가 있어 그 길을 거룩한 길이라 일컫는 바 되리니 깨끗지
못한 자는 지나지 못하겠고 오직 구속함을 입은 자들을 위하여
있게 된 것이라 우매한 행인은 그 길을 범치 못할 것이며

3. 영혼의 원상 회복을 위하여

성경에 나타난 인간상은 하나님의 형상을 상실하고 완전 타락하여 그 영혼은

죽은(하나님과 분리된) 상태이며, 성품은 죄성인 악성뿐이다(갈 4 : 19; 요 3 : 6-7; 렘 6 : 15).

창조주 하나님과의 관계에서 인간을 살펴 보면 ① 의에서 불의로 타락된 인간(롬 3 : 22-23), ② 진실에서 거짓으로 타락된 인간(엡 4 : 25), ③ 거룩에서 타락된 인간(히 12 : 14), ④ 지식에서 무식으로 타락된 인간(골 3 : 10), ⑤ 자유에서 죄의 노예로 타락된 인간(요 8 : 32-34), ⑥ 아들로서 만물의 상속권을 상실한 인간(롬 8 : 17), ⑦ 영생을 상실한 인간(롬 6 : 22; 요 3 : 16)으로 나열할 수 있다.

이와 같이 모든 것을 상실하고 타락한 인간이 그것을 다시 회복하기 위해서는 하나님의 형상(영혼)을 회복해야 하기 때문에 중생이 필요하다.

갈 4 : 19	나의 자녀들아 너희 속에 그리스도의 형상이 이루기까지 다시 너희를 위하여 해산하는 수고를 하노니
요 3 : 6-7	육으로 난 것은 육이요 성령으로 난 것은 영이니 내가 네게 거듭나야 하겠다 하는 말을 기이히 여기지 말라
렘 6 : 15	그들이 가증한 일을 행할 때에 부끄러워하였느냐 아니라 조금도 부끄러워 아니할 뿐 아니라 얼굴도 붉어지지 않았느니라 그러므로 그들이 엎드러지는 자와 함께 엎드러질 것이라 내가 그들을 벌하리니 그때에 그들이 거꾸러지리라 여호와의 말이니라
롬 3 : 22-23	곧 예수 그리스도를 믿음으로 말미암아 모든 믿는 자에게 미치는 하나님의 의니 차별이 없느니라 모든 사람이 죄를 범하였으매 하나님의 영광에 이르지 못하더니
엡 4 : 25	그런즉 거짓을 버리고 각각 그 이웃으로 더불어 참된 것을 말하라 이는 우리가 서로 지체가 됨이니라
히 12 : 14	모든 사람으로 더불어 화평함과 거룩함을 좇으라 이것이 없이는 아무도 주를 보지 못하리라
골 3 : 10	새사람을 입었으니 이는 자기를 창조하신 자의 형상을 좇아 지식에까지 새롭게 하심을 받는 자니라
요 8 : 32-34	진리를 알지니 진리가 너희를 자유케 하리라 저희가 대답하되 우리가 아브라함의 자손이라 남의 종이 적이 없거늘 어찌하여 우리가 자유케 되리라 하느냐 예수께서 대답하시되 진실로 진실로

너희에게 이르노니 죄를 범하는 자마다 죄의 종이라

롬 8 : 17	자녀이면 후사 곧 하나님의 후사요 그리스도와 함께 한 후사니 우리가 그와 함께 영광을 받기 위하여 고난도 함께 받아야 될 것이니라
롬 6 : 22	그러나 이제는 너희가 죄에게서 해방되고 하나님께 종이 되어 거룩함에 이르는 열매를 얻었으니 이 마지막은 영생이라
요 3 : 16	하나님이 세상을 이처럼 사랑하사 독생자를 주셨으니 이는 저를 믿는 자마다 멸망치 않고 영생을 얻게 하려 하심이니라

Ⅲ. 중생의 방법(수단)

중생을 이루는 방법 면에 있어서도 하나님편에서의 사역과 사람편에서의 사역이 있다.

1. 하나님편의 사역

1) 하나님의 말씀의 사역

사람이 중생함에 있어서의 하나님의 수단은 바로 하나님의 생명의 말씀 역할이다(벧전 1 : 23). 하나님의 말씀은 중생의 원동력이다(약 1 : 18; 벧전 1 : 23; 엡 5 : 26; 요 15 : 3; 행 16 : 14; 히 4 : 12; 시 119 : 9,11). 예수님께서 말씀하시기를 "사람이 물과 성령으로 거듭난다" 라고 하셨다(요 3 : 5). 그러므로 "물"과 "성령"은 사람을 중생시키는 하나님의 방편임이 분명하다. 성경이 계시하는 바에 의하면 "물"이란 바로 하나님의 말씀임이 분명하다(벧전 1 : 23,25; 약 1 : 18).

약 1 : 18	그가 그 조물 중에 우리로 한 첫 열매가 되게 하시려고 자기의 뜻을 좇아 진리의 말씀으로 우리를 낳으셨느니라
벧전 1 : 23	너희가 거듭난 것이 썩어질 씨로 된 것이 아니요 썩지 아니할 씨로 된 것이니 하나님의 살아 있고 항상 있는 말씀으로 되었느니라
엡 5 : 26	이는 곧 물로 씻어 말씀으로 깨끗하게 하사 거룩하게 하시고
요 15 : 3	너희는 내가 일러준 말로 이미 깨끗하였으니
행 16 : 14	두아디라 성의 자주 장사로서 하나님을 공경하는 루디아라 하는 한 여자가 들었는데 주께서 그 마음을 열어 바울의 말을 청종하게

하신지라

히 4 : 12   하나님의 말씀은 살았고 운동력이 있어 좌우에 날선 어떤 검보다도
예리하여 혼과 영과 및 관절과 골수를 찔러 쪼개기까지 하며 또
마음의 생각과 뜻을 감찰하나니

시 119 : 9   청년이 무엇으로 그 행실을 깨끗케 하리이까 주의 말씀을 따라
삼갈 것이니이다

시 119 : 11   내가 주께 범죄치 아니하려 하여 주의 말씀을 내 마음에 두었나이다

요 3 : 5   예수께서 대답하시되 진실로 진실로 네게 이르노니 사람이 물과
성령으로 나지 아니하면 하나님 나라에 들어갈 수 없느니라

벧전 1 : 25   오직 주의 말씀은 세세토록 있도다 하였으니 너희에게 전한 복음이
곧 이 말씀이니라

2) 성령의 사역

예수님께서 "물과 성령으로 거듭난다"라고 하셨으니(요 3 : 5) "말씀"과 함께
"성령"도 하나님 편에서 사람을 중생시키는 수단이다(요 3 : 6). 중생은 하나님의
생명의 말씀과 함께 성령의 살리는 역사를 통하여 이루어지는 것이다(요 3 : 5;
딤전 3 : 5; 창 2 : 7; 엡 2 : 1; 요 6 : 63; 욥 33 : 4; 시 104 : 29-30; 겔 36 : 26).

요 3 : 5   예수께서 대답하시되 진실로 진실로 네게 이르노니 사람이 물과
성령으로 나지 아니하면 하나님 나라에 들어갈 수 없느니라

요 3 : 6   육으로 난 것은 육이요 성령으로 난 것은 영이니

딤전 3 : 5   사람이 자기 집을 다스릴 줄 알지 못하면 어찌 하나님의 교회를
돌아보리요

창 2 : 7   여호와 하나님이 흙으로 사람을 지으시고 생기를 그 코에
불어넣으시니 사람이 생령이 된지라

엡 2 : 1   너희의 허물과 죄로 죽었던 너희를 살리셨도다

요 6 : 63   살리는 것은 영이니 육은 무익하니라 내가 너희에게 이른 말이
영이요 생명이라

욥 33 : 4   하나님의 신이 나를 지으셨고 전능자의 기운이 나를 살리시느니라

시 104 : 29-30   주께서 낯을 숨기신즉 저희가 떨고 주께서 저희 호흡을 취하신즉
저희가 죽어 본흙으로 돌아가나이다 주의 영을 보내어 저희를

창조하사 지면을 새롭게 하시나이다

겔 36 : 26   또 새 영을 너희 속에 두고 새 마음을 너희에게 주되 너희 육신에서
굳은 마음을 제하고 부드러운 마음을 줄 것이며

2. 인간편의 사역

중생에 있어서 사람편에서의 수단은 복음을 듣고(롬 1 : 16; 고전 4 : 15,15 :
1-4; 약 1 : 18 참조), 믿음으로 구주 예수 그리스도를 영접하는 것이다(요 1 :
12-13,5 : 24; 갈 3 : 26 참조).

1) 회개와 신앙

인간편에서의 중생은 참된 회개와 믿음으로써 이루어진다(막 1 : 15; 요 1 : 12-
13). 사람이 진정으로 회개하고 예수 그리스도를 구주로 마음에 영접하게 될 때
하나님께서는 성령을 통하여 그에게 중생의 은혜를 주시는 것이다(요 1 : 12-13).

요 1 : 12-13   영접하는 자 곧 그 이름을 믿는 자들에게는 하나님의 자녀가 되는
권세를 주셨으니 이는 혈통으로나 육정으로나 사람의 뜻으로 나지
아니하고 오직 하나님께로서 난 자들이니라

막 1 : 15   가라사대 때가 찼고 하나님 나라가 가까웠으니 회개하고 복음을
믿으라 하시더라

2) 복음을 받아들임

사람이 예수 그리스도의 복음 진리를 기쁨으로 받아들이게 될 때 하나님께서는
그 진리의 말씀으로 그 사람을 다시 나게 해주시는 것이다(약 1 : 18; 벧전 1 :
23; 고전 4 : 15; 행 16 : 14).

약 1 : 18   그가 그 조물 중에 우리로 한 첫 열매가 되게 하시려고 자기의 뜻을
좇아 진리의 말씀으로 우리를 낳으셨느니라

벧전 1 : 23   너희가 거듭난 것이 썩어질 씨로 된 것이 아니요 썩지 아니할 씨로
된 것이니 하나님의 살아 있고 항상 있는 말씀으로 되었느니라

| 고전4 : 15 | 그리스도 안에서 일만 스승이 있으되 아비는 많지 아니하니 그리스도 예수 안에서 복음으로써 내가 너희를 낳았음이라 |
| 행 16 : 14 | 두아디라 성의 자주 장사로서 하나님을 공경하는 루디아라 하는 한 여자가 들었는데 주께서 그 마음을 열어 바울의 말을 청종하게 하신지라 |

Ⅳ. 중생의 결과

중생의 결과는 여러 가지를 들 수 있다. 그러나 그 중에서 중요한 몇 가지만 생각해 보고자 한다.

1. 중생자의 상태
1) 그리스도를 믿음

중생자는 그리스도를 구주로 영접하고 믿음으로써 하나님의 자녀가 되는 권세를 누린다(요일 5 : 1,2 : 23; 요 1 : 12; 갈 3 : 26).

요일 5 : 1	예수께서 그리스도이심을 믿는 자마다 하나님께로서 난 자니 또한 내신 이를 사랑하는 자마다 그에게서 난 자를 사랑하느니라
요일 2 : 23	아들을 부인하는 자에게는 또한 아버지가 없으되 아들을 시인하는 자에게는 아버지도 있느니라
요 1 : 12	영접하는 자 곧 그 이름을 믿는 자들에게는 하나님의 자녀가 되는 권세를 주셨으니
갈 3 : 26	너희가 다 믿음으로 말미암아 그리스도 예수 안에서 하나님의 아들이 되었으니

2) 범죄하지 않음

예수님을 믿고 거듭난 자는 무슨 죄든지 계속 짓지 못한다(요일 3 : 9; 시 1 : 1).

| 요일 3 : 9 | 하나님께로서 난 자마다 죄를 짓지 아니하노니 이는 하나님의 씨가 그 속에 거함이요 저도 범죄치 못하는 것은 하나님께로서 났음이라 |

| 시 1 : 1 | 복 있는 사람은 악인의 꾀를 좇지 아니하며 죄인의 길에 서지 아니하며 오만한 자의 자리에 앉지 아니하고 |

3) 의를 행함

중생한 자는 주 안에 거하며 의를 행하게 된다. 주는 의로우시기 때문이다(요일 2 : 29; 요일 1 : 9).

| 요일 2 : 29 | 너희가 그의 의로우신 줄을 알면 의를 행하는 자마다 그에게서 난 줄을 알리라 |
| 요일 1 : 9 | 만일 우리가 우리 죄를 자백하면 저는 미쁘시고 의로우사 우리 죄를 사하시며 모든 불의에서 우리를 깨끗케 하실 것이요 |

4) 형제를 사랑함

중생한 자는 형제를 사랑한다. 성경에 하나님께로서 난 자는 하나님을 사랑하고 또한 하나님의 자녀 된 자들을 사랑한다고 했다(요일 5 : 1,4 : 7-8; 마 5 : 44; 눅 6 : 27; 롬 12 : 20).

요일 4 : 7-8	사랑하는 자들아 우리가 서로 사랑하자 사랑은 하나님께 속한 것이니 사랑하는 자마다 하나님께로 나서 하나님을 알고 사랑하지 아니하는 자는 하나님을 알지 못하나니 이는 하나님은 사랑이심이라
요일 5 : 1	예수께서 그리스도이심을 믿는 자마다 하나님께로서 난 자니 또한 내신 이를 사랑하는 자마다 그에게서 난 자를 사랑하느니라
마 5 : 44	나는 너희에게 이르노니 너희 원수를 사랑하며 너희를 핍박하는 자를 위하여 기도하라
눅 6 : 27	그러나 너희 듣는 자에게 내가 이르노니 너희 원수를 사랑하며 너희를 미워하는 자를 선대하며
롬 12 : 20	네 원수가 주리거든 먹이고 목마르거든 마시우라 그리함으로 네가 숯불을 그 머리에 쌓아 놓으리라

5) 하나님을 기쁘시게 함

중생하지 못하고 육욕 속에 거하는 자는 하나님을 기쁘시게 못하나, 중생함으로써 육 본위의 생활 원리에서 영 본위의 생활 원리로의 결단의 선을 넘어선 사람은 하나님을 기쁘시게 한다(롬 8 : 8; 히 11 : 6).

롬 8 : 8	육신에 있는 자들은 하나님을 기쁘시게 할 수 없느니라
히 11 : 6	믿음이 없이는 기쁘시게 못하나니 하나님께 나아가는 자는 반드시 그가 계신 것과 또한 그가 자기를 찾는 자들에게 상 주시는 이심을 믿어야 할지니라

6) 하나님의 뜻을 분별함

중생한 자는 영의 눈과 귀가 열려 하나님의 영적 교제가 가능하기 때문에 하나님의 뜻을 분별하게 된다(롬 12 : 2).

롬 12 : 2	너희는 이 세대를 본받지 말고 오직 마음을 새롭게 함으로 변화를 받아 하나님의 선하시고 기뻐하시고 온전하신 뜻이 무엇인지 분별하도록 하라

7) 화평과 거룩함을 좇음

거듭남으로써 거룩하신 하나님의 성품을 소유하게 된 자는(고후 5 : 17; 벧후 1 : 4; 히 12 : 14) 모든 사람들로 더불어 화평과 거룩함을 좇게 된다.

고후 5 : 17	그런즉 누구든지 그리스도 안에 있으면 새로운 피조물이라 이전 것은 지나갔으니 보라 새것이 되었도다
벧후 1 : 4	이로써 그 보배롭고 지극히 큰 약속을 우리에게 주사 이 약속으로 말미암아 너희로 정욕을 인하여 세상에서 썩어질 것을 피하여 신의 성품에 참예하는 자가 되게 하려 하셨으니
히 12 : 14	모든 사람으로 더불어 화평함과 거룩함을 좇으라 이것이 없이는 아무도 주를 보지 못하리라

8) 죄와 사망의 율법에서 자유함

죄와 허물로 죽었던 심령이 예수 그리스도를 믿고 거듭나 새사람이 된 자는 죄와 사망의 율법에서 자유케 된다(롬 8 : 2).

롬 8 : 2 이는 그리스도 예수 안에 있는 생명의 성령의 법이 죄와 사망의 법에서 너를 해방하였음이라

9) 아들됨의 영을 소유함

예수 그리스도를 구주로 영접한 사람은 하나님의 아들이 되고 아들의 영을 소유한다(롬 8 : 9,15).

롬 8 : 9 만일 너희 속에 하나님의 영이 거하시면 너희가 육신에 있지 아니하고 영에 있나니 누구든지 그리스도의 영이 없으면 그리스도의 사람이 아니라

롬 8 : 15 너희는 다시 무서워하는 종의 영을 받지 아니하였고 양자의 영을 받았으므로 아바 아버지라 부르짖느니라

10) 그리스도와 함께 후사가 됨

거듭난 사람은 하나님의 자녀이며, 또한 하나님의 후사이다. 그러므로 그리스도와 함께 하늘에 간직되어 있는 기업을 잇게 된다(갈 4 : 1-7; 롬 8 : 15; 벧전 1 : 3-5; 롬 8 : 16-17).

갈 4 : 1-7 내가 또 말하노니 유업을 이을 자가 모든 것의 주인이나 어렸을 동안에는 종과 다름이 없어서 그 아버지의 정한 때까지 후견인과 청지기 아래 있나니 이와 같이 우리도 어렸을 때에 이 세상 초등 학문 아래 있어서 종노릇하였더니 때가 차매 하나님이 그 아들을 보내사 여자에게서 나게 하시고 율법 아래 나게 하신 것은 율법 아래 있는 자들을 속량하시고 우리로 아들의 명분을 얻게 하려 하심이라 너희가 아들인 고로 하나님이 그 아들의 영을 우리 마음 가운데 보내사 아바 아버지라 부르게 하셨느니라 그러므로 네가

이 후로는 종이 아니요 아들이니 아들이면 하나님으로 말미암아
유업을 이을 자니라

롬 8 : 15   너희는 다시 무서워하는 종의 영을 받지 아니하였고 양자의 영을
받았으므로 아바 아버지라 부르짖느니라

벧전 1 : 3-5   찬송하리로다 우리 주 예수 그리스도의 아버지 하나님이 그
많으신 긍휼대로 예수 그리스도의 죽은 자 가운데서 부활하심으로
말미암아 우리를 거듭나게 하사 산 소망이 있게 하시며 썩지 않고
더럽지 않고 쇠하지 아니하는 기업을 잇게 하시나니 곧 너희를
위하여 하늘에 간직하신 것이라 너희가 말세에 나타내기로 예비하신
구원을 얻기 위하여 믿음으로 말미암아 하나님의 능력으로
보호하심을 입었나니

롬 8 : 16-17   성령이 친히 우리 영으로 더불어 우리가 하나님의 자녀인 것을
증거하시나니 자녀이면 또한 후사 곧 하나님의 후사요 그리스도와
함께 한 후사니 우리가 그와 함께 영광을 받기 위하여 고난도 함께
받아야 될 것이니라

11) 영에 속한 자 됨(롬 8 : 9)

거듭난 자는 그 속에 그리스도의 영이 있고(롬 8 : 9), 그리스도께서 하나님 안
에 계심으로(요 14 : 10 참조) 인하여 영에 속한 자가 된다(요 17 : 21, 14 : 8-11
참조).

롬 8 : 9   만일 너희 속에 하나님의 영이 거하시면 너희가 육신에 있지
아니하고 영에 있나니 누구든지 그리스도의 영이 없으면 그리스도의
사람이 아니라

요 17 : 21   아버지께서 내 안에 내가 아버지 안에 있는 것같이 저희도 다 하나가
되어 우리 안에 있게 하사 세상으로 아버지께서 나를 보내신 것을
믿게 하옵소서

12) 마음이 새로워짐

허물과 죄로 영혼이 죽은 인간의 마음은 심히 부패한 상태이나(렘 17 : 9 참조)

예수님을 믿고 성령으로 거듭나면 마음도 새롭게 변화된다(롬 12 : 2; 고후 4 :
16,5 : 17; 엡 4 : 22; 롬 6 : 4).

롬 12 : 2	너희는 이 세대를 본받지 말고 오직 마음을 새롭게 함으로 변화를 받아 하나님의 선하시고 기뻐하시고 온전하신 뜻이 무엇인지 분별하도록 하라
고후 4 : 16	그러므로 우리가 낙심하지 아니하노니 겉사람은 후패하나 우리의 속은 날로 새롭도다
고후 5 : 17	그런즉 누구든지 그리스도 안에 있으면 새로운 피조물이라 이전 것은 지나갔으니 보라 새것이 되었도다
엡 4 : 22-24	너희는 유혹의 욕심을 따라 썩어져 가는 구습을 좇는 옛사람을 벗어 버리고 오직 심령으로 새롭게 되어 하나님을 따라 의와 진리의 거룩함으로 지으심을 받은 새사람을 입으라
롬 6 : 4	그러므로 우리가 그의 죽으심과 합하여 세례를 받음으로 그와 함께 장사되었나니 이는 아버지의 영광으로 말미암아 그리스도를 죽은 자 가운데서 살리심과 같이 우리로 또한 새 생명 가운데서 행하게 하려 함이니라

2. 중생자의 생활
1) 하나님의 자녀로서 새 생활을 함

중생자는 하나님의 생명과 성품을 받고 하나님의 자녀가 되어 하나님의 집의
한가족이 되었으므로 하나님의 자녀답게 생활을 하게 된다(엡 2 : 19-22).

엡 2 : 19-22	그러므로 이제부터 너희가 외인도 아니요 손도 아니요 오직 성도들과 동일한 시민이요 하나님의 권속이라 너희는 사도들과 선지자들의 터 위에 세우심을 입은 자라 그리스도 예수께서 친히 모퉁이 돌이 되셨느니라 그의 안에서 건물마다 서로 연결하여 주안에서 성전이 되어 가고 너희도 성령 안에서 하나님의 거하실 처소가 되기 위하여 예수 안에서 함께 지어져 가느니라

2) 착한 생활을 함

중생한 자는 세상의 빛과 소금이 되어 죄악에 동화되지 않고 세상에 대하여 신령한 감화를 주면서 헌신적인 봉사의 생활을 한다(마 5 : 13-14, 16).

마 5 : 13-14　　너희는 세상의 소금이니 소금이 만일 그 맛을 잃으면 무엇으로
　　　　　　　　짜게 하리요 후에는 아무 쓸데없어 다만 밖에 버리워 사람에게
　　　　　　　　밟힐 뿐이니라 너희는 세상의 빛이라 산 위에 있는 동네가 숨기우지
　　　　　　　　못할 것이요

마 5 : 16　　　이같이 너희 빛을 사람 앞에 비취게 하여 저희로 너희 착한 행실을
　　　　　　　　보고 하늘에 계신 너희 아버지께 영광을 돌리게 하라

3) 새로운 삶의 이상을 가지고 살아감

거듭난 사람은 옛 습관, 취미, 욕망, 의욕을 버리고 믿음 안에서 새로운 삶의 가치관과 이상을 실현해 나간다(빌 3 : 13-14).

빌 3 : 13-14　　형제들아 나는 아직 내가 잡은 줄로 여기지 아니하고 오직 한 일
　　　　　　　　즉 뒤에 있는 것은 잊어버리고 앞에 있는 것을 잡으려고 푯대를
　　　　　　　　향하여 그리스도 예수 안에서 하나님이 위에서 부르신 부름의
　　　　　　　　상을 위하여 좇아가노라

4) 하나님을 기쁘시게 하는 생활을 함

예수님을 믿고 거듭난 사람은 육신의 정욕을 따라 자기 만족을 추구하던 생활을 버리고 하나님께서 기뻐하시는 생활을 한다(히 11 : 6; 롬 8 : 8).

히 11 : 6　　　믿음이 없이는 기쁘시게 못하나니 하나님께 나아가는 자는 반드시
　　　　　　　　그가 계신 것과 또한 그가 자기를 찾는 자들에게 상 주시는 이심을
　　　　　　　　믿어야 할지니라

롬 8 : 8　　　육신에 있는 자들은 하나님을 기쁘시게 할 수 없느니라

5) 세상을 이기는 승리의 생활을 함

거듭나 새사람이 된 사람은 성령이 그 마음속에 계시기 때문에 새로운 능력을
지니게 되므로, 믿음으로 세상과 마귀와 죄악과 정욕을 이기고 세상에서의 승리
자가 된다(요일 5 : 4,3 : 9,4 : 4; 계 3 : 4).

요일 5 : 4   대저 하나님께로서 난 자마다 세상을 이기느니라 세상을 이긴
            이김은 이것이니 우리의 믿음이니라
요일 3 : 9   하나님께로서 난 자마다 죄를 짓지 아니하나니 이는 하나님의
            씨가 그의 속에 거함이요 저도 범죄치 못하는 것은 하나님께로서
            났음이라
요일 4 : 4   자녀들아 너희는 하나님께 속하였고 또 저희를 이기었나니 이는
            너희 안에 계신 이가 세상에 있는 이보다 크심이라
계 3 : 4   그러나 사데에 그 옷을 더럽히지 아니한 자 몇 명이 네게 있어
            흰옷을 입고 나와 함께 다니리니 그들은 합당한 자인 연고라

V. 중생 후의 타락 여부

성경에는 중생을 경험한 사람은 타락할 수 없다고 단정할 만한 귀절과 또 중생
을 경험한 사람도 타락할 수 있다고 주장할 만한 구절이 있다.

1. 문제에 관계된 성경 귀절
1) 중생 후 타락할 수 없다는 근거

성경에는 중생 후에 타락할 수 없다고 단정할 만한 근거가 되는 다음과 같은
구절들이 있다(롬 8 : 29-30; 요 6 : 37-39,10 : 27-28; 요일 2 : 19; 마 15 : 13).
이 구절들의 말씀에 의하면 하나님께서 부르시고 중생의 은사를 경험케 하신 자
는 다시 타락하여 영멸(永滅)에 이르는 일이 없다고 단정할 수 있다.

롬 8 : 29-30   하나님이 미리 아신 자들로 또한 그 아들의 형상을 본받게 하기
              위하여 미리 정하셨으니 이는 그로 많은 형제 중에서 맏아들이
              되게 하려 하심이니라 또 미리 정하신 그들을 또한 부르시고
              부르신 그들을 또한 의롭다 하시고 의롭다 하신 그들을 또한

영화롭게 하셨느니라

요 6 : 37-39   아버지께서 내게 주시는 자는 다 내게로 올 것이요 내게 오는 자는
내가 결코 내어쫓지 아니하리라 내가 하늘로써 내려온 것은 내
뜻을 행하려 함이 아니요 나를 보내신 이의 뜻을 행하려 함이니라
나를 보내신 이의 뜻은 내게 주신자 중에 내가 하나도 잃어버리지
아니하고 마지막 날에 다시 살리는 이것이니라

요 10 : 27-28 내 양은 내 음성을 들으며 나는 저희를 알며 저희는 나를 따르느니라
내가 저희에게 영생을 주노니 영원히 멸망치 아니할 터이요 또
저희를 내 손에서 빼앗을 자가 없느니라

요일 2 : 19   저희가 우리에게서 나갔으나 우리에게 속하지 아니하였으니 만일
우리에게 속하였더면 우리와 함께 거하였으려니와 저희가 나간 것은
다 우리에게 속하지 아니함을 나타내려 함이니라

마 15 : 13   예수께서 대답하여 가라사대 심은 것마다 내 천부께서 심으시지
않은 것은 뽑힐 것이니

2) 중생 후 타락할 수 있다는 근거

히브리서에 보면 한번 중생을 경험한 자도 경우에 따라 타락하고 영원히 멸망
에 빠져 회복의 가망이 없는 것으로 기록되어 있다(히 6 : 4-6 참조).

2. 문제의 성경 귀절에 대한 해석

중생 후에 타락할 수 있다는 근거가 되는 성경 구절(히 6 : 4-6)에 대하여 다음
같은 여러 가지 해석과 견해가 있다.

1) 회개하지 않은 자의 타락

성경 학자 중에 히브리서 6장 4-6절의 타락이 언뜻 보기에 회개했다가 다시 타
락한 것으로 보이지만 실은 아직 참된 회개(회심)를 경험하지 못한 가운데서 최
후적 반항심을 이기지 못한 것이라 한다.

2) 피택되지 않은 자의 타락

또 어떤 이들은 하나님의 택하심과 중생을 구별하고, 택함받은 자는 모두 다

중생케 되는 것이지만 중생한 자라고 반드시 택함받은 자는 아니라는 것이다. 그러므로 피택되지 않은 자는 중생했어도 타락하게 된다는 것이다.

3) 명의상 신자의 타락

이는 히브리서 6장 4-6절의 해당되는 자는 아직 영광의 그리스도의 참생명을 소유하지 못한 명의상(名儀上)의 신자라는 것이다(John Nelson Darby). 그리고 하나님께서 히브리서 6장 4-6절에 해당되는 자들에게 일시적으로 진리를 보여 주셨을 뿐이지 그들은 본래 택함받은 자가 아니며, 그러기에 진심으로 그리스도께 의뢰한 것이 아니었다고 한다.

4) 중생자는 타락하지 않음

중생자는 결코 타락하지 않는다는 것과 하나님께서 효과 있게 택하신 자들은 궁극적 타락에 초월한다는 것을 전제로 히브리서 6장 4-6절에서의 타락한 자는 진실로 거듭난 자가 아니라 명목상(名目上) 혹은 임시적 신자(막 4 : 17)였다는 것이다. 그리고 타락하는 것도 두 가지가 있으니 하나는 특수한 것(전적으로 은혜를 거부하는 죄)이고 하나는 일반적인 것(일반적 범죄)이라 한다. 따라서 모든 죄가 타락인데 히브리서 6장 4-6절에서 말하는 타락이란 일반적인 타락(도둑질이나 위증이나 살인이나 술 취함이나 간음 같은 것)을 말하는 것이 아니라, 즉 죄인이 하나님께 일반적인 어떤 한 가지 일로 범죄한 것이 아니라 전적으로 그분의 은혜를 거부함에서 오는 복음에서의 전적으로 이탈하는 타락을 가리키는 것이라 하며 그것은 곧 하나님을 전적으로 떠나는 것이고 성령에 대해 범죄하는 것이라 한다. 그리하여 그는 점차적으로 미끄러져 나가 전적 파멸에 이른다는 것이다.

진실로 거듭난 자는 타락할 수 없으며 성경은 분명히 하나님의 택함을 입어 거듭나서 죄에 대해 죽은 자(롬 6 : 2)는 영원히 멸망할 수 없음을 가르치고 있다 (요 6 : 37,29,10 : 27-28,15 : 16; 요일 2 : 29,5 : 18; 이하 참조 롬 8 : 29-30 마 15 : 13)고 주장한다(John Calvin).

막 4 : 17 　　그 속에 뿌리가 없어 잠간 견디다가 말씀을 인하여 환난이나 핍박이

일어나는 때에는 곧 넘어지는 자요

요 6 : 37   아버지께서 내게 주시는 자는 다 내게로 올 것이요 내게 오는 자는
              내가 결코 내어 쫓지 아니하리라

요 6 : 29   예수께서 대답하여 가라사대 하나님이 보내신 자를 믿는 것이
              하나님의 일이니라 하시니

요 10 : 27-28 내 양은 내 음성을 들으며 나는 저희를 알며 저희는 나를 따르느니라
              내가 저희에게 영생을 주노니 영원히 멸망치 아니할 터이요 또
              저희를 내 손에서 빼앗을 자가 없느니라

요 15 : 16   너희가 나를 택한 것이 아니요 내가 너희를 택하여 세웠나니 이는
              너희로 가서 과실을 맺게 하고 또 너희 과실이 항상 있게 하여
              내 이름으로 아버지께 무엇을 구하든지 다 받게 하려 함이니라

요일 2 : 29   너희가 그의 의로우신 줄을 알면 의를 행하는 자마다 그에게서
              난 줄을 알리라

요일 5 : 18   하나님께로서 난 자마다 범죄치 아니하는 줄을 우리가 아노라
              하나님께로서 나신 자가 저를 지키시매 악한 자가 저를 만지지도
              못하느니라

5) 중생자도 타락할 수 있음

신생(중생)자가 범죄하지 않는 것이 원칙이지만(요일 3 : 9,5 : 18) 인간은 연약
하여 범죄하는 경우도 있을 수 있다. 그러나 "··· 만일 누가 죄를 범하면 아버지 앞
에서 우리에게 대언자가 있으니 곧 의로우신 예수 그리스도시라"고 하셨으니(요일
2 : 1) 누구든지 범죄함을 깨닫고 겸손하게 회개하고 믿음으로써 사죄함을 받을
수 있다(웨슬레 알미니안).

요일 3 : 9   하나님께로서 난 자마다 죄를 짓지 아니하나니 이는 하나님의
              씨가 그의 속에 거함이요 저도 범죄치 못하는 것은 하나님께로서
              났음이라

요일 5 : 18   하나님께로서 난 자마다 범죄치 아니하는 줄을 우리가 아노라
              하나님께로서 나신 자가 저를 지키시매 악한 자가 저를 만지지도
              못하느니라

VI. 세례 중생론에 대하여

로마 교회에서는 중생은 영적 갱신(更新)일 뿐만 아니라 칭의 혹은 사죄를 포함한 것이며, 이것은 세례에 의하여 효력이 발생된다고 주장한다.

마르틴 루터(Martin Luther)도 세례 중생의 관념을 가지고 있었다. 그는 성례수(聖禮水)를 보통 물로 보지 않고 내재적(內在的), 신적 능력(神的 能力)을 가진 말씀으로 말미암아 중생의 씻음을 위한 은혜로운 물로 된 것이라고 믿었다. 따라서 이 말씀의 신적 효능으로 말미암아 세례는 중생을 이루어 낸다고 하였다. 그리하여 다수의 루터파에서 일종의 세례 중생론(洗禮重生論)을 가르친다.

그러나 루터파 중 어떤 이들에 의하면 세례 중생론은 영적 갱신을 포함하는 것이 아니고 단순히 수세인(受洗人)을 교회와 새로운 관계에 들어가게 하는 것이라고 주장한다.

성경 학자들 가운데는 "물과 성령으로 난다"(요 3 : 5) 라는 예수님의 말씀이 세례를 통한 중생의 가능성과 그 필요성을 주장하신 것이라고 한다. 예수님께서 신생의 요소로써 "물과 성령"을 제시하신 것은 물의 세례와 성령의 세례를 표징하셨다고 볼 수 있다(요 1 : 33).

그러나 여기서 물과 성령으로 난다는 말은 "사람이 세례 의식을 거행함으로 그 효력으로 거듭나게 된다는 것이 아니라 마치 한 알의 밀이 땅에 떨어져 죽으므로 새로운 생명이 발생하고 성장하여 많은 결실을 맺음과 같이 사람이 회개하는 마음으로 물에 들어가 잠기므로 옛사람이 죽고 믿음으로 성령에 들어가 하나님의 새 생명을 얻음으로 신생(중생)함을 뜻한다"(Watchmam Nee).

그리고 "물과 성령으로 난다" 라는 말의 "물"은 중생의 방편으로써의 세례를 가리킨 것이 아니고 성경 말씀을 가리킨 것이라고 보는 것이 타당하다. 그 이유는 성경에 이르기를 "곧 물로 씻어 말씀으로 깨끗하게 하사 거룩하게 하시고" 라고 (엡 5 : 26) 함으로써 "말씀"을 "물"에 비유했고, 또 "너희가 거듭난 것이 썩어질 씨로 된 것이 아니요 썩지 아니할 씨로 된 것이니 하나님의 살아 있고 항상 있는 말씀으로 되었느니라"고 하였으며(벧전 1 : 23), "그가 그 조물(造物) 중에 우리로 한 첫 열매가 되게 하시려고 자기의 뜻을 좇아 진리의 말씀으로 우리를 낳으셨느니라"(약 1 : 18)고 하였기 때문이다.

요 3 : 5   예수께서 대답하시되 진실로 진실로 네게 이르노니 사람이 물과
             성령으로 나지 아니하면 하나님 나라에 들어갈 수 없느니라

요 1 : 33   나도 그를 알지 못하였으나 나를 보내어 물로 세례를 주라 하신
             그이가 나에게 말씀하시되 성령이 내려서 누구 위에든지 머무는
             것을 보거든 그가 곧 성령으로 세례를 주는 이인줄 알라 하셨기에

칭의

구원론에 있어서 칭의(稱義 : Justification)란 "범죄한 인간이 하나님 앞에서 의롭다고 인정을 받는 교리"이다.

Ⅰ. 칭의를 나타내는 용어

1. 구약의 용어

구약에서 칭의(稱義)의 개념을 표현하는 히브리어는 "히츠띠크"(Hidsdik)이다. 이 말은 "의롭다 함"이란 뜻이 있는데, 대다수의 경우에서 "사람의 신분이 율법의 요구에 조화된다는 것을 재판적으로 선고함"을 의미한다(출 23 : 7; 신 25 : 1; 잠 17 : 15; 사 5 : 23). 다시 말하면 이 "히츠띠크"(의롭다 함)란 말은 하나님께서 심판장의 자격으로 사람을 의롭다고 선언하시는 관념을 표현하는 용어이다. 그러므로 칭의(稱義)란 법적 재판의 의의를 지닌 용어로서 사람을 의롭다고 선언하는 것, 그에게 의인의 신분을 부여하는 것, 법적 결정에 의해 그를 의로운 자로 발표하는 것으로 사용된다. 구약에 칭의(稱義)을 표현하는 다른 말로 또 "치떼크"(Tsiddek)라는 용어가 있는데 이 말도 하나님께서 심판장의 자격으로 사람을 의롭다고 선언하시는 뜻으로 사용된다.

다윗이 "내가 주께만 범죄하여 주의 목전에서 악을 행하였사오니 주께서 말씀하실 때에 의로우시다 하고 판단하실 때에 순전하시다 하리이다"(시 51 : 4) 라고 한 것은 구약 시대의 칭의의 개념을 여실히 보여 준다. 다윗은 범죄한 자신의 속죄의 제사와 회개의 기도를 들으신 하나님께서 심판장의 자격으로 의롭다고 선언하심으로써 죄인인 자기가 의인으로 간주되어 형벌을 받지 않게 된다는 것을 믿은 것이다.

출 23 : 7   거짓 일을 멀리하며 무죄한 자와 의로운 자를 죽이지 말라 나는
            악인을 의롭다 하지 아니하겠노라
신 25 : 1   사람과 사람 사이에 시비가 생겨서 재판을 청하거든 재판장은
            그들을 재판하여 의인은 의롭다 하고 악인은 정죄할 것이며
잠 17 : 15   악인을 의롭다 하며 의인을 악하다 하는 이 두 자는 다 여호와의
            미워하심을 입느니라
사 5 : 23   그들은 뇌물로 인하여 악인을 의롭다 하고 의인에게서 그 의를
            빼앗는도다

2. 신약의 용어

1) 디카이오-(Dikaio-o)

헬라어 동사 "디카이오-"(Dikaio-o)는 "의롭다 한다"란 말로 히브리어의 "히츠띠크"(Hidsdik)와 같은 의미를 가지고 있다. 이 말도 역시 "사람을 의롭다고 선언함"을 가리키는 용어이다(롬 3 : 20-28 참조; 4 : 5-7,5 : 1; 갈 2 : 16,3 : 11,5 : 4). 이 말은 사람의 윤리적 의(倫理的 義)에 관하여 말하지 않고, 재판 혹은 법적 결정으로 결과된 의인(義人)의 신분에 관해 언급하는 말이다. 성경에 종종 이 말은 사람의 도덕적 성격이 율법과 일치한다는 개념적 선언에서 사용했다(마 12 : 37; 눅 7 : 29; 롬 3 : 4). 바울 서신에서 이 말은 "어떤 사람에 관해서 생명의 조건으로써의 율법의 요구가 충분히 만족되었다는 것을 재판적으로 선고하는 것"을 나타내고 있다(행 13 : 39; 롬 5 : 1,9,8 : 30-33 참조; 고전 6 : 11; 갈 2 : 16,3 : 11 참조).

롬 4 : 5-7   일을 아니할지라도 경건치 아니한 자를 의롭다 하시는 이를 믿는
            자에게는 그의 믿음을 의로 여기시나니 일한 것이 없이 하나님께
            의로 여기심을 받는 사람의 행복에 대하여 다윗의 말한 바 그
            불법을 사하심을 받고 그 죄를 가리우심을 받는 자는 복이 있고
롬 5 : 1   그러므로 우리가 믿음으로 의롭다 하심을 얻었은 즉 우리 주 예수
            그리스도로 말미암아 하나님으로 더불어 화평을 누리자
갈 2 : 16   사람이 의롭게 되는 것은 율법의 행위에서 난 것이 아니요 오직
            예수 그리스도를 믿음으로 말미암는 줄 아는 고로 우리도 그리스도
            예수를 믿나니 이는 우리가 율법의 행위에서 아니고 그리스도를

믿음으로서 의롭다 함을 얻으려 함이라 율법의 행위로서는 의롭다
함을 얻을 육체가 없느니라

갈 3 : 11 또 하나님 앞에서 아무나 율법으로 말미암아 의롭게 되지 못할
것이 분명하니 이는 의인이 믿음으로 살리라 하였음이니라

갈 5 : 4 율법 안에서 의롭다 함을 얻으려 하는 너희는 그리스도에게서
끊어지고 은혜에서 떨어진 자로다

마 12 : 37 네 말로 의롭다 함을 받고 네 말로 정죄함을 받으리라

눅 7 : 29 모든 백성과 세리들은 이미 요한의 세례를 받은 지라 이 말씀을
듣고 하나님을 의롭다 하되

롬 3 : 4 그럴 수 없느니라 사람은 다 거짓되되 오직 하나님은 참되시다
할지어다 기록된 바 주께서 주의 말씀에 의롭다 함을 얻으시고
판단받으실 때에 이기려 하심이라 함과 같으니라

행 13 : 39 또 모세의 율법으로 너희가 의롭다 하심을 얻지 못하던 모든 일에도
이 사람을 힘입어 믿는 자마다 의롭다 하심을 얻는 이것이라

롬 5 : 9 그러면 이제 우리가 그 피를 인하여 의롭다 하심을 얻었은즉 더욱
그로 말미암아 진노하심에서 구원을 얻을 것이니

고전 6 : 11 너희 중에 이와 같은 자들이 있더니 주 예수 그리스도의 이름과
우리 하나님의 성령 안에서 씻음과 거룩함과 의롭다 하심을
얻었느니라

갈 2 : 16 사람이 의롭게 되는 것은 율법의 행위에서 난 것이 아니요 오직
예수 그리스도를 믿음으로 말미암는 줄 아는 고로 우리도 그리스도
예수를 믿나니 이는 우리가 율법의 행위에서 아니고 그리스도를
믿음으로써 의롭다 함을 얻으려 함이라 율법의 행위로써는 의롭다
함을 얻을 육체가 없느니라

2) 디카이오시스(Dikaiosis)

헬라어 명사 "디카이오시스"(Dikaiosis)는 "칭의"(稱義) 또는, "의롭다 하심"의
뜻으로 신약의 두 곳에서만 발견된다(롬 4 : 25, 5 : 18). 이것은 사람들이 죄책(罪
責: 범죄에 대한 책임〈형벌〉)에서 해방되고 하나님께 열납된다는 것을 선고하는
하나님의 재판적 선언을 나타내는 말이다. 이 말은 그리스도의 의가 법적으로 우
리의 것이 된 결과로 우리의 신분이 율법의 요구에 조화된다는 것을 선언하는 뜻

을 담고 있다. 이 말은 우리가 범죄로 인한 형벌받을 책임에서 해방되고 하나님께 순종함에 대하여 약속된 상(賞)들이 우리에게 속한다는 것을 선포하는 용어이다.

> 롬 4 : 25   예수는 우리 범죄함을 위하여 내어줌이 되고 또한 우리를 의롭다
>   하심을 위하여 살아나셨느니라
> 롬 5 : 18   그런즉 한 범죄로 많은 사람이 정죄에 이른 것같이 의의 한 행동으로
>   말미암아 많은 사람이 의롭다 하심을 받아 생명에 이르렀느니라

3) 디카이오스(Dikaios)

헬라어 형용사 "디카이오스"(Dikaios)는 "의롭다"는 뜻으로 이는 세 가지 의미를 가지고 있다. ① "한번도 죄 짓지 않은 상태", ② "하나님 앞에 부끄러움 없이 설 수 있는 자격 상태", ③ "마귀로부터 참소를 받지 않는 상태"를 의미한다.

3. 신학적 용어

칭의에 대한 신학 용어는 "저스티피케이션"(Justification)이다. 이는 라틴어의 "저스티피카레"(Justificare)(의롭게 하다)에서 온 말로써 "하나님에 의하여 의롭다 함을 인정받음", 즉 "칭의"(稱義), 혹은 "의인"(義認)의 뜻을 나타내는 용어이다.

II. 칭의의 개념
1. 칭의(稱義)의 정의

칭의(稱義; Justification)는 하나님께서 인간에 대해 "의롭다"라고 선언하시는 것을 의미한다(롬 3 : 20-24,4 : 5-7; 갈 2 : 16-17,5 : 4). 즉 칭의(稱義)는 죄인된 인간이 공의로운 재판장이신 하나님에 의하여 "의롭다고 인정을 받는 것(죄 없다고 무죄 선고를 받음)"을 의미한다. 칭의(稱義)는 범죄로 인하여 죄인의 위치에 처해 있던 인간이 예수 그리스도를 구주로 믿고 영접하므로 하나님께로부터 "무죄하다(의롭다)"는 인정을 받고 범죄 이전의 의(義)의 상태와 위치(位置)에로 복귀하는 것을 의미한다. 그러므로 칭의(稱義)는 "정죄를 받지 않는다"라는 것(롬 8 : 1,33-34)과 "그리스도의 공로로 인하여 인간을 의인으로 간주한다"는 것(롬 3 :

20-28,4 : 5-7,5 : 1; 갈 2 : 16,3 : 11,5 : 4; 요일 2 : 2)을 의미한다. 따라서 칭의
(稱義)는 정죄(定罪)와 반대되는 개념이며 죄인을 사면한다는 개념이다(롬 8 :
33-34; 요 3 : 18,5 : 24; 롬 4 : 6-7,5 : 8; 고후 5 : 19). 범죄한 인간은 스스로 자
신을 의롭게 못한다. 그러기에 죄인된 인간이 하나님 앞에 의롭게 되는 것은 하
나님의 의인(義認 ; 무죄 선고)으로써 만이 가능하다(롬 8 : 33).

　하나님이 믿는 자들을 의롭다고 인정하시는 칭의(稱義)의 선포는 죄가 없기 때
문이 아니라 대인 속죄(代人贖罪)하신 그리스도의 십자가 공로를 인하여 그들의
죄를 죄로 여기지 않겠다고 하시는 하나님의 법정적 판결 선고(宣告)인 것이다.

롬 4 : 5-7	일을 아니할지라도 경건치 아니한 자를 의롭다 하시는 이를 믿는 자에게는 그의 믿음을 의로 여기시나니 일한 것이 없이 하나님께 의로 여기심을 받는 사람의 행복에 대하여 다윗의 말한 바 그 불법을 사하심을 받고 그 죄를 가리우심을 받는 자는 복이 있고
갈 2 : 16-17	사람이 의롭게 되는 것은 율법의 행위에서 난 것이 아니요 오직 예수 그리스도를 믿음으로 말미암는 줄 아는 고로 우리도 그리스도 예수를 믿나니 이는 우리가 율법의 행위에서 아니고 그리스도를 믿음으로서 의롭다 함을 얻으려 함이라 율법의 행위로서는 의롭다 함을 얻을 육체가 없느니라 만일 우리가 그리스도 안에서 의롭게 되려 하다가 죄인으로 나타나면 그리스도께서 죄를 짓게 하는 자냐 결코 그럴 수 없느니라
갈 5 : 4	율법 안에서 의롭다 함을 얻으려 하는 너희는 그리스도에게서 끊어지고 은혜에서 떨어진 자로다
롬 8 : 1	그러므로 이제 그리스도 예수 안에 있는 자에게는 결코 정죄함이 없나니
롬 8 : 33-34	누가 능히 하나님의 택하신 자들을 송사하리요 의롭다 하신 이는 하나님이시니 누가 정죄하리요 죽으실 뿐 아니라 다시 살아나신 이는 그리스도 예수시니 그는 하나님 우편에 계신 자요 우리를 위하여 간구하시는 자시니라
롬 3 : 20-28	그러므로 율법의 행위로 그의 앞에 의롭다 하심을 얻을 육체가 없나니 율법으로는 죄를 깨달음이니라 이제는 율법 외에 하나님의 한 의가 나타났으니 율법과 선지자들에게 증거를 받은 것이라

곧 예수 그리스도를 믿음으로 말미암아 모든 믿는 자에게 미치는
하나님의 의니 차별이 없느니라 모든 사람이 죄를 범하였으매
하나님의 영광에 이르지 못하더니 그리스도 예수 안에 있는
구속으로 말미암아 하나님의 은혜로 값없이 의롭다 하심을 얻은
자 되었느니라 이 예수를 하나님이 그의 피로 인하여 믿음으로
말미암는 화목 제물로 세우셨으니 이는 하나님께서 길이 참으시는
중에 전에 지은 죄를 간과하심으로 자기의 의로우심을 나타내려
하심이니 곧 이 때에 자기의 의로우심을 나타내사 자기도
의로우시며 또한 예수 믿는 자를 의롭다 하려 하심이니라 그런즉
자랑할 데가 어디뇨 있을 수가 없느니라 무슨 법으로냐 행위로냐
아니라 오직 믿음의 법으로니라 그러므로 사람이 의롭다 하심을
얻는 것은 율법의 행위에 있지 않고 믿음으로 되는 줄 우리가
인정하노라

롬 5 : 1   그러므로 우리가 믿음으로 의롭다 하심을 얻었은즉 우리 주 예수
그리스도로 말미암아 하나님으로 더불어 화평을 누리자

갈 3 : 11   또 하나님 앞에서 아무나 율법으로 말미암아 의롭게 되지 못할
것이 분명하니 이는 의인이 믿음으로 살리라 하였음이니라

요일 2 : 2   저는 우리 죄를 위한 화목 제물이니 우리만 위할 뿐 아니요 온
세상의 죄를 위하심이라

요 3 : 18   저를 믿는 자는 심판을 받지 아니하는 것이요 믿지 아니하는 자는
하나님의 독생자의 이름을 믿지 아니하므로 벌써 심판을 받은
것이니라

요 5 : 24   내가 진실로 진실로 너희에게 이르노니 내 말을 듣고 또 나 보내신
이를 믿는 자는 영생을 얻었고 심판에 이르지 아니하나니 사망에서
생명으로 옮겼느니라

롬 5 : 8   우리가 아직 죄인되었을 때에 그리스도께서 우리를 위하여
죽으심으로 하나님께서 우리에게 대한 자기의 사랑을
확증하셨느니라

고후 5 : 19 이는 하나님께서 그리스도 안에 계시사 세상을 자기와 화목하게
하시며 저희의 죄를 저희에게 돌리지 아니하시고 화목하게 하는
말씀을 우리에게 부탁하셨느니라

2. 칭의의 본질과 특성
1) 법률상 무죄 선언임

칭의는 죄인된 사람을 의롭게 만들거나 또는 선하게 거룩하게 만드는 것을 의미하지 않는다. 다만 칭의는 하나님께서 그리스도의 대속과 그분의 완전한 의를 근거로 하여(롬 3 : 24) 그분을 믿는 죄인을 의롭다고 선언(무죄 선고)하시는 법정(法廷) 행위로서의 특성이 있다(롬 8 : 33). 예컨데 한 재판관이 피고인을 의롭다고 선고할 때 그 재판관은 그 사람을 의롭게 또는, 올바르게 만드는 것은 아니다. 재판관은 단순히 그 재판에서 그 사람은 기소된 내용의 죄책이 없다는 것과 그 사건에 관한 한 법률상 무죄하다는 선언을 할 뿐이다. 마찬가지로 칭의도 재판관이신 하나님이 집행할 법률(율법)과 그 피고인(죄인된 인간)과의 관계에 있어서 단순히 죄책이 없다(무죄하다)는 선고일 뿐이다.

롬 3 : 24   그리스도 예수 안에 있는 구속으로 말미암아 하나님의 은혜로
                 값 없이 의롭다 하심을 얻은 자 되었느니라
롬 8 : 33   누가 능히 하나님의 택하신 자들을 송사하리요 의롭다 하신 이는
                 하나님이시니

2) 절대적 판결(선고)임

죄인에 대한 무죄 선고로서의 하나님의 칭의(의롭다 인정하심)는 하나님의 법정에서의 절대적 판결로서의 의미가 있다. 그리스도를 믿는 자에 대한 하나님의 칭의는 다시 번복될 수 없고, 누구도 그를 다시 정죄하거나 고소할 수 없는 최고 법정의 최종적 판결의 선언인 것이다(롬 8 : 33).

롬 8 : 33   누가 능히 하나님의 택하신 자들을 송사하리요 의롭다 하신 이는
                 하나님이시니

3) 불의한 자에 대한 칭의임

칭의란 불의한 자에 대하여 의롭다 하는 것이다. 즉 하나님의 칭의란 의인을 의롭다 하는 칭의가 아니라 범죄한 사람, 악을 행한 사람, 하나님의 정죄와 저주

아래 놓여 있는 불의한 사람에 대한 칭의라는데 특성이 있다(롬 4 : 5,3 : 19-24).
그렇다면 어떻게 하나님께서 불의한 자를 의롭다 하실 수 있는가? 바로 그것은
십자가에 달려 인간의 죄를 대신 속죄하신 그리스도의 의가 죄인 된 우리에게 전
가(轉嫁)되기 때문이다(롬 5 : 18-19).

롬 4 : 5	일을 아니할지라도 경건치 아니한 자를 의롭다 하시는 이를 믿는
	자에게는 그의 믿음을 의로 여기시나니
롬 3 : 19-24	우리가 알거니와 무릇 율법이 말하는 바는 율법 아래 있는 자들에게
	말하는 것이니 이는 모든 입을 막고 온 세상으로 하나님의 심판
	아래 있게 하려 함이니라 그러므로 율법의 행위로 그의 앞에
	의롭다 하심을 얻을 육체가 없나니 율법으로는 죄를 깨달음이니라
	이제는 율법 외에 하나님의 한 의가 나타났으니 율법과
	선지자들에게 증거를 받은 것이라 곧 예수 그리스도를 믿음으로
	말미암아 모든 믿는 자에게 미치는 하나님의 의니 차별이 없느니라
	모든 사람이 죄를 범하였으매 하나님의 영광에 이르지 못하더니
	그리스도 예수 안에 있는 구속으로 말미암아 하나님의 은혜로
	값 없이 의롭다 하심을 얻은 자 되었느니라
롬 5 : 18-19	그런즉 한 범죄로 많은 사람이 정죄에 이른 것 같이 의의 한
	행동으로 말미암아 많은 사람이 의롭다 하심을 받아 생명에
	이르렀느니라

4) 하나님의 선물임

칭의는 하나님의 거저 주시는 선물이다. 인간은 스스로 자신을 의롭게 할 수
없으며, 또 자기가 공로를 세워서 의롭다 함을 받을 수도 없는 존재들이다. 그러
면 죄인된 인간이 어떻게 하나님 앞에 의롭다 함을 받을 수 있는가? 그것은 전적
으로 하나님의 일방적인 칭의(稱義 : 의롭다 선언하심)로써만이 가능하다(롬 8 :
33). 그러므로 사도 바울은 우리가 "의롭다 함"을 받는 것은 하나님의 거저 주시
는 "은혜의 선물"이라고 하였다(롬 5 : 17). 칭의는 받을 자격이 없는 자들에게 거
저 주시는 하나님의 은혜의 선물로서 우리는 오직 믿음으로 이 선물을 받게 되는
것이다(롬 3 : 28).

롬 8 : 33	누가 능히 하나님의 택하신 자들을 송사하리요 의롭다 하신이는 하나님이시니
롬 5 : 17	한 사람의 범죄를 인하여 사망이 그 한 사람으로 말미암아 왕노릇 하였은즉 더욱 은혜와 의의 선물을 넘치게 받는 자들이 한 분 예수 그리스도로 말미암아 생명 안에서 왕노릇하리로다
롬 3 : 28	그러므로 사람이 의롭다 하심을 얻은 것은 율법의 행위에 있지 않고 믿음으로 되는 줄 우리가 인정하노라

5) 칭의는 전가된 의(義)임

칭의(稱義)는 죄인된 우리가 율법을 지키거나 선행으로 이루어지는 것이 아니라 예수의 의(義)가 전가(轉嫁)된 의(義)이다(롬 3 : 21-24). 칭의는 예수 그리스도의 완전한 의를 죄인된 우리에게 전가시키는 하나님의 은혜로운 행위이다(벧전 2 : 24).

| 롬 3 : 21-24 | 이제는 율법 외에 하나님의 한 의가 나타났으니 율법과 선지자들에게 증거를 받은 것이라 곧 예수 그리스도를 믿음으로 말미암아 모든 믿는 자에게 미치는 하나님의 의니 차별이 없느니라 모든 사람이 죄를 범하였으매 하나님의 영광에 이르지 못하더니 그리스도 예수 안에 있는 구속으로 말미암아 하나님의 은혜로 값 없이 의롭다 하심을 얻은 자 되었느니라 |
| 벧전 2 : 24 | 친히 나무에 달려 그 몸으로 우리 죄를 담당하셨으니 이는 우리로 죄에 대하여 죽고 의에 대하여 살게 하려 하심이라 저가 채쩍에 맞음으로 너희는 나음을 얻었나니 |

6) 칭의는 죄책을 제거함

칭의는 사죄(면죄)로 죄책(罪責)을 제거하여 죄인으로 하여금 영원한 유산과 함께 하나님의 자녀의 모든 권리를 갖도록 회복시켜 준다(롬 8 : 15-16). 그러기에 칭의는 죄의 오염을 제거하여 죄인으로 하여금 하나님의 형상에 부합하도록 갱신(更新)하는 중생이나 성결과 다르다.

롬 8 : 15-16   너희는 다시 무서워하는 종의 영을 받지 아니하였고 양자의 영을
받았으므로 아바 아버지라 부르짖느니라 성령이 친히 우리 영으로
더불어 우리가 하나님의 자녀인 것을 증거하시나니

7) 칭의는 단번에 완성됨

그리스도를 믿는 자에 대한 칭의는 단번에 완성되고 단 한번만 일어난다. 칭의는 결코 번복되지 않으며, 또한 성화와 같이 연속적인 과정도 아니다. 칭의는 단번에 즉시로 또한 영원히 완성된다.

III. 칭의와 중생과 성화와의 관계

중생은 죄인의 내부에서 심령 상에 일어나는 역사이다. 그러나 칭의는 그것이 신앙에 의하여 이루어지는 것이지만 하나님의 법정(法廷)에서 즉 죄인 밖으로부터 오는 것이다. 칭의와 성화는 다같이 그리스도의 공로에 기초한 결과이나 칭의는 특히 성부의 사역에 속하고(롬 8 : 33), 성화는 성령의 사역에 속하는 일이다. 칭의는 최고 재판장이신 하나님께서 의롭다 선언하시는 행위로서 중생시키는 행위와는 질적으로 다르다. 중생은 우리 안에 갱신을 이루는 하나님의 사역이지만 칭의는 우리에게 대한 하나님의 판결이다. 이것은 마치 의사의 행위와 법관의 행위 사이의 차이점과 같은 것이다. 의사는 사람의 내부적 어떤 병폐를 제거하는 일을 하고, 법관은 외부적 상태에 대하여 법에 따라 선언을 하는 것이다.

롬 8 : 33   누가 능히 하나님의 택하신 자들을 송사하리요 의롭다 하신 이는
하나님이시니

IV. 칭의의 구성 요소(要素)
1. 소극적 요소
1) 완전 사죄

하나님께서 우리를 의롭다 하시는 데는 사죄가 전제된 것이다. 여기서 사죄라 함은 그리스도의 전가된 의에 기초하여 인간의 모든 죄를 완전히 "사면"하고 "용

서"해 주심을 뜻한다(롬 5 : 9-10). 죄인에 대한 하나님의 사면과 용서는 다음과
같은 의미를 지니고 있다.

첫째, 사면은 형기(刑期)를 다 마치기 전에 내리는 형벌의 면제이다. 즉 하나
님께서는 우리가 선을 행하여 죄 값을 다 치루었기 때문에 용서하시고 의롭다 하
신 것이 아니라 아직 우리가 죄인으로 있었을 때에 예수 그리스도께서 우리를 대
신해서 십자가에 못박혀 돌아가심으로 말미암아 우리 죄에 대하여 특별 사면령을
선포하시게 된 것이다(롬 5 : 8).

둘째, 용서는 일반 대중적인 사면보다 더 직접적이고 개인적인 것이다. 사면이
법률적이고 형식적인 형벌의 면제라면 용서는 감정의 분노와 미움까지도 배제하
는 행위이다. 인간은 형식으로 이웃의 죄를 용서해도 마음으로는 못하는 경우가
많다. 그러나 하나님께서는 우리의 죄를 완전히 용서하신다(사 43 : 25; 시 103 :
8-11). 칭의의 구성 요소로서의 사죄는 모든 죄책과 모든 형벌을 완전히 제거한
다. 이것은 칭의가 성질상 반복되지 않는다는 사실에서 또는 다음과 같은 성경
귀절을 보아서 알 수 있다(롬 8 : 1,32-34 참조; 히 10 : 14; 시 103 : 12; 사 44 :
22). 그러나 그리스도께서 사죄를 위하여 기도하라고 명령하심(마 6 : 12)과, 또
사죄를 위한 기도가 성경에 나타나 있음(시 32 : 5; 이하 참조 시 51 : 1-4,130 :
3-4)은 신자의 임시적 죄에 대한 명령이라고 보는 것이다(롬 8 : 33-34 참조; 민
23 : 21; 마 7 : 18-19).

롬 5 : 8-10	우리가 아직 죄인되었을 때에 그리스도께서 우리를 위하여 죽으심으로 하나님께서 우리에게 대한 자기의 사랑을 확증하셨느니라 그러면 이제 우리가 그 피를 인하여 의롭다 하심을 얻었은즉 더욱 그로 말미암아 진노하심에서 구원을 얻을 것이니 곧 우리가 원수되었을 때에 그 아들의 죽으심으로 말미암아 하나님으로 더불어 화목되었은 즉 화목된 자로서는 더욱 그의 살으심을 인하여 구원을 얻을 것이니라
사 43 : 25	나 곧 나는 나를 위하여 네 허물을 도말하는 자니 네 죄를 기억지 아니하리라
시 103 : 8-11	여호와는 자비로우시며 은혜로우시며 노하기를 더디하시며

인자하심이 풍부하시도다 항상 경책지 아니하시며 노를 영원히
품지 아니하시리로다 우리의 죄를 따라 처치하지 아니하시며
우리의 죄악을 따라 갚지 아니하셨으니 이는 하늘이 땅에서 높음
같이 그를 경외하는 자에게 그 인자하심이 크심이로다

롬 8 : 1　그러므로 이제 그리스도 예수 안에 있는 자에게는 결코 정죄함이
　　　　없나니

히 10 : 14　저가 한 제물로 거룩하게 된 자들을 영원히 온전케 하셨느니라

시 103 : 12　동이 서에서 먼 것같이 우리 죄과를 우리에게서 멀리 옮기셨으며

사 44 : 22　내가 네 허물을 빽빽한 구름의 사라짐같이 네 죄를 안개의 사라짐
　　　　같이 도말하였으니 너는 내게로 돌아오라 내가 너를
　　　　구속하였음이니라

마 6 : 12　우리가 우리에게 죄 지은 자를 사하여 준 것같이 우리 죄를 사하여
　　　　주옵시고

시 32 : 5　내가 이르기를 내 허물을 여호와께 자복하리라 하고 주께 내 죄를
　　　　아뢰고 내 죄악을 숨기지 아니하였더니 곧 주께서 내 죄의 악을
　　　　사하셨나이다(셀라)

민 23 : 21　여호와는 야곱의 허물을 보지 아니하시며 이스라엘의 패역을 보지
　　　　아니하시는도다 여호와 그의 하나님이 그와 함께 계시니 왕을
　　　　부르는 소리가 그 중에 있도다

마 7 : 18-19　좋은 나무가 나쁜 열매를 맺을 수 없고 못된 나무가 아름다운
　　　　열매를 맺을 수 없느니라 아름다운 열매를 맺지 아니하는
　　　　나무마다 찍혀 불에 던지우느니라

2) 하나님과의 화해

칭의의 소극적 요소 중의 또 하나는 하나님과의 화해와 화목의 전제이다. 본래
범죄한 인간은 불의로 말미암아 공의로우신 하나님의 적이었으나, 하나님께서는
적을 의롭다고 하실 수는 없으셨던 것이다. 그러므로 하나님께서는 독생성자로
하여금 인간이 되어서 인간편에서 하나님께 대하여 화목 제물이 되게 하신 것이
며(요일 4 : 10; 골 1 : 21-22), 예수 그리스도께서는 우리로 하여금 하나님과 화
목케 하시기 위하여 십자가에 달려 죽으심으로 화목 제물이 되셨다(고후 5 : 18).

요일 4 : 10	사랑은 여기 있으니 우리가 하나님을 사랑한 것이 아니요 오직 하나님이 우리를 사랑하사 우리 죄를 위하여 화목제로 그 아들을 보내셨음이니라
골 1 : 21-22	전에 악한 행실로 멀리 떠나 마음으로 원수가 되었던 너희를 이제는 그의 육체의 죽음으로 말미암아 화목케 하사 너희를 거룩하고 흠 없고 책망할 것이 없는 자로 그 앞에 세우고자 하셨으니
고후 5 : 18	모든 것이 하나님께로 났나니 저가 그리스도로 말미암아 우리를 자기와 화목하게 하시고 또 우리에게 화목하게 하는 직책을 주셨으니

2. 적극적 요소
1) 하나님의 자녀됨

칭의의 적극적 요소는 첫째, 하나님께서 신자를 당신의 자녀로 삼으심이다. 즉 예수 그리스도를 통하여 하나님과 화목을 이룬 자는 하늘 나라 가족의 일원이 되는 것이다(엡 1 : 5, 2 : 19). 그러기에 칭의는 하나님께서 신자를 자녀의 지위에 두시고, 자녀의 모든 권리를 그에게 부여하는 선언이다. 물론 이는 양자로서, 죄인이 법적 의미에서 하나님의 자녀가 되는 것이지만, 신자는 신생(중생)하였기 때문에 영적 의미에 있어서도 역시 하나님의 자녀가 되는 것이다(요 1 : 12-13; 롬 8 : 15-16; 갈 4 : 5-6).

엡 1 : 5	그 기쁘신 뜻대로 우리를 예정하사 예수 그리스도로 말미암아 자기의 아들들이 되게 하셨으니
엡 2 : 19	그러므로 이제부터 너희가 외인도 아니요 손도 아니요 오직 성도들과 동일한 시민이요 하나님의 권속이라
요 1 : 12-13	영접하는 자 곧 그 이름을 믿는 자들에게는 하나님의 자녀가 되는 권세를 주셨으니 이는 혈통으로나 육정으로나 사람의 뜻으로 나지 아니하고 오직 하나님께로서 난 자들이니라
롬 8 : 15-16	너희는 다시 무서워하는 종의 영을 받지 아니하였고 양자의 영을 받았으므로 아바 아버지라 부르짖느니라 성령이 친히 우리 영으로 더불어 우리가 하나님의 자녀인 것을 증거하시나니

갈 4 : 5-6	율법 아래 있는 자들을 속량하시고 우리로 아들의 명분을 얻게 하려 하심이라 너희가 아들인 고로 하나님이 그 아들의 영을 우리 마음 가운데 보내사 아바 아버지라 부르게 하셨느니라

2) 영생의 자격과 권리

이 요소는 실질적으로 앞서 말한 요소의 내용에 포함된 것이다. 죄인이 하나님의 자녀로 입양(入養)될 때 그들은 자녀의 모든 법적 권리를 부여받게 되며, 하나님의 후사 곧 그리스도와 함께 한 후사가 되는 것이다(롬 8 : 17). 그래서 하나님의 자녀로 입양된 자는 이 세상에서도 구원의 모든 축복의 후사가 되지만, 동시에 그들을 위하여 하늘에 간직된 바 "썩지 않고 더럽지 않고 쇠하지 아니하는 기업"을 얻을 수 있는 자격을 받는 것이다(벧전 1 : 4). 그리고 신앙에 의하여 의롭게 되었으므로 의롭다 함을 받은 신자는 이미 영생의 후사로서의 자격과 권리를 확보한 것이다(요 1 : 12-13).

롬 8 : 17	자녀이면 또한 후사 곧 하나님의 후사요 그리스도와 함께한 후사니 우리가 그와 함께 영광을 받기 위하여 고난도 함께 받아야 될 것이니라
벧전 1 : 4	썩지 않고 더럽지 않고 쇠하지 아니하는 기업을 잇게 하시나니 곧 너희를 위하여 하늘에 간직하신 것이라
요 1 : 12-13	영접하는 자 곧 그 이름을 믿는 자들에게는 하나님의 자녀가 되는 권세를 주셨으니 이는 혈통으로나 육정으로나 사람의 뜻으로 나지 아니하고 오직 하나님께로서 난 자들이니라

V. 칭의의 영역(領域)
1. 하나님의 법정에서

칭의는 하나님께서 의로우신 재판장으로 나타나시어 죄인에 대해 선포하신 의롭다는 선언이며 이 선언은 우선 하나님의 법정에서 행해진다(롬 3 : 20-21; 갈 3 : 11). 이것을 가리켜 통상적으로 능동적 또는 객관적 칭의라 부른다. 이 선언은 의로우신 하나님께서 공의를 주장하지 않고 단순히 죄인을 사면한다는 선언이

아니며, 또 이 선언에서 하나님께서는 율법을 제쳐 두시는 절대 주권자로 나타나
시는 것도 아니다. 칭의는 죄인에 대한 율법의 요구가 충족된 선언이며 하나님께
서는 죄인을 그 자신의 의로움 때문이 아니라 그리스도 대속의 완전한 의가 그에
게 전가(轉嫁)된 사실을 근거로 하여 의롭다고 선언하시는 것이다. 이 선언에서
하나님께서는 그리스도의 공로를 칭의의 근거로 인정하시는 의로운 재판관으로
또는 죄인을 값없이 용서하시고 열납하시는 은혜로우신 성부로 나타나신다.

롬 3 : 20-21　　그러므로 율법의 행위로 그의 앞에 의롭다 하심을 얻을 육체가
　　　　　　　　없나니 율법으로는 죄를 깨달음이니라 이제는 율법 외에 하나님의
　　　　　　　　한 의가 나타났으니 율법과 선지자들에게 증거를 받은 것이라
갈 3 : 11　　　　또 하나님 앞에서 아무나 율법으로 말미암아 의롭게 되지 못할
　　　　　　　　것이 분명하니 이는 의인이 믿음으로 살리라 하였음이니라

2. 죄인의 마음과 양심에서

　하나님의 법정에서 행해진 칭의는 또 죄인의 마음이나 양심에서 일어나게 되는
데, 이것을 가리켜 수동적 또는 주관적 칭의라 한다. 하나님의 법정에서만 행해
지고 죄인의 마음에 임하지 않는 순전히 객관적인 칭의, 즉 죄인에게 확신을 주
지 못하는 칭의는 그 목적에 달하지 못할 것이다. 예컨데 사면이 선언되었다 하
더라도 그 기쁜 소식이 죄인에게 전달되어 옥문이 열려지지 않는 한 사면은 그에
게 아무 소용이 없는 것과 같다. 그러기에 하나님의 법정에서 선언되는 무죄 석
방의 판결은 죄인의 마음에 전달되어 믿음으로 받아들여져야 되는 것이다. 성경
에 "믿음으로 의롭다 함을 얻는다" 라고 함은 곧 이러한 칭의의 단면을 뜻하는 것
이다(롬 3 : 24-28, 5 : 1).

롬 3 : 24-28　　그리스도 예수 안에 있는 구속으로 말미암아 하나님의 은혜로
　　　　　　　　값 없이 의롭다 하심을 얻은 자 되었느니라 이 예수를 하나님이
　　　　　　　　그의 피로 인하여 믿음으로 말미암는 화목 제물로 세우셨으니
　　　　　　　　이는 하나님께서 길이 참으시는 중에 전에 지은 죄를 간과하심으로
　　　　　　　　자기의 의로우심을 나타내려 하심이니 곧 이 때에 자기의

의로우심을 나타내사 자기도 의로우시며 또한 예수 믿는 자를
의롭다 하심이니라 그런즉 자랑할 데가 어디뇨 있을 수가
없느니라 무슨 법으로냐 행위로냐 아니라 오직 믿음의 법으로니라
그러므로 사람이 의롭다 하심을 얻는 것은 율법의 행위에 있지
않고 믿음으로 되는 줄 우리가 인정하노라

롬 5 : 1　　　그러므로 우리가 믿음으로 의롭다 하심을 얻었은즉 우리 주 예수
그리스도로 말미암아 하나님으로 더불어 화평을 누리자

VI. 칭의의 시기(時期)
1. 영원부터의 칭의

유신론자(唯信論者 ; 율법 폐기론자)들은 죄인의 칭의가 영원부터 일어났다고
주장한다(시 25 : 6, 103 : 17). 이는 선택의 영원한 작정과 칭의를 혼동하거나 또
는 하나님의 구속의 예정과 그것의 성령에 의한 개별적 적용을 혼동함이다. 영원
부터 칭의를 주장하는 이들은 만사는 하나님의 영원한 작정에서 완성된다는 것이
다. 그러나 성경에 나타난 구원의 순서적 단계, 즉 "예정, 소명, 칭의, 영생"을(롬
8 : 30) 보면 칭의는 영원에 속한 하나님의 행위가 아니라 시간상의 하나님의 행
위임을 분명히 알 수 있다.

시 25 : 6　　　여호와여 주의 긍휼하심과 인자하심이 영원부터 있었사오니 주여
이것을 기억하옵소서

시 103 : 17　　여호와의 인자하심은 자기를 경외하는 자에게 영원부터 영원까지
이르며 그의 의는 자손의 자손에게 미치리니

롬 8 : 30　　　또 미리 정하신 그들을 또한 부르시고 부르신 그들을 또한 의롭다
하시고 의롭다 하신 그들을 또한 영화롭게 하셨느니라

2. 그리스도 부활시의 칭의

칭의가 그리스도의 부활 시에 일어났다고 주장하는 이들이 있다. 그러나 그리
스도가 죽은 자 가운데서 부활하셨을 때 일어난 칭의는 그 몸이 인류를 대신하여
십자가에 달려 죽으시고 부활하심으로 이루어진 전체적인 의의 완성임을 뜻하므

로 죄인의 개인적 칭의와 혼동해서는 안될 것이다(롬 4 : 25). 인류를 대신하여 십자가에 죽으심으로 율법의 요구를 충족한 예수 그리스도를 하나님께서 의롭다 하신 증표는 그분이 무덤에서 몸으로 부활한 사실이다(롬 4 : 25). 그런즉 예수 그리스도께서 우리를 대신하여 죽으심으로 의를 완성하셨고 또 하나님께로부터 몸의 부활을 받으면서 의롭다 하심을 얻으셨으니 그분에 의하여 구속(救贖)된 사람들도 그분을 구주로 믿을 때에 거저 의롭다 하심을 받는 것이다.

롬 4 : 25　　예수는 우리 범죄함을 위하여 내어줌이 되고 또한 우리를 의롭다 하심을 위하여 살아나셨느니라

3. 믿음으로 말미암는 칭의

칭의는 죄인이 그리스도의 십자가의 대속을 믿음으로 받아들일 때에 일어나는 것이다(롬 3 : 26,28). 그러므로 신앙은 죄인 안에서 칭의를 일으키시는 하나님의 은사이다. 이 신앙을 통하여 하나님께서는 죄인의 마음속에 사죄와 의인(義認)의 선고를 내리시는 것이다(롬 4 : 5; 갈 2 : 16; 이하 참조 행 13 : 39; 롬 5 : 1,10 : 10).

롬 3 : 26　　곧 이 때에 자기의 의로우심을 나타내사 자기도 의로우시며 또한 예수 믿는 자를 의롭다 하려 하심이니라

롬 3 : 28　　그러므로 사람이 의롭다 하심을 얻는 것은 율법의 행위에 있지 않고 믿음으로 되는 줄 우리가 인정하노라

롬 4 : 5　　일을 아니할지라도 경건치 아니한 자를 의롭다 하시는 이를 믿는 자에게는 그의 믿음을 의로 여기시나니

갈 2 : 16　　사람이 의롭게 되는 것은 율법의 행위에서 난 것이 아니요 오직 예수 그리스도를 믿음으로 말미암는 줄 아는 고로 우리도 그리스도 예수를 믿나니 이는 우리가 율법의 행위에서 아니고 그리스도를 믿음으로서 의롭다 함을 얻으려 함이라 율법의 행위로서는 의롭다 함을 얻을 육체가 없느니라

VII. 칭의의 근거와 목적
1. 칭의의 근거

하나님 앞에 죄인이 죄의 사면과 용서를 받고 화평을 누리며 하나님과 화목하고 그분의 자녀가 되는 축복에 이르는 칭의는 어디에 근거해서 우리에게 행하여지는 것인가? 칭의의 근거는 예수 그리스도의 구속으로 말미암아 죄인에게 전가되는 예수 그리스도의 완전한 의에 두는 것이다(롬 3:24-25). 하나님께서는 죄인에게 전가되는 그리스도의 완전한 의를 근거로 하여 값 없이 의롭다 인정해 주시는 것이다(롬 3:24,5:9,19; 고후 5:21; 빌 3:9; 이하 참조 롬 8:1,10,10:4; 고전 1:30,6:11).

우리가 아직 죄인되었을 때, 대신 우리를 위해 저주가 되시고(갈 3:13) 죽으심으로 율법의 요구를 충족하신 예수 그리스도의 순종으로 말미암아 죄인된 우리가 죄 사함 받고 영생의 후사가 되는 양자의 근거가 이루어 진 것이다(롬 5:19,10:4 참조).

롬 3:24-25　그리스도 예수 안에 있는 구속으로 말미암아 하나님의 은혜로 값 없이 의롭다 하심을 얻은 자 되었느니라 이 예수를 하나님이 그의 피로 인하여 믿음으로 말미암는 화목 제물로 세우셨으니 이는 하나님께서 길이 참으시는 중에 전에 지은 죄를 간과하심으로 자기의 의로우심을 나타내려 하심이니

롬 5:9　그러면 이제 우리가 그 피를 인하여 의롭다 하심을 얻은즉 더욱 그로 말미암아 진노하심에서 구원을 얻을 것이니

롬 5:19　한 사람의 순종치 아니함으로 많은 사람이 죄인된 것같이 한 사람의 순종하심으로 많은 사람이 의인이 되리라

고후 5:21　하나님이 죄를 알지도 못하신 자로 우리를 대신하여 죄를 삼으신 것은 우리로 하여금 저의 안에서 하나님의 의가 되게 하려 하심이니라

빌 3:9　그 안에서 발견되려 함이니 내가 가진 의는 율법에서 난 것이 아니요 오직 그리스도를 믿음으로 말미암은 것이니 곧 믿음으로 하나님께로서 난 의라

갈 3:13　그리스도께서 우리를 위하여 저주를 받은 바 되사 율법의 저주에서

우리를 속량하셨으니 기록된 바 나무에 달린 자마다 저주 아래
있는 자라 하였음이라

2. 칭의의 목적

1) 하나님을 예배케 하기 위함

하나님께서 예수 그리스도 안에서 우리를 의롭다 하심은 거저 주시는 바 구원
의 은혜를 찬미하며, 경배함으로써 영광을 돌리게 하기 위함이다(엡 1 : 6,14; 롬
12 : 1).

우리에게 칭의를 베푸시는 이도 하나님이시며 우리가 의롭다 하심을 얻을 수
있도록 조건을 이루신 이도 하나님이시다(요 3 : 16). 따라서 값없이 의롭다 함을
받은 우리는 고마우신 하나님의 은혜를 찬양하고 경배할 수밖에 없다.

엡 1 : 6	이는 그의 사랑하시는 자 안에서 우리에게 거저 주시는 바 그의 은혜의 영광을 찬미하게 하려는 것이라
엡 1 : 14	이는 우리의 기업에 보증이 되사 그 얻으신 것을 구속하시고 그의 영광을 찬미하게 하려 하심이라
롬 12 : 1	그러므로 형제들아 내가 하나님의 모든 자비하심으로 너희를 권하노니 너희 몸을 하나님이 기뻐하시는 거룩한 산 제사로 드리라 이는 너희의 드릴 영적 예배니라
요 3 : 16	하나님이 세상을 이처럼 사랑하사 독생자를 주셨으니 이는 저를 믿는 자마다 멸망치 않고 영생을 얻게 하려 하심이니라

2) 그리스도와 함께 후사되게 하기 위함

우리 성도는 생리적으로 하나님의 아들은 아니다. 그러나 하나님의 독생자를
믿음으로 의롭다 함을 얻고 양자됨으로써 그리스도와 함께 하나님의 후사가 되었
다. 그러므로 신자의 자녀권은 그리스도의 그것에 포함된 것이다. 그것은 성령으
로 세례를 받아 그리스도와 합일되었기 때문이다(롬 6 : 3 참조).

그러므로 칭의를 받고 하나님의 양자된 신자는 그리스도와 함께 하나님을 아버
지라 부르는 특권이 있다. 주님은 일생을 통하여 십자가상 외에는 성부(聖父)를

"하나님"으로 부르신 적이 없고 언제나 "아버지"라고 부르셨다(롬 8 : 15-17; 요
17 : 22; 딤후 2 : 11-12; 계 22 : 5).

롬 8 : 15-17 너희는 다시 무서워하는 종의 영을 받지 아니하였고 양자의 영을
받았으므로 아바 아버지라 부르짖느니라 성령이 친히 우리 영으로
더불어 우리가 하나님의 자녀인 것을 증거하시나니 자녀이면 또한
후사 곧 하나님의 후사요 그리스도와 함께 한 후사니 우리가 그와
함께 영광을 받기 위하여 고난도 함께 받아야 될 것이니라

요 17 : 22 내게 주신 영광을 내가 저희에게 주었사오니 이는 우리가 하나가
된 것같이 저희도 하나가 되게 하려 함이니이다

딤후2 : 11-12 미쁘다 이 말이여 우리가 주와 함께 죽었으면 또한 함께 살 것이요
참으면 또한 함께 왕노릇할 것이요 우리가 주를 부인하면 주도
우리를 부인하실 것이라

계 22 : 5 다시 밤이 없겠고 등불과 햇빛이 쓸데없으니 이는 주 하나님이
저희에게 비취심이라 저희가 세세토록 왕노릇하리로다

3) 영원한 기업을 누리게 하기 위함

그리스도를 믿음으로 중생하고 의롭다 함을 얻어 하나님의 자녀된 자는 썩어지
고 쇠하는 기업이 아니라 영원히 쇠하지 않고 빛나는 하늘의 기업을 누리게 된다
(벧전 1 : 3-4).

벧전 1 : 3-4 찬송하리로다 우리 주 예수 그리스도의 아버지 하나님이 그 많으신
긍휼대로 예수 그리스도의 죽은 자 가운데서 부활하심으로 말미암아
우리를 거듭나게 하사 산 소망이 있게 하시며 썩지 않고 더럽지
않고 쇠하지 아니하는 기업을 잇게 하시나니 곧 너희를 위하여
하늘에 간직하신 것이라

4) 선한 일에 열심케 하기 위함

그리스도의 십자가의 대속을 믿음으로 의롭다 함을 얻은 성도는 하나님의 친
백성으로서 선한 일에 열심해야 할 사명이 있다(딛 2 : 14; 고후 9 : 15).

딛 2 : 14   그가 우리를 대신하여 자신을 주심은 모든 불법에서 우리를
                         구속하시고 우리를 깨끗하게 하사 선한 일에 열심하는 친 백성이
                         되게 하려 하심이니라
고후 9 : 15   말할 수 없는 그의 은사를 인하여 하나님께 감사하노라

양자

구원론에 있어서 중생과 칭의에 이어 중요한 교리는 양자, 즉 자연적 출생 관계가 아니라 은혜의 언약에 의해 하나님의 자녀가 됨이다(엡 1 : 4-12 참조).

Ⅰ. 양자(養子)의 개념

1. 양자의 정의

양자(養子)란 입양에 의하여 아들의 지위를 얻는 것으로써, 바로의 딸은 모세를 양자로 삼았고(출 2 : 10 참조), 에스더는 모르드개의 양녀(養女)였다(에 2 : 7,15 참조). 구원론에 있어서 양자(養子 : Adoption)라는 말은 헬라어로 휘오데시아(Huiothesia ; 양자)인데, 이 말이 신약성서에 신학적 개념으로 사용된 경우는 바울 서신에 5번밖에 나와있지 않다(롬 8 : 15,23,9 : 4; 갈 4 : 5; 엡 1 : 5). 성경에서 말하는 양자(養子 : Adoption)란, 인간이 하나님의 자녀로 편입됨을 의미한다. 즉 하나님의 양자란 예수 그리스도를 구주로 믿고 중생함과 의롭다 인정받은 사람을 하나님께서 자기의 자녀로 입양하여 하나님의 가족의 일원이 되게 영접하시고 자녀의 신분과 지위를 부여하는 은혜로운 사역을 의미한다(요 1 : 12; 엡 1 : 5-6,2 : 19).

사도 바울은 양자 교리에 대하여 하나님께서 아들을 보내신 목적은 "율법 아래 있는 자들을 속량하시고 우리로 아들의 명분을 얻게 하려 하심"이며 그 아들의 명분은 "우리를 노예의 신분에서 하나님의 아들과 상속자로 변화시키는 것"이라고 하였다(갈 4 : 7 참조). 하나님께서는 우리를 양자로 삼으실 때에 우리 안에 하나님의 신(神)인 성령을 보내어 내주케 하심으로써 우리는 하나님께서 감독하시는 대상이 되었고, 따라서 우리에게는 하나님의 상속(相續)은 물론(롬 8 : 16-17 참조),

징계도 따르게 된 것이다(히 12 : 5-11 참조). 중생이 성질의 변화(죽음에서 생명으로)라면, 칭의는 입장의 변화(죄인에서 의인으로)요, 양자는 신분의 변화(종에서 아들로)라고 할 수 있다.

롬 8 : 15   너희는 다시 무서워하는 종의 영을 받지 아니하였고 양자의 영을
          받았으므로 아바 아버지라 부르짖느니라

롬 8 : 23 이뿐 아니라 또한 우리 곧 성령의 처음 익은 열매를 받은 우리까지도
          속으로 탄식하여 양자될 것 곧 우리 몸의 구속을 기다리느니라

롬 9 : 4   저희는 이스라엘 사람이라 저희에게는 양자됨과 영광과 언약들과
          율법을 세우신 것과 예배와 약속들이 있고

갈 4 : 5   율법 아래 있는 자들을 속량하시고 우리로 아들의 명분을 얻게
          하려 하심이라

엡 1 : 5   그 기쁘신 뜻대로 우리를 예정하사 예수 그리스도로 말미암아
          자기의 아들들이 되게 하셨으니

요 1 : 12 영접하는 자 곧 그 이름을 믿는 자들에게는 하나님의 자녀가 되는
          권세를 주셨으니

엡 1 : 5-6 그 기쁘신 뜻대로 우리를 예정하사 예수 그리스도로 말미암아
          자기의 아들들이 되게 하셨으니 이는 그의 사랑하시는 자 안에서
          우리에게 거저 주시는 바 그의 은혜의 영광을 찬미하게 하려는
          것이라

엡 2 : 19 그러므로 이제부터 너희가 외인도 아니요 손도 아니요 오직
          성도들과 동일한 시민이요 하나님의 권속이라

2. 양자의 특성
1) 은혜의 사역이다

인간이 하나님의 양자됨은 인간을 양자 삼으시는 하나님의 자유로운 뜻에 달려 있으며, 그것은 전적으로 은총에서 비롯되는 것으로서 인간에 대한 하나님의 은혜와 특전의 극치이다(엡 1 : 5; 엡 2 : 19).

엡 1 : 5   그 기쁘신 뜻대로 우리를 예정하사 예수 그리스도로 말미암아

자기의 아들들이 되게 하셨으니

엡 2 : 19　그러므로 이제부터 너희가 외인도 아니요 손도 아니요 오직
성도들과 동일한 시민이요 하나님의 권속이라

2) 신분의 변화이다

중생은 새 생명의 시작이며 내적 심령적 성질의 변화요, 칭의(의롭다 함을 얻음)는 중생한 자가 죄인의 자리에서 의인의 자리로 바뀌는 입장의 변화이다. 그러나 양자(자녀가 됨)는 의롭다 함을 얻은 자가 하나님의 자녀로 입양되는 신분의 변화를 의미한다. 신자는 중생에 의하여 하나님의 성품을 닮은 자녀가 되고 (요 1 : 13), 양자로서 자녀의 명분을 얻어 하나님을 아버지라 부르게 되며 유업을 이을 후사가 되는 것이다(갈 4 : 1-7; 롬 8 : 17).

요 1 : 13　이는 혈통으로나 육정으로나 사람의 뜻으로 나지 아니하고 오직
하나님께로서 난 자들이니라

갈 4 : 1-7　내가 또 말하노니 유업을 이을 자가 모든 것의 주인이나 어렸을
동안에는 종과 다름이 없어서 그 아버지의 정한 때까지 후견인과
청지기 아래 있나니 이와 같이 우리도 어렸을 때에 이 세상 초등
학문 아래 있어서 종노릇 하였더니 때가 차매 하나님이 그 아들을
보내사 여자에게서 나게 하시고 율법 아래 나게 하신 것은 율법
아래 있는 자들을 속량하시고 우리로 아들의 명분을 얻게 하려
하심이라 너희가 아들인 고로 하나님이 그 아들의 영을 우리 마음
가운데 보내사 아바 아버지라 부르게 하셨느니라 그러므로 네가
이 후로는 종이 아니요 아들이니 아들이면 하나님으로 말미암아
유업을 이을 자니라

롬 8 : 17　자녀이면 또한 후사 곧 하나님의 후사요 그리스도와 함께한 후사니
우리가 그와 함께 영광을 받기 위하여 고난도 함께 받아야 될
것이니라

3) 법정적 행위이다

양자는 칭의와 마찬가지로 법정적 행위(法廷的 行爲)이다. 다시 말하면 양자는

신분과 지위의 수여이며, 내적 성향을 변경시키는 것이 아니다. 양자는 외인을 자녀로 입적시키는 입양(入養)에 의하여 아들의 지위에 놓이게 됨을 의미한다(요 1 : 12-13; 갈 4 : 1-7 참조). 그러므로 양자는 출생 관계가 아니라 법정적 관계이다. 그러나 입양된 아들에게도 그 집에서 출생한 자녀와 동등한 신분과 권리가 부여되는 것이다(갈 4 : 5; 롬 8 : 15,23,9 : 4; 엡 1 : 5).

요 1 : 12-13	영접하는 자 곧 그 이름을 믿는 자들에게는 하나님의 자녀가 되는 권세를 주셨으니 이는 혈통으로나 육정으로나 사람의 뜻으로 나지 아니하고 오직 하나님께로서 난 자들이니라
갈 4 : 5	율법 아래 있는 자들을 속량하시고 우리로 아들의 명분을 얻게 하려 하심이라
롬 8 : 15	너희는 다시 무서워하는 종의 영을 받지 아니하였고 양자의 영을 받았으므로 아바 아버지라 부르짖느니라
롬 8 : 23	이뿐 아니라 또한 우리 곧 성령의 처음 익은 열매 받은 우리까지도 속으로 탄식하여 양자될 것 곧 우리 몸의 구속을 기다리느니라
롬 9 : 4	저희는 이스라엘 사람이라 저희에게는 양자됨과 영광과 언약들과 율법을 세우신 것과 예배와 약속들이 있고
엡 1 : 5	그 기쁘신 뜻대로 우리를 예정하사 예수 그리스도로 말미암아 자기의 아들들이 되게 하셨으니

4) 중생의 결과이다

양자와 중생의 밀접한 관계를 잘못 이해하고 하나님의 자녀가 되는 것이 두 가지 방법, 즉 본성적 참여(本性的 參與 ; 중생)와 양자(입양) 행위에 의한다고 주장하는 사람들이 있다. 물론 우리가 사람의 가정에 일원이 되는 방법은 두 가지가 있다. 즉 출생으로 되는 길과 양자로 되는 길이 그것이다. 전자는 자연적 출생에 의한 것이고, 후자는 법적 행위에 의한 것이다.

그러나 하나님의 은혜로 출생시키는 중생의 사역과 양자의 사역은 매우 밀접한 상호 의존 관계에 있는 것이다. 즉 하나님이 사람들을 양자에 의하여 그분의 가족으로 삼으실 때에 하나님께서는 그들이 중생을 통하여 그 신분에 해당되는 성향이나 자질을 확보하고 그 권리와 특전을 가지게 하시는 것이다.

그것은 하나님께서 결코 당신의 형상을 따라 지식과 의와 거룩에 있어서 새롭게 되지 못한(중생치 않은)사람을 자기 가족으로 삼지 않으시기 때문이다. 그러기에 중생은 양자의 선행 조건이요, 양자는 그 결과이다.

그리고 중생과 양자는 하나님의 자녀되는 두 방법이 아니라 연결된 하나의 과정이다. 중생시키는 바로 그 성령이 또한 "아바 아버지"라고 부르는 양자된 자의 심령 속에 보내지는 것이다(롬 8 : 9,15; 갈 4 : 6). 비록 양자가 칭의 및 중생과 구별되기는 하지만 그것들로부터 결코 분리될 수 없으니, 즉 의롭다 함을 받은 사람은 언제나 자녀될 자격을 받은 사람이다. 그리고 하나님의 자녀되는 권세(자격)를 받은 사람은 바로 "혈통으로나 육정으로나 사람의 뜻으로 나지 아니하고 오직 하나님께로서 난 자(중생한 자)"(요 1 : 13)들인 것이다.

중생과 칭의가 하나님의 가족이 되는 신분에 해당하는 성향이나 자질 및 자격을 확보하는 과정이라고 할 때 양자는 천국 시민으로 실제 전입 등록되어 온전히 하나님의 자녀로서의 특권, 즉 하나님의 "후사"(롬 8 : 17), 혹은 "유업을 이을 자"(갈 4 : 7)로서의 권리를 누리는 것이다.

롬 8 : 9	만일 너희 속에 하나님의 영이 거하시면 너희가 육신에 있지 아니하고 영에 있나니 누구든지 그리스도의 영이 없으면 그리스도의 사람이 아니라
롬 8 : 15	너희는 다시 무서워하는 종의 영을 받지 아니하였고 양자의 영을 받았으므로 아바 아버지라 부르짖느니라
갈 4 : 6	너희가 아들인 고로 하나님이 그 아들의 영을 우리 마음 가운데 보내사 아바 아버지라 부르게 하셨느니라
요 1 : 13	이는 혈통으로나 육정으로나 사람의 뜻으로 나지 아니하고 오직 하나님께로서 난 자들이니라
롬 8 : 17	자녀이면 또한 후사 곧 하나님의 후사요 그리스도와 함께한 후사니 우리가 그와 함께 영광을 받기 위하여 고난도 함께 받아야 될 것이니라
갈 4 : 7	그러므로 네가 이 후로는 종이 아니요 아들이니 아들이면 하나님으로 말미암아 유업을 이을 자니라

5) 인간과 성부 하나님과의 관계이다

양자는 인간과 성부 하나님(삼위일체 중 제1위)과의 관계이다. 성부 하나님께서는 양자 행위로 자기에게 속한 자들의 아버지가 되신다(요일 3 : 1; 롬 8 : 15). 하나님의 택한 백성들이 양자로 되는 것은 성삼위 중 제1위(성부)의 아들이 된다고 하는 성경의 근거는 다음과 같다.

> 요일 3 : 1　　보라 아버지께서 어떠한 사랑을 우리에게 주사 하나님의 자녀라
> 일컬음을 얻게 하셨는고, 우리가 그러하도다 그러므로 세상이
> 우리를 알지 못함은 그를 알지 못함이니라
> 롬 8 : 15　　너희는 다시 무서워하는 종의 영을 받지 아니하였고 양자의 영을
> 받았으므로 아바 아버지라 부르짖느니라

(1) 하나님을 대하여 "아버지"라는 칭호는 삼위 중 제1위에게만 적용되는 고유한 명칭이다. 그것은 신격(神格)의 삼위(三位) 관계에서 제2위만이 성자(聖子)이고, 제3위만이 성령(聖靈)인 것과 같이 제1위만이 성부(聖父 : 아버지)이시기 때문이다.

(2) 예수께서는 삼위 중 제1위이신 성부에 대해서만 아버지라 부르셨다. 그리고 예수님께서는 "나의 아버지"라고 부르시는 바로 그분(성부)을 또한 그 제자들의 아버지라고 부르셨다(요 20 : 17).

> 요 20 : 17　　예수께서 이르시되 나를 만지지 말라 내가 아직 아버지께로
> 올라가지 못하였노라 너는 내 형제들에게 가서 이르되 내가 내
> 아버지 곧 너희 아버지 내 하나님 곧 너희 하나님께로 올라간다
> 하라 하신대

(3) 신약의 바울 서신에서 "하나님"(God)이란 칭호는 흔히 성삼위 중 성자와 성령으로부터 구별된 제1위를 가리키는 이름으로 사용되어 졌다(롬 15 : 6; 고후 1 : 3,11 : 31; 엡 1 : 3; 골 1 : 3; 벧전 1 : 3). 신격(神格)의 제1위는 다만 우리 주

예수 그리스도의 아버지요 하나님이실 뿐만 아니라 예수의 이름을 믿는 사람들의 아버지요 하나님이시다(롬 1 : 7; 요 20 : 17). 그러나 성자에 대한 아버지로서의 하나님의 관계가 사람들에 대한 아버지로서의 하나님의 관계와 동일한 것은 결코 아니다. 성부로부터의 성자의 영원적 발생은 인간의 양자와 같을 수 없다. 근본적으로는 삼위일체 내의 제1위의 부격(父格)은 제2위인 성자와의 관계에서 성부로서의 부격(父格)이다. 성부의 부격(父格)은 오직 성자에 대해서만 적용되는 영원적이고 필연적이고 독점적이고 배타적인 것이다. 이런 의미에서는 심지어 성령도 성부의 아들이 될 수 없으며, 천사나 사람들에게는 더욱 적용되지 않는다.

　성부 하나님의 영원한 성자는 오직 독생하신 그분 뿐이며, 어느 다른 사람도 그런 아들이 될 수는 없다(요 1 : 14,18,3 : 16,18; 요일 4 : 9; 히 11 : 17). 그러나 비록 부격(父格)의 관계가 성자(聖子)와 다르다 할지라도, 삼위일체(三位一體)의 말할 수 없는 신비 속에 계시는 주 예수 그리스도의 아버지와 양자 은혜(養子恩惠)의 신비 가운데 계시는 신자의 아버지는 동일한 분이시다(요 20 : 17).

롬 15 : 6 　　한 마음과 한 입으로 하나님 곧 우리 주 예수 그리스도의 아버지께 영광을 돌리게 하려 하노라

고후 1 : 3 　　찬송하리로다 그는 우리 주 예수 그리스도의 하나님이시요 자비의 아버지시요 모든 위로의 하나님이시며

고후 11 : 31 　　주 예수의 아버지 영원히 찬송할 하나님이 나의 거짓말 아니하는 줄을 아시느니라

엡 1 : 3 　　찬송하리로다 하나님 곧 우리 주 예수 그리스도의 아버지께서 그리스도 안에서 하늘에 속한 모든 신령한 복으로 우리에게 복 주시되

골 1 : 3 　　우리가 너희를 위하여 기도할 때마다 하나님 곧 우리 주 예수 그리스도의 아버지께 감사하노라

벧전 1 : 3 　　찬송하리로다 우리 주 예수 그리스도의 아버지 하나님이 그 많으신 긍휼대로 예수 그리스도의 죽은 자 가운데서 부활하심으로 말미암아 우리를 거듭나게 하사 산 소망이 있게 하시며

롬 1 : 7 　　로마에 있어 하나님의 사랑하심을 입고 성도로 부르심을 입은 모든 자에게 하나님 우리 아버지와 주 예수 그리스도로 좇아 은혜와

평강이 있기를 원하노라

요 20 : 17   예수께서 이르시되 나를 만지지 말라 내가 아직 아버지께로
올라가지 못하였노라 너는 내 형제들에게 가서 이르되 내가 내
아버지 곧 너희 아버지, 내 하나님 곧 너희 하나님께로 올라간다
하라 하신대

요 1 : 14   말씀이 육신이 되어 우리 가운데 거하시매 우리가 그 영광을 보니
아버지의 독생자의 영광이요 은혜와 진리가 충만하더라

요 1 : 18   본래 하나님을 본 사람이 없으되 아버지 품 속에 있는 독생하신
하나님이 나타내셨느니라

요 3 : 16   하나님이 세상을 이처럼 사랑하사 독생자를 주셨으니 이는 저를
믿는 자마다 멸망치 않고 영생을 얻게 하려 하심이니라

요 3 : 18   저를 믿는 자는 심판을 받지 아니하는 것이요 믿지 아니하는 자는
하나님의 독생자의 이름을 믿지 아니하므로 벌써 심판을 받은
것이니라

요일 4 : 9   하나님의 사랑이 우리에게 이렇게 나타난바 되었으니 하나님이
자기의 독생자를 세상에 보내심은 저로 말미암아 우리를 살리려
하심이니라

히 11 : 17   아브라함은 시험을 받을 때에 믿음으로 이삭을 드렸으니 저는
약속을 받은 자로되 그 독생자를 드렸느니라

II. 양자되기 전의 상태

우리가 중생과 칭의로 하나님의 자녀되기 전의 상태가 어떠했었는가 하는 것은
성경이 밝히 보여 주고 있다.

1. 죄와 허물로 죽은 상태

우리가 양자되기 전에는 "죄"(고의적인 죄 혹은 자범죄)와 "허물"(부주의의 죄
혹은 원죄)로 영혼이 죽은 상태였다(엡 2 : 1).

엡 2 : 1   너희의 허물과 죄로 죽었던 너희를 살리셨도다

2. 죄의 노예된 상태

양자 되기 전의 우리의 상태는 죄의 종이 되어 영원한 사망에로 끌려가고 있는
상태였다(롬 6 : 16).

롬 6 : 16　　너희 자신을 종으로 드려 누구에게 순종하든지 그 순종함을 받는
　　　　　　자의 종이 되는 줄을 너희가 알지 못하느냐 혹은 죄의 종으로 사망에
　　　　　　이르고 혹은 순종의 종으로 의에 이르느니라

3. 죽음의 노예된 상태

양자되기 전에는 우리가 죽음의 노예 생활을 하고 있었으며(롬 6 : 16), 즉 죽
음의 공포에서 헤어날 길이 없었다. 그러나 이제는 예수 그리스도로 말미암아 죄
에서 해방되고(롬 8 : 34; 요 8 : 32-36 참조), 죄의 결과인 사망에서(롬 6 : 23)
해방되어진 것이다.

롬 6 : 16　　너희 자신을 종으로 드려 누구에게 순종하든지 그 순종함을 받는
　　　　　　자의 종이 되는 줄을 너희가 알지 못하느냐 혹은 죄의 종으로 사망에
　　　　　　이르고 혹은 순종의 종으로 의에 이르느니라
롬 8 : 34　　누가 정죄하리요 죽으실 뿐 아니라 다시 살아나신 이는 그리스도
　　　　　　예수시니 그는 하나님 우편에 계신 자요 우리를 위하여 간구하시는
　　　　　　자시니라
롬 6 : 23　　죄의 삯은 사망이요 하나님의 은사는 그리스도 예수 우리 주안에
　　　　　　있는 영생이니라

4. 마귀의 노예된 상태

우리가 예수 그리스도를 믿어 하나님의 자녀되기 전에는 세상 풍속을 좇고 공
중 권세 잡은 마귀를 따랐다(엡 2 : 2).

엡 2 : 2　　그때에 너희가 그 가운데서 행하여 이 세상 풍속을 좇고 공중의
　　　　　　권세 잡은 자를 따랐으니 곧 지금 불순종의 아들들 가운데서
　　　　　　역사하는 영이라

5. 진노의 자녀였음

신자도 예수 그리스도의 십자가의 구속을 믿어 하나님의 자녀되기 전에는 죄로 말미암아 하나님의 진노 아래 처해 있었다(엡 2 : 3).

엡 2 : 3 　　전에는 우리도 다 그 가운데서 우리 육체의 욕심을 따라 지내며
　　　　　　육체와 마음의 원하는 것을 하여 다른 이들과 같이 본질상 진노의
　　　　　　자녀이었더니

Ⅲ. 양자의 시기
1. 영원 전에 예정되었음

사람이 하나님의 자녀가 됨은 어느 날 갑자기 되어지는 것이 아니라 만세 전에 하나님의 은혜로운 선택에 의하여 이루어지는 것이다(엡 1 : 4-5).

엡 1 : 4-5 　　곧 창세 전에 그리스도 안에서 우리를 택하사 우리로 사랑 안에서
　　　　　　　그 앞에 거룩하고 흠이 없게 하시려고

2. 예수를 믿을 때임

만세 전에 자녀가 되기로 선택된 자가 그리스도 예수를 구주로 믿을 때에 실제적으로 하나님의 자녀가 되는 것이다(요일 3 : 2; 갈 3 : 26; 요 1 : 12). 그러나 실은 이 믿음도 하나님께서 주시는 것이다(엡 2 : 8).

요일 3 : 2 　　사랑하는 자들아 우리가 지금은 하나님의 자녀라 장래에 어떻게
　　　　　　　될 것은 아직 나타나지 아니하였으나 그가 나타내심이 되면 우리가
　　　　　　　그와 같을 줄을 아는 것은 그의 계신 그대로 볼 것을 인함이니
갈 3 : 26 　　너희가 다 믿음으로 말미암아 그리스도 예수 안에서 하나님의
　　　　　　　아들이 되었으니
요 1 : 12 　　영접하는 자 곧 그 이름을 믿는 자들에게는 하나님의 자녀가 되는
　　　　　　　권세를 주셨으니
엡 2 : 8 　　너희가 그 은혜를 인하여 믿음으로 말미암아 구원을 얻었나니
　　　　　　이것이 너희에게서 난 것이 아니요 하나님의 선물이라

3. 예수께서 재림하실 때임

예수의 재림시는 우리의 부활의 때요, 구원의 완성의 때이다(롬 8 : 23; 고후 5 : 10). 우리는 그리스도를 믿음으로 영적 구원은 이미 받고 있다. 그러나 몸은 여전히 죽음의 종된 상태에 있는 것이다. 그러므로 이미 양자가 되었으나 실질적인 양자의 영광은 아직 실현하지 못하고 있다. 그러기에 신자들은 속으로 탄식하면서 예수님 재림 시에 몸까지 구속받아 완전히 양자의 영광에 참예하기를 기다리는 것이다(롬 8 : 23). 따라서 지금의 이 세상에서는 우리가 하나님의 자녀로 인정되지 못한다(요일 3 : 1-3). 그것은 하나님을 알지 못하는 세상이 하나님의 자녀를 알아볼리가 없기 때문이다(요일 3 : 1).

롬 8 : 23	이뿐 아니라 또한 우리 곧 성령의 처음 익은 열매를 받은 우리까지도 속으로 탄식하여 양자될 것 곧 우리 몸의 구속을 기다리느니라
고후 5 : 10	이는 우리가 다 반드시 그리스도의 심판대 앞에 드러나 각각 선악간에 그 몸으로 행한 것을 따라 받으려 함이라
요일 3 : 1-3	보라 아버지께서 어떠한 사랑을 우리에게 주사 하나님의 자녀라 일컬음을 얻게 하셨는고 우리가 그러하도다 그러므로 세상이 우리를 알지 못함은 그를 알지 못함이니라 사랑하는 자들아 우리가 지금은 하나님의 자녀라 장래에 어떻게 될 것은 아직 나타나지 아니하였으나 그가 나타내심이 되면 우리가 그와 같을 줄 아는 것은 그의 계신 그대로 볼 것을 인함이니 주를 향하여 이 소망을 가진 자마다 그의 깨끗하심과 같이 자기를 깨끗하게 하느니라

IV. 양자의 축복

예수 그리스도를 믿고 양자로 하나님의 자녀가 된 자의 축복은 이루 다 헤아릴 수 없으나 중요한 것만 대략 열거하면 다음과 같다.

1. 아버지의 특별한 사랑의 대상이 됨

1) 하나님의 사랑을 받게 됨(요일 3 : 1; 요 17 : 23)

2) 하나님의 보호와 양육을 받게 됨(눅 12 : 27-33 참조)

3) 하나님을 아버지라 부르게 됨(롬 8 : 15; 갈 4 : 6)

4) 사랑하는 자라는 명칭을 얻게 됨(요일 3 : 1; 엡 3 : 14-15; 롬 8 : 29; 요 13 : 35; 요일 3 : 14)

5) 아버지의 사랑의 위로가 있음(사 46 : 13; 고후 1 : 4)

요일 3 : 1	보라 아버지께서 어떠한 사랑을 우리에게 주사 하나님의 자녀라 일컬음을 얻게 하셨는고 우리가 그러하도다 그러므로 세상이 우리를 알지 못함은 그를 알지 못함이니라
요 17 : 23	곧 내가 저희 안에 아버지께서 내 안에 계셔 저희로 온전함을 이루어 하나가 되게 하려 함은 아버지께서 나를 보내신 것과 또 나를 사랑하심같이 저희도 사랑하신 것을 세상으로 알게 하려 함이로소이다
롬 8 : 15	너희는 다시 무서워하는 종의 영을 받지 아니하였고 양자의 영을 받았으므로 아바 아버지라 부르짖느니라
갈 4 : 6	너희가 아들인 고로 하나님이 그 아들의 영을 우리 마음 가운데 보내사 아바 아버지라 부르게 하셨느니라
엡 3 : 14-15	이러하므로 내가 하늘과 땅에 있는 각 족속에게 이름을 주신 아버지 앞에 무릎을 꿇고 비노니
롬 8 : 29	하나님이 미리 아신 자들로 또한 아들의 형상을 본받게 하기 위하여 미리 정하셨으니 이는 그로 많은 형제 중에서 맏아들이 되게 하려 하심이니라
요 13 : 35	너희가 서로 사랑하면 이로써 모든 사람이 너희가 내 제자인 줄 알리라
요일 3 : 14	우리가 형제를 사랑함으로 사망에서 옮겨 생명으로 들어간 줄을 알거니와 사랑치 아니하는 자는 사망에 거하느니라
사 46 : 13	내가 나의 의를 가깝게 할 것인즉 상거가 멀지 아니하니 나의 구원이 지체치 아니할 것이라 내가 나의 영광인 이스라엘을 위하여 구원을 시온에 베풀리라
고후 1 : 4	우리의 모든 환난 중에서 우리를 위로하사 우리로 하여금 하나님께

받는 위로로써 모든 환난 중에 있는 자들을 능히 위로하게 하시는
이시로다

2. 하나님 자녀의 특권이 부여됨

1) 자녀의 영이 주어짐(롬 8 : 15; 갈 4 : 6)
2) 아버지의 사랑의 징계가 있음(히 12 : 5-11,13 : 4-5 참조)
3) 징계를 받을지언정 심판의 형벌은 당하지 않음(히 12 : 5-11 참조)
4) 하나님의 가족의 일원으로 교제를 누림(히 2 : 11; 엡 2 : 19)
5) 그리스도와 동일한 상속을 누리게 됨(벧전 1 : 3-5; 갈 4 : 7; 롬 8 : 17; 눅
12 : 32; 고전 6 : 3)
6) 모든 두려움에서 벗어남(롬 8 : 15)

롬 8 : 15   너희는 다시 무서워하는 종의 영을 받지 아니하였고 양자의 영을
           받았으므로 아바 아버지라 부르짖느니라

갈 4 : 6   너희가 아들인 고로 하나님이 그 아들의 영을 우리 마음 가운데
           보내사 아바 아버지라 부르게 하셨느니라

히 2 : 11   거룩하게 하시는 자와 거룩하게 함을 입은 자들이 다 하나에서
           난지라 그러므로 형제라 부르시기를 부끄러워 아니하시고

엡 2 : 19   그러므로 이제부터 너희가 외인도 아니요 손도 아니요 오직
           성도들과 동일한 시민이요 하나님의 권속이라

벧전 1 : 3-5 찬송하리로다 우리 주 예수 그리스도의 아버지 하나님이 그
           많으신 긍휼대로 예수 그리스도의 죽은 자 가운데서 부활하심으로
           말미암아 우리를 거듭나게 하사 산 소망이 있게 하시며 썩지 않고
           더럽지 않고 쇠하지 아니하는 기업을 잇게 하시나니 곧 너희를
           위하여 하늘에 간직하신 것이라 너희가 말세에 나타내기로 예비하신
           구원을 얻기 위하여 믿음으로 말미암아 하나님의 능력으로
           보호하심을 입었나니

갈 4 : 7   그러므로 네가 이후로는 종이 아니요 아들이니 아들이면 하나님으로
           말미암아 유업을 이을 자니라

롬 8 : 17   자녀이면 또한 후사 곧 하나님의 후사요 그리스도와 함께 한

후사니 우리가 그와 함께 영광을 받기 위하여 고난도 함께 받아야 될 것이니라

눅 12 : 32   적은 무리여 무서워 말라 너희 아버지께서 그 나라를 너희에게 주시기를 기뻐하시느니라

고전 6 : 3   우리가 천사를 판단한 것을 너희가 알지 못하느냐 그러하거든 하물며 세상일이랴

V. 양자된 증거

신자가 하나님의 자녀(가족)로서 입양되어 영접된 여부는 다음과 같은 증거로 알 수 있다.

1. 성령의 증거가 있음

우리가 하나님의 가족의 일원으로 입양·영접되고 자녀가 되는 것은 너무도 신비한 일이기 때문에 성령이 우리 마음속에서 확증을 줌으로써 알 수 있다(롬 8 : 16; 고전 2 : 9-10).

롬 8 : 16   성령이 친히 우리 영으로 더불어 우리가 하나님의 자녀인 것을 증거하시나니

고전 2 : 9-10   기록된바 하나님이 자기를 사랑하는 자들을 위하여 예비하신 모든 것은 눈으로 보지 못하고 귀로도 듣지 못하고 사람의 마음으로도 생각지 못하였다 함과 같으니라 오직 하나님이 성령으로 이것을 우리에게 보이셨으니 성령은 모든 것 곧 하나님의 깊은 것이라도 통달하시느니라

2. 성령으로 인도함을 받음(롬 8 : 14; 갈 5 : 18)

예수 그리스도를 믿는 자 속에 성령이 임하여 내재하시므로 그는 성령의 인도를 따라 살게 된다(롬 8 : 14; 갈 5 : 18).

롬 8 : 14   무릇 하나님의 영으로 인도함을 받는 그들은 곧 하나님의 아들이라

갈 5 : 18   너희가 만일 성령의 인도하시는 바가 되면 율법 아래 있지
                아니하리라

3. 아버지를 믿고 따름(갈 4 : 5-6)

예수 그리스도를 믿어 거듭나고 자녀된 자에게 하나님께서 성령을 보내사 하나
님을 아버지로 믿고 따르게 하신다(갈 4 : 5-6).

갈 4 : 5-6   율법 아래 있는 자들을 속량하시고 우리로 아들의 명분을 얻게
                하려 하심이라 너희가 아들인고로 하나님이 그 아들의 영을 우리
                마음 가운데 보내사 아바 아버지라 부르게 하셨느니라

4. 자유롭게 하나님께 나아감(엡 3 : 12; 갈 4 : 7)

예수 그리스도를 믿어 하나님의 자녀가 된 자는 하나님과 화목하고 하나님의
유업을 차지할 후사가 된 고로 두려움 없이 즐거움으로 하나님께 나아간다(엡
3 : 12; 갈 4 : 7).

엡 3 : 12   우리가 그 안에서 그를 믿음으로 말미암아 담대함과 하나님께
                당당히 나아감을 얻느니라
갈 4 : 7   그러므로 네가 이후로는 종이 아니요 아들이니 아들이면 하나님으로
                말미암아 유업을 이을 자니라

5. 형제에 대한 사랑을 가짐(요일 2 : 9-11,5 : 1-2; 골 1 : 24; 벧전 2 : 17)

하나님의 자녀된 자는 신앙 안에서 형제된 자를 사랑한다. 이것은 곧 하나님의
양자된 증거가 된다(요일 2 : 9-11,3 : 14).

요일 2 : 9-11   빛 가운데 있다 하며 그 형제를 미워하는 자는 지금까지 어두운
                가운데 있는 자요 그의 형제를 사랑하는 자는 빛 가운데 거하여
                자기 속에 거리낌이 없으나 그의 형제를 미워하는 자는 어두운

가운데 있고 또 어두운 가운데 행하며 갈 곳을 알지 못하나니 이는
어두움이 그의 눈을 멀게 하였음이니라

요일 5 : 1-2   예수께서 그리스도이심을 믿는 자마다 하나님께로서 난 자니 또한
내신 이를 사랑하는 자마다 그에게서 난 자를 사랑하느니라 우리가
하나님을 사랑하고 그의 계명들을 지킬 때에 이로써 우리가
하나님의 자녀 사랑하는 줄을 아느니라

골 1 : 24   내가 이제 너희를 위하여 받는 괴로움을 기뻐하고 그리스도의
남은 고난을 그의 몸된 교회를 위하여 내 육체에 채우노라

벧전 2 : 17   뭇 사람을 공경하며 형제를 사랑하며 하나님을 두려워하며 왕을
공경하라

요일 3 : 14   우리가 형제를 사랑함으로 사망에서 옮겨 생명으로 들어간 줄을
알거니와 사랑치 아니하는 자는 사망에 거하느니라

6. 하나님의 뜻을 알고 순종함(요일 5 : 1-3; 롬 12 : 1-2; 시 119 : 56; 행 5 : 29; 신 30 : 8)

하나님의 자녀된 자는 아버지를 사랑하고 아버지를 사랑하는 자는 그분의 계명
을 지키심으로써 그분의 뜻을 순종한다(요일 5 : 1-3).

요일 5 : 1-3   예수께서 그리스도이심을 믿는 자마다 하나님께로서 난 자니 또한
내신 이를 사랑하는 자마다 그에게서 난 자를 사랑하느니라 우리가
하나님을 사랑하고 그의 계명들을 지킬 때에 이로써 우리가
하나님의 자녀 사랑하는 줄을 아느니라 하나님을 사랑하는 것은
이것이니 우리가 그의 계명들을 지키는 것이라 그의 계명들은
무거운 것이 아니로다

롬 12 : 1-2   그러므로 형제들아 내가 하나님의 모든 자비하심으로 너희를
권하노니 너희 몸을 하나님이 기뻐하시는 거룩한 산 제사로 드리라
이는 너희의 영적 예배니라 너희는 이 세대를 본받지 말고 오직
마음을 새롭게 함으로 변화를 받아 하나님의 선하시고 기뻐하시고
온전하신 뜻이 무엇인지 분별하도록 하라

시 119 : 56   내 소유는 이것이니 곧 주의 법도를 지킨 것이니이다

행 5 : 29   베드로와 사도들이 대답하여 가로되 사람보다 하나님을 순종하는

것이 마땅하니라

신 30 : 8　　너는 돌아와 다시 여호와의 말씀을 순종하고 내가 오늘날 네게 명한 그 모든 명령을 행할 것이라

7. 빛된 생활을 함(마 5 : 16; 엡 5 : 8)

예수 그리스도를 믿고 구원을 얻어 빛의 자녀가 된 자는 세상에 대하여 빛된 생활(착한 행실)을 한다(마 5 : 16; 엡 5 : 8).

마 5 : 16　　이같이 너희 빛을 사람 앞에 비취게 하여 저희로 너희 착한 행실을 보고 하늘에 계신 너희 아버지께 영광을 돌리게 하라

엡 5 : 8　　너희가 전에는 어두움이더니 이제는 주안에서 빛이라 빛의 자녀들처럼 행하라

VI. 양자의 은혜와 특전

우리가 하나님의 양자로 입양이 되어 하나님의 자녀가 된 것은 하나님의 은혜와 사랑의 극치요 더없이 놀라운 특전이다. 그 이유는 다음과 같은 점에서이다.

1. 하나님께서는 아들(예수)이 있으실 때 우리들을 양자로 삼으셨음(골 1 : 13-14)

우리는 하나님 아버지가 필요하나 하나님께서는 사실상 자녀가 필요한 것은 아니시다.

골 1 : 13-14　　그가 우리를 흑암의 권세에서 건져내사 그의 사랑의 아들의 나라로 옮기셨으니 그 아들 안에서 우리가 구속 곧 죄 사함을 얻었도다

2. 타락하고, 병들고, 못난 자를 양자로 삼으셨음(엡 2 : 4-6)

우리가 구원받기 전에는 죄악으로 인하여 완전히 죽은 상태요, 진노의 자녀였으나 하나님께서 그 놀라운 사랑과 은혜로 구원하시고 자녀로 삼아 주셨다.

엡 2 : 4-6   긍휼에 풍성하신 하나님이 우리를 사랑하신 그 큰사랑을 인하여
             허물로 죽은 우리를 그리스도와 함께 살리셨고(너희가 은혜로
             구원을 얻은 것이라)

3. 원수된 우리를 양자로 삼으셨음(롬 5 : 8)

우리가 아직 죄인으로서 하나님의 원수되었을 때 하나님께서는 우리를 사랑하
사 자녀로 삼아주셨다.

롬 5 : 8   우리가 아직 죄인되었을 때에 그리스도께서 우리를 위하여
             죽으심으로 하나님께서 우리에게 대한 자기의 사랑을
             확증하셨느니라

4. 큰 대가를 지불하고 양자로 삼으셨음(롬 5 : 8)

하나님께서는 우리를 죄악에서 구속하시어 자녀 삼으시려고 당신의 독생자 예
수 그리스도를 대속물로 내어주셨다(롬 5 : 8; 요일 4 : 9; 요 3 : 16).

롬 5 : 8   우리가 아직 죄인되었을 때에 그리스도께서 우리를 위하여
             죽으심으로 하나님께서 우리에게 대한 자기의 사랑을
             확증하셨느니라
요일 4 : 9   하나님의 사랑이 우리에게 이렇게 나타난 바 되었으니 하나님이
             자기의 독생자를 세상에 보내심은 저로 말미암아 우리를 살리려
             하심이니라
요 3 : 16   하나님이 세상을 이처럼 사랑하사 독생자를 주셨으니 이는 저를
             믿는 자마다 멸망치 않고 영생을 얻게 하려 하심이니라

5. 천에 하나 만에 하나 고르는 중에 택하시어 양자로 삼으셨음(엡 1 : 5)

하나님께서는 많은 죄인들 중에서 얼마를 자녀로 선택하시는 중에 우리를 선택
하사 양자로 삼으신 것이다(엡 1 : 5; 행 13 : 48).

엡 1 : 5   그 기쁘신 뜻대로 우리를 예정하사 예수 그리스도로 말미암아

자기의 아들들이 되게 하셨으니

행 13 : 48 이방인들이 듣고 기뻐하여 하나님의 말씀을 찬송하며 영생을
주시기로 작정된 자는 다 믿더라

성결

I. 성결의 개념

1. 용어의 뜻

성결(聖潔 ; Holiness)이라는 용어의 뜻을 나타내는 다른 말이 여러 가지가 있다. 그것은 곧 "거룩함", "정결함", "성령 세례와 성령 충만함", "원죄에서의 해방", "온전함" 등이다.

1) 거룩함

거룩함이란 하나님의 영원히 불변하시는 속성을 표시하는 말로써(벧전 1 : 15; 마 5 : 48), 이는 "분리한다"라는 뜻이 있다. 곧 하나님께서는 모든 불결함에서 떠나 구별되어 계시며, 그것을 미워하시며, 벌하시고 멸하시는 것을 의미한다.

벧전 1 : 15	오직 너희를 부르신 거룩한 자처럼 너희도 모든 행실에 거룩한 자가 되라
마 5 : 48	그러므로 하늘에 계신 너희 아버지의 온전하심과 같이 너희도 온전하라

2) 정결함

성경에 "정결"이란 말은 모든 죄를 씻어 깨끗하게 하는 뜻으로 사용되었다(겔 36 : 25). 구약에 보면 죄인이 회개함으로써 "… 너희 죄가 주홍 같을지라도 눈과 같이 희어질 것이요 진홍같이 붉을지라도 양털같이 되리라"고 하였다(사 1 : 18). 이 말씀은 바로 죄인이 회개하고 하나님을 믿음으로 죄에서 정결함을 받고 성결케 되는 하나님의 은혜를 가리키는 것이다. 죄인이 회개하고 복음을 믿음으로(막 1 : 15) 성결의 은혜(성령 세례와 성령 충만함)를 받아서(행 2 : 38; 마 3 : 11), 자범죄에서 사함을 받을 뿐만 아니라 원죄(유전죄)의 부패성까지도 근원적으로 정결함을 받게 되는 것이다. 이사야 1장 18절에서 인간의 죄를 "주홍"이라 함은 자범죄를 의미하고 "진홍"이라 함은 원죄를 의미하는 것이며, 또 "양털같이 되리라"함은 성결을 가리키는 것이 분명하다.

겔 36 : 25	맑은 물로 너희에게 뿌려서 너희로 정결케 하되 곧 너희 모든 더러운 것에서와 모든 우상을 섬김에서 너희를 정결케 할 것이며
사 1 : 18	여호와께서 말씀하시되 오라 우리가 서로 변론하자 너희 죄가 주홍 같을지라도 눈과 같이 희어질 것이요 진홍같이 붉을지라도 양털같이 되리라
막 1 : 15	가라사대 때가 찼고 하나님 나라가 가까왔으니 회개하고 복음을 믿으라 하시더라
행 2 : 38	베드로가 가로되 너희가 회개하여 각각 예수 그리스도의 이름으로 세례를 받고 죄 사함을 얻으라 그리하면 성령을 선물로 받으리니
마 3 : 11	나는 너희로 회개케 하기 위하여 물로 세례를 주거니와 내 뒤에 오시는 이는 나보다 능력이 많으시니 나는 그의 신을 들기도 감당치 못하겠노라 그는 성령과 불로 너희에게 세례를 주실 것이요

3) 온전함

성경에 온전함이란 성결의 상태를 의미하는 것이다(신 18 : 13; 마 5 : 48). 성경에 "하늘에 계신 너희 아버지의 온전하심과 같이 너희도 온전하라"(마 5 : 48)고 하였으니, 여기서 "온전한 사람"이라 함은 "미숙된 사람"과 대조되는 개념으로써 내적 능력이 충분히 발전된 사람을 의미하는 것이다. 즉 하나님의 거룩하심과 사랑과 의로움과 진실과 자비 등의 성품을 반영할 수 있도록 성숙된 성결의 사람을 의미하는 것으로 구약에서는 노아(창 6 : 9)나 욥(욥 1 : 1)을 온전한 사람이라 칭하였다. 그러나 그들은 도덕적 표준에서 그렇게 불리웠고(Allen) 신약에서는 원수까지도 사랑하는 특별한 사랑에서도 온전하라고 하였다(마 5 : 48; 요일 4 :

16). 그리고 온전함의 상태는 시간적으로 끝(마 24 : 6)을, 내용적으로 충만(고전 14 : 20)을, 동작 면으로 완성함(약 1 : 4)을 의미한다.

궁극적으로 판단해 볼 때 인간이 하나님 같이 절대적으로 온전할 수는 없다. 그러나 인간은 온전을 향해 노력할 수는 있으며(빌 3 : 12), 또 주님의 은혜로 말미암아 하나님의 자녀로서 온전케 되는 것이다(히 12 : 2).

신 18 : 13	너는 네 하나님 여호와 앞에 완전하라
마 5 : 48	그러므로 하늘에 계신 너희 아버지의 온전하심과 같이 너희도 온전하라
창 6 : 9	노아의 사적은 이러하니라 노아는 의인이요 당세에 완전한 자라 그가 하나님과 동행하였으며
욥 1 : 1	우스 땅에 욥이라 이름하는 사람이 있었는데 그 사람은 순전하고 정직하여 하나님을 경외하며 악에서 떠난 자더라
요일 4 : 16	하나님이 우리를 사랑하시는 사랑을 우리가 알고 믿었노니 하나님은 사랑이시라 사랑 안에 거하는 자는 하나님 안에 거하고 하나님도 그 안에 거하시느니라
마 24 : 6	난리와 난리 소문을 듣겠으나 너희는 삼가 두려워 말라 이런 일이 있어야 하되 끝은 아직 아니니라
고전 14 : 20	형제들아 지혜에는 아이가 되지 말고 악에는 어린아이가 되라 지혜에 장성한 사람이 되라
약 1 : 4	인내를 온전히 이루라 이는 너희로 온전하고 구비하여 조금도 부족함이 없게 하려 함이라
빌 3 : 12	내가 이미 얻었다 함도 아니요 온전히 이루었다 함도 아니라 오직 내가 그리스도 예수께 잡힌바 된 그것을 잡으려고 좇아가노라
히 12 : 2	믿음의 주요 또 온전케 하시는 이인 예수를 바라보자 저는 그 앞에 있는 즐거움을 위하여 십자가를 참으사 부끄러움을 개의치 아니하시더니 하나님 보좌 우편에 앉으셨느니라

4) 성령 세례

성령세례는 곧 성결의 은사를 의미한다. 그 이유는 성도는 성령 세례를 통하여 "성령의 거룩하게 하심을 얻기 위하여 택하심을 입은 자들"이며(벧전 1 : 2), 택함을

입은 그들은 예수님을 믿어 중생하고 그리스도의 성령 세례(마 3 : 11; 눅 3 : 16;
막 1 : 8)를 통하여 성결의 주님과 일체가 되기 때문이다(고전 12 : 13; 갈 3 :
27). 우리가 믿을 때에 성령이 인치시므로 내재하시고(엡 1 : 13) 믿은 후에 끊임
없이 반복하여 성령이 우리의 전인격에 역사하시어 온전히 지배하시므로 성결케
하시는 것이다. 성령 세례는 성도의 구원에 가장 확실한 보증이며 성결의 은사이
다(엡 1 : 13; 벧전 1 : 2).

마 3 : 11   나는 너희로 회개케 하기 위하여 물로 세례를 주거니와 내 뒤에
오시는 이는 나보다 능력이 많으시니 나는 그의 신을 들기도 감당치
못하겠노라 그는 성령과 불로 너희에게 세례를 주실 것이요

눅 3 : 16   요한이 모든 사람에게 대답하여 가로되 나는 물로 너희에게 세례를
주거니와 나보다 능력이 많으신 이가 오시나니 나는 그 신들메를
풀기도 감당치 못하겠노라 그는 성령과 불로 너희에게 세례를
주실 것이요

막 1 : 8   나는 너희에게 물로 세례를 주었거니와 그는 성령으로 너희에게
세례를 주시리라

고전 12 : 13   우리가 유대인이나 헬라인이나 종이나 자유자나 다 한 성령으로
세례를 받아 한 몸이 되었고 또 다 한 성령을 마시게 하셨느니라

갈 3 : 27   누구든지 그리스도와 합하여 세례를 받은 자는 그리스도로 옷
입었느니라

엡 5 : 18   술 취하지 말라 이는 방탕한 것이니 오직 성령의 충만을 받으라

엡 1 : 13   그 안에서 너희도 진리의 말씀 곧 너희의 구원의 복음을 듣고 그
안에서 또한 믿어 약속의 성령으로 인치심을 받았으니

벧전 1 : 2   곧 하나님 아버지의 미리 아심을 따라 성령의 거룩하게 하심으로
순종함과 예수 그리스도의 피 뿌림을 얻기 위하여 택하심을 입은
자들에게 편지하노니 은혜와 평강이 너희에게 더욱 많을지어다

5) 원죄에서의 해방

성결은 원죄(롬 5 : 12, 아담으로부터의 유전죄)가 성령의 역사로 소멸됨으로써
(마 3 : 11; 히 12 : 29) 우리가 모든 죄에서 해방되는 은혜의 체험을 의미한다(롬

6 : 6,2,4).

사도 바울은 "너희는 유혹의 욕심을 따라 썩어져 가는 구습을 좇는 옛사람을 벗어 버리고 오직 심령으로 새롭게 되어 하나님을 따라 의와 진리의 거룩함으로 지으심을 받은 새사람을 입으라"(엡 4 : 22-24)고 권면했다. 여기서 "옛사람"은 옛죄의 사람 (아담 곧 원죄), 즉 거듭나지 못한 자아(自我)를 가리키며, 또 "벗어 버리고"는 죽는 것(고후 5 : 4), 곧 "옛사람의 영적 죽음"을 의미한다(롬 6 : 6,2,4). 이상과 같이 상고해 볼 때에 성결이란 우리가 그리스도의 십자가의 대속을 믿을 때 하나님의 은혜로 옛사람을 벗어 버리고(옛 죄의 사람의 죽음, 곧 원죄에서의 벗어남, 엡 4 : 22; 롬 6 : 6), 의와 진리의 거룩함(하나님의 성품인)으로 지으심을 받은 새사람을 입는 은혜의 체험을 의미하는 것이다(엡 4 : 24; 빌 2 : 15; 갈 2 : 20).

마 3 : 11	나는 너희로 회개케 하기 위하여 물로 세례를 주거니와 내 뒤에 오시는 이는 나보다 능력이 많으시니 나는 그의 신을 들기도 감당치 못하겠노라 그는 성령과 불로 너희에게 세례를 주실 것이요
히 12 : 29	우리 하나님은 소멸하는 불이심이니라
롬 6 : 6	우리가 알거니와 우리 옛사람이 예수와 함께 십자가에 못박힌 것은 죄의 몸이 멸하여 다시는 우리가 죄에게 종노릇하지 아니하려 함이니
롬 6 : 2	그럴 수 없느니라 죄에 대하여 죽은 우리가 어찌 그 가운데 더 살리요
롬 6 : 4	그러므로 우리가 그의 죽으심과 합하여 세례를 받음으로 그와 함께 장사되었나니 이는 아버지의 영광으로 말미암아 그리스도를 죽은 자 가운데서 살리심과 같이 우리로 또한 새 생명 가운데서 행하게 하려 함이니라
고후 5 : 4	이 장막에 있는 우리가 짐진 것 같이 탄식하는 것은 벗고자 함이 아니요 오직 덧입고자 함이니 죽을 것이 생명에게 삼킨 바 되게 하려 함이라
엡 4 : 22	너희는 유혹의 욕심을 따라 썩어져 가는 구습을 좇는 옛사람을 벗어버리고
엡 4 : 24	하나님을 따라 의와 진리의 거룩함으로 지으심을 받은 새사람을

빌 2 : 15 　입으라
이는 너희가 흠이 없고 순전하여 어그러지고 거스리는 세대
가운데서 하나님의 흠 없는 자녀로 세상에서 그들 가운데 빛들로
나타내며

갈 2 : 20 　내가 그리스도와 함께 십자가에 못박혔나니 그런즉 이제는 내가
산 것이 아니요 오직 내 안에 그리스도께서 사신 것이라 이제 내가
육체 가운데 사는 것은 나를 사랑하사 나를 위하여 자기 몸을
버리신 하나님의 아들을 믿는 믿음 안에서 사는 것이라

2. 성결의 정의

이상과 같이 성결을 나타내는 성경상의 용어들이 가지고 있는 깊은 뜻을 종합
해 볼 때 성결이란 타락한 인간이 예수 그리스도의 십자가의 대속을 믿음으로써
죄(원죄까지)를 씻음받고, 근본적으로 무죄(無罪 ; 정결함)의 상태가 됨을 의미한
다(히 10 : 10; 살전 5 : 23; 엡 1 : 4). 다시 말하면 성결이란 우리가 예수 그리스
도의 보혈의 능력(골 1 : 22,히 10 : 10,13 : 12)과 성령 세례(벧전 1 : 2; 마 3 :
11; 고전 12 : 13)로 자범죄는 물론, 원죄까지도 씻음을 받는(요일 1 : 7,9; 사1 :
18; 겔 36 : 25) 은혜의 깊은 체험이다. 신자는 이 은혜의 체험을 통하여 하나님
께 온전히 순종하고 봉사하며 죄악을 이길 수 있는 능력을 받게 되는 것이다(엡
4 : 22-24). 성결 은혜의 체험은 중생 후 혹은 중생과 동시에 신앙으로 받게 되는
순간적 체험이다(살전 5 : 23; 요일 1 : 9; 히 10 : 10,9 : 12-14; 엡 5 : 25-27).
그러나 여기서 성결이라 함은 하나님과 같은 절대적인 성결을 뜻함은 아니고(사
57 : 15), 거룩하신 하나님께로서 성결의 은사를 받아 되어지는 상대적 성결이다
(벧전 1 : 15). 이는 마치 달이 태양 빛을 받아서 광채를 발휘하는 것과 같다고 할
수 있겠다. 성결의 체험은 순간적이나 그것은 계속 유지되어야 하며(살전 5 :
23), 더욱 성장하여야 한다(엡 4 : 15; 벧전 2 : 2; 벧후 3 : 18). 그러기에 성결의
충만이나 자라는 것은 일생을 요하는 일이다.

히 10 : 10 　이 뜻을 좇아 예수 그리스도의 몸을 단번에 드리심으로 말미암아
우리가 거룩함을 얻었노라

엡 1 : 4	곧 창세 전에 그리스도 안에서 우리를 택하사 우리로 사랑 안에서 그 앞에 거룩하고 흠이 없게 하시려고
골 1 : 22	이제는 그의 육체의 죽음으로 말미암아 화목케 하사 너희를 거룩하고 흠 없고 책망할 것이 없는 자로 그 앞에 세우고자 하셨으니
히 13 : 12	그러므로 예수도 자기 피로써 백성을 거룩케 하려고 성문 밖에서 고난을 받으셨느니라
벧전 1 : 2	곧 하나님 아버지의 미리 아심을 따라 성령의 거룩하게 하심으로 순종함과 예수 그리스도의 피 뿌림을 얻기 위하여 택하심을 입은 자들에게 편지하노니 은혜와 평강이 너희에게 더욱 많을지어다
마 3 : 11	나는 너희로 회개케 하기 위하여 물로 세례를 주거니와 내 뒤에 오시는 이는 나보다 능력이 많으시니 나는 그의 신을 들기도 감당치 못하겠노라 그는 성령과 불로 너희에게 세례를 주실 것이요
고전 12 : 13	우리가 유대인이나 헬라인이나 종이나 자유자나 다 한 성령으로 세례를 받아 한 몸이 되었고 또 다 한 성령을 마시게 하셨느니라
요일 1 : 7	저가 빛 가운데 계신 것같이 우리도 빛 가운데 행하면 우리가 서로 사귐이 있고 그 아들 예수의 피가 우리를 모든 죄에서 깨끗하게 하실 것이요
요일 1 : 9	만일 우리가 우리 죄를 자백하면 저는 미쁘시고 의로우사 우리 죄를 사하시며 모든 불의에서 우리를 깨끗케 하실 것이요
사 1 : 18	여호와께서 말씀하시되 오라 우리가 서로 변론하자 너희 죄가 주홍 같을지라도 눈과 같이 희어질 것이요 진홍같이 붉을지라도 양털같이 되리라
겔 36 : 25	맑은 물로 너희에게 뿌려서 너희로 정결케 하되 곧 너희 모든 더러운 것에서와 모든 우상을 섬김에서 너희를 정결케 할 것이며
엡 4 : 22-24	너희는 유혹의 욕심을 따라 썩어져 가는 구습을 좇는 옛사람을 벗어 버리고 오직 심령으로 새롭게 되어 하나님을 따라 의와 진리의 거룩함으로 지으심을 받은 새사람을 입으라
살전 5 : 23	평강의 하나님이 친히 너희로 온전히 거룩하게 하시고 또 너희 온 영과 혼과 몸이 우리 주 예수 그리스도 강림하실 때에 흠없게 보전되기를 원하노라
엡 5 : 25-27	남편들아 아내 사랑하기를 그리스도께서 교회를 사랑하시고 위하여 자신을 주심 같이 하라 이는 곧 물로 씻어 말씀으로 깨끗하게 하사

	거룩하게 하시고 자기 앞에 영광스러운 교회로 세우사 티나 주름
	잡힌 것이나 이런 것들이 없이 거룩하고 흠이 없게 하려 하심이니라
사 57 : 15	지존 무상하며 영원히 거하며 거룩하다 이름하는 자가 이같이
	말씀하시되 내가 높고 거룩한 곳에 거하며 또한 통회하고 마음이
	겸손한 자와 함께 거하나니 이는 겸손한 자의 영을 소성케 하며
	통회하는 자의 마음을 소성케 하려 함이라
벧전 1 : 15	오직 너희를 부르신 거룩한 자처럼 너희도 모든 행실에 거룩한
	자가 되라
엡 4 : 15	오직 사랑 안에서 참된 것을 하여 범사에 그에게까지 자랄지라
	그는 머리니 곧 그리스도라
벧전 2 : 2	갓난아이들 같이 순전하고 신령한 젖을 사모하라 이는 이로
	말미암아 너희로 구원에 이르도록 자라게 하려 함이라
벧후 3 : 18	오직 우리 주 곧 구주 예수 그리스도의 은혜와 저를 아는 지식에서
	자라 가라 영광이 이제와 영원한 날까지 저에게 있을지어다

3. 중생과 성결의 관계

중생(重生 ; Regeneration)은 자범죄에서 사함과 새 생명의 씨를 받는 일이고 (요일 3 : 9), 성결(聖潔 ; Holiness)은 심중에 잠재한 원죄(유전죄), 즉 죄의 근성까지 깨끗이 씻어 정결함을 받는 일이다(겔 36 : 25 ; 사 1 : 18 ; 살전 3 : 13,5 : 23 ; 엡 1 : 4). 그러므로 중생(신생)에서는 죄가 진압되고 성결에서는 죄의 몸이 멸함(롬 6 : 6)이 됨으로 죄에서 완전 해방되는 것이다(갈 2 : 20 ; 엡 4 : 22-24 ; 골 1 : 22). 그러나 중생과 성결은 서로 불가 분리의 관계에 있으니 곧 중생(신생)은 성결의 시작이요 성결은 중생(신생)의 완성인 것이다. 성결한 자는 죄를 짓지 않는 것이 원칙이다(요일 3 : 9). 그렇지만 인간은 연약성(타고난 죄악성) 때문에 현세에서는 아무도 완전하지 못하다. 그러나 완전을 향해 가는 것이다.

완전한 성결(성화 ; Sanctification)은 현세에서는 진행할 뿐이요, 그 완성은 현세의 생명이 그치는 때인 것이다. 성경에 "하나님께로서 난 자마다 죄를 짓지 아니하나니 이는 하나님의 씨가 그의 속에 거함이요"(요일 3 : 9) 라고 하였으니, 중생한 자는 무슨 죄든지 계속적으로 지을 수 없으며(죄를 넉넉히 짓지 아니함), 그것은 내주하시는 하나님의 성령의 능력으로 인함인 것이다.

요일 3 : 9   하나님께로서 난 자마다 죄를 짓지 아니하나니 이는 하나님의
씨가 그의 속에 거함이요 저도 범죄치 못하는 것은 하나님께로서
났음이라

겔 36 : 25   맑은 물로 너희에게 뿌려서 너희로 정결케 하되 곧 너희 모든
더러운 것에서와 모든 우상을 섬김에서 너희를 정결케 할 것이며

사 1 : 18   여호와께서 말씀하시되 오라 우리가 서로 변론하자 너희 죄가
주홍 같을지라도 눈과 같이 희어질 것이요 진홍같이 붉을지라도
양털같이 되리라

살전 3 : 13   너희 마음을 굳게 하시고 우리 주 예수께서 그의 모든 성도와 함께
강림하실 때에 하나님 우리 아버지 앞에서 거룩함에 흠이 없게
하시기를 원하노라

살전 5 : 23   평강의 하나님이 친히 너희로 온전히 거룩하게 하시고 또 너희
온 영과 혼과 몸이 우리 주 예수 그리스도 강림하실 때에 흠 없게
보전되기를 원하노라

엡 1 : 4   곧 창세 전에 그리스도 안에서 우리를 택하사 우리로 사랑 안에서
그 앞에 거룩하고 흠이 없게 하시려고

롬 6 : 6   우리가 알거니와 우리 옛사람이 예수와 함께 십자가에 못박힌
것은 죄의 몸이 멸하여 다시는 우리가 죄에게 종노릇하지
아니하려 함이니

갈 2 : 20   내가 그리스도와 함께 십자가에 못박혔나니 그런즉 이제는 내가
산 것이 아니요 오직 내 안에 그리스도께서 사신 것이라 이제 내가
육체 가운데 사는 것은 나를 사랑하사 나를 위하여 자기 몸을 버리신
하나님의 아들을 믿는 믿음 안에서 사는 것이라

엡 4 : 22-24   너희는 유혹의 욕심을 따라 썩어져 가는 구습을 좇는 옛사람을
벗어 버리고 오직 심령으로 새롭게 되어 하나님을 따라 의와 진리의
거룩함으로 지으심을 받은 새사람을 입으라

골 1 : 22   이제는 그의 육체의 죽음으로 말미암아 화목케 하사 너희를
거룩하고 흠없고 책망할 것이 없는 자로 그 앞에 세우고자 하셨으니

II. 성결할 필요와 의무

1. 성결의 필요성

1) 원죄로부터 정결함을 받기 위하여(롬 5 : 12; 롬 6 : 19,22; 시 51 : 5)

인간에게는 인류의 조상 아담으로부터 유전되어 내려오고 있는 원죄가 있고, 이 원죄로부터 부패하여진 악한 정욕과 구습이 나오고 또 양심이 더러워져 있으므로 이에서 정결함을 받기 위하여 성결의 은혜 체험이 필요하다.

롬 5 : 12	이러므로 한 사람으로 말미암아 죄가 세상에 들어오고 죄로 말미암아 사망이 왔나니 이와 같이 모든 사람이 죄를 지었으므로 사망이 모든 사람에게 이르렀느니라
롬 6 : 19	너희 육신이 연약하므로 내가 사람의 예대로 말하노니 전에 너희가 너희 지체를 부정과 불법에 드려 불법에 이른 것같이 이제는 너희 지체를 의에게 종으로 드려 거룩함에 이르라
롬 6 : 22	그러나 이제는 너희가 죄에게서 해방되고 하나님께 종이 되어 거룩함에 이르는 열매를 얻었으니 이 마지막은 영생이라
시 51 : 5	내가 죄악 중에 출생하였음이여 모친이 죄 중에 나를 잉태하였나이다

2) 재림의 주를 맞이하기 위하여(히 12 : 14; 살전 5 : 22-23; 마 5 : 8)

온전히 성결함을 받고 재림하시는 예수님 앞에 "신혼신"(神魂身)이 건전하고 흠 없이 서기 위하여 성결의 은혜가 필요하다(살전 4 : 3-7).

히 12 : 14	모든 사람으로 더불어 화평함과 거룩함을 좇으라 이것이 없이는 아무도 주를 보지 못하리라
살전 5 : 22-23	악은 모든 모양이라도 버리라 평강의 하나님이 친히 너희로 온전히 거룩하게 하시고 또 너희 온 영과 혼과 몸이 우리 주 예수 그리스도 강림하실 때에 흠 없게 보전되기를 원하노라
마 5 : 8	마음이 청결한 자는 복이 있나니 저희가 하나님을 볼 것임이요
살전 4 : 3-7	하나님의 뜻은 이것이니 너희의 거룩함이라 곧 음란을 버리고 각각 거룩함과 존귀함으로 자기의 아내 취할 줄을 알고 하나님을

모르는 이방인과 같이 색욕을 좇지 말고 이 일에 분수를 넘어서
형제를 해하지 말라 이는 우리가 너희에게 미리 말하고 증거한
것과 같이 이 모든 일에 주께서 신원하여 주심이니라 하나님이
우리를 부르심은 부정케 하심이 아니요 거룩케 하심이니

3) 성결은 하나님의 요구이심(벧전 1 : 15-16; 벧후 1 : 4; 살전 4 : 3,7)

성경에 "··· 내가 거룩하니 너희도 거룩하라"(레 19 : 2)고 하신 말씀대로 거룩하
신 하나님께서 당신의 백성들이 당신의 성품을 받아 모든 부정한 일들을 버리고
거룩하게 되기를 원하신다(살전 4 : 3). 그 이유는 하나님께서 거룩하시기 때문에
거룩하지 못한 자는 하나님께 가까이 갈 수 없고 따라서 볼 수도 없기 때문이다.

벧전 1 : 15-16   오직 너희를 부르신 거룩한 자처럼 너희도 모든 행실에 거룩한
자가 되라 기록하였으되 내가 거룩하니 너희도 거룩할지어다
하셨느니라

벧후 1 : 4   이로써 그 보배롭고 지극히 큰 약속을 우리에게 주사 이 약속으로
말미암아 너희로 정욕을 인하여 세상에서 썩어질 것을 피하여
신의 성품에 참예하는 자가 되게 하려 하셨으니

살전 4 : 3   하나님의 뜻은 이것이니 너희의 거룩함이라 곧 음란을 버리고

살전 4 : 7   하나님이 우리를 부르심은 부정케 하심이 아니요 거룩케 하심이니

4) 악한 정욕과 구습에서 정결함 받기 위함(골 3 : 5; 롬 7 : 5-6; 엡 4 : 22-24)

믿는 자는 죄로 인해 부패하여진 악한 정욕(골 3 : 5; 롬 7 : 5)과, 구습(엡 4 :
22)과, 더러워진 양심(렘 17 : 9; 딤전 6 : 5)에서, 정결함을 받아 종신(終身)하도
록 성결함으로써 주를 섬기게 되고(눅 1 : 75), 재림하시는 예수님 앞에 흠 없이
서게 되는 것이다(살전 5 : 23).

골 3 : 5   그러므로 땅에 있는 지체를 죽이라 곧 음란과 부정과 사욕과 악한
정욕과 탐심이니 탐심은 우상 숭배니라

롬 7 : 5-6   우리가 육신에 있을 때에는 율법으로 말미암는 죄의 정욕이 우리

지체 중에 역사하여 우리로 사망을 위하여 열매를 맺게 하였더니
이제는 우리가 얽매였던 것에 대하여 죽었으므로 율법에서
벗어났으니 이러므로 우리가 영의 새로운 것으로 섬길 것이요
의문의 묵은 것으로 아니할지니라

엡 4 : 22-24 너희는 유혹의 욕심을 따라 썩어져 가는 구습을 좇는 옛사람을
벗어버리고 오직 심령으로 새롭게 되어 하나님을 따라 의와 진리의
거룩함으로 지으심을 받은 새사람을 입으라

렘 17 : 9 만물보다 거짓되고 심히 부패한 것은 마음이라 누가 능히 이를
알리요마는

딤전 6 : 5 마음이 부패하여지고 진리를 잃어버려 경건을 이익의 재료로
생각하는 자들의 다툼이 일어나느니라

눅 1 : 75 종신토록 주의 앞에서 성결과 의로 두려움이 없이 섬기게 하리라
하셨도다

살전 5 : 23 평강의 하나님이 친히 너희로 온전히 거룩하게 하시고 또 너희
온 영과 혼과 몸이 우리 주 예수 그리스도 강림하실 때에 흠 없게
보전되기를 원하노라

2. 성결의 의무

모든 신자는 성결의 은혜를 귀중히 여기고 사모하여 꼭 받아야 할 의무가 있으
니 그 이유는 다음과 같다.

1) 하나님께서 영원 전에 계획하심

우리가 받아야 할 성결의 은혜는 영원 전에 하나님께서 계획하신 바이다(엡
1 : 4). 즉 하나님께서 당신의 택한 백성들을 거룩하고 흠이 없게 하시려고 창세
전에 예정하신 것이다.

엡 1 : 4 곧 창세 전에 그리스도 안에서 우리를 택하사 우리로 사랑 안에서
그 앞에 거룩하고 흠이 없게 하시려고

2) 하나님의 거룩한 뜻임

성경에 "하나님의 뜻은 이것이니 너희의 거룩함이라"(살전 4 : 3)고 하였으니 우리가 성결하게 되는 것은 하나님의 바라시는 거룩한 뜻이다.

3) 하나님의 명령임

성경에 "… 내가 거룩하니 너희도 거룩하라"(레 19 : 2), "오직 너희를 부르신 거룩한 자처럼 너희도 모든 행실에 거룩한 자가 되라"(벧전 1 : 15)고 하셨다.

4) 하나님의 약속임

우리로 온전히 거룩하게 하시어 우리의 영과 혼과 몸이 흠없이 온전히 보전되었다가 주의 재림의 날을 맞이하도록 하시겠다는 것은 하나님의 예정이요 약속인 바 신실하신 하나님께서는 이를 기어코 성취하실 것이다(살전 5 : 23-24; 요 6 : 37; 이하 참조 롬 8 : 29-30; 빌 1 : 6).

> 살전 5 : 23-24　평강의 하나님이 친히 너희로 온전히 거룩하게 하시고 또 너희 온 영과 혼과 몸이 우리 주 예수 그리스도 강림하실 때에 흠 없게 보전되기를 원하노라 너희를 부르시는 이는 미쁘시니 그가 또한 이루시리라
>
> 요 6 : 37　아버지께서 내게 주시는 자는 다 내게로 올 것이요 내게 오는 자는 내가 결코 내어쫓지 아니하리라

5) 하나님의 부르신 목적임

하나님께서 우리를 부르신 목적은 "부정케 하심이 아니요 거룩케 하심이니"(살전 4 : 7) 하나님의 자녀된 우리는 마땅히 모든 부정한 것을 버리고 하나님의 성품인 거룩함을 좇아야 할 것이다(살전 4 : 3).

> 살전 4 : 7　하나님이 우리를 부르심은 부정케 하심이 아니요 거룩케 하심이니
>
> 살전 4 : 3　하나님의 뜻은 이것이니 너희의 거룩함이라 곧 음란을 버리고

6) 그리스도의 속죄의 목적임

그리스도께서 자기 몸을 드려 우리를 속량하신 것은 우리로 거룩하고 흠이 없게 하여 그리스도의 신부로서 세우기에 부족함이 없게 하려는 것이다(엡 5 : 25-27).

> 엡 5 : 25-27　　남편들아 아내 사랑하기를 그리스도께서 교회를 사랑하시고 위하여
> 자신을 주심같이 하라 이는 곧 물로 씻어 말씀으로 깨끗하게 하사
> 거룩하게 하시고 자기 앞에 영광스러운 교회로 세우사 티나 주름
> 잡힌 것이나 이런 것들이 없이 거룩하고 흠이 없게 하려 하심이니라

7) 주님의 기도의 목적임

주님께서는 그 제자들이 세속화하지 않고(요 17 : 16) 성결케 되기를 위하여 기도하셨다(요 17 : 17).

> 요 17 : 16　　내가 세상에 속하지 아니함 같이 저희도 세상에 속하지
> 아니하였삽나이다
> 요 17 : 17　　저희를 진리로 거룩하게 하옵소서 아버지의 말씀은 진리니이다

III. 성결의 방법

성결은 인간적 수양이나 교육 혹은 개혁이나 난행 고행으로 성취할 수 없고 오직 믿음을 통하여 주시는 하나님의 은혜로서만이 가능한 것이다.

칼빈은 성결의 역사가 전적으로 하나님의 역사에 있고 사람에게 있지 않다고 말하고 만일 그렇지 않다면 사도 바울이 "하나님이 친히 너희로 온전히 거룩하게 하시고…"(살전 5 : 23) 하지 않고 "하나님이 친히 너희로 거룩하도록 도우시고"라고 하였을 것이라 했다.

1. 진리의 말씀을 믿음으로

성경에 "물로 씻어 말씀으로 깨끗하게 하사 거룩하게 하시고"(엡 5 : 26) 하였고 "너희는 내가 일러 준 말로 이미 깨끗하였으니"라고 (요 15 : 3) 하였으며 또 "저희를 진리로 거룩하게 하옵소서…" 하였으니(요 17 : 17), 우리가 복음 진리의 말씀을

믿음으로써 성결의 은혜를 받을 수 있다.

2. 십자가 보혈을 믿음으로

그리스도께서 "오직 자기 피로 영원한 속죄를 이루사" 단번에 영원한 제사를 드리시므로(히 9 : 12) 영원한 구원(영원한 속죄, 히 5 : 9)을 이룩하셨으니 그리스도의 십자가 대속의 은혜를 믿음으로 모든 죄에서 깨끗함을 받고 성결케 되는 것이다(히 9 : 13-15, 10 : 10, 13 : 2; 요일 1 : 7-9; 행 15 : 8-9).

히 9 : 12   염소와 송아지의 피로 아니하고 오직 자기 피로 영원한 속죄를 이루사 단번에 성소에 들어가셨느니라

히 5 : 9   온전하게 되었은즉 자기를 순종하는 모든 자에게 영원한 구원의 근원이 되시고

히 9 : 13-15   염소와 황소의 피와 및 암송아지의 재로 부정한 자에게 뿌려 그 육체를 정결케 하여 거룩케 하거든 하물며 영원하신 성령으로 말미암아 흠 없는 자기를 하나님께 드린 그리스도의 피가 어찌 너희 양심으로 죽은 행실에서 깨끗하게 하고 살아계신 하나님을 섬기게 못하겠느뇨 이를 인하여 그는 새 언약의 중보니 이는 첫 언약 때에 범한 죄를 속하려고 죽으사 부르심을 입은 자로 하여금 영원한 기업의 약속을 얻게 하려 하심이니라

히 10 : 10   이 뜻을 좇아 예수 그리스도의 몸을 단번에 드리심으로 말미암아 우리가 거룩함을 얻었노라

히 13 : 2   손님 대접하기를 잊지 말라 이로써 부지 중에 천사들을 대접한 이들이 있었느니라

요일 1 : 7-9   저가 빛 가운데 계신 것같이 우리도 빛 가운데 행하면 우리가 서로 사귐이 있고 그 아들 예수의 피가 우리를 모든 죄에서 깨끗하게 하실 것이요

행 15 : 8-9   또 마음을 아시는 하나님이 우리에게와 같이 저희에게도 성령을 주어 증거하시고 믿음으로 저희 마음을 깨끗이 하사 저희나 우리나 분간치 아니하셨느니라

3. 믿고 순종함으로

하나님의 약속의 말씀을 믿고 순종하는 자에게 성령의 은혜를 주어 성결케 하신다(행 5 : 32).

행 5 : 32   우리는 이 일에 증인이요 하나님이 자기를 순종하는 사람들에게
            주신 성령도 그러하니라 하더라

4. 기도함으로

주님께서는 우리의 성결을 위하여 기도하셨으며(요 17 : 16-17) 사도 바울도 데살로니가교회 성도들의 온전한 성결과 종국적 구원을 위하여 기도하였다(살전 5 : 23). 하나님께서 성령의 은혜를 주실 줄 믿고 기도하는 자가 성결의 은혜를 받을 수 있다(눅 11 : 13).

요 17 : 16-17   내가 세상에 속하지 아니함 같이 저희도 세상에 속하지
                아니하였삽나이다 저희를 진리로 거룩하게 하옵소서 아버지의
                말씀은 진리니이다
살전 5 : 23   평강의 하나님이 친히 너희로 온전히 거룩하게 하시고 또 너희
                온 영과 혼과 몸이 우리 주 예수 그리스도 강림하실 때에 흠 없게
                보전되기를 원하노라
눅 11 : 13   너희가 악할지라도 좋은 것을 자식에게 줄줄 알거든 하물며 너희
                천부께서 구하는 자에게 성령을 주시지 않겠느냐 하시니라

5. 성령의 새롭게 하심으로

우리의 구원은 "중생의 씻음과 성령의 새롭게 하심으로" 이루어지며(딛 3 : 5), 또 성령 안에 씻음과 거룩하게 하심과 의롭다 하심을 얻고 성결한 성도들이 하나님 나라의 후사가 되는 것이다(고전 6 : 11; 벧전 1 : 2; 딛 3 : 6-7; 마 3 : 11; 행 1 : 5; 롬 4 : 13; 갈 5 : 16-23).

딛 3 : 5   우리를 구원하시되 우리의 행한바 의로운 행위로 말미암지 아니하고

오직 그의 긍휼하심을 좇아 중생의 씻음과 성령의 새롭게
하심으로 하셨나니

고전 6 : 11　너희 중에 이와 같은 자들이 있더니 주 예수 그리스도의 이름과
우리 하나님의 성령 안에서 씻음과 거룩함과 의롭다 하심을
얻었느니라

벧전 1 : 2　곧 하나님 아버지의 미리 아심을 따라 성령의 거룩하게 하심으로
순종함과 예수 그리스도의 피 뿌림을 얻기 위하여 택하심을 입은
자들에게 편지하노니 은혜와 평강이 너희에게 더욱 많을지어다

딛 3 : 6-7　성령을 우리 구주 예수 그리스도로 말미암아 우리에게 풍성히
부어 주사 우리로 저의 은혜를 힘입어 의롭다 하심을 얻어 영생의
소망을 따라 후사가 되게 하려 하심이라

마 3 : 11　나는 너희로 회개케 하기 위하여 물로 세례를 주거니와 내 뒤에
오시는 이는 나보다 능력이 많으시니 나는 그의 신을 들기도
감당치 못하겠노라 그는 성령과 불로 너희에게 세례를 주실 것이요

행 1 : 5　요한은 물로 세례를 베풀었으나 너희는 몇 날이 못되어 성령으로
세례를 받으리라 하셨느니라

롬 4 : 13　아브라함이나 그 후손에게 세상의 후사가 되리라고 하신 언약은
율법으로 말미암은 것이 아니요 오직 믿음의 의로 말미암은
것이니라

IV. 성결의 결과
1. 영원히 온전함

예수 그리스도께서 한번 십자가에서 죽으심으로 영원히 속죄하고 성도들의 양심을 정결하게 한(히 9 : 14) 구속의 역사는 하나님과 죄인 사이에 화목 제물이 되신 그리스도(롬 3 : 25; 요일 2 : 2,4 : 10)께서 한번의 희생으로 온전히 완성하신 것이다. 이는 곧 그리스도께서 자기 몸을 드리는 제사를 통하여 하나님 앞에 영원한 속죄를 완성하신 것이며 이를 믿는 성도들은 값 없이 의롭다 하심과(롬 3 : 24) 거룩함을 얻게 된 것이다(히 10 : 10). 그리스도께서는 십자가의 희생으로 하나님이 원하시는 인류 속죄의 제사를 만족하게 성취하셨고, 죄인들이 이를 믿음으로 죄사함 받고 거룩하게 되며 영원히 온전케 하셨다(히 10 : 14).

롬 3 : 25	이 예수를 하나님이 그의 피로 인하여 믿음으로 말미암는 화목 제물로 세우셨으니 이는 하나님께서 길이 참으시는 중에 전에 지은 죄를 간과하심으로 자기의 의로우심을 나타내려 하심이니
요일 2 : 2	저는 우리 죄를 위한 화목 제물이니 우리만 위할 뿐 아니요 온 세상의 죄를 위하심이라
요일 4 : 10	사랑은 여기 있으니 우리가 하나님을 사랑한 것이 아니요 오직 하나님이 우리를 사랑하사 우리 죄를 위하여 화목제로 그 아들을 보내셨음이니라
롬 3 : 24	그리스도 예수 안에 있는 구속으로 말미암아 하나님의 은혜로 값없이 의롭다 하심을 얻은 자 되었느니라
히 9 : 14	하물며 영원하신 성령으로 말미암아 흠 없는 자기를 하나님께 드린 그리스도의 피가 어찌 너희 양심으로 죽은 행실에서 깨끗하게 하고 살아 계신 하나님을 섬기게 못하겠느뇨
히 10 : 10	이 뜻을 좇아 예수 그리스도의 몸을 단번에 드리심으로 말미암아 우리가 거룩함을 얻었노라
히 10 : 14	저가 한 제물로 거룩하게 된 자들을 영원히 온전케 하셨느니라

2. 예수와 일체가 됨

성결의 은혜를 통하여 예수님께서 거룩하게 하신 자는 그분과 동질성이 됨으로써 예수님과 연합하여 영적 일체(一體)가 된다(고전 12 : 12-13). 그리고 예수님은 자기와 일체가 된 자, 거룩하게 된 성도들을 형제라 부르시기를 수치로 여기지 않으신다(히 10 : 14,2 : 11; 요 17 : 23).

고전 12 : 12-13	몸은 하나인데 많은 지체가 있고 몸의 지체가 많으나 한 몸임과 같이 그리스도도 그러하니라 우리가 유대인이나 헬라인이나 종이나 자유자나 다 한 성령으로 세례를 받아 한 몸이 되었고 또 다 한 성령을 마시게 하셨느니라
히 10 : 14	저가 한 제물로 거룩하게 된 자들을 영원히 온전케 하셨느니라
히 2 : 11	거룩하게 하시는 자와 거룩하게 함을 입은 자들이 다 하나에서 난지라 그러므로 형제라 부르시기를 부끄러워 아니하시고
요 17 : 23	곧 내가 저희 안에 아버지께서 내안에 계셔 저희로 온전함을

이루어 하나가 되게 하려 함은 아버지께서 나를 보내신 것과 또
나를 사랑하심같이 저희도 사랑하신 것을 세상으로 알게 하려
함이로소이다

3. 완전 구원을 얻게 됨

우리는 성결함으로써 원죄와 자범죄에서 전적 구원을 받게 된다(살전 5 : 23;
살후 2 : 13). 그러기에 성결은 구원의 궁극적 조건이 되는 것이다. 여기서 말하
는 구원은 단순히 죄 사함받는다는 간단한 의미의 구원이 아니라 죄의 지배와 죄
악된 생활에서 완전히 구출된다는 의미에서의 온전한 구원을 의미한다.

살전 5 : 23 　　평강의 하나님이 친히 너희로 온전히 거룩하게 하시고 또 너희
　　　　　　　온 영과 혼과 몸이 우리 주 예수 그리스도 강림하실 때에 흠 없게
　　　　　　　보전되기를 원하노라

살후 2 : 13 　　주의 사랑하시는 형제들아 우리가 항상 너희를 위하여 마땅히
　　　　　　　하나님께 감사할 것은 하나님이 처음부터 너희를 택하사 성령의
　　　　　　　거룩하게 하심과 진리를 믿음으로 구원을 얻게 하심이니

4. 구별된 생활을 함

성결한 자는 죄에서 완전히 떠나 구별된 생활을 한다(레 11 : 44; 살전 5 : 22-
23). 사람이 성결의 은혜를 받기 전에는 죄를 알면서도 뿌리치지 못하고 이길 힘
이 없어 죄의 유혹에 끌리고 넘어지게 되지만 성결의 은혜를 받고 나면 성령의
강한 역사를 힘입어 온갖 유혹을 뿌리치고 죄를 이김으로써 성별된 생활을 하게
되는 것이다(벧전 1 : 15-16).

레 11 : 44 　　나는 여호와 너희 하나님이라 내가 거룩하니 너희도 몸을 구별하여
　　　　　　　거룩하게 하고 땅에 기는 바 기어다니는 것으로 인하여 스스로
　　　　　　　더럽히지 말라

살전 5 : 22-23 　악은 모든 모양이라도 버리라 평강의 하나님이 친히 너희로 온전히
　　　　　　　거룩하게 하시고 또 너희 온 영과 혼과 몸이 우리 주 예수 그리스도
　　　　　　　강림하실 때에 흠 없게 보전되기를 원하노라

벧전 1 : 15-16   오직 너희를 부르신 거룩한 자처럼 너희도 모든 행실에 거룩한
자가 되라 기록하였으되 내가 거룩하니 너희도 거룩할찌어다
하셨느니라

5. 주를 보게 됨

성결은 주님을 보기에 이르게 한다. 인간이 하나님을 본다는 것은 그분의 임재 앞에서는 것이요 믿음의 가장 신비한 경지를 가리킨다. 하나님께서는 거룩하시기 때문에 거룩(성결)하지 못한 자는 하나님께 가까이 갈 수 없고 따라서 그분을 볼 수 없는 것이다(히 12 : 14; 마 5 : 8).

히 12 : 14   모든 사람으로 더불어 화평함과 거룩함을 좇으라 이것이 없이는
아무도 주를 보지 못하리라
마 5 : 8   마음이 청결한 자는 복이 있나니 저희가 하나님을 볼 것임이요

6. 영원한 기업을 얻음

성경에 "··· 거룩케 하심을 입은 모든 자 가운데 기업이 있게 하시리라"(행 20 : 32)고 하였으니 이는 성결함을 받은 성도들이 하나님의 나라의 영광스런 기업을 차지하는 하나님의 유업의 후사가 될 것을 의미한다(행 26 : 18; 롬 8 : 18; 엡 1 : 18; 골 1 : 12).

행 26 : 18   그 눈을 뜨게 하여 어두움에서 빛으로 사단의 권세에서 하나님께로
돌아가게 하고 죄 사함과 나를 믿어 거룩케 된 무리 가운데서 기업을
얻게 하리라 하더이다
롬 8 : 18   생각건대 현재의 고난은 장차 우리에게 나타날 영광과 족히 비교
할 수 없도다
엡 1 : 18   너희 마음 눈을 밝히사 그의 부르심의 소망이 무엇이며 성도 안에서
그 기업의 영광의 풍성이 무엇이며
골 1 : 12   우리로 하여금 빛 가운데서 성도의 기업의 부분을 얻기에 합당하게
하신 아버지께 감사하게 하시기를 원하노라

7. 죄에서의 해방

성결한 자는 죄의 몸이 멸함(롬 6 : 6)이 되고 그리스도와의 연합으로 말미암아
(고전 12 : 12-13; 요 17 : 23) 죄의 세력으로부터 완전 해방되어 더러운 정욕과
세속을 피하고 하나님의 뜻을 따르게 된다(갈 2 : 20; 벧전 2 : 24; 이하 참조 엡
4 : 22-24; 골 1 : 22).

롬 6 : 6　　　우리가 알거니와 우리 옛사람이 예수와 함께 십자가에 못박힌
　　　　　　것은 죄의 몸이 멸하여 다시는 우리가 죄에게 종노릇하지
　　　　　　아니하려 함이니

고전 12 : 12-13　몸은 하나인데 많은 지체가 있고 몸의 지체가 많으나 한 몸임과
　　　　　　같이 그리스도도 그러하니라 우리가 유대인이나 헬라인이나
　　　　　　종이나 자유자나 다 한 성령으로 세례를 받아 한 몸이 되었고 또
　　　　　　다 한 성령을 마시게 하셨느니라

갈 2 : 20　　　내가 그리스도와 함께 십자가에 못박혔나니 그런즉 이제는 내가
　　　　　　산 것이 아니요 오직 내 안에 그리스도께서 사신 것이라 이제 내가
　　　　　　육체 가운데 사는 것은 나를 사랑하사 나를 위하여 자기 몸을
　　　　　　버리신 하나님의 아들을 믿는 믿음 안에서 사는 것이라

벧전 2 : 24　　친히 나무에 달려 그 몸으로 우리 죄를 담당하셨으니 이는 우리로
　　　　　　죄에 대하여 죽고 의에 대하여 살게 하심이라 저가 채찍에
　　　　　　맞음으로 너희는 나음을 얻었나니

성화

성화(聖化 : Sanctification)는 칭의(稱義 : Justification)나 영화(榮化 : Glorification)와 마찬가지로 구속 적용의 한 과정이다. 인간에 대한 구속 적용에 있어서 여러 단계가 있다. 이는 곧 죄인이 하나님의 자녀로서 영광스런 자유와 구원의 완성에 도달할 때까지의 모든 과정이 그것이다(롬 8 : 29-30).

그러나 성화(聖化)가 구속 적용의 과정에 있어서 첫 단계는 아니다. 성화(聖化)는 유효적 소명(有效的 召命), 회개, 신앙, 중생, 칭의, 양자, 성결과 같은 다른 단계들을 전제로 한다. 그리고 이 모든 단계들은 성화와 밀접한 관련을 가지고 있다. 사도 바울은 아래 성경에서 성도의 구원 완성 과정을 "예지(豫知 : Foreknowledge) →예정(豫定 : Foreordination)→소명(召命 : Calling)→칭의(稱義 : Justification)→ 영화(榮化 : Glorification)"로 구분, 설명하고 있다. 그러나 이 과정은 일단 시작되면 중단됨이 없이 반드시 성취되는 것이다. 그러기 때문에 이 과정이 예정 교리의 "황금 사슬"(The Golden Chain)이라고 불리 우는 것이다.

> 롬 8 : 29-30 하나님이 미리 아신 자들로 또한 그 아들의 형상을 본받게 하기
> 위하여 미리 정하셨으니 이는 그로 많은 형제 중에서 맏아들이
> 되게 하려 하심이니라 또 미리 정하신 그들을 또한 부르시고
> 부르신 그들을 또한 영화롭게 하셨느니라

Ⅰ. 성화의 정의

성화(聖化 : Sanctification)란 성경에는 없는 술어이나 성경의 사상과 구원 교리를 설명하는데 필요한 말로서 인간이 죄와 더러움에서 떠나 하나님의 거룩한

성품에 의존하여 주님을 닮아 가는 일과 거룩하여지는 과정을 표현하는 것이다. 이는 곧 하나님의 은혜롭고 계속적인 사역에 의하여(살전 5 : 23-24; 벧전 1 : 2; 살후 2 : 13) 신자가 하나님의 형상을 온전히 이루게 됨을 의미한다. 신자는 성화(聖化)의 과정을 통하여 성결의 은혜가 자신의 전인격에 그리고 전행동과 생활에 온전히 영향을 미쳐 시간의 흐름과 함께 예수 그리스도를 점점 닮아감으로 하나님의 형상과 영광을 회복하게 되는 것이다(엡 4 : 13; 벧후 3 : 18).

살전 5 : 23-24	평강의 하나님이 친히 너희로 온전히 거룩하게 하시고 또 너희 온 영과 혼과 몸이 우리 주 예수 그리스도 강림하실 때에 흠없게 보전되기를 원하노라 너희를 부르시는 이는 미쁘시니 그가 또한 이루시리라
벧전 1 : 2	곧 하나님 아버지의 미리 아심을 따라 성령의 거룩하게 하심으로 순종함과 예수 그리스도의 피 뿌림을 얻기 위하여 택하심을 입은 자들에게 편지하노니 은혜와 평강이 너희에게 더욱 많을지어다
살후 2 : 13	주의 사랑하시는 형제들아 우리가 항상 너희를 위하여 마땅히 하나님께 감사할 것은 하나님이 처음부터 너희를 택하사 성령의 거룩하게 하심과 진리를 믿음으로 구원을 얻게 하심이니
엡 4 : 13	우리가 다 하나님의 아들을 믿는 것과 아는 일에 하나가 되어 온전한 사람을 이루어 그리스도의 장성한 분량이 충만한 데까지 이르리니
벧후 3 : 18	오직 우리 주 곧 구주 예수 그리스도의 은혜와 저를 아는 지식에서 자라 가라 영광이 이제와 영원한 날까지 저에게 있을지어다

Ⅱ. 중생, 성결, 성화의 관계

중생은 자범죄에서 사함과 새 생명을 받는 일이고, 성결은 심중에 잠재한 원죄(롬 6 : 20,7 : 14-25 참조; 히 12 : 15; 요일 1 : 8,2 : 1)에서 정결함을 받아 죄의 몸이 멸함이 되고(롬 6 : 6; 골 2 : 12), 죄가 주관하지 못하게 됨으로써(롬 6 : 2,14) 하나님의 자녀의 거룩한 성품과 성질을 받게 되는 것이다. 이는 하나님의 아들의 형상과 완전히 일체가 되는, 즉 주님의 거룩하심과 같이 거룩하게 되어야 할 목적을 이루려는 것이다(엡 4 : 13; 빌 3 : 21). 그리고 성화는 성결의 은혜가 전인격과 전행동과 생활에 온전히 미쳐서 하나님의 형상 및 영광을 회복하게 되는 것이다(롬 3 : 23,8 : 18; 빌 3 : 21).

그러므로 성화는 우리가 온전히 거룩함을 이루고(고후 7 : 1), 하나님의 자녀로서 완전에 이르는 과정이라 할 수 있다(빌 3 : 21; 히 12 : 23; 계 14 : 5,21 : 27). 예컨대 중생이 하나님의 자녀로서 성별 생활의 싹이라 하면, 성결은 그 싹을 위하여 잡초(원죄, 쓴 뿌리)를 제거하고 성별 생활의 꽃을 피우게 함이요 성화는 성결에 의해 피어진 성별 생활의 꽃을 가꾸어 열매를 맺게 하는 과정이라 할 수 있다. 성도는 믿음으로 의롭게 되고(稱義), 성령으로 거룩히 되어(聖潔), 영화롭게 되는(榮化) 단계에 나가게 되는 것이다(살후 2 : 13; 롬 8 : 29-30).

롬 6 : 20	너희가 죄의 종이 되었을 때에는 의에 대하여 자유하였느니라
히 12 : 15	너희는 돌아보아 하나님 은혜에 이르지 못하는 자가 있는가 두려워하고 또 쓴 뿌리가 나서 괴롭게 하고 많은 사람이 이로 말미암아 더러움을 입을까 두려워하고
요일 1 : 8	만일 우리가 죄없다 하면 스스로 속이고 또 진리가 우리 속에 있지 아니할 것이요
요일 2 : 1	나의 자녀들아 내가 이것을 너희에게 씀은 너희로 죄를 범치 않게 하려 함이라 만일 누가 죄를 범하면 아버지 앞에서 우리에게 대언자가 있으니 곧 의로우신 예수 그리스도시라
롬 6 : 6	우리가 알거니와 우리 옛사람이 예수와 함께 십자가에 못박힌 것은 죄의 몸이 멸하여 다시는 우리가 죄에게 종노릇하지 아니하려 함이니
골 2 : 12	너희가 세례로 그리스도와 함께 장사한 바 되고 또 죽은 자들 가운데서 그를 일으키신 하나님의 역사를 믿음으로 말미암아 그 안에서 함께 일으키심을 받았느니라
롬 6 : 2	그럴 수 없느니라 죄에 대하여 죽은 우리가 어찌 그 가운데 더 살리요
롬 6 : 14	죄가 너희를 주관치 못하리니 이는 너희가 법 아래 있지 아니하고 은혜 아래 있음이니라
엡 4 : 13	우리가 다 하나님의 아들을 믿는 것과 아는 일에 하나가 되어

	온전한 사람을 이루어 그리스도의 장성한 분량이 충만한 데까지 이르리니
롬 3 : 23	모든 사람이 죄를 범하였으매 하나님의 영광에 이르지 못하더니
롬 8 : 18	생각건대 현재의 고난은 장차 우리에게 나타날 영광과 족히 비교할 수 없도다
고후 7 : 1	그런즉 사랑하는 자들아 이 약속을 가진 우리가 하나님을 두려워하는 가운데서 거룩함을 온전히 이루어 육과 영의 온갖 더러운 것에서 자신을 깨끗케 하자
빌 3 : 21	그가 만물을 자기에게 복종케 하실 수 있는 자의 역사로 우리의 낮은 몸을 자기 영광의 몸의 형체와 같이 변케 하시리라
히 12 : 23	하늘에 기록한 장자들의 총회와 교회와 만민의 심판자이신 하나님과 및 온전케 된 의인의 영들과
계 14 : 5	그 입에 거짓말이 없고 흠이 없는 자들이더라
계 21 : 27	무엇이든지 속된 것이나 가증한 일 또는 거짓말하는 자는 결코 그리로 들어오지 못하되 오직 어린양의 생명책에 기록된 자들 뿐이라
살후 2 : 13	주의 사랑하시는 형제들아 우리가 항상 너희를 위하여 마땅히 하나님께 감사할 것은 하나님이 처음부터 너희를 택하사 성령의 거룩하게 하심과 진리를 믿음으로 구원을 얻게 하심이니
롬 8 : 29-30	하나님이 미리 아신 자들로 또한 그 아들의 형상을 본받게 하기 위하여 미리 정하셨으니 이는 그로 많은 형제 중에서 맏아들이 되게 하려 하심이니라 또 미리 정하신 그들을 또한 부르시고 부르신 그들을 또한 의롭다 하시고 의롭다 하신 그들을 또한 영화롭게 하셨느니라

III. 성화에 이르는 단계

1. 은혜 생활의 성숙과 함께 실현됨

성화는 성도가 은혜 생활을 통하여 영적 성장과 주님을 닮아 가는 가운데 실현되어지는 것이다. 그러기에 성경은 성도에게 주어진 믿음과 덕성은 자라는 것이라고 가르쳐 주고 있으며 또 자라도록 힘쓰라고 권면하는 것이다(벧후 1 : 5-8,3 : 18).

벧후 1 : 5-8   이러므로 너희가 더욱 힘써 너희 믿음에 덕을 덕에 지식을 지식에
절제를 절제에 인내를 인내에 경건을 경건에 형제 우애를 형제
우애에 사랑을 공급하라 이런 것이 너희에게 있어 흡족한 즉 너희로
우리 주 예수 그리스도를 알기에 게으르지 않고 열매 없는 자가
되지 않게 하려니와

벧후 3 : 18   오직 우리 주 곧 구주 예수 그리스도의 은혜와 저를 아는 지식에서
자라 가라 영광이 이제와 영원한 날까지 저에게 있을지어다

2. 성화의 실현 단계

성화의 실현 단계를 성경을 통하여 살펴 보면, 즉 ① 어린아이와 같은 신자가
(고전 3 : 1) ② 그 믿음이 성장하여(살후 1 : 3) ③ 성령 세례를 통하여 성결의 은
혜를 체험하고(벧전 1 : 2; 고전 6 : 11; 딛 3 : 5-6; 마 3 : 11; 행 1 : 5), ④ 성화
(聖化)를 통하여 온전한 하나님의 사랑을 이루어 그리스도의 형상에 이르게 된다
(고후 7 : 1; 엡 4 : 13; 히 10 : 14). 이상과 같이 고찰하여 볼 때 그리스도의 편
에서는 죄인의 구속과 그를 성결케 하는 역사를 단번에 영원히 이미 완성하였으
나(히 10 : 10,14), 이 구속을 적용받는 성도 편에서의 성결은 완전한 성화를 위
하여 점진적인 변화의 역사를 진행하고 있는 중이다. 그러므로 우리는 믿는 순간
에 의롭다 하심을 받았고, 성결의 은혜를 체험하였을지라도 계속하여 거룩한 변
화(성화)는 진행 중이며 그것이 완성되는 때는 미래에 속한 것이 분명하다.

성화는 순간적 성결의 은혜 체험으로부터 시작되는 그리스도의 온전함에 이르
는 과정적 사역이며, 점진적으로 진행하여 완성에 이르게 되는 것이다(고후 7 :
1; 엡 4 : 13; 마 5 : 48). 성결은 중생 후 혹은 동시에 받는 순간적 체험인데 대
하여 성화는 영적 생장(生長)과 완성을 지향해 나가는 점진적, 장기적, 거룩한 변
화의 사역이다(롬 12 : 2; 벧후 3 : 18; 고후 3 : 17-18). 이런 의미에서 성화는 점
진적인 일종의 영적 성장과정이다(엡 4 : 11-15 참조).

그러므로 성화는 단시간에 행해지는 급격한 성장이 아니며 점차로 행해지는 생
장(生長)인 것이다(빌 3 : 10-15 참조).

고전 3 : 1   형제들아 내가 신령한 자들을 대함과 같이 너희에게 말할 수

없어서 육신에 속한 자 곧 그리스도 안에서 어린아이들을 대함과 같이 하노라

살후 1 : 3 형제들아 우리가 너희를 위하여 항상 하나님께 감사할찌니 이것이 당연함은 너희 믿음이 더욱 자라고 너희가 다 각기 서로 사랑함이 풍성함이며

벧전 1 : 2 곧 하나님 아버지의 미리 아심을 따라 성령의 거룩하게 하심으로 순종함과 예수 그리스도의 피 뿌림을 얻기 위하여 택하심을 입은 자들에게 편지하노니 은혜와 평강이 너희에게 더욱 많을지어다

고전 6 : 11 너희 중에 이와 같은 자들이 있더니 주예수 그리스도의 이름과 우리 하나님이 성령 안에서 씻음과 거룩함과 의롭다 하심을 얻었느니라

딛 3 : 5-6 우리를 구원하시되 우리의 행한바 의로운 행위로 말미암지 아니하고 오직 그의 긍휼하심을 좇아 중생의 씻음과 성령의 새롭게 하심으로 하셨나니 성령을 우리 구주 예수 그리스도로 말미암아 우리에게 풍성히 부어 주사

마 3 : 11 나는 너희로 회개케 하기 위하여 물로 세례를 주거니와 내 뒤에 오시는 이는 나보다 능력이 많으시니 나는 그의 신을 들기도 감당치 못하겠노라 그는 성령과 불로 너희에게 세례를 주실 것이요

행 1 : 5 요한은 물로 세례를 베풀었으나 너희는 몇 날이 못되어 성령으로 세례를 받으리라 하셨느니라

고후 7 : 1 그런즉 사랑하는 자들아 이 약속을 가진 우리가 하나님을 두려워하는 가운데서 거룩함을 온전히 이루어 육과 영의 온갖 더러운 것에서 자신을 깨끗케 하자

엡 4 : 13 우리가 다 하나님의 아들을 믿는 것과 아는 일에 하나가 되어 온전한 사람을 이루어 그리스도의 장성한 분량이 충만한 데까지 이르리니

히 10 : 14 저가 한 제물로 거룩하게 된 자들을 영원히 온전케 하셨느니라

히 10 : 10 이 뜻을 좇아 예수 그리스도의 몸을 단번에 드리심으로 말미암아 우리가 거룩함을 얻었노라

마 5 : 48 그러므로 하늘에 계신 너희 아버지의 온전하심과 같이 너희도 온전하라

롬 12 : 2 너희는 이 세대를 본받지 말고 오직 마음을 새롭게 함으로 변화를

받아 하나님의 선하시고 기뻐하시고 온전하신 뜻이 무엇인지
분별하도록 하라

벧후 3 : 18   오직 우리 주 곧 구주 예수 그리스도의 은혜와 저를 아는 지식에서
자라 가라 영광이 이제와 영원한 날까지 저에게 있을지어다

고후3 : 17-18   주는 영이시니 주의 영이 계신 곳에는 자유함이 있느니라 우리가
다 수건을 벗은 얼굴로 거울을 보는 것 같이 주의 영광을 보매 저와
같은 형상으로 화하여 영광으로 영광에 이르니 곧 주의 영으로
말미암음이니라

Ⅳ. 성화의 완성(궁극적 성화)

성화의 완성이란 궁극적으로 어느 날 신자는 그리스도인으로서의 모든 덕과 품성을 완전히 갖추게 된다는 뜻이다. 성화의 완성이 이루어지면 하늘과 연관된 영에 있어서나, 땅에 연관된 육체에 있어서나, 하늘과 땅이 함께 연결되어 있는 마음에 있어서 완전해짐으로써 그리스도인의 인격과 품성의 각 요소(몸, 마음, 영)가 온전히 훌륭한 생활을 하게 된다. 그러나 성화는 일생을 통하여 계속되는 것으로서 성화의 과정이 완료되는 것은 죽을 때에 또는 사후(死後) 즉시이며, 우리의 영혼이 완전 성화의 상태가 이루어지는 것은 영혼과 육신이 분리되는 때이다. 즉 죄악에 얽매이기 쉬운 육체의 제약에서 벗어나는 순간 우리의 영혼은 죄 없는 순결한 상태가 되어 주님의 품에 안기게 되는 것이다.

영과 육으로 구성된 인간이 그 영혼과 육체가 아울러 완전 성화가 되는 것은 주님께서 재림하시어 죽은 자가 산 자로 부활시에 이루어진다고 본다(빌 3 : 21; 히 12 : 23; 계 14 : 5). 그러기에 완전한 궁극적 성화는 그리스도께서 다시 오실 때 실현되는 은사요 축복이다(살전 3 : 13; 요일 3 : 2). 성도의 영과 육이 완전 성화되는 날 우리의 낮은 몸이 그리스도의 영광의 몸의 형체와 같이 변하여 그리스도의 영광에 참예하게 된다(빌 3 : 21).

빌 3 : 21   그가 만물을 자기에게 복종케 하실 수 있는 자의 역사로 우리의
낮은 몸을 자기 영광의 몸의 형체와 같이 변케 하시리라

히 12 : 23   하늘에 기록한 장자들의 총회와 교회와 만민의 심판자이신 하나님과

및 온전케 된 의인의 영들과

계 14 : 5 그 입에 거짓말이 없고 흠이 없는 자들이더라

살전 3 : 13 너희 마음을 굳게 하시고 우리 주 예수께서 그의 모든 성도와 함께
강림하실 때에 하나님 우리 아버지 앞에서 거룩함에 흠이 없게
하시기를 원하노라

요일 3 : 2 사랑하는 자들아 우리가 지금은 하나님의 자녀라 장래에 어떻게
될 것은 아직 나타나지 아니하였으나 그가 나타내심이 되면
우리가 그와 같을 줄을 아는 것은 그의 계신 그대로 볼 것을
인함이니

V. 성화의 성질
1. 하나님의 초자연적 신비의 사역임

성화는 성령을 통한 하나님의 초자연적 은혜의 사역이다. 그러나 우리는 성령
의 내주하시는 방식이나, 하나님의 택한 백성들이 죄의 오염으로부터 점차로 깨
끗하여져서 점점 그리스도의 형상을 닮아가게 되는 성령의 유효적(有效的) 역사
가 어떤 모양으로 인간의 마음과 뜻과 의지에 미쳐서 성화가 이루어지는지 알 수
없다. 그러므로 성화는 초자연적 신비에 싸여있는 하나님의 신령한 은혜의 역사
이다(살전 5 : 23-24; 히 13 : 21; 고전 6 : 11; 살후 2 : 13).

살전 5 : 23-24 평강의 하나님이 친히 너희로 온전히 거룩하게 하시고 또 너희
온 영과 혼과 몸이 우리 주 예수 그리스도 강림하실 때에 흠없게
보전되기를 원하노라 너희를 부르시는 이는 미쁘시니 그가 또한
이루시리라

히 13 : 21 모든 선한 일에 너희를 온전케 하사 자기 뜻을 행하게 하시고 그
앞에 즐거운 것을 예수 그리스도로 말미암아 우리 속에 이루시기를
원하노라 영광이 그에게 세세 무궁토록 있을지어다 아멘

고전 6 : 11 너희 중에 이와 같은 자들이 있더니 주 예수 그리스도의 이름과
우리 하나님의 성령 안에서 씻음과 거룩함과 의롭다 하심을
얻었느니라

살후 2 : 13 주의 사랑하시는 형제들아 우리가 항상 너희를 위하여 마땅히

> 하나님께 감사할 것은 하나님이 처음부터 너희를 택하사 성령의
> 거룩하게 하심과 진리를 믿음으로 구원을 얻게 하심이니

2. 성화는 전인(全人)에 파급됨

성화는 우리의 전인격과 행동과 생활에까지 파급되어 생각, 태도, 행동을 포함하여 전인격과 생활이 예수 그리스도를 점점 닮아 가게 하는 계속적 변화(새롭게 함)의 역사이다(골 3 : 10; 롬 6 : 12-13; 고전 6 : 15, 20; 고후 5 : 17; 살전 5 : 23).

골 3 : 10	새사람을 입었으니 이는 자기를 창조하신 자의 형상을 좇아 지식에까지 새롭게 하심을 받는 자니라
롬 6 : 12-13	그러므로 너희는 죄로 너희 죽을 몸에 왕노릇하지 못하게 하여 몸의 사욕을 순종치 말고 또한 너희 지체를 불의의 병기로 죄에게 드리지 말고 오직 너희 자신을 죽은 자 가운데서 다시 산 자같이 하나님께 드리며 너희 지체를 의의 병기로 하나님께 드리라
고전 6 : 15	너희 몸이 그리스도의 지체인 줄을 알지 못하느냐 내가 그리스도의 지체를 가지고 창기의 지체를 만들겠느냐 결코 그럴 수 없느니라
고전 6 : 20	값으로 산 것이 되었으니 그런즉 너희 몸으로 하나님께 영광을 돌리라
고후 5 : 17	그런즉 누구든지 그리스도 안에 있으면 새로운 피조물이라 이전 것은 지나갔으니 보라 새것이 되었도다
살전 5 : 23	평강의 하나님이 친히 너희로 온전히 거룩하게 하시고 또 너희 온 영과 혼과 몸이 우리 주 예수 그리스도 강림하실 때에 흠없게 보전되기를 원하노라

3. 인간의 노력을 필요로 함

우리의 성화(聖化)가 성령의 초자연적 역사에 의하여 되어지는 것이지만 또 한편으로는 성도의 능동적 순종이 필요함을 성경이 가르치고 있다(빌 2 : 12-13; 롬 8 : 29, 12 : 11-13, 12 : 9, 16-17; 고전 6 : 9-10; 갈 5 : 16-23 참조). 특히 사도 베드로는 성화의 단계를 구체적으로 보이면서 힘써 전진할 것을 권면하기를 "너희

가 더욱 힘써 너희 믿음에 덕을, 덕에 지식을, 지식에 절제를, 절제에 인내를, 인내에
경건을, 경건에 형제 우애를, 형제 우애에 사랑을 공급하라"고 하였고(벧후 1 : 5-8)
또 "… 너희가 이것을 행한즉 언제든지 실족지 아니하리라 이같이 하면 우리 주 곧
구주 예수 그리스도의 영원한 나라에 들어감을 넉넉히 너희에게 주시리라"(벧후 1 :
10-11)고 하였다. 위에 제시된 말씀(벧후 1 : 5-8)을 보면 8가지의 순서 정연한
성화의 덕목(德目)들이 나타나 있는데, 그것이 "믿음"에서 시작하여 "사랑"으로
끝나는데 더욱 의미심장하다. 그것은 믿음이 의인과 성결과 성화의 기본이지만
(롬 3 : 28,8 : 30) 사랑은 곧 성결과 성화의 완성임을 보여 주고 있다(요일 4 :
7,12; 요 13 : 34; 고전 13 : 13).

빌 2 : 12-13	그러므로 나의 사랑하는 자들아 너희가 나 있을 때 뿐아니라 더욱 지금 나 없을 때에도 항상 복종하여 두렵고 떨림으로 너희 구원을 이루라 너희 안에서 행하시는 이는 하나님이시니 자기의 기쁘신 뜻을 위하여 너희로 소원을 두고 행하게 하시나니
롬 8 : 29	하나님이 미리 아신 자들로 또한 그 아들의 형상을 본받게 하기 위하여 미리 정하셨으니 이는 그로 많은 형제 중에서 맏아들이 되게 하려 하심이니라
롬 12 : 11-13	부지런하여 게으르지 말고 열심을 품고 주를 섬기라 소망 중에 즐거워하며 환난 중에 참으며 기도에 항상 힘쓰며 성도들의 쓸 것을 공급하며 손 대접하기를 힘쓰라
롬 12 : 9	사랑엔 거짓이 없나니 악을 미워하고 선에 속하라
롬 12 : 16-17	서로 마음을 같이 하며 높은 데 마음을 두지 말고 도리어 낮은 데 처하며 스스로 지혜 있는 체 말라 아무에게도 악으로 악을 갚지 말고 모든 사람 앞에서 선한 일을 도모하라
고전 6 : 9-10	불의한 자가 하나님의 나라를 유업으로 받지 못할 줄을 알지 못하느냐 미혹을 받지 말라 음란하는 자나 우상 숭배하는 자나 간음하는 자나 탐색하는 자나 남색하는 자나 도적이나 탐람하는 자나 술 취하는 자나 후욕하는 자나 토색하는 자들은 하나님의 나라를 유업으로 받지 못하리라
롬 3 : 28	그러므로 사람이 의롭다 하심을 얻는 것은 율법의 행위에 있지 않고 믿음으로 되는 줄 우리가 인정하노라

롬 8 : 30	또 미리 정하신 그들을 또한 부르시고 부르신 그들을 또한 의롭다 하시고 의롭다 하신 그들을 또한 영화롭게 하셨느니라
요일 4 : 7	사랑하는 자들아 우리가 서로 사랑하자 사랑은 하나님께 속한 것이니 사랑하는 자마다 하나님께로 나서 하나님을 알고
요일 4 : 12	어느 때나 하나님을 본 사람이 없으되 만일 우리가 서로 사랑하면 하나님이 우리 안에 거하시고 그의 사랑이 우리 안에 온전히 이루느니라
요 13 : 34	새 계명을 너희에게 주노니 서로 사랑하라 내가 너희를 사랑한 것같이 너희도 서로 사랑하라
고전 13 : 13	그런즉 믿음 소망 사랑 이 세 가지는 항상 있을 것인데 그 중에 제일은 사랑이라

VI. 성화의 성취 수단

1. 삼위일체 하나님의 역사

1) 성부 하나님의 사역으로 됨

성화는 성부 하나님께서 친히 우리의 "영과 혼과 몸"(神魂身)을 온전히 거룩하게 하심으로 성취된다(살전 5 : 23-24; 히 13 : 20-21). 칼빈은 "성도들을 온전히 성결케 함이 전적으로 하나님의 역사에 있고 사람에게 있지 않다" 라고 하였다.

| 살전 5 : 23-24 | 평강의 하나님이 친히 너희로 온전히 거룩하게 하시고 또 너희 온 영과 혼과 몸이 우리 주 예수 그리스도 강림하실 때에 흠 없게 보전되기를 원하노라 |
| 히 13 : 20-21 | 양의 큰 목자이신 우리 주 예수를 영원한 언약의 피로 죽은 자 가운데서 이끌어 내신 평강의 하나님이 모든 선한 일에 너희를 온전케 하사 자기 뜻을 행하게 하시고 그 앞에 즐거운 것을 예수 그리스도로 말미암아 우리 속에 이루시기를 원하노라 영광이 그에게 세세 무궁토록 있을지어다 아멘 |

2) 성령의 사역으로 됨

성화는 또한 성령의 거룩하게 하심의 역사로 성취된다. 즉 하나님의 성품인 성결의 속성이 신자에게 부여되는 역사는 성령이 하시는 것이다(벧전 1 : 2; 살후 2 : 13). 성도는 믿음으로 의롭게 되고(稱義 ; 칭의), 성령으로 거룩히 되어(聖潔 ; 성결), 영화롭게 되는 단계(榮化 ; 영화)에 나아가는 것이다.

> **벧전 1 : 2** 곧 하나님 아버지의 미리 아심을 따라 성령의 거룩하게 하심으로 순종함과 예수 그리스도의 피 뿌림을 얻기 위하여 택하심을 입은 자들에게 편지하노니 은혜와 평강이 너희에게 더욱 많을지어다
>
> **살후 2 : 13** 주의 사랑하시는 형제들아 우리가 항상 너희를 위하여 마땅히 하나님께 감사할 것은 하나님이 처음부터 너희를 택하사 성령의 거룩하게 하심과 진리를 믿음으로 구원을 얻게 하심이니

3) 성자 예수의 사역으로 됨

신자는 그리스도의 십자가의 희생에 의한 구속을 통하여 의롭다 함을 받고 거룩함을 얻는 것이다. 성결의 은혜를 받은 성도는 전에 "죄의 종"의 생활을 벗어 버리고 하나님께 전적으로 복종하며 한 걸음 한 걸음 성결의 생활을 해 나아감으로써 성화(聖化)의 완성에 도달하는 것이다(히 10 : 10; 고전 1 : 30; 롬 6 : 19).

> **히 10 : 10** 이 뜻을 좇아 예수 그리스도의 몸을 단번에 드리심으로 말미암아 우리가 거룩함을 얻었노라
>
> **고전 1 : 30** 너희는 하나님께로부터 나서 그리스도 예수 안에 있고 예수는 하나님께로서 나와서 우리에게 지혜와 의로움과 거룩함과 구속함이 되셨으니
>
> **롬 6 : 19** 너희 육신이 연약하므로 내가 사람의 예대로 말하노니 전에 너희가 너희 지체를 부정과 불법에 드려 불법에 이른 것 같이 이제는 너희 지체를 의에게 종으로 드려 거룩함에 이르라

2. 인간편에서 해야 할 일

하나님께서는 자기 백성의 성화를 원하시며(살전 5 : 23; 히 12 : 14), 또한 그들의 성화에 있어서 인간적 노력을 방편으로 사용하신다. 인간이 힘써야 할 성화의 수단은 믿음으로 의롭다 함을 얻고 성결의 은혜를 받은 성도가 스스로 거룩함

을 지키려는 노력을 기울이는 것이다.

살전 5 : 23   평강의 하나님이 친히 너희로 온전히 거룩하게 하시고 또 너희
                온 영과 혼과 몸이 우리 주 예수 그리스도 강림하실 때에 흠없게
                보전되기를 원하노라
히 12 : 14   모든 사람으로 더불어 화평함과 거룩함을 좇으라 이것이 없이는
                아무도 주를 보지 못하리라

1) 그리스도의 속죄를 믿음

우리를 죄악에서 구속하시기 위해 십자가에서 피흘려 죽으심으로써 속죄의 제
물 되신 그리스도를 믿음으로 거룩하게 될 수 있다(고전 1 : 30; 히 10 : 10; 행
26 : 18). 즉 우리가 그리스도의 십자가의 대속을 믿을 때 그분의 의와 거룩함이
성령의 신비로운 역사에 의하여 우리에게 전가(轉嫁)됨으로써 인하여 성결과 성
화가 성취되는 것이다(고전 1 : 30; 히 10 : 10; 행 26 : 18; 고후 3 : 17-18).

고전 1 : 30   너희는 하나님께로부터 나서 그리스도 예수 안에 있고 예수는
                하나님께로서 나와서 우리에게 지혜와 의로움과 거룩함과 구속함이
                되셨으니
히 10 : 10   이 뜻을 좇아 예수 그리스도의 몸을 단번에 드리심으로 말미암아
                우리가 거룩함을 얻었노라
행 26 : 18   그 눈을 뜨게 하여 어두움에서 빛으로, 사단의 권세에서 하나님께로
                돌아가게 하고 죄사함과 나를 믿어 거룩케 된 무리 가운데서
                기업을 얻게 하리라 하더이다
고후 3 : 17-18   주는 영이시니 주의 영이 계신 곳에는 자유함이 있느니라 우리가
                다 수건을 벗은 얼굴로 거울을 보는것 같이 주의 영광을 보매 저와
                같은 형상으로 화하여 영광으로 영광에 이르니 곧 주의 영으로
                말미암음이니라

2) 말씀을 믿고 순종함

진리의 말씀을 배우고 믿고 순종할 때에 그 말씀의 능력이 성도의 인격과 행동

및 생활을 성결케 하여 성화(聖化)를 이루게 되는 것이다(엡 5 : 26; 요 17 : 17; 빌 4 : 9; 딤후 3 : 14).

> 엡 5 : 26 이는 곧 물로 씻어 말씀으로 깨끗하게 하사 거룩하게 하시고
> 요 17 : 17 저희를 진리로 거룩하게 하옵소서 아버지의 말씀은 진리니이다
> 빌 4 : 9 너희는 내게 배우고 받고 듣고 본 바를 행하라 그리하면 평강의
> 　　　　　하나님이 너희와 함께 계시리라
> 딤후 3 : 14 그러나 너는 배우고 확신한 일에 거하라 네가 뉘게서 배운 것을 알며

3) 성별된 생활을 함

우리가 온갖 불순한 것과 부정한 것과 불의함과 악함에서 떠남으로 단호히 결별하고 자신을 깨끗하게 하나님께 드림으로써 거룩함을 온전히 보존하며 성화를 이루어 나가게 되는 것이다(고후 6 : 17,7 : 1; 요일 3 : 3).

> 고후 6 : 17 그러므로 주께서 말씀하시기를 너희는 저희 중에서 나와서 따로
> 　　　　　있고 부정한 것을 만지지 말라 내가 너희를 영접하여
> 고후 7 : 1 그런즉 사랑하는 자들아 이 약속을 가진 우리가 하나님을 두려워
> 　　　　　하는 가운데서 거룩함을 온전히 이루어 육과 영의 온갖 더러운
> 　　　　　것에서 자신을 깨끗케 하자
> 요일 3 : 3 주를 향하여 이 소망을 가진 자마다 그의 깨끗하심과 같이 자기를
> 　　　　　깨끗하게 하느니라

4) 하나님께 헌신의 생활을 함

그리스도의 희생으로 구속함을 받은 성도는 과거에 더러운 죄의 도구였던 몸을 이제는 성결의 도구로 사용하여(롬 6 : 13), 하나님께 온전히 헌신적인 생활을 하므로(롬 12 : 1-3,14 : 7-8), 죄에 대하여는 죽고 의에 대하여 사는 것이 또 하나의 성화의 방편이다(롬 6 : 11; 갈 5 : 24,2 : 19).

> 롬 6 : 13 또한 너희 지체를 불의의 병기로 죄에게 드리지 말고 오직 너희
> 　　　　　자신을 죽은 자 가운데서 다시 산 자같이 하나님께 드리며 너희

	지체를 의의 병기로 하나님께 드리라
롬 12 : 1-3	그러므로 형제들아 내가 하나님의 모든 자비하심으로 너희를 권하노니 너희 몸을 하나님이 기뻐하시는 거룩한 산 제사로 드리라 이는 너희의 드릴 영적 예배니라 너희는 이 세대를 본받지 말고 오직 마음을 새롭게 함으로 변화를 받아 하나님의 선하시고 기뻐하시고 온전하신 뜻이 무엇인지 분별하도록 하라 내게 주신 은혜로 말미암아 너희 중 각 사람에게 말하노니 마땅히 생각할 그 이상의 생각을 품지 말고 오직 하나님께서 각 사람에게 나눠주신 믿음의 분량대로 지혜롭게 생각하라
롬 14 : 7-8	우리 중에 누구든지 자기를 위하여 사는 자가 없고 자기를 위하여 죽는 자도 없도다 우리가 살아도 주를 위하여 살고 죽어도 주를 위하여 죽나니 그러므로 사나 죽으나 우리가 주의 것이로라
롬 6 : 11	이와 같이 너희도 너희 자신을 죄에 대하여는 죽은 자요 그리스도 예수 안에서 하나님을 대하여는 산 자로 여길찌어다
갈 5 : 24	그리스도 예수의 사람들은 육체와 함께 그 정과 욕심을 십자가에 못박았느니라
갈 2 : 19	내가 율법으로 말미암아 율법을 향하여 죽었나니 이는 하나님을 향하여 살려 함이니라

견인

Ⅰ. 성도 견인(堅忍)의 개념

1.견인의 정의

견인(堅忍)의 교리는 한마디로 표현하면 성결한 신자는 지상에서 어떠한 시련이나 환난을 당해도 넘어지지 않고 믿음과 은혜의 줄을 잡고 끝까지 "참고 견딘다"(Persevere)는 교리이다. 즉 구원받기로 선택을 받은 자들은 끝까지 견딤으로써 마침내 확실한 구원을 얻게 된다는 것이다(마 10 : 22).

성도의 견인(The Perseverance Of The Saint)을 정의하면, 견인(堅忍)이란 성령께서 신자의 마음속에 하나님의 은혜의 역사를 시작하여 계속적으로 역사함으로써 신적(神的) 은혜의 역사가 지속되어 마침내 구원을 완성케 하는 성령의 계속적 사역이다. 바꾸어 말하면 견인(堅忍)은 주께서 성도들의 믿음이 떨어지지 않도록 굳게 붙잡으시고, 참아 주심으로써 그리스도의 은혜의 상태에서 떨어지지 않고 마침내 구원을 얻게 되는 것을 의미한다(눅 22 : 31-32; 이하 참조 롬 8 : 35-37; 요 6 : 37).

신자 속에 선한 일을 시작하신 하나님(빌 1 : 6)께서는 그분의 역사를 결코 포기하지 않으시기 때문에 신자들은 끝까지 믿음 안에서 계속 견디게 되는 것이다(롬 8 : 37 참조; 마 10 : 22). 견인의 교리는 성부의 유효적 소명(有效的 召命)으로 한번 중생되고, 그리스도와 연합되고 성령에 의하여 심중에 그리스도(그리스도의 영)가 내주하시는 그 성도들은 어떤 유혹이나 시험이 있어도 끝까지 견디어냄으로써 구원을 완성한다는 교리이다. 견인 교리는 비록 신자가 어떤 때에 악에게 굴복되어 죄에 빠질 수 있을지라도 그리스도의 은혜의 상태에서 완전히 타락하여 영원한 구원에 이르지 못하는 일은 있을 수 없다는 것이다(벧전 1 : 4-5; 이

하 참조 롬 8 : 28-30,35,37; 눅 22 : 31-32).

마 10 : 22	또 너희가 내 이름을 인하여 모든 사람에게 미움을 받을 것이나 나중까지 견디는 자는 구원을 얻으리라
요 6 : 37	아버지께서 내게 주시는 자는 다 내게로 올 것이요 내게 오는 자는 내가 결코 내어 쫓지 아니하리라
빌 1 : 6	너희 속에 착한 일을 시작하신 이가 그리스도 예수의 날까지 이루실 줄을 우리가 확신하노라
벧전 1 : 4-5	썩지 않고 더럽지 않고 쇠하지 아니하는 기업을 잇게 하시나니 곧 너희를 위하여 하늘에 간직하신 것이라 너희가 말세에 나타내기로 예비하신 구원을 얻기 위하여 믿음으로 말미암아 하나님의 능력으로 보호하심을 입었나니

2. 견인과 인간의 협력

견인은 성도들이 믿음에서 떨어지지 않도록 주께서 굳게 붙잡으시고 참아 주시므로 이루어지는 것이지만, 사실상 이 견인에는 하나님의 역사에 대한 신자들의 협력하는 일도 포함되어 있다. 그러므로 성화에서와 마찬가지로 신자들은 하나님의 견인의 역사에 협력해야 하는 것이다(마 24 : 13; 히 2 : 1,3 : 14,10 : 23-25; 빌 2 : 12). 다시 말하면 신자는 하나님께서 자기를 구원코자 하시는 목적을 달성하기 위하여 설정해 놓으신 그 수단들이 자기에게 적용되게 하기 위하여 최대의 열심과 성의로써 순종하고 헌신함이 마땅한 것이다.

그러나 성도의 견인이란 신자 자신의 자발적인 능력에 의한 지속, 즉 사람의 인내로 인하여 되어지는 것이 아니라(빌 4 : 13) 하나님께서 힘주시고 붙들어주시고 참아주심으로 되는 것이다. 그러므로 엄격히 말해서 견인하는 이는 사람이 아니라 하나님이시다(요 10 : 28-29; 빌 1 : 6; 벧전 1 : 3-5; 벧후 3 : 9).

마 24 : 13	그러나 끝까지 견디는 자는 구원을 얻으리라
히 2 : 1	그러므로 모든 들은 것을 우리가 더욱 간절히 삼갈지니 혹 흘러 떠내려갈까 염려하노라
히 3 : 14	우리가 시작할 때에 확실한 것을 끝까지 견고히 잡으면 그리스도와

함께 참예한 자가 되리라

히 10 : 23-25   또 약속하신 이는 미쁘시니 우리가 믿는 도리의 소망을 움직이지
말고 굳게 잡아 서로 돌아보아 사랑과 선행을 격려하며 모이기를
폐하는 어떤 사람들의 습관과 같이 하지 말고 오직 권하여 그날이
가까움을 볼수록 더욱 그리하자

빌 2 : 12   그러므로 나의 사랑하는 자들아 너희가 나 있을 때 뿐 아니라 더욱
지금 나 없을 때에도 항상 복종하여 두렵고 떨림으로 너희 구원을
이루라

빌 4 : 13   내게 능력 주시는 자 안에서 내가 모든 것을 할 수 있느니라

요 10 : 28-29   내가 저희에게 영생을 주노니 영원히 멸망치 아니할 터이요 또
저희를 내 손에서 빼앗을 자가 없느니 라 저희를 주신 내 아버지는
만유보다 크시매 아무도 아버지 손에서 빼앗을 수 없느니라

빌 1 : 6   너희 속에 착한 일을 시작하신 이가 그리스도 예수의 날까지
이루실 줄을 우리가 확신하노라

벧전 1 : 3-5   찬송하리로다 우리 주 예수 그리스도의 아버지 하나님이 그
많으신 긍휼대로 예수 그리스도의 죽은 자 가운데서 부활하심으로
말미암아 우리를 거듭나게 하사 산 소망이 있게 하시며 썩지 않고
더럽지 않고 쇠하지 아니하는 기업을 잇게 하시나니 곧 너희를
위하여 하늘에 간직하신 것이라 너희가 말세에 나타내기로 예비하신
구원을 얻기 위하여 믿음으로 말미암아 하나님의 능력으로
보호하심을 입었나니

벧후 3 : 9   주의 약속은 어떤 이의 더디다고 생각하는 것같이 더딘 것이
아니라 오직 너희를 대하여 오래 참으사 아무도 멸망치 않고 다
회개하기에 이르기를 원하시느니라

II. 견인 교리의 성경적 근거
1. 주께서 잡고 놓지 않으심

성경에 "내 양은 내 음성을 들으며 나는 저희를 알며 저희는 나를 따르느니라. 내
가 저희에게 영생을 주노니 영원히 멸망치 아니할 터이요 또 저희를 내 손에서 빼앗
을 자가 없느니라 저희를 주신 내 아버지는 만유보다 크시매 아무도 아버지 손에서
빼앗을 수 없느니라"고 하셨으니(요 10 : 27-29) 이는 택한 자들은 결코 주께서 잡

고 끝까지 놓지 않으심으로써 구원을 완성케 하심을 의미한다.

2. 후회하지 않으심

사도 바울은 "하나님의 은사와 부르심에는 후회하심이 없느니라"(롬11 : 29)고 하였다. 이는 하나님의 은사와 부르심에는 결코 후회하여 취소하심이 없으시므로 택한 자들을 사랑하시고 구원하시는 사역에도 결코 변함이 없으시다는 뜻이다.

> **롬 11 : 29**   하나님의 은사와 부르심에는 후회하심이 없느니라

3. 선한 일을 끝내 성취하심

성경에 "너희 속에 착한 일을 시작하신 이가 그리스도 예수의 날까지 이루실 것"이라고 하였다(빌 1 : 6). 여기서 "착한 일"이라 함은 하나님께서 성령을 통하여 성도들이 예수님을 믿고 구원을 얻어 성화되게 하는 것을 의미한다. 그런데 이 일을 하나님께서 그리스도가 재림하시는 날까지 계속하시어 마침내 완성케 된다는 것이다.

> **빌 1 : 6**   너희 속에 착한 일을 시작하신 이가 그리스도 예수의 날까지
> 이루실 줄을 우리가 확신하노라

4. 구원 완성을 위해 보호하심

사도 베드로는 "구원을 얻기 위하여 믿음으로 말미암아 하나님의 능력으로 보호하심을 입었나니"라고 하였다(벧전 1 : 3-5). 신자는 하나님의 보호로 말미암아 끝까지 믿음을 지키므로 영원한 구원에 이르고 하늘의 기업을 누리게 되는 것이다(살후 3 : 3; 롬 8 : 31,35,37; 딤후 1 : 12,4 : 18).

> **벧전 1 : 3-5**   찬송하리로다 우리 주 예수 그리스도의 죽은 자 가운데서
> 부활하심으로 말미암아 우리를 거듭나게 하사 산 소망이 있게
> 하시며 썩지 않고 더럽지 않고 쇠하지 아니하는 기업을 잇게
> 하시나니 곧 너희를 위하여 하늘에 간직하신 것이라 너희가

	말세에 나타내기로 예비하신 구원을 얻기 위하여 믿음으로
	말미암아 하나님의 능력으로 보호하심을 입었나니
살후 3 : 3	주는 미쁘사 너희를 굳게 하시고 악한 자에게서 지키시리라
롬 8 : 31	그런즉 이 일에 대하여 우리가 무슨 말하리요 만일 하나님이
	우리를 위하시면 누가 우리를 대적하리요
롬 8 : 35	누가 우리를 그리스도의 사랑에서 끊으리요 환난이나 곤고나
	핍박이나 기근이나 위험이나 칼이랴
롬 8 : 37	그러나 이 모든 일에 우리를 사랑하시는 이로 말미암아 우리가
	넉넉히 이기느니라
딤후1 : 12	이를 인하여 내가 또 이 고난을 받되 부끄러워하지 아니함은 나의
	의뢰한 자를 내가 알고 또한 나의 의탁한 것을 그날까지 저가 능히
	지키실 줄을 확신함이라
딤후 4 : 18	주께서 나를 모든 악한 일에서 건져내시고 또 그의 천국에
	들어가도록 구원하시리니 그에게 영광이 세세 무궁토록
	있을지어다 아멘

5. 한 사람도 잃지 않으심

주께서 말씀하시기를 "아버지께서 내게 주시는 자는 다 내게로 올 것이요 내게 오는 자는 내가 결코 내어쫓지 아니하리라"(요 6 : 37)고 하셨다. 이는 하나님의 예정 가운데 택함을 입고 주께로 오는 자(주를 믿는 자)들은 결코 한 사람도 내어쫓지 않으시고 영원히 천국에 함께 있게 하시겠다는 뜻이다.

| 요 6 : 37 | 아버지께서 내게 주시는 자는 다 내게로 올 것이요 내게 오는 자는 |
| | 내가 결코 내어쫓지 아니하리라 |

III. 견인 교리의 신학적 논증

견인의 교리에 대해서 지지하는 이들은 신학적으로 다음 몇 가지 요소를 구분하여 논증하고 있다.

1. 선택자의 구원

견인은 곧 선택자의 구원 교리이다. 이는 하나님의 예정에 의하여 선택받은 자들, 즉 구원 얻도록 선택된 자의 수에 들은 자들은 끝내 완전히 구원받을 것이라는 교리이다. 그러므로 하나님의 견인의 목적은 선택자의 구원 완성이며, 하나님은 그것을 실현함에 있어서 신자들에게 성령의 감화를 주어 그들로 하여금 그리스도를 받아들이게 할 뿐만 아니라 끝까지 견인하여 구원을 완전히 얻게 하신다는 것이다.

2. 구속 언약의 이행

은혜 언약의 기초인 구속 언약에서 하나님께서는 당신의 백성을 당신의 아들(성자)에게 순종과 수난의 보상으로 주셨다. 이 보상은 영원부터 숫적으로 확정되었고 인생의 불확실한 신실에 의거하도록 되어 있지 않다. 하나님께서는 그분의 약속을 위반하지 않으시며 따라서 그리스도 안에 있는 자로 또는 하나님의 자녀로 선택되어 그 사랑을 받을 자로 계수(計數)된 자들은 결코 그분에게서 분리될 수 없다(롬 8 : 38-39). 또 생명적 연합으로 언약에 들어간 자들 혹은 성부의 것인 동시에 성자의 것이 된 성도들이 타락되어 나온다는 것은 불가능한 것이다(요 17 : 6).

롬 8 : 38-39	내가 확신하노니 사망이나 생명이나 천사들이나 권세자들이나 현재 일이나 장래 일이나 능력이나 높음이나 깊음이나 다른 아무 피조물이라도 우리를 우리 주 그리스도 예수 안에 있는 하나님의 사랑에서 끊을 수 없으리라
요 17 : 6	세상 중에서 내게 주신 사람들에게 내가 아버지의 이름을 나타내었나이다 저희는 아버지의 것이었는데 내게 주셨으며 저희는 아버지의 말씀을 지키었나이다

3. 그리스도의 공로와 중재의 효능

그리스도께서는 자기의 속죄 사역에서 죄인의 용서와 그들을 사망의 노예된 자리에서 구출하기 위하여 충분한 대가를 지불하셨다(엡 1 : 7; 마 20 : 28). 그분의

의는 죄인의 칭의를 위한 완전한 근거를 구성하는 것이니 이같이 완전하고 효과
적인 대가의 지불에 의하여 칭의된 자가 또다시 정죄 아래 떨어진다는 것은 그리
스도의 공로가 무시되는 것이니 있을 수 없는 일이다. 그뿐 아니라 그리스도께서
는 성부께서 자기에게 주신 자들을 위하여 끊임없이 중재의 기도를 하고 계시며
그분의 자기 백성을 위한 중재의 기도는 항상 유효한 것이니 그 기도는 당신의
속죄의 사역에 기초한 것이기 때문이다(요 11 : 42; 히 7 : 25).

엡 1 : 7   우리가 그리스도 안에서 그의 은혜의 풍성함을 따라 그의 피로
                 말미암아 구속 곧 죄 사함을 받았으니
마 20 : 28   인자가 온 것은 섬김을 받으려 함이 아니라 도리어 섬기려 하고
                 자기 목숨을 많은 사람의 대속물로 주려 함이니라
요 11 : 42   항상 내 말을 들으시는 줄 내가 알았나이다 그러나 이 말씀
                 하옵는 것은 둘러선 무리를 위함이니 곧 아버지께서 나를 보내신
                 것을 저희로 믿게 하려 함이니이다
히 7 : 25   그러므로 자기를 힘입어 하나님께 나아가는 자들을 온전히 구원하실
                 수 있으니 이는 그가 항상 살아서 저희를 위하여 간구하심이니라

4. 그리스도와의 신비적 연합

신앙으로 그리스도와 연합된 자들은 그리스도의 영(靈)에 참예자가 되어 그분
과 한 몸이 되므로 그분의 생명과 맥락(脈絡)을 통하게 된다. 이로써 그들은 그리
스도의 생명에 참여하는 바 되고 따라서 그분이 사시기 때문에 그들도 산다. 그
러므로 그들이 또 다시 원몸(元體)에서 제거되어 그리스도와의 생명적 연합이 파
괴되고 하나님의 역사로 이루어진 이상적 결과를 무효케 할 수는 없다. 이 연합
은 영구 불변의 원인, 즉 하나님의 거저 주시는 은혜와 영원한 사랑에서 기인한
것이므로 그 자체가 영구 불변하다. 그러므로 이 연합은 결코 해소될 수 없는 영
원한 유기적 연합(有機的 連合)이다(엡 4 : 15-16; 요 15 : 1-8 참조). 그리스도를
믿는 영혼들이 성령의 새롭게 하시는 사역을 통하여 중생되므로 그리스도와 맺은
생명적 연합의 관계는 영속적이며 불변적이다(고전 12 : 12-13).

엡 4 : 15-16	오직 사랑 안에서 참된 것을 하여 범사에 그에게까지 자랄지라
	그는 머리니 곧 그리스도라 그에게서 온몸이 각 마디를 통하여
	도움을 입음으로 연락하고 상합하여 각 지체의 분량대로 역사하여
	그 몸을 자라게 하며 사랑 안에서 스스로 세우느니라
고전 12 : 12-13	몸은 하나인데 많은 지체가 있고 몸의 지체가 많으나 한 몸임과
	같이 그리스도 그러하니라 우리가 유대인이나 헬라인이나 종이나
	자유자나 다 한 성령으로 세례를 받아 한 몸이 되었고 또 다 한
	성령을 마시게 하셨느니라

5. 마음에 성령과 말씀의 역사

신자의 속에 시작한 성령의 역사는 반드시 완성되고야 만다(빌 1 : 6). 신자의 속에 성령의 역사는 일반적으로 진리인 성경 말씀을 방편으로 하여 이루어진다. 그리고 말씀은 진리의 영이신 성령에 의하여 우리 안에 생명의 씨로, 성화의 방편으로 계속 살아 움직이는 것이다(요 14 : 16-17; 요일 2 : 27; 히 4 : 12; 요 15 : 3; 딤전 4 : 5; 벧전 1 : 22-23).

빌 1 : 6	너희 속에 착한 일을 시작하신 이가 그리스도 예수의 날까지
	이루실 줄을 우리가 확신하노라
요 14 : 16-17	내가 아버지께 구하겠으니 그가 또 다른 보혜사를 너희에게 주사
	영원토록 너희와 함께 있게 하시리니 저는 진리의 영이라 세상은
	능히 저를 받지 못하나니 이는 저를 보지도 못하고 알지도
	못함이라 그러나 너희는 저를 아나니 저는 너희와 함께 거하심이요
	또 너희 속에 계시겠음이라
요일 2 : 27	너희는 주께 받은 바 기름 부음이 너희 안에 거하나니 아무도 너희를
	가르칠 필요가 없고 오직 그의 기름 부음이 모든 것을 너희에게
	가르치며 또 참되고 거짓이 없으니 너희를 가르치신 그대로 주
	안에 거하라
히 4 : 12	하나님의 말씀은 살았고 운동력이 있어 좌우에 날선 어떤 검보다도
	예리하여 혼과 영과 및 관절과 골수를 찔러 쪼개기까지 하며 또
	마음의 생각과 뜻을 감찰하나니
요 15 : 3	너희는 내가 일러준 말로 이미 깨끗하였으니

딤전 4 : 5   하나님의 말씀과 기도로 거룩하여짐이니라

벧전 1 : 22-23 너희가 진리를 순종함으로 너희 영혼을 깨끗하게 하여 거짓이
              없이 형제를 사랑하기에 이르렀으니 마음으로 뜨겁게 피차 사랑하라
              너희가 거듭난 것이 썩어질 씨로 된 것이 아니요 썩지 아니할 씨로
              된 것이니 하나님의 살아 있고 항상 있는 말씀으로 되었느니라

6. 구원의 확신

신자들은 현세에서 구원의 확신(Assurance)에 도달하는 것이 사실이다(히 3 :
14,6 : 11,10 : 22; 벧후 1 : 10). 만일 신자들이 어느 순간에 은혜에서 타락할 가
능성이 있다면 구원의 확신이란 전혀 공상일 것이다. 구원의 확신은 오직 하나님
께서 자기가 시작하신 사역을 반드시 완성하시리라는 확고한 신념을 가지는 자들
만이 누릴 수 있는 것이다(빌 1 : 6).

히 3 : 14   우리가 시작할 때에 확실한 것을 끝까지 견고히 잡으면 그리스도와
             함께 참예한 자가 되리라

히 6 : 11   우리가 간절히 원하는 것은 너희 각 사람이 동일한 부지런을
             나타내어 끝까지 소망의 풍성함에 이르러

히 10 : 22   우리가 마음에 뿌림을 받아 양심의 악을 깨닫고 몸을 맑은 물로
             씻었으니 참 마음과 온전한 믿음으로 하나님께 나아가자

벧후1 : 10   그러므로 형제들아 더욱 힘써 너희 부르심과 택하심을 굳게 하라
             너희가 이것을 행한즉 언제든지 실족지 아니하리라

빌 1 : 6   너희 속에 착한 일을 시작하신 이가 그리스도 예수의 날까지
             이루실 줄을 우리가 확신하노라

Ⅳ. 견인 교리에 대한 반론(反論)

견인 교리에 대한 반론들이 있다. 그 이유는 어떠한 시련과 환난에도 불구하고
구원이 궁극적으로 이루어지고 만다는 신념으로 해서 안일과 나태, 방종과 부도
덕한 생활로 오도(誤導)될 수 있다는 것이다. 견인 교리를 반대하는 자들의 주장
과 성경적 근거는 다음과 같다.

1. 사람의 자유에 모순됨

견인 교리는 사람의 자유에 모순된다고 하는 것이 반론 중의 하나이다. 그러나 이는 인간의 참된 자유가 구원에 관한 무관심의 자유나, 도덕적, 영적인 사건에 있어서의 반대적 선택을 행하는 능력으로 작용할 수 있다는 그릇된 추측에 근거한 잘못된 주장이다. 참된 인간의 자유는 성결(거룩함)의 방향으로 향한 자기 의사의 결정으로 구현되는 것이다. 즉 사람은 하나님의 거룩한 뜻의 방향으로 의식적으로 반응하며 움직이는 때에만이 참으로 자유한 것이다. 그러기에 그리스도인은 오직 진리 안에서 하나님의 은혜를 통하여 이 자유를 누린다(요 8 : 32, 36).

요 8 : 32　　　진리를 알지니 진리가 너희를 자유케 하리라
요 8 : 36　　　그러므로 아들이 너희를 자유케 하면 너희가 참으로 자유하리라

2. 태만과 방종에로 인도함

견인 교리는 신자들을 태만과 방종에로 인도한다고 반대한다. 즉 구원에 대한 그릇된 안전감이 이 교리의 신념에서 결과되어 나온다는 것이다. 그러나 이것은 잘못된 관념이다. 성경이 우리가 하나님의 은혜로 말미암아 보호를 받는다고 가르치고 있지만 한편 우리편의 끊임없는 경성과 기도와 근면이 없이 우리를 수호한다는 관념을 가지라고 하지는 않는 것이다(마 24 : 13; 빌 2 : 12-13). 더구나 신자에게 성결의 생활에 견인 지구(堅忍持久)할 것을 확신시켜 주는 교리가 어떻게 죄에 대한 충동을 줄 수 있겠는가? 그러므로 견인 교리가 신자를 태만과 방종으로 인도한다는 것은 당치 않은 주장이다.

마 24 : 13　　　그러나 끝까지 견디는 자는 구원을 얻으리라
빌 2 : 12-13　　그러므로 나의 사랑하는 자들아 너희가 나 있을 때 뿐 아니라 더욱
　　　　　　　　지금 나 없을 때에도 항상 복종하여 두렵고 떨림으로 너희 구원을
　　　　　　　　이루라 너희 안에서 행하시는 이는 하나님이시니 자기의 기쁘신
　　　　　　　　뜻을 위하여 너희로 소원을 두고 행하게 하시나니

3. 부도덕에로 인도함

견인 교리는 신자를 부도덕에로 인도한다고 비평하기도 한다. 즉 이 교리의 영향을 받은 사람이 태만과 방종에 떨어진 다음에는 부도덕에 빠질 것이라는 주장이다. 그러나 이것은 있을 수 없는 일이다. 성경은 "신자는 불의에서 떠나라"고 했고(딤후 2 : 19) 또 "신자들의 소명과 선택이 그들의 거룩한 생활에 의하여 확인된 후에야 그들이 그리스도의 영원한 나라에 들어갈 수 있다" 라고 가르치고 있는 것이다(벧후 1 : 2-11).

딤후 2 : 19   그러나 하나님의 견고한 터는 섰으니 인침이 있어 일렀으되
주께서 자기 백성을 아신다 하며 또 주의 이름을 부르는 자마다
불의에서 떠날찌어다 하였느니라

벧후 1 : 2-11   하나님과 우리 주 예수를 앎으로 은혜와 평강이 너희에게 더욱
많을지어다 그의 신기한 능력으로 생명과 경건에 속한 모든 것을
우리에게 주셨으니 이는 자기의 영광과 덕으로써 우리를 부르신
자를 앎으로 말미암음이라 이로써 그 보배롭고 지극히 큰 약속을
우리에게 주사 이 약속으로 말미암아 너희로 정욕을 인하여
세상에서 썩어질 것을 피하여 신의 성품에 참예하는 자가 되게
하려 하셨으니 이러므로 너희가 더욱 힘써 너희 믿음에 덕을 덕에
지식을 지식에 절제를 절제에 인내를 인내에 경건을 경건에 형제
우애를 형제 우애에 사랑을 공급하라 이런 것이 너희에게 있어
흡족한즉 너희로 우리 주 예수 그리스도를 알기에 게으르지 않고
열매 없는 자가 되지 않게 하려니와 이런 것이 없는 자는 소경이라
원시치 못하고 그의 옛 죄를 깨끗케 하심을 잊었느니라 그러므로
형제들아 더욱 힘써 너희 부르심과 택하심을 굳게 하라 너희가
이것을 행한즉 언제든지 실족지 아니하리라 이같이 하면 우리
주 곧 구주 예수 그리스도의 영원한 나라에 들어감을 넉넉히
너희에게 주시리라

4. 성경에 모순됨

견인 교리는 성경에 모순된다고 주장하며 이 주장을 입증하기 위하여 인용되는

성경 구절들은 다음 세 가지 부류로 집약된다.

1) 배교에 대하여 경고함

견인 교리를 반대하는 이들의 주장은 궁극적으로 신자가 타락될 수 없다면 배교나 타락에 관한 경고는 불필요할 것인데, 성경은 배교나 타락에 관하여 계속 경고하고 있으니 견인 교리는 성경의 가르침에 모순된다는 것이다(마 24 : 10-13; 롬 11 : 20-22; 고전 10 : 12; 이하 참조 히 2 : 1,3 : 12-14,6 : 4-6; 요 15 : 1-2,6). 그러나 견인 교리를 지지하는 이들은 이상의 성구에 나타난 경고들은 사람 편에서 사건을 관찰하게 될 때에 신앙 자세를 더욱 엄숙하고 진지하게 만들어 준다고 본다. 즉 이 성경의 경고들은 신자들의 자성(自省)을 촉진하며, 그들을 견인의 길에서 수호하는 방편과 도구가 된다는 것이다. 다시 말하면 이 경고들은 경고를 받는 자(신자)들 가운데서 누군가 배교를 하리라는 것을 입증하는 것이 아니고 그들을 견인의 길에서 수호하여 배교의 죄를 범하지 않도록(하나님의 견인 역사에 순응하도록) 하기 위한 방편으로 사용할 뿐이라고 보는 것이다.

이 원리에 대한 예를 들면 사도행전 27장 22-25절에서 하나님의 계시를 받아 "선객들의 생명에는 아무 손상이 없겠다"라고 예언한 바울이, 사도행전 27장 31절에서는 "사공이 배에 있지 않으면 너희가 구원을 얻지 못하리라"고 백부장과 군인들에게 경고한 것은 결코 그들의 생명에 손상이 있을 것을 입증함이 아니고 그들 모두의 생명을 수호하시고 구원해 주시는 하나님의 역사에 순응하여 따르게 하기 위함이었던 것이다. 견인 교리에서는 성경이 우리에게 격려와 희망을 주되 경고를 포함하는 성구들도 인용되고 있다고 본다.

성경 골로새서 1장 23절과 히브리서 3장 12-16절, 6장 11-12절의 격려들을 보면 이는 신자가 영원한 소망을 바라고 나아가는 믿음의 길에는 위험한 웅덩이들도 있다는 것을 알아차려야 할 것이라고 경고하고 있다. 위에서 인용한 성구들 중에 있는 "흔들리지 아니하면", "끝까지 견고히 참으면", "끝까지 소망의 풍성함에 이르면", "그리스도와 함께 참예한 자가 되리라"는 말씀은 그렇게 견인하지 못하면 그렇게 구원을 얻지 못하리라는 의미를 지니고 있는 것일 뿐, 배교를 하리라는 것을 입증하는 것이 아니라고 보는 것이다.

마 24 : 10-13	그 때에 많은 사람이 시험에 빠져 서로 잡아 주고 서로 미워하겠으며 거짓 선지자가 많이 일어나 많은 사람을 미혹하게 하겠으며 불법이 성하므로 많은 사람의 사랑이 식어지리라 그러나 끝까지 견디는 자는 구원을 얻으리라
롬 11 : 20-22	옳도다 저희는 믿지 아니하므로 꺾이우고 너는 믿으므로 섰느니라 높은 마음을 품지 말고 도리어 두려워하라 하나님이 원가지들도 아끼지 아니하셨은즉 너도 아끼지 아니하시리라 그러므로 하나님의 인자와 엄위를 보라 넘어지는 자들에게는 엄위가 있으니 너희가 만일 하나님의 인자에 거하면 그 인자가 너희에게 있으리라 그렇지 않으면 너도 찍히는 바 되리라
고전 10 : 12	그런즉 선 줄로 생각하는 자는 넘어질까 조심하라
히 2 : 1	그러므로 모든 들은 것을 우리가 더욱 간절히 삼갈지니 혹 흘러 떠내려갈까 염려하노라

2) 성화의 생활을 계속 권면

성경은 신자들에게 성화의 길로 계속 정진할 것을 권면하고 있는데 만일 그들이 끝까지 계속 견인할 것이 의심 없는 것이라면 이러한 권면은 필요치 않을 것이라고 한다. 이에 대하여 견인 교리를 지지하는 이들은 물론 성경은 신자들에게 성화의 생활을 계속할 것을 권면하고 있다(롬 12 : 1-2, 2 : 7; 빌 3 : 13-14; 딤후 3 : 5; 이하 참조 엡 4 : 17-24; 히 10 : 23-25; 계 2 : 25, 3 : 11). 그러나 이 권면들은 권면을 받는 신자들 중에 누군가 견인하지 않으리라는 것을 입증하는 것이 아니고 오직 하나님께서 신자의 성화를 성취하심에 도덕적 방편을 사용하신다는 것을 입증하는 것이라고 한다. 이에 대한 예증은 사도 바울이 빌립보서 2장 12-13절에 "너희 안에서 행하시는 이는 하나님이시니…" 라고 하면서도 오히려 "… 두렵고 떨림으로 너희 구원을 이루라"고 권면한 것은 빌립보 신자들이 견인하지 못하고 타락할 것을 우려하는 표현이기보다는 하나님의 역사에 사람의 경외하는 노력이 방편으로 사용된다는 사실을 가르쳐 보임이라고 하는 것이다.

| 롬 12 : 1-2 | 그러므로 형제들아 내가 하나님의 모든 자비하심으로 너희를 권하노니 너희 몸을 하나님이 기뻐하시는 거룩한 산 제사로 |

드리라 이는 너희의 드릴 영적 예배니라 너희는 이 세대를 본받지
말고 오직 마음을 새롭게 함으로 변화를 받아 하나님의 선하시고
기뻐하시고 온전하신 뜻이 무엇인지 분별하도록 하라

롬 2 : 7 참고 선을 행하여 영광과 존귀와 썩지 아니함을 구하는 자에게는
영생으로 하시고

빌 3 : 13-14 형제들아 나는 아직 내가 잡은 줄로 여기지 아니하고 오직 한 일
즉 뒤에 있는 것은 잊어버리고 앞에 있는 것을 잡으려고 푯대를
향하여 그리스도 예수 안에서 하나님이 부르신 부름의 상을
위하여 좇아가노라

딤후 3 : 5 경건의 모양은 있으나 경건의 능력은 부인하는 자니 이 같은
자들에게서 네가 돌아서라

3) 배교의 실례를 보여줌

견인 교리에 반대하는 이들은 성경에 매우 참혹한 타락, 배교의 실례들을 기록
하고 있는데, 예컨대 구약은 다윗, 솔로몬, 삼손, 기타 사람들의 생애에 있은 타
락의 실례들을 기록하고 신약은 후메내오와 알렉산더(딤전 1 : 20), 빌레도(딤후
2 : 17), 데마의 배교(딤후 4 : 10)에 대하여 기록하고 또 믿음에 관하여 파선한
자들과(딤전 1 : 19), 진리에 관하여 그릇된 자들이(딤후 2 : 18) 있음을 기술하고
있다는 것이다.

그리고 후일에 믿음에서 떠나 미혹케 하는 영과 귀신의 가르침을 좇을 사람들
이 있을 것이며(딤전 4 : 1), 거짓 선지자들의 멸망케 할 이단을 좇을 사람들도
있을 것이며(벧후 2 : 1-2), 의의 도를 안 후에 받은 거룩한 명령을 저버리는 자도
있고(벧후 2 : 20-21), 하늘의 은사를 맛보고 성령에 참예한 바 되고 내세의 능력
을 맛보고도 타락하는 자들이 있을 것(히 6 : 4-6)을 기록하고 있다는 것이다.

이에 대하여 견인 교리 지지자들은 이상의 경우들은 그 사건에 직접 관련된 인
물들이 그리스도에게 향한 참신앙을 과연 가졌었다는 사실이 먼저 증명되지 않는
한 구원적 신앙을 가진 참신자들이 은혜에서 떨어질 수 있다는 주장을 입증하지
는 못할 것이라 하며, 또 성경은 참신앙을 고백하였으되 오히려 그 신앙을 가지
지 못한 사람들이 있다는 것을 가르치고 있다(롬 9 : 6; 이하 참조 요일 2 : 9; 계

3 : 1)고 주장한다. 이에 대한 예증으로는 요한은 어떤 사람들에게 관하여 말하되 "저희가 우리에게서 나갔다"하고 설명하기를 "저희가… 우리에게 속하지 아니하였으나 만일 우리에게 속하였더면 우리와 함께 거하였으려니와 저희가 나간 것은 다 우리에게 속하지 아니함을 나타내려 함이니라"(요일 2 : 19)고 하였다는 사실과 또 가룟유다와 아나니아(눅 22 : 3-6; 행 5 : 1-2 참조)는 외면상으로는 신자들이었으나 내면적 변화는 없었던 인물들임이 틀림없다.

그리고 다윗과 베드로는 참신앙을 소유하였기 때문에 비록 한때 타락하였을지라도 결국 회개하고 하나님께 돌아왔다는 사실을 들고 있다.

딤전 1 : 20	그 가운데 후메내오와 알렉산더가 있으니 내가 사단에게 내어준 것은 저희로 징계를 받아 훼방하지 말게 하려 함이니라
딤후 2 : 17	저희 말은 독한 창질의 썩어져감과 같은데 그 중에 후메내오와 빌레도가 있느니라
딤후 4 : 10	데마는 이 세상을 사랑하여 나를 버리고 데살로니가로 갔고 그레스게는 갈라디아로 디도는 달마디아로 갔고
딤전 1 : 19	믿음과 착한 양심을 가지라 어떤 이들이 이 양심을 버렸고 그 믿음에 관하여는 파선하였느니라
딤후 2 : 18	진리에 관하여는 저희가 그릇되었도다 부활이 이미 지나갔다 하므로 어떤 사람들의 믿음을 무너뜨리느니라
딤전 4 : 1	그러나 성령이 밝히 말씀하시기를 후일에 어떤 사람들이 믿음에서 떠나 미혹케 하는 영과 귀신의 가르침을 좇으리라 하셨으니
벧후 2 : 1-2	그러나 민간에 또한 거짓 선지자들이 일어났었나니 이와 같이 너희 중에도 거짓 선생들이 있으리라 저희는 멸망케 할 이단을 가만히 끌어들여 자기들을 사신 주를 부인하고 임박한 멸망을 스스로 취하는 자들이라 여럿이 저희 호색하는 것을 좇으리니 이로 인하여 진리의 도가 훼방을 받을 것이요
벧후 2 : 20-21	만일 저희가 우리 주되신 구주 예수 그리스도를 앎으로 세상의 더러움을 피한 후에 다시 그 중에 얽매이고 지면 그 나중 형편이 처음보다 더 심하리니 의의 도를 안 후에 받은 거룩한 명령을 저버리는 것보다 알지 못하는 것이 도리어 저희에게 나으니라
히 6 : 4-6	한번 비침을 얻고 하늘의 은사를 맛보고 성령에 참예한 바 되고

하나님의 선한 말씀과 내세의 능력을 맛보고 타락한 자들은 다시
새롭게 하여 회개케 할 수 없나니 이는 자기가 하나님의 아들을
다시 십자가에 못박아 현저히 욕을 보임이라

롬 9 : 6   또한 하나님의 말씀이 폐하여진 것 같지 않도다 이스라엘에게서
난 그들이 다 이스라엘이 아니요

V. 견인 반대에 대한 비판

1. 견인 교리 지지자의 입장에서

견인 교리를 지지하는 입장에서는 견인 교리에 반대하는 주장들에 대하여 다음과 같이 비판하고 있다. 성도의 견인 교리에 대한 부정은 실질적으로 사람의 구원을 하나님의 은혜보다는 사람의 의지에 의존하게 만든다. 사람이 단지 성령의 사역만으로나 또는 성령의 사역과 사람의 의지의 협력에 의한 공동 사역에 의해 은혜의 상태에 인도된 후에 신앙을 계속하거나 중지하거나 전혀 사람의 자유 의지에 달려있다고 하는 견해는 신자의 신앙적 소망을 불확실한 미정(未定)에 붙여 그로 하여금 신앙의 복된 확신에 이르지 못하게 한다. 그러므로 견인 교리를 유지하는 것은 매우 중요한 일로서 호비(Hovey)는 말하기를 "이 교리는 큰 위안과 능력의 원천이 되리니, 감사를 유발하는 자극제, 자아 희생의 동기, 위험시에 불기둥이 될 수 있다"라고 하였다.

2. 견인 교리에 대한 각파의 견해

1) 개혁파 교회

개혁파 교회들은 대개가 그리스도인이 구원의 은혜의 상태에서 떨어질 수 없다는 것을 실제적으로 주장하고 있다.

2) 로마 카톨릭파

그리스도인이 은혜의 상태에서 타락할 수 있다는 것을 주장한다.

3) 알미니안파

그리스도인도 은혜의 상태에서 타락할 수 있다고 본다. 알미니안 신학파와 칼

빈 신학파의 주장을 비교하면 다음과 같다.

문 제	칼 빈 신 학 파	알 미 니 안 신 학 파
인성(人性)	전적(완전) 타락	자유 의지 여존(餘存)
예정(豫定)	무조건 예정 (예지 없는 예정)	예지 예정(豫知豫定)
속 죄	제한된 선택 구원	무제한 선택 구원 (믿는 자는 다 구원)
은 총	불가항력적 은총	가항적(可抗的) 은총 (은총에 항거할 수 있음)
성 도	성도의 견인(堅忍) (성도 : 절대보호 주장)	성도 : 타락할 수 있음

4) 웨슬레 신학파

웨슬레 신학의 중심되는 사상을 요약하면 다음과 같다.

(1) 하나님의 은혜는 무차별적임
   예수 그리스도께서는 모든 죄인들을 위하여 십자가에 달리셨음
(2) 지옥에 가는 것은 오로지 그 사람의 책임임
(3) 자기의 구원에 대하여 성령의 확신을 얻을 수 있음
(4) 원죄는 믿으나, 완전 타락은 아니 믿음
(5) 믿음으로 구원을 얻는 자도 거룩히 되기 위하여 노력해야 함

영화

Ⅰ. 영화의 정의

영화(榮化 ; Glorification)는 신자가 부활하신 주님과 같은 형상으로 화하여 주의 영광에 이르게 되는 것을 의미한다(고후 3 : 18). 다시 말하면 하나님의 백성된 신자는 육체와 영혼 전체가 부활 승천하셔서 영화롭게 되신 그리스도의 형상과 같이 될 때(그들의 낮은 몸이 그리스도의 영광스러운 몸과 같이 될 때, 빌 3 : 21)에, 전인적(全人的)인 완전한 구속이 이루어지는데 이것을 가리켜 성도의 영화라 하는 것이다. 영화는 구속 적용의 최종 단계로서, 이는 곧 유효적 소명(有效的 召命)으로 시작된 구원의 전 과정의 완성이요, 종결(終結)이다.

> 고후 3 : 18　　우리가 다 수건을 벗은 얼굴로 거울을 보는 것같이 주의 영광을
> 　　　　　　　　보매 저와 같은 형상으로 화하여 영광으로 영광에 이르니 곧 주의
> 　　　　　　　　영으로 말미암음이니라
> 빌 3 : 21　　　그가 만물을 자기에게 복종케 하실 수 있는 자의 역사로 우리의
> 　　　　　　　　낮은 몸을 자기 영광의 몸의 형체와 같이 변케 하시리라

1. 구원의 마지막 단계

영화는 구원 과정에 있어서 마지막 단계이다. 성경에 "미리 정하신 그들을 또한 부르시고 부르신 그들을 또한 의롭다 하시고 의롭다 하신 그들을 또한 영화롭게 하셨느니라"고 하였으니(롬 8 : 30), 영화(榮化)는 구원의 절차에 있어서 최종적 완성의 단계인 것이다.

2. 영과 육이 축복에 들어감

신자의 영화는 그의 영혼과 육체가 아울러 하나님의 영원한 축복에 들어감이다. 다시 말하면 영화는 성도가 죽을 때 그 영혼이 영광에 들어가는 축복뿐만 아니라 마지막 날 그리스도의 재림시에 누릴 몸의 구속, 곧 몸의 부활을 통하여 영화됨으로 몸과 영혼 전체가 하나님 나라의 영광된 축복에 들어가게 되는 것을 의미한다(고전 15 : 52; 시 42 : 2; 84 : 7).

고전 15 : 52 나팔 소리가 나매 죽은 자들이 썩지 아니할 것으로 다시 살고 우리도 변화하리라
시 42 : 2 내 영혼이 하나님 곧 생존하시는 하나님을 갈망하나니 내가 어느 때에 나아가서 하나님 앞에 뵈올꼬
시 84 : 7 저희는 힘을 얻고 더 얻어 나아가 시온에서 하나님 앞에 각기 나타나리이다

II. 영화(榮化)의 성취
1. 죽음과 부활로 이루어짐

영화는 통상적으로 하나님의 자녀들이 영혼과 신체가 아울러 죄와 사망의 세력으로부터 완전 해방되는 구속의 최종 완성 단계를 의미한다. 그러므로 신자의 영혼은 죽음에서, 신체는 부활에서 영화를 이루게 된다.

다시 말하면 영화는 신자가 사별(死別)의 순간에 그 영혼이 완전 성화되는 것이며 그 후에 신체가 부활하여 썩지 않을 몸으로 변화됨으로써 신체의 영화도 완전히 성취되는 것이다. 이에 대하여는 웨스터민스터소요리문답(제37조)이 밝히 말해 주고 있다. 곧 "신자가 죽을 때에 그 영혼이 완전히 거룩케 되어(히 12 : 23) 즉시 영광 중에 들어가고(눅 23 : 43) 그 몸은 여전히 그리스도께 연합하여 부활할 때까지 무덤에서 쉬게 된다"라고 하였다(살전 4 : 14; 요 5 : 28-29). 그러기에 신자가 죽음만으로는 완전 영화 되지 못한다.

그 이유는 비록 육체를 떠난 성도의 영혼들은 "온전케 된 의인의 영들"(히 12 : 23)로서 그들이 영혼 면에서는 완전 영화되었고 또 그리스도께서 계신 영광된 곳으로 즉시 들어간 것도 사실이며(눅 23 : 43) 따라서 육체를 떠난 그 영혼들은 영

광스런 주님과 함께 동거하는 것도 사실이지만(고후 5 : 8) 그 신체는 아직도 영화되지 못하고 무덤에서 부활의 때를 기다리고 있기 때문이다(살전 4 : 14; 요 5 : 28-29).

영화란 신자들이 죽을 때 그 영혼이 단순히 축복의 상태에 들어감이 아니라 그 몸도 "이 썩을 것이 불가불 썩지 아니할 것을 입겠고 이 죽을 것이 죽지 아니함을 입을 때"(고전 15 : 54) 그 육체와 영혼 전체에 나타나게 되는 영원히 영광스러운 상태를 의미하는 것이다.

눅 23 : 43　예수께서 이르시되 내가 진실로 네게 이르노니 오늘 네가 나와 함께 낙원에 있으리라 하시니라

히 12 : 23　하늘에 기록한 장자들의 총회와 교회와 만민의 심판자이신 하나님과 및 온전케 된 의인의 영들과

고후 5 : 8　우리가 담대하여 원하는 바는 차라리 몸을 떠나 주와 함께 거하는 그것이라

살전 4 : 14　우리가 예수의 죽었다가 다시 사심을 믿을진대 이와 같이 예수 안에서 자는 자들도 하나님이 저와 함께 데리고 오시리라

요 5 : 28-29　이를 기이히 여기지 말라 무덤 속에 있는 자가 다 그의 음성을 들을 때가 오나니 선한 일을 행한 자는 생명의 부활로 악한 일을 행한 자는 심판의 부활로 나오리라

고전 15 : 54　이 썩을 것이 썩지 아니함을 입고 이 죽을 것이 죽지 아니함을 입을 때에는 사망이 이김의 삼킨바 되리라고 기록된 말씀이 응하리라

2. 영혼과 육체가 영화됨

1) 영혼은 죽을 때 성령으로 영화됨

(1) 신자의 영혼은 사별(死別)의 순간에(죽을 때) 성화가 완성되어 영화된 상태로 하나님의 임재 앞에 나아가 그와 더불어 완전한 교제를 즐기게 된다. 그러므로 영혼의 영화는 성화와 같이 점진적인 과정이 아니라, 성령의 순간적 사역, 즉 신자가 죽을 때 순간적으로 그 영혼의 영광스러운 변화를 이루시는 성령의 역사에 의하여 되어지는 것이다.

이에 대한 성경상의 실증으로는 십자가상의 예수님께서 그 옆의 십자가에 달려

죽어 가는 강도에게 "… 오늘 네가 나와 함께 낙원에 있으리라"고 하신 말씀을 들
수 있다(눅 23 : 43). 이 말씀은 곧 그 강도의 영혼이 잠깐 동안에 흠 없는 순결의
성역(聖域), 낙원(樂園)에 들어가기에 합당하도록 성화의 완성(영화)이 되어질 것
을 암시하고 있다.

사도 바울도 고린도후서 5장 6-8절과 빌립보서 1장 21-23절에서 "자기가 **몸을**
떠나 주와 함께 거하기를 원한 것"을 보면, 신자의 영혼이 몸을 떠날 때에 주와 동
거하기에 합당하도록 즉시 변화됨을 암시한 것이 틀림없으며, 또 성경에 세상을
떠난 성도들은 흠도 점도 없이 순결한 자들로 묘사된 것이나(계 7 : 14-15) 거룩
하지 못한 자들은 천국에 허용되지 않는다고 한 것(계 21 : 27) 등은 모두 다 신
자들이 세상을 떠날 때에 순간적으로 완전히 성화되고 영화됨을 암시하고 있다.
그러므로 신자들이 세상을 떠나는 순간에 연옥불에 들어가서 오랫동안 정화하는
불길에 고초를 받은 후에야 천국에 올라간다고 하는 로마 카톨릭의 연옥 교리(煉
獄敎理)는 전혀 성경적 지원을 받지 못하고 단지 외경(外經) 마카비 제2서(The
Second Book Of Macabees)의 한 구절에 의거할 뿐이다.

눅 23 : 43 　　예수께서 이르시되 내가 진실로 네게 이르노니 오늘 네가 나와
　　　　　　함께 낙원에 있으리라 하시니라
계 7 : 14-15 　내가 가로되 내 주여 당신이 알리이다 하니 그가 나더러 이르되
　　　　　　이는 큰 환난에서 나오는 자들인데 어린양의 피에 그 옷을 씻어
　　　　　　희게 하였느니라 그러므로 그들이 하나님의 보좌 앞에 있고 또
　　　　　　그의 성전에서 밤낮 하나님을 섬기매 보좌에 앉으신 이가 그들
　　　　　　위에 장막을 치시리니
계 21 : 27 　무엇이든지 속된 것이나 가증한 일 또는 거짓말하는 자는 결코
　　　　　　그리로 들어오지 못하되 오직 어린양의 생명책에 기록된 자들뿐이라

(2) 성도의 영화는 전적인 하나님의 역사로 이루어지는 것이다. 하나님의 자녀
된 신자들은 이 세상을 떠나는 순간에 전적으로 성령을 통한 하나님의 역사로 말
미암아 정화를 받고 완전 성화하게 된다. 이에 대한 증거는 신자들이 기진맥진한
임종의 시간에 자력(自力)으로 그 영혼을 눈과 같이 희어지도록 급격한 성결의

변화를 이룬다는 것은 전혀 불가능한 일이며, 오직 하나님만이 가능한 일이라는 것이다.

하나님께서는 우리가 전적으로 어찌할 수 없는 죽음의 순간에 성령의 역사를 통하여 우리의 영혼으로부터 모든 죄악 된 흔적들과 하나님의 거룩한 뜻에 배치하는 성향(性向)들을 뿌리뽑아 주심으로 성화를 완성, 영화케 하시는 것이다.

2) 신체는 부활 때 영화됨

(1) 신체 영화는 구속의 최종 완성임

성도는 장차 신체의 부활에서 전인적 구속(全人的 救贖)의 최종 완성을 보게 된다. 사도 바울은 "성령의 처음 익은 열매를 받은 우리까지도 속으로 탄식하여 양자될 것 곧 우리 몸의 구속을 기다리느니라"고 하였다(롬 8 : 23). 이 말씀은 믿음으로 구원을 얻은 신자라 하더라도 구속의 최종 완성인 영화는 아직 이루어지지 아니한 고로 이를 기다린다는 뜻이다. 다시 말하면 우리가 믿음으로 성령의 처음 익은 열매를 받았다 하더라도 아직은 성령의 열매 전체는 받지 못하였고 그 일부 (믿음으로 의롭게 되는)만을 받은 것이다.

그러므로 신자는 믿음으로 영적 구원은 이미 받고 있으나 몸은 여전히 죽음의 종된 상태에 있는 것이며, 따라서 신자는 사실상 믿음으로 이미 하나님의 양자는 되었으나(롬 8 : 15) 실질적인 양자의 영광은 아직 실현되지 못하고 있어 이로 인하여 탄식하면서 예수님의 재림시에 몸까지 구속을 받아(영화되어) 완전히 양자의 영광에 참예하게 되기를 고대한다는 것이다.

신자의 영혼의 부활 승천하여 영화하신 주님의 형상과 같이 되고, 그 비천한 몸이 그리스도의 영광스러운 몸과 같이 되어질 때 그것이 바로 전인적(全人的)이고 완전(完全)한 성화요, 최종적 구속의 완성이요, 영화이다(빌 3 : 21; 고전 15 : 42-54).

롬 8 : 15	너희는 다시 무서워하는 종의 영을 받지 아니하였고 양자의 영을 받았으므로 아바 아버지라 부르짖느니라
빌 3 : 21	그가 만물을 자기에게 복종케 하실 수 있는 자의 역사로 우리의

낮은 몸을 자기 영광의 몸의 형체와 같이 변케 하시리라

고전 15 : 42-54 죽은 자의 부활도 이와 같으니 썩을 것으로 심고 썩지 아니할
것으로 다시 살며 욕된 것으로 심고 영광스러운 것으로 다시 살며
약한 것으로 심고 강한 것으로 다시 살며 육의 몸으로 심고 신령한
몸으로 다시 사나니 육의 몸이 있은즉 또 신령한 몸이 있느니라
기록된 바 첫 사람 아담은 산 영이 되었다 함과 같이 마지막 아담은
살려 주는 영이 되었나니 그러나 먼저는 신령한 자가 아니요 육
있는 자요 그 다음에 신령한 자니라 첫 사람은 땅에서 났으니 흙에
속한 자이거니와 둘째 사람은 하늘에서 나셨느니라 무릇 흙에
속한 자는 저 흙에 속한 자들과 같고 무릇 하늘에 속한 자는 저
하늘에 속한 자들과 같으니 우리가 흙에 속한 자의 형상을 입은것
같이 또한 하늘에 속한 자의 형상을 입으리라 형제들아 내가 이것을
말하노니 혈과 육은 하나님 나라를 유업으로 받을 수 없고 또한
썩은 것은 썩지 아니한 것을 유업으로 받지 못하느니라 보라 내가
너희에게 비밀을 말하노니 우리가 다 잠잘 것이 아니요 마지막
나팔에 순식간에 홀연히 다 변화하리니 나팔 소리가 나매 죽은
자들이 썩지 아니할 것으로 다시 살고 우리도 변화하리라 이 썩을
것이 불가불 썩지 아니할 것을 입겠고 이 죽을 것이 죽지 아니함을
입으리로다 이 썩을 것이 썩지 아니함을 입고 이 죽을 것이 죽지
아니함을 입을 때에는 사망이 이김의 삼킨바 되리라고 기록된
말씀이 응하리라

(2) 신체가 그리스도와 같이 영화됨

신자가 영화(榮化)된다 함은 그 신체와 영혼이 아울러 그리스도와 같이 되어짐을 의미한다. 성경에 보면, 사도 바울은 우리 구주 예수 그리스도께서 재림하셔서 "만물을 자기에게 복종케 하실 수 있는 자의 역사로 우리의 낮은 몸을 자기 영광의 몸의 형체와 같이 변케하시리라"고 하였고(빌 3 : 20-21), 사도 요한은 "… 그가 나타나심이 되면 우리가 그와 같을 줄을 아는 것은 그의 계신 그대로 볼 것을 인함이니"(요일 3 : 2-3) 라고 하였다.

현세에서 하나님의 택한 자들은 그들이 중생하는 순간에 그 영혼이 생명의 주님과의 생명적 연합을 가짐으로써 이미 영적 죽음에서 해방되는 것이다. 그러나

영화는 단지 영혼의 성화와 불멸성 뿐만 아니라 무덤에서 육체가 3일만에 다시 살아나신 그리스도의 부활체와 같이 또 큰 권능과 영광을 가지고 구름 가운데 나타나실 그분의 영화로운 인성(人性)과 같이 우리의 완전한 몸과 인성(人性)이 회복되기 전에는 진정한 의미의 영화란 있을 수 없다.

3. 영화는 우주의 갱신과 관련됨

신자의 영화는 우주의 갱신과 관련된 것으로 성경이 가르치고 있다(벧후 3 : 12-13). 그러므로 신자들은 영화를 생각함에 있어서 새롭게 된 우주, 곧 새 하늘과 새 땅(新天新地)을 생각해야 한다. 주의 날에 갱신되는 우주는 모든 죄와 악의 지배로부터 완전 해방되고 거기에는 더 이상 저주가 없으며 모든 것을 바르게 하고 완전케 하는 의가 충만하게 되는데, 이 신천 신지(新天新地)는 장래 영화될 성도들에게 약속되어 있는 곳이다(벧후 3 : 13).

사도 바울은 피조물들도 저주받은 현상에서 벗어나기 위하여 그리스도가 재림하시고 모든 성도가 영화되고(고전 15 : 51; 골 3 : 4), 우주가 갱신되는 날을 고대한다고 하였다(롬 8 : 19-22).

벧후 3 : 12-13 하나님의 날이 임하기를 바라보고 간절히 사모하라 그 날에 하늘이 불에 타서 풀어지고 체질이 뜨거운 불에 녹아지려니와 우리는 그의 약속대로 의의 거하는바 새 하늘과 새 땅을 바라보도다

고전 15 : 51 보라 내가 너희에게 비밀을 말하노니 우리가 다 잠잘 것이 아니요 마지막 나팔에 순식간에 홀연히 다 변화하리니

골 3 : 4 우리 생명이신 그리스도께서 나타나실 그 때에 너희도 그와 함께 영광 중에 나타나리라

롬 8 : 19-22 피조물의 고대하는 바는 하나님의 아들들의 나타나는 것이니 피조물이 허무한 데 굴복하는 것은 자기 뜻이 아니요 오직 굴복케 하시는 이로 말미암음이라 그 바라는 것은 피조물도 썩어짐의 종노릇한 데서 해방되어 하나님의 자녀들의 영광의 자유에 이르는 것이니라 피조물이 다 이제까지 함께 탄식하며 함께 고통하는 것을 우리가 아나니

III. 영화(榮化)의 시기

1. 영혼이 영화되는 때

영화의 시기는 영혼 영화의 때와 신체 영화의 때로 구분할 수 있다. 영화는 영혼 영화와 신체 영화의 두 부분으로 구성되기 때문에 영화의 시기도 자연 두 가지로 나누어지는 것이다. 신자가 죽을 때에 이루어지는 영혼 영화(성화의 완성)의 시기는 사람에 따라 각각 다른데 이는 각 개인의 죽음의 때가 다르기 때문이다.

2. 육체가 영화되는 때

1) 부활에서 이루어지는 신체 영화 (최종적 구속 완성)는 그리스도께서 재림하실 때에 이루어진다. 성경은 예수님께서 재림하실 때에 모든 성도가 무덤에서 부활하며 영화된다고 말하고 있다(요 5 : 28-29; 고전 15 : 51-52; 살전 4 : 16).

요 5 : 28-29　　이를 기이히 여기지 말라 무덤 속에 있는 자가 다 그의 음성을 들을 때가 오나니 선한 일을 행한 자는 생명의 부활로, 악한 일을 행한 자는 심판의 부활로 나오리라

고전 15 : 51-52　보라 내가 너희에게 비밀을 말하노니 우리가 다 잠잘 것이 아니요 마지막 나팔에 순식간에 홀연히 다 변화하리니 나팔 소리가 나매 죽은 자들이 썩지 아니할 것으로 다시 살고 우리도 변화하리라

살전 4 : 16　　주께서 호령과 천사장의 소리와 하나님의 나팔로 친히 하늘로 좇아 강림하시리니 그리스도 안에서 죽은 자들이 먼저 일어나고

2) 성경은 신자들이 주님 재림하실 때에 산 자나 죽은 자나 다같이 그 신체가 홀연히 순식간에 영화될 것이라고 가르치고 있다(고전 15 : 51-52).

고전 15 : 51-52　보라 내가 너희에게 비밀을 말하노니 우리가 다 잠잘 것이 아니요 마지막 나팔에 순식간에 홀연히 다 변화하리니 나팔 소리가 나매 죽은 자들이 썩지 아니할 것으로 다시 살고 우리도 변화하리라

3) 성도가 지상에서 죽어 그 영혼이 성화가 완성(聖化完成)되어 영광에 이르는

영혼 영화의 시기는 각 개인마다 다르다. 그러나 부활에서 이루어지는 신체 영화
(구속의 최종 완성)는 모든 하나님의 백성들이 정해진 일정한 시간에 다 함께 경
험하게 된다. 그러므로 신자들 사이에 어느 누구도 다른 사람보다 앞서는 우선권
을 가지지 못하고 다같이 동일한 시간에 그리스도 앞에서 영과 혼과 몸 전체(살
전 5 : 23)가 완전히 영화롭게 되는 것이다(살전 4 : 16-17).

실로 영화는 하나님의 구속 목적이 완전히 실현되는 순간에 모든 하나님의 백
성들이 동시에 경험하게 되는 너무나 장엄하고도 은혜로운 사건이다(딤후 1 : 9;
살전 4 : 16-17).

> 살전 5 : 23　　평강의 하나님이 친히 너희로 온전히 거룩하게 하시고 또 너희
> 온 영과 혼과 몸이 우리 주 예수 그리스도 강림하실 때에 흠 없게
> 보전되기를 원하노라
> 살전 4 : 16-17　주께서 호령과 천사장의 소리와 하나님의 나팔로 친히 하늘로
> 좇아 강림하시리니 그리스도 안에서 죽은 자들이 먼저 일어나고
> 그 후에 우리 살아 남은 자도 저희와 함께 구름 속으로 끌어 올려
> 공중에서 주를 영접하게 하시리니 그리하여 우리가 항상 주와
> 함께 있으리라
> 딤후 1 : 9　　하나님이 우리를 구원하사 거룩하신 부르심으로 부르심은 우리의
> 행위대로 하심이 아니요 오직 자기 뜻과 영원한 때 전부터
> 그리스도 예수 안에서 우리에게 주신 은혜대로 하심이라

Ⅳ. 영화된 몸의 특성
1. 그리스도와 유사(類似)한 몸

장래 신자들의 영화될 몸의 특성은 신체와 영혼이 아울러 그리스도와 유사(類
似 : Resemblance)할 것이라고 성경은 암시하고 있다. 사도 바울은 그리스도께서
재림하시어 "… 만물을 자기에게 복종케 하실 수 있는 자의 역사로 우리의 낮은 몸을
자기 영광의 몸의 형체와 같이 변케 하시리라"(빌 3 : 20-21)고 증거하였으며, 사도
요한도 증거하기를 "… 그가 나타나심이 되면 우리가 그와 같을 줄을 아는 것은 그
의 계신 그대로 볼 것을 인함이니"(요일 3 : 2-3) 라고 하였다.

빌 3 : 20-21   오직 우리의 시민권은 하늘에 있는지라 거기로서 구원하는 자
곧 주 예수 그리스도를 기다리노니 그가 만물을 자기에게 복종케
하실 수 있는 자의 역사로 우리의 낮은 몸을 자기 영광의 몸의
형체와 같이 변케 하시리라

요일 3 : 2-3   사랑하는 자들아 우리가 지금은 하나님의 자녀라 장래에 어떻게
될 것은 아직 나타나지 아니하였으나 그가 나타내심이 되면 우리가
그와 같을 줄을 아는 것은 그의 계신 그대로 볼 것을 인함이니 주를
향하여 이 소망을 가진 자마다 그의 깨끗하심과 같이 자기를
깨끗하게 하느니라

2. 썩지 아니할 몸

현세에서의 신자의 몸은 흙에서 나서 흙으로 돌아가 썩어지고 말 것이다(창 3 : 19; 시 90 : 3). 그러나 부활시에 부활하여 영화된 몸은 썩지 않고 영원히 사는 몸이다(고전 15 : 42).

창 3 : 19   네가 얼굴에 땀이 흘러야 식물을 먹고 필경은 흙으로 돌아가리니
그 속에서 네가 취함을 입었음이라 너는 흙이니 흙으로 돌아갈
것이니라 하시니라

시 90 : 3   주께서 사람을 티끌로 돌아가게 하시고 말씀하시기를 너희 인생들은
돌아가라 하셨사오니

고전 15 : 42   죽은 자의 부활도 이와 같으니 썩을 것으로 심고 썩지 아니할
것으로 다시 살며

3. 영광스러운 몸

현재의 몸은 병들고 신음하고 결국 죽는(롬 8 : 11,23) 욕된 것이나, 부활 때 영화된 몸은 하나님의 영광의 보좌 앞에 설 영광스러운 몸인 것이다(고전 15 : 43; 빌 3 : 21; 롬 8 : 18; 마 13 : 43).

롬 8 : 11   예수를 죽은 자 가운데서 살리신 이의 영이 너희 안에 거하시면
그리스도 예수를 죽은 자 가운데서 살리신 이가 너희 안에 거하시는

그의 영으로 말미암아 너희 죽을 몸도 살리시리라

롬 8 : 23   이뿐 아니라 또한 우리 곧 성령의 처음 익은 열매를 받은 우리까지도
속으로 탄식하여 양자될것 곧 우리 몸의 구속을 기다리느니라

고전 15 : 43   욕된 것으로 심고 영광스러운 것으로 다시 살며 약한 것으로 심고
강한 것으로 다시 살며

빌 3 : 21   그가 만물을 자기에게 복종케 하실 수 있는 자의 역사로 우리의
낮은 몸을 자기 영광의 몸의 형체와 같이 변케 하시리라

롬 8 : 18   생각건대 현재의 고난은 장차 우리에게 나타날 영광과 족히
비교할 수 없도다

마 13 : 43   그 때에 의인들은 자기 아버지 나라에서 해와 같이 빛나리라 귀
있는 자는 들으라

4. 강건한 몸

성경은 부활 때에 신자들의 영화된 몸의 특성에 대하여 표현하기를 "··· 약한 것
으로 심고 강한 것으로 다시 살며"라고 하였다(고전 15 : 43). 현재 우리들의 몸은
스스로 병들고 노쇠하고 늘 마귀와 죄악의 유혹의 대상이 되는 약한 것이다. 그
러나 장래에 신자의 부활, 영화 된 몸은 완전히 강건(强健)하여 어떤 침해나 유혹
도 능히 물리칠 수 있는 몸이다(계 7 : 16; 슥 12 : 8).

고전 15 : 43   욕된 것으로 심고 영광스러운 것으로 다시 살며 약한 것으로 심고
강한 것으로 다시 살며

계 7 : 16   저희가 다시 주리지도 아니하며 목마르지도 아니하고 해나 아무
뜨거운 기운에 상하지 아니할지니

슥 12 : 8   그 날에 여호와가 예루살렘 거민을 보호하리니 그 중에 약한 자가
그 날에는 다윗 같겠고 다윗의 족속은 하나님 같고 무리 앞에 있는
여호와의 사자 같을 것이라

5. 신령한 몸

장래에 신자의 영화된 몸은 썩어질 육의 몸이 아니라 신령한 몸이다. 장래에
부활함으로써 영화될 신자의 몸은 성령이 내재(內在)하셔서 영생에 이르도록 역
사하시기에 적합한 조직과 성질을 가진 영원히 신령한 몸이다(고전 15 : 44).

| 고전 15 : 44 | 육의 몸으로 심고 신령한 몸으로 다시 사나니 육의 몸이 있은 즉 또 신령한 몸이 있느니라 |

V. 영화와 죽음과 재림의 관계

1. 영화와 죽음의 관계

세상에서 성도가 육체의 사망으로 영혼이 별세(別世)함은 영화의 첫째 단계인 성화의 완성이 실현되는 기회가 된다. 일반적인 인류의 사망은 범죄에 대한 형벌로써 왔으나 성도의 육체적 사망은 성화의 완성을 위한 것이니 그 이유는 인간의 완전한 성화에는 죄로 오염된 육체의 파멸이 필요하기 때문에 주 안에 있는 성도들도 육체는 사망의 경험을 통과하도록 하나님이 정명(定命)하신 것이다(고후 5 : 1; 롬 8 : 29-30; 히 9 : 27; 계 14 : 13; 창 3 : 19).

고후 5 : 1	만일 땅에 있는 우리의 장막 집이 무너지면 하나님께서 지으신 집 곧 손으로 지은 것이 아니요 하늘에 있는 영원한 집이 우리에게 있는 줄 아나니
롬 8 : 29-30	하나님이 미리 아신 자들로 또한 그 아들의 형상을 본받게 하기 위하여 미리 정하셨으니 이는 그로 많은 형제 중에서 맏아들이 되게 하려 하심이니라 또 미리 정하신 그들을 또한 부르시고 부르신 그들을 또한 의롭다 하시고 의롭다 하신 그들을 또한 영화롭게 하셨느니라
히 9 : 27	한번 죽는 것은 사람에게 정하신 것이요 그 후에는 심판이 있으리니
계 14 : 13	또 내가 들으니 하늘에서 음성이 나서 가로되 기록하라 자금 이후로 주 안에서 죽는 자들은 복이 있도다 하시매 성령이 가라사대 그러하다 저희 수고를 그치고 쉬리니 이는 저희의 행한 일이 따름이라 하시더라
창 3 : 19	네가 얼굴에 땀이 흘러야 식물을 먹고 필경은 흙으로 돌아가리니 그 속에서 네가 취함을 입었음이라 너는 흙이니 흙으로 돌아갈 것이니라 하시니라

2. 영화와 재림의 관계

신자들의 영화는 영광 중에 재림하시는 그리스도와 완전 연합되어지고 친교를
이루게 된다. 신자들은 이미 그리스도의 죽으심과 부활에서 그분과 함께 연합되
어진 자들이기 때문에 영화에서도 연합될 것은 분명한 사실이다(롬 6 : 2-11; 엡
2 : 4-6; 골 3 : 3-4). 그러기에 사도 바울은 그리스도의 재림과 그분과의 연합을
기다리는 신자들의 소망을 "복스러운 소망"이라고 하였다(딛 2 : 13). 그 이유는
그것이 곧 신자의 영광의 소망이기 때문이다(살전 4 : 16-17; 계 22 : 20; 엡 5 :
30; 롬 8 : 17; 벧전 4 : 13).

롬 6 : 2-11　　　그럴 수 없느니라 죄에 대하여 죽은 우리가 어찌 그 가운데 더
　　　　　　　살리요 무릇 그리스도 예수와 합하여 세례를 받은 우리는 그의
　　　　　　　죽으심과 합하여 세례 받은 줄을 알지 못하느뇨 그러므로 우리가
　　　　　　　그의 죽으심과 합하여 세례를 받음으로 그와 함께 장사 되었나니
　　　　　　　이는 아버지의 영광으로 말미암아 그리스도를 죽은 자 가운데서
　　　　　　　살리심과 같이 우리로 또한 새 생명 가운데서 행하게 하려 함이니라
　　　　　　　만일 우리가 그의 죽으심을 본받아 연합한 자가 되었으면 또한
　　　　　　　그의 부활을 본받아 연합한 자가 되리라 우리가 알거니와 우리
　　　　　　　옛사람이 예수와 함께 십자가에 못박힌 것은 죄의 몸이 멸하여
　　　　　　　다시는 우리가 죄에게 종노릇하지 아니하려 함이니 이는 죽은
　　　　　　　자가 죄에서 벗어나 의롭다 하심을 얻었음이니라 만일 우리가
　　　　　　　그리스도와 함께 죽었으면 또한 그와 함께 살 줄을 믿노니 이는
　　　　　　　그리스도께서 죽은 자 가운데서 사셨으매 다시 죽지 아니하시고
　　　　　　　사망이 다시 그를 주장하지 못 할 줄을 앎이로라 그의 죽으심은
　　　　　　　죄에 대하여 단번에 죽으심이요 그의 살으심은 하나님께 대하여
　　　　　　　살으심이니 이와 같이 너희도 너희 자신을 죄에 대하여는 죽은
　　　　　　　자요 그리스도 예수 안에서 하나님을 대하여는 산 자로 여길지어다
엡 2 : 4-6　　　긍휼에 풍성하신 하나님이 우리를 사랑하신 그 큰 사랑을 인하여
　　　　　　　허물로 죽은 우리를 그리스도와 함께 살리셨고 (너희가 은혜로
　　　　　　　구원을 얻은 것이라) 또 함께 일으키사 그리스도 예수 안에서 함께
　　　　　　　하늘에 앉히시니
골 3 : 3-4　　　이는 너희가 죽었고 너희 생명이 그리스도와 함께 하나님 안에

감취었음이니라 우리 생명이신 그리스도께서 나타나실 그 때에
너희도 그와 함께 영광 중에 나타나리라

딛 2 : 13　　복스러운 소망과 우리의 크신 하나님 구주 예수 그리스도의
　　　　　　영광이 나타나심을 기다리게 하셨으니

살전 4 : 16-17　주께서 호령과 천사장의 소리와 하나님의 나팔로 친히 하늘로
　　　　　　좇아 강림하시리니 그리스도 안에서 죽은 자들이 먼저 일어나고
　　　　　　그 후에 우리 살아 남은 자도 저희와 함께 구름 속으로 끌어올려
　　　　　　공중에서 주를 영접하게 하시리니 그리하여 우리가 항상 주와
　　　　　　함께 있으리라

계 22 : 20　　이것들을 증거하신 이가 가라사대 내가 진실로 속히 오리라
　　　　　　하시거늘 아멘 주 예수여 오시옵소서

엡 5 : 30　　우리는 그 몸의 지체임이니라

롬 8 : 17　　자녀이면 또한 후사 곧 하나님의 후사요 그리스도와 함께한
　　　　　　후사니 우리가 그와 함께 영광을 받기 위하여 고난도 함께 받아야
　　　　　　될 것이니라

벧 4 : 13　　아브라함이나 그 후손에게 세상의 후사가 되리라고 하신 언약은
　　　　　　율법으로 말미암은 것이 아니요 오직 믿음의 의로 말미암은
　　　　　　것이니라

주 제 색 인

예배와 삶의 일치

복음에는 하나님의 의가 나타나서 믿음으로 믿음에
이르게 하나니 기록된 바 오직 의인은 믿음으로
말미암아 살리라 함과 같으니라

로마서 1 : 17

비전북은 줄과추 도서출판 와 하늘사다리 가 연합하여 설립한 출판사로서
이 땅에 하나님 나라의 확장을 위하여 존재하며
오직 믿음으로 주님 오실 그날까지 주님을 외치며 꿈과 비전을 가지고
모든 삶의 영역 속에서 예배와 삶의 일치를 이루어 갈 것입니다.

쉽게 풀어쓴 기독교 신학
III. 성령과 구원의 진리

저자 : 박 재 호
발행처 : 비전북출판사
전화 : (02)3141-9090 / 팩스 : (02)3144-6620
공급처 : 비전북
전화 : (031)907-3927 / 팩스 : (080)403-1004

값 9,000원

예배와 삶의 일치

복음에는 하나님의 의가 나타나서 믿음으로 믿음에
이르게 하나니 기록된 바 오직 의인은 믿음으로
말미암아 살리라 함과 같으니라

로마서 1 : 17

비전북은 줄과 추와 하늘사다리가 연합하여 설립한 출판사로서
오직 믿음으로만 살았던 개혁신앙을 계승 발전시키고 다시오실 주님
의 길을 예비하는 마음으로 21세기에도 역동적인 신앙을 세우는데
꿈과 비전을 품고 예배와 삶의 일치를 이루는 출판 공동체입니다.